郑州统计年鉴

ZHENGZHOU STATISTICAL YEARBOOK

2014

(总第十六期 NO.16)

郑 州 市 统 计 局
国家统计局郑州调查队 编

中国统计出版社
China Statistics Press

图书在版编目(CIP)数据

郑州统计年鉴．2014 / 郑州市统计局，国家统计局郑州调查队编．-- 北京 ：中国统计出版社，2014.9
ISBN 978-7-5037-7153-8

Ⅰ．①郑… Ⅱ．①郑… ②国… Ⅲ．①统计资料－郑州市－2014－年鉴 Ⅳ．①C832.611-54

中国版本图书馆CIP数据核字(2014)第172213号

郑州统计年鉴－2014

作　　者/ 郑州市统计局　国家统计局郑州调查队
责任编辑/ 陈越月　白雅茜
装帧设计/ 王西海
出版发行/ 中国统计出版社
地　　址/ 北京市丰台区西三环南路甲6号　邮政编码/100073
印　　刷/ 河南新华印刷集团有限公司
开　　本/ 890mm×1240mm　1/16
字　　数/ 1292千字
印　　张/ 29.5印张
版　　别/ 2014年9月第1版
版　　次/ 2014年9月第1次印刷
定　　价/ 300.00元

如有印装差错，由本社发行部调换。

《郑州统计年鉴——2014》

编委会和编辑人员

郑州统计年鉴

编 辑 说 明

一、《郑州统计年鉴—2014》是一部全面反映郑州地区国民经济和社会发展的资料性统计年刊。本书收录了郑州市及所辖县（市）区2013年经济和社会发展各方面的统计数据，以及重要年份的主要统计数据，是认识和研究郑州市情、经济社会发展、制定宏观政策、指导工作和进行决策的重要经济类工具书。

二、本年鉴以丰富、翔实的统计资料为主，全面反映了郑州市国民经济和社会发展状况。全书分为15部分。即1.综合；2.从业人员和劳动工资；3.固定资产投资；4.价格；5.人民生活；6.城市公用事业和环保；7.农业；8.工业；9.建筑业；10.交通运输和邮电通讯；11.国内贸易；12.对外经济贸易和旅游；13.财政金融；14.教育、科技、文化、卫生和体育；15.统计工作大事记。各篇末均附有《主要统计指标解释》，对主要统计指标的含义、范围、计算方法作了简要说明。

三、本年鉴中使用的计量单位均采用国际统一标准计量单位；统计口径除特别注明外，均包括郑州市及所辖各县（市）区。资料取自郑州市统计局、郑州市经济社会调查队、国家统计局郑州调查队及有关部门的统计报表。

四、本年鉴部分数据合计数或相对数不等于分项之和，是由于单位取舍和不同产业的计算误差，部分指标未作机械调整。

五、本年鉴表中的符号使用说明：

“空格”表示该项统计指标数据不详或无该项数据；

“…”表示数据不足本表最小单位；

“#”表示其中的主要项。

目 录

一、综 合

二、从业人员和劳动工资

三、固定资产投资及房地产开发

四、价　格

五、人民生活

六、城市公用事业和环保

七、农　业

八、工　业

九、建　筑　业

十、交通运输、邮电通讯

十一、国内贸易

十二、对外经济贸易和旅游

十三、财政金融

十四、教育、文化、卫生、体育和科技

十五、统计工作大事记

一、综　合

1-1 行政区划

（2013 年底）

单位：个

县(市)区	街道办事处	镇	乡	社区	村委会
总　计	**115**	**69**	**14**	**718**	**2183**
市辖区	**95**	**6**	**3**	**568**	**464**
中原区	12			100	46
二七区	13	1	1	141	14
管城区	9	1	1	77	26
金水区	17			158	40
上街区	5	1		29	28
惠济区	6	2		11	54
高新区	5			8	39
经开区	6			16	42
郑东新区	10	1	1	28	19
航空港实验区	12				156
县(市)	**20**	**63**	**11**	**150**	**1719**
中牟县	3	10	1	9	272
巩义市	5	15		26	288
荥阳市	2	9	3	14	288
新密市	4	12	1	47	303
新郑市	3	9	2	34	265
登封市	3	8	4	20	303

注：本表数据按行政隶属关系划分。

1-2 主要气象情况

（2013 年）

指　　标	一月	二月	三月	四月	五月	六月	七月	八月	九月	十月	十一月	十二月
月平均气温	-0.5	3.1	11.0	16.0	22.8	27.0	29.1	30.1	23.5	17.2	9.7	3.6
月日照时数	93.9	82.7	166.6	224.3	178.8	176.3	144.8	251.4	130.2	166.8	172.9	136.9
月降水量	5.2	8.0	6.5	28.2	112.5	15.2	45.1	63.9	9.8	26.3	32.5	
月内降水量≥0.1mm 的日数	3	4	6	4	8	3	9	8	2	3	6	
月极端最高气温	14.5	12.7	32.8	33.2	35.7	36.5	39.3	39.6	36.0	32.9	23.4	17.4
出现日期	25	28	8	15	19	16	30	16	14	10	6	4
月极端最低气温	-9.3	-5.2	-0.3	2.1	12.5	14.3	20.1	18.0	12.0	4.4	-0.1	-6.1
出现日期	5	8	2	2	11	11	23	31	26	26	26	27

1-3 县(市)、区所辖乡、镇办事处

(2013年底)

县(市)区	乡　镇	街道办事处
中原区		林山寨　桐柏路　绿东村　棉纺路　三官庙　建设路　秦岭路　汝河路　中原西路　航海西路　西流湖　须水
二七区	马寨镇　侯寨乡	大学路　五里堡　德化街　解放路　铭功路　嵩山路　长江路　京广路　一马路　蜜蜂张　福华街　建中街　淮河路
管城区	十八里河镇　南曹乡	北下街　西大街　南关街　城东路　东大街　二里岗　陇海马路　紫荆山南路　航海东路
金水区		经八路　花园路　人民路　杜岭　大石桥　南阳路　南阳新村　文化路　丰产路　东风路　北林路　未来路　兴达路　凤凰台　国基路　杨金路　丰庆路
上街区	峡窝镇	济源路　中心路　新安路　工业路　矿山路
惠济区	古荥镇　花园口镇	刘寨　老鸦陈　新城　迎宾路　长兴路　大河路
高新区		石佛　沟赵　枫杨　梧桐　双桥
经开区		明湖　潮河　京航　前程　九龙　祥云
郑东新区	白沙镇　圃田乡	祭城路　龙子湖　商都路　博学路　如意湖　龙湖　龙源　金光路　杨桥　豫兴路
航空港实验区		新港　郑港　滨河　银河　三官庙　张庄　龙港　八岗　冯堂　清河　龙王　明港
中牟县	韩寺镇　官渡镇　狼城岗镇　万滩镇　郑庵镇　黄店镇　大孟镇　刘集镇　雁鸣湖镇　姚家镇　刁家乡	青年路　东风路　广惠街
巩义市	米河镇　新中镇　小关镇　竹林镇　大峪沟镇　河洛镇　站街镇　康店镇　北山口镇　西村镇　芝田镇　回郭镇　鲁庄镇　夹津口镇　涉村镇	新华路　杜甫路　永安路　孝义　紫荆路
荥阳市	豫龙镇　广武镇　王村镇　汜水镇　高山镇　刘河镇　崔庙镇　贾峪镇　乔楼镇　高村乡　城关乡　金寨回族乡	索河　京城路
新密市	袁庄乡　米村镇　牛店镇　平陌镇　超化镇　苟堂镇　大隗镇　刘寨镇　曲梁镇　白寨镇　岳村镇　城关镇　来集镇	新华路　青屏街　西大街　矿区
新郑市	新村镇　辛店镇　观音寺镇　梨河镇　和庄镇　薛店镇　孟庄镇　郭店镇　龙湖镇　城关乡　八千乡	新建路　新华路　新烟
登封市	大金店镇　颍阳镇　卢店镇　告成镇　大冶镇　宣化镇　徐庄镇　东华镇　君召乡　石道乡　白坪乡　唐庄乡	少林　中岳　嵩阳

1-4 年末人口基本情况

(2013 年底)

县(市)区	总户数(户)	总人口(人)				
		合 计	#女 性	#非农业人口	城镇人口	城镇化率(%)
全市	2731446	9191238	4452655	3668044	6165482	67.08
中原区	242454	732368	357426	585894	656055	89.58
二七区	256781	752369	368808	462556	665771	88.49
管城区	174301	526390	256563	267775	443062	84.17
金水区	488807	1415301	683643	863353	1281272	90.53
上街区	45220	135338	68980	85200	122508	90.52
惠济区	91587	278423	141511	66543	190330	68.36
中牟县	115284	466902	229529	76105	179290	38.40
巩义市	241512	816310	398359	155344	400482	49.06
荥阳市	174668	614986	277220	133280	295316	48.02
新密市	213672	799994	389917	225347	395277	49.41
新郑市	156219	638840	327711	153432	309646	48.47
登封市	177332	683405	332153	201372	327966	47.99
经济开发区	65495	184697	86623	60950	151525	82.04
高新开发区	79985	234852	108042	117062	190324	81.04
郑东新区	102280	402984	194876	130370	242193	60.10
航空港实验区	105849	508079	231294	83461	319074	62.80

1-5 人口自然变动情况

（2013年底）

县(市)区	年平均人口（人）	出生人口（人）	死亡人口（人）	出生率（‰）	死亡率（‰）	自然增长率（‰）
全市	9111164	90266	39271	9.91	4.31	5.60
中原区	727369	6622	2336	9.10	3.21	5.89
二七区	745499	7023	2632	9.42	3.53	5.89
管城区	524668	4766	1863	9.08	3.55	5.53
金水区	1408689	12572	3310	8.92	2.35	6.57
上街区	134943	1101	693	8.16	5.14	3.02
惠济区	276480	2984	1239	10.79	4.48	6.31
中牟县	588735	6479	3955	11.00	6.72	4.28
巩义市	814777	8078	4759	9.91	5.84	4.07
荥阳市	614766	5990	3324	9.74	5.41	4.33
新密市	799952	7755	4208	9.69	5.26	4.43
新郑市	663123	6621	3921	9.98	5.91	4.07
登封市	680504	7536	3464	11.07	5.09	5.98
经济开发区	153885	1450	462	9.42	3.00	6.42
高新开发区	229535	1998	464	8.70	2.02	6.68
郑东新区	347185	4601	216	13.25	0.62	12.63
航空港实验区	401057	4690	2425	11.69	6.05	5.64

1-6 国民经济和社会发展总量及速度指标

指 标	单位	1990	1995	2000	2005	2010	2011	2012	2013	2013 比上年±%
人口与面积										
人口	万人	557.8	600.3	665.9	716.0	866.1	885.7	903.1	919.1	1.8
建城区面积	平方公里	112.0	108.3	133.2	262.0	316.1	328.1	346.4	356.1	2.8
宏观经济										
国民经济核算										
地区生产总值	亿元	116.4	386.4	728.4	1660.6	4040.9	4979.8	5549.8	6201.8	10.0
第一产业	亿元	14.4	28.5	42.4	72.4	124.6	131.7	142.4	147.0	3.2
第二产业	亿元	62.5	203.5	343.3	872.8	2269.9	2874.2	3132.9	3470.5	10.4
第三产业	亿元	39.5	154.3	342.7	715.4	1646.4	1974	2274.5	2584.3	9.6
固定资产投资										
全社会固定资产投资额	亿元	26.9	165.6	258.4	820.0	2757.0	3002.5	3669.8	4509.3	22.9
固定资产投资	亿元	20.0	132.4	159.4	610.2	2432.5	2900.0	3561.2	4400.2	23.6
财政										
地方公共财政预算收入	亿元	10.5	17.1	43.6	136.1	386.8	502.3	606.7	723.6	19.3
地方公共财政预算支出	亿元	6.5	17.8	49.0	136.7	426.8	566.6	700.6	815.7	16.4
价格总指数										
商品零售价格指数	以上年为100	100.8	110.4	99.1	101.2	102.7	104.9	102.4	101.4	1.4
居民消费价格指数	以上年为100	101.8	114.5	99.0	102.4	103.0	104.9	102.7	102.8	2.8
外商投资										
利用外资										
合同利用外资额	万美元	1132	21086	12860	63766	191632	238133	202058	183710	-9.1
实际利用外资额	万美元	768	15020	9211	33549	190015	310000	342898	332178	-3.1
产业										
农业										
农林牧渔业总产值	亿元	24.6	51.5	73.2	126.2	221.4	235.5	254.6	263.3	3.3
粮食总产量	万吨	154.2	140.1	158.7	153.0	166.7	166.7	169.5	168.3	-0.7

1-6 续表 1

指 标	单位	1990	1995	2000	2005	2010	2011	2012	2013	2013 比上年±%
工业										
工业总产值	亿元	174.4	647.9	1005.3	2411.5	7958.3	8459.7	10632.4	12153.5	13.2
工业增加值	亿元	39.8	87.1	187.5	569.7	1996.0	2316.0	2541.5	2857.7	11.3
规模以上工业										
资产总计	亿元	142.3	470.3	749.8	1473.6	3898.8	5173.0	7036.7	8528.6	23.9
负债合计	亿元	89.6	328.6	477.5	946.3	2134.9	2762.8	3915.4	4597.2	17.8
主营业务收入	亿元	104.6	307.8	530.9	1673.0	5942.3	8144.4	9603.4	11016.3	15.1
利税总额	亿元	18.0	37.9	67.2	230.2	1058.1	1351.7	1415.1	1529.2	6.2
建筑业										
建筑业总产值	亿元	12.7	45.5	106.0	299.4	1352.3	1547.6	1816.6	2265.3	24.7
施工房屋面积	万平方米	325	805	1217	2937	8876.9	10505.5	12001.6	14247.2	18.7
竣工房屋面积	万平方米	148	306	440	765	2601.7	3403.6	3667.8	4095.8	11.7
交通运输										
旅客周转量	亿人公里	69.3	92.0	125.1	189.6	301.4	325.6	348.2	372.7	7.0
#铁路	亿人公里	46.0	53.0	60.0	80.0	113.9	111.2	119.4	128.0	7.2
公路	亿人公里	23.3	32.1	56.3	82.7	137.7	161.1	174.1	188.1	8.0
航空	亿人公里	1.0	6.8	8.8	26.9	49.8	53.3	54.7	56.6	3.4
货物周转量	亿吨公里	196.2	212.9	226.5	287.7	479.8	564.1	630.9	685.3	8.6
#铁路	亿吨公里	181.6	181.9	156.2	187.9	199.4	210.2	216.2	217.2	0.5
公路	亿吨公里	14.7	30.9	70.1	99.4	279.8	353.3	414.2	467.5	12.9
航空	万吨公里	150.0	574	1281	3385	5641	5744	5477	5849	6.8
邮电通讯										
邮电业务总量	万元	1.2	8.5	42	108.2	296.3	116.8	131.3	136.1	3.7
国内商业										
社会消费品零售总额	亿元	47.4	164.1	381.8	706.7	1702.1	2015.6	2322.7	2623.5	13.0
批零贸易企业销售额	亿元	44.9	401.0	437.4	1274.3	2339.1	2943.9	3247.5	3516.0	8.3
对外贸易和旅游										

1-6 续表 2

指标	单位	1990	1995	2000	2005	2010	2011	2012	2013	2013 比上年±%
直接进出口总值	万美元		16129	19216	110193	452442	1535929	3528949	4217749	19.5
#直接出口总值	万美元	1119	13072	12313	75659	331272	941400	2022563	2506438	23.6
旅游外汇收入	万美元			4653	7769	13384	14760	15800	16500	4.4
金融										
金融机构各项存款	亿元	86.3	464.4	1215.4	3116.1	7990.9	8964.9	10448.3	12450.5	18.0
金融机构各项贷款	亿元	87.0	373.7	881.9	2428.1	5717.5	6112.8	6794.1	9342.3	11.5
教育										
在校学生数	万人	84.4	114.9	139.7	191.3	222.3	227.4	231.6	241.0	4.1
专任教师数	万人	6.2	5.9	7.1	9.4	12.5	12.9	13.6	13.9	2.0
人民生活										
城镇居民人均可支配收入	元	1496	4535	5935	10640	18897	21612	24246	26615	9.8
农村居民人均纯收入	元	692	1555	2912	4774	9225	11050	12531	14009	11.8
城市居民人均居住建筑面积	平方米			19.8	23.0	28.2	29.5	–	–	–
农村居民人均居住面积	平方米	21.5	23.8	35.4	43.7	52.0	54.9	55.7	52.6	-5.6
城乡居民储蓄余额	亿元	56.1	254.2	565.8	1436.1	2911.0	3252.1	3845.5	4475.3	16.4
工资										
在岗职工年平均工资	元	2126	5226	9017	16694	32779	35541	41480	44622	7.6
卫生										
医疗机构数	个	935	879	688	1637	1347	4044	3810	4026	5.7
卫生技术人员	个	28410	30590	31137	33568	49519	56891	65403	76282	16.6
医疗床位数	张	20937	22122	24472	29295	47094	52750	59664	68764	15.3
市政建设										
自来水供水量	万吨	23037	32506	28783	30448	37724	35785	35825	35413	-1.2
城市集中供热面积	万平方米		851	1383	1777	2261	2285	3349	3815	13.9
用气人口	万人	59.5	107.9	149.2	230	439	457	533	528	-0.9
城市道路长度	公里	428	563	684	1131	1338	1390	1446	1520	5.1
公共汽(电)车总数	辆	404	728	1342	3077	4788	5271	5548	5745	3.6

注:1. 1990 年城市居民人均可支配收入以人均生活费收入代替;2. 直接进出口总值、直接出口总值统计范围不包括国家部委及省属进出口公司,1995 年、1990 年为业务统计数,2000 年以来为海关数;3. 2013 年邮电业务总量按 2010 年可比价格计算,2001–2010 年按 2000 年可比价格计算,2000 年以前按 1990 年可比价格计算;4. 固定资产投资 2010 年以前为城镇投资;5. 2010 年以后,工业总产值和增加值包含河南中烟工业公司和河南电力公司。

1-7　国民经济和社会发展比例和效益指标

指　　标	单位	1990	1995	2000	2005	2010	2011	2012	2013
就业									
每一就业者负担人口	**人**	**1.66**	**1.85**	**1.90**	**2.15**	**2.01**	**2.04**	**1.99**	**1.78**
三次产业从业者比例									
第一产业	%	50.1	40.4	41.9	31.5	21.5	20.4	-	-
第二产业	%	31.3	32.3	27.0	30.0	33.8	36.1	-	-
第三产业	%	18.6	27.3	31.1	38.5	44.6	43.5	-	-
城镇登记失业率	%			2.0	3.0	2.8	2.0	2.0	2.2
宏观经济									
国民经济核算									
三次产业增加值比例									
第一产业	%	12.4	7.4	5.8	4.4	3.1	2.6	2.6	2.3
第二产业	%	53.7	52.6	47.1	52.5	56.2	57.7	56.4	56.0
第三产业	%	33.9	40.0	47.1	43.1	40.7	39.6	41.0	41.7
人均生产总值	元	2118	6499	11227	23320	47608	56856	62049	68070
固定资产投资									
全社会固定资产占 GDP 比例	%	23.1	42.8	35.5	49.4	68.2	60.3	66.1	72.7
财政									
地方财政收入占 GDP 比例	%	9.0	4.4	6.5	9.1	14.6	14.4	17.0	19.3
产业									
工业									
产品销售率	%	96.6	96.4	97.4	98.1	98.2	97.9	98.0	98.4

1-7 续表

指　标	单位	1990	1995	2000	2005	2010	2011	2012	2013
总资产贡献率	%	30.1	12.8	11.2	18.0	28.4	27.4	21.3	18.9
成本费用利润率	%	5.8	3.3	5.2	7.8	13.8	12.6	10.3	9.5
资产负债率	%	63.0	69.9	63.7	64.6	54.8	53.4	55.6	53.9
建筑业									
产值利税率	%	7.39	4.84	3.27	4.57	8.0	7.8	7.9	8.3
全员劳动生产率	元/人	12902	28440	60305	117785	221621	285024	380470	391256
教育									
适龄儿童入学率	%	99.40	99.71	99.95	100	100	100	100	100
学校教师负担人数	人	13.56	19.48	17.2	15.5	17.8	17.6	17.0	17.4
卫生									
每万人拥有医疗机构数	个	1.68	1.46	1.05	2.29	1.56	4.57	4.22	4.38
每万人拥有卫生技术人员	人			48.6	46.9	57.2	64.2	72.4	83.0
每万人拥有医院床位数	张	37.5	36.9	37.4	40.9	54.4	59.6	66.1	74.8
市政建设									
城市自来水普及率	%		97.6	100	100	100	100	100	100
人均公共绿地面积	平方米	2.6	3.2	4.6	8.0	10.5	10.8	11.3	12.0

1-8 主要指标年人均水平

指标	单位	2000	2005	2007	2008	2009	2010	2011	2012	2013
生产总值	元	11227	23320	34063	40617	44237	47608	56856	62049	68070
地方公共财政预算收入	元	672	1912	3007	3521	4037	4781	5735	6783	7942
社会消费品零售总额	元	5885	9924	13406	16310	19184	21038	22686	25969	28795
在岗职工平均工资	元	8263	16694	23025	26476	29837	32779	35541	41480	44622
城镇居民可支配收入	元	5935	10640	13692	15732	17117	18897	21612	24246	26615
农民人均纯收入	元	2912	4774	6594	7548	8121	9225	11050	12531	14009
城乡居民储蓄存款余额	元	8721	20195	22721	27951	33577	35980	37129	42994	49120
市区居民居住面积	平方米	9.5	23.0	25.1	26	26.6	28.2	29.5	–	–
城市生活用电量	千瓦时	594	506	689	728	819	840	791	947	909
城市生活用水量	吨	73	81	50.7	54.2	56.1	49.8	43.8	48.4	45.3
市区公共绿地面积	平方米	4.6	8.0	9.2	9.3	9.7	10.5	10.8	11.3	12.0
市区每万人拥有公交车辆	辆	4.8	10.2	12	13.2	13.3	12.6	11.9	11.9	11.6
每万人拥有医疗床位数	张	37.7	41.2	46.3	52.1	57.5	55.5	60.2	66.7	75.5
每万人拥有卫生技术人员	人	48	47.2	54.8	57.1	62.8	58.3	65	73.1	83.7

1-9 郑州一日

指　标	单　位	2000	2005	2007	2008	2009	2010	2011	2012	2013
生产总值	万元	19956	45496	68130	82301	90644	110709	136434	151634	169912
第一产业	万元	1161	1983	2175	2595	2824	3413	3607	3891	4027
第二产业	万元	9405	23913	36016	45466	48945	62189	78746	85599	95082
第三产业	万元	9389	19600	29939	34241	38874	45108	54081	62144	70803
粮食总产量	吨	4348	4192	4504	4527	4550	4567	4567	4630	4611
全社会固定资产投资	万元	7079	22466	37461	48567	62715	75534	82261	100266	123542
社会消费品零售总额	万元	10460	19361	26814	33049	39309	46633	54441	63462	71877
地方公共财政预算收入	万元	1192	3729	6014	7114	8272	10597	13762	16575	19825
货运量	万吨	43.2	65.1	87.0	102.3	46.5	56.5	66.9	72.8	80.5
客运量	万人	35.8	50.2	69.1	77.9	71.5	82.5	92.5	97.4	105.9
邮电业务总量	万元	1161	2963	5268	6233	7019	8118	3201	3588	3729
出口总值	万美元	33.7	207	483	692	548	908	2579	5526	6867
自来水供水量	万吨	79	83	76	88	97	103	98	98	97
售电量	万千瓦时	2156	3852	5810	7833	8225	9753	10684	10792	10959
接待境外人数	人次	222	573	718	800	879	956	1052	1153	1200

1-10 按行政区划分重要经济指标

（2013 年）

指　　标	郑州市	中原区	二七区	管城区	金水区	上街区	惠济区
生产总值（万元）	62018473	4353701	4032477	5176171	9623027	1076214	927609
第一产业（万元）	1469617	16767	6526	13899	18047	4939	57822
第二产业（万元）	34705173	2037561	847708	2885813	1017988	807338	452625
工业（万元）	31013768	1472172	502748	2430762	169294	712639	252589
第三产业（万元）	25843683	2299373	3178244	2276459	8586991	263937	417163
生产总值指数（%）	110.0	109.9	108.4	109.2	109.4	107.0	107.0
第一产业（%）	103.2	98.6	98.5	100.0	99.8	94.5	103.0
第二产业（%）	110.4	110.2	111.7	111.8	109.6	106.6	108.4
工业（%）	110.3	109.4	112.2	111.7	105.6	106.2	106.9
第三产业（%）	109.6	109.6	107.3	105.9	109.4	109.0	105.8
总人口（人）	9191238	967220	752369	720718	1666781	135338	278423
固定资产投资（万元）	44002102	4125785	2926295	5183585	5473712	1001091	1153668
社会消费品零售总额（万元）	26235109	1803923	3013193	3566736	7343506	375018	870320

1-10　续表　（2013 年）

指　　标	中牟县	巩义市	荥阳市	新密市	新郑市	登封市
生产总值（万元）	5513732	5812240	5200572	5598308	6064742	4509039
第一产业（万元）	487695	110762	258010	167764	208595	130571
第二产业（万元）	3982701	4078071	3638972	3733239	4183561	3162063
工业（万元）	3718259	3881912	3443085	3533924	3979381	3034834
第三产业（万元）	1043336	1623407	1303590	1697305	1672586	1216405
生产总值指数（%）	108.4	110.1	109.2	109.5	111.6	109.1
第一产业（%）	101.5	103.9	104.0	104.1	103.3	103.9
第二产业（%）	109.7	111.0	109.6	109.7	112.5	109.3
工业（%）	109.1	111.0	109.4	109.6	112.4	109.1
第三产业（%）	109.1	107.4	108.9	109.4	110.3	109.4
总人口（人）	915480	816310	614986	799994	840214	683405
固定资产投资（万元）	5254031	3725449	3464700	3293806	4573763	2930485
社会消费品零售总额（万元）	1215246	1943007	1565387	1758327	1684308	1366307

1-11 生产总值

（2013 年）　　　　单位：万元

项　　目	郑州市	中原区	二七区	管城区	金水区	上街区	惠济区	中牟县
地区生产总值	**62018473**	**2757060**	**4032477**	**2997715**	**7814623**	**1076214**	**927609**	**2288743**
第一产业	**1469617**	**11854**	**6526**	**7777**	**10927**	**4939**	**57822**	**253261**
农林牧渔业	1469617	11854	6526	7777	10927	4939	57822	253261
第二产业	**34705173**	**978839**	**847708**	**1205085**	**943936**	**807338**	**452625**	**1258658**
工业	31013768	599837	502748	993666	169294	712639	252589	1079981
建筑业	3691405	379002	344960	211419	774642	94699	200036	178677
第三产业	**25843683**	**1766367**	**3178244**	**1784854**	**6859760**	**263937**	**417163**	**776824**
交通运输、仓储和邮政业	3655174	65422	689229	111604	270379	33989	46983	171772
批发和零售业	4578025	151563	595507	509936	880385	51752	34111	101411
批发业	2364920	106343	343105	410720	392899	37621	13805	26895
零售业	2213105	45219	252403	99216	487486	14131	20306	74515
住宿和餐饮业	1939554	140709	226455	134752	511894	33578	56591	86689
住宿业	210016	11884	30460	12998	80393	1295	6374	3071
餐饮业	1729537	128825	195995	121754	431501	32283	50217	83619
金融业	4874121	410475	639554	319280	1596413	30882	50432	61427
房地产业	2818498	225362	176652	306923	592815	35920	70409	116027
房地产业（K 门类）	1976866	169293	144366	275771	486499	26654	43938	85739
居民自有住房服务	841632	56069	32286	31152	106317	9266	26471	30288
营利性服务业	3126465	168244	366381	183729	1588344	24236	31735	74608
信息传输、计算机服务和软件业	979481	30785	269960	23326	491735	9295	4126	52155
其他营利性服务业	2146984	137459	96421	160402	1096609	14941	27609	22454
非营利性服务业	4851847	604592	484465	218630	1419529	53581	126901	164889
公共管理和社会组织	1472926	189133	147830	86709	386746	26367	40798	26422
其他非营利性服务业	3378920	415459	336635	131921	1032783	27214	86104	138467

1-11　续表　　(2013 年)　　单位:万元

项　　目	巩义市	荥阳市	新密市	新郑市	登封市	经济开放区	高新开发区	郑东新区	航空港实验区
地区生产总值	**5812240**	**5200572**	**5598308**	**5252762**	**4509039**	**2630845**	**1556804**	**2175869**	**3255990**
第一产业	**110762**	**258010**	**167764**	**181931**	**130571**	**57071**	**4913**	**73000**	**132779**
农林牧渔业	110762	258010	167764	181931	130571	57071	4913	73000	132779
第二产业	**4078071**	**3638972**	**3733239**	**3698790**	**3162063**	**2021111**	**1018884**	**253305**	**2729093**
工业	3881912	3443085	3533924	3496589	3034834	1750238	832497	143047	2704797
建筑业	196159	195887	199315	202201	127229	270873	186387	110258	24296
第三产业	**1623407**	**1303590**	**1697305**	**1372041**	**1216405**	**552663**	**533007**	**1849564**	**394118**
交通运输、仓储和邮政业	626647	359665	558422	349636	415704	39838	23170	40887	224803
批发和零售业	227852	190809	208607	215172	110758	330678	47948	205893	41599
批发业	84386	41265	115728	84853	40175	303974	38381	163562	13814
零售业	143467	149544	92880	130320	70584	26704	9567	42331	27785
住宿和餐饮业	180617	149237	167372	124269	97655	12739	38151	43290	23156
住宿业	18376	2389	17450	4835	15602	2042	3577	14424	8029
餐饮业	162241	146848	149921	119434	82053	10697	34574	28867	15127
金融业	103330	98589	118101	96039	86090	15314	53977	946462	8045
房地产业	206112	149464	140080	65160	86940	44239	93355	416091	6690
房地产业(K 门类)	120978	99554	43484	10830	15466	38391	81042	362087	766
居民自有住房服务	85134	49910	96595	54329	71474	5848	12313	54003	5924
营利性服务业	74223	56485	73820	83575	91227	40662	85461	49088	20407
信息传输、计算机服务和软件业	29491	28403	35854	45887	39698	13793	57284	7974	7079
其他营利性服务业	44732	28082	37966	37688	51529	26870	28177	41115	13328
非营利性服务业	204626	299342	430902	438190	328030	69192	190944	147853	69418
公共管理和社会组织	57626	183891	206169	135332	89038	42601	13482	30793	46553
其他非营利性服务业	147000	115451	224734	302858	238992	26591	177463	117060	22865

1-12　生产总值指数

（2013 年）

单位：%

项　　目	郑州市	中原区	二七区	管城区	金水区	上街区	惠济区	中牟县
地区生产总值	**110.0**	**108.0**	**108.4**	**107.1**	**108.2**	**107.0**	**107.0**	**109.0**
第一产业	**103.2**	**99.5**	**98.5**	**100.9**	**101.1**	**94.5**	**103.0**	**104.1**
农林牧渔业	103.2	99.5	98.5	100.9	101.1	94.5	103.0	104.1
第二产业	**110.4**	**105.9**	**111.7**	**108.8**	**109.1**	**106.6**	**108.4**	**109.5**
工业	110.3	104.0	112.2	108.4	105.6	106.2	106.9	108.9
建筑业	112.0	111.0	110.7	110.8	110.7	110.8	110.8	113.4
第三产业	**109.6**	**109.6**	**107.3**	**106.0**	**108.1**	**109.0**	**105.8**	**110.1**
交通运输、仓储和邮政业	105.5	102.9	105.5	103.5	103.0	104.2	103.6	104.6
批发和零售业	109.1	96.3	105.6	102.3	104.8	112.2	105.4	106.7
批发业	111.3	92.2	104.4	102.2	105.1	114.5	105.6	104.6
零售业	106.6	107.3	107.3	103.0	104.5	106.6	105.3	107.5
住宿和餐饮业	100.3	99.3	98.7	99.5	97.0	101.1	98.3	101.5
住宿业	97.1	85.5	94.8	102.9	90.1	100.5	82.7	96.0
餐饮业	100.8	101.1	99.4	99.1	98.6	101.1	101.2	101.7
金融业	126.6	126.3	126.2	125.9	127.3	129.3	125.8	123.6
房地产业	106.9	107.3	89.1	92.8	103.6	113.1	96.4	154.4
房地产业（K 门类）	108.0	108.1	86.0	90.6	103.3	116.8	91.7	187.3
居民自有住房服务	105.0	105.0	105.0	105.0	105.0	105.0	105.0	105.0
营利性服务业	105.1	106.4	103.1	106.6	103.3	89.2	101.8	108.7
信息传输、计算机服务和软件业	108.0	101.1	101.1	101.1	101.1	101.4	101.1	106.5
其他营利性服务业	103.8	107.6	109.6	107.5	104.3	82.6	101.9	114.6
非营利性服务业	108.1	108.5	107.0	111.5	104.7	114.4	110.0	99.0
公共管理和社会组织	107.1	105.6	102.6	115.0	97.2	120.2	109.9	66.1
其他非营利性服务业	108.5	109.8	108.9	109.8	107.6	109.4	110.1	109.2

1-12 续表 (2013年) 单位:%

项　目	巩义市	荥阳市	新密市	新郑市	登封市	经济开放区	高新开发区	郑东新区	航空港实验区
地区生产总值	**110.1**	**109.2**	**109.5**	**109.8**	**109.1**	**112.9**	**113.2**	**104.0**	**125.4**
第一产业	**103.9**	**104.0**	**104.1**	**104.0**	**103.9**	**99.0**	**97.0**	**97.5**	**99.5**
农林牧渔业	103.9	104.0	104.1	104.0	103.9	99.0	97.0	97.5	99.5
第二产业	**111.0**	**109.6**	**109.7**	**109.9**	**109.3**	**114.6**	**114.9**	**73.8**	**133.6**
工业	111.0	109.4	109.6	109.7	109.1	114.9	114.4	62.9	133.5
建筑业	111.6	113.3	113.3	113.7	113.1	113.0	117.9	118.3	143.6
第三产业	**107.4**	**108.9**	**109.4**	**110.6**	**109.4**	**106.0**	**109.6**	**116.7**	**108.8**
交通运输、仓储和邮政业	106.2	107.4	108.3	105.7	105.0	105.8	103.9	103.4	107.3
批发和零售业	107.9	108.4	107.9	122.2	110.3	112.4	96.7	102.8	106.4
批发业	110.0	108.0	108.2	157.8	114.3	113.2	94.0	102.0	114.3
零售业	107.0	108.5	107.4	107.3	108.2	109.2	108.2	105.4	102.9
住宿和餐饮业	106.5	102.0	102.5	103.0	103.4	101.6	98.5	80.2	92.7
住宿业	111.0	104.9	104.4	104.6	105.6	100.7	82.2	122.7	83.2
餐饮业	105.9	101.9	102.1	103.0	103.0	101.8	100.8	67.6	99.8
金融业	107.6	120.0	121.9	130.4	114.9	125.7	125.8	127.6	125.0
房地产业	111.4	113.9	107.1	105.5	106.4	81.0	114.7	117.5	105.4
房地产业(K门类)	117.5	118.7	112.1	107.8	118.7	78.2	116.5	120.3	108.2
居民自有住房服务	105.0	105.0	105.0	105.0	105.0	105.0	105.0	105.0	105.0
营利性服务业	107.3	98.9	108.2	107.7	111.2	106.8	105.4	95.7	133.8
信息传输、计算机服务和软件业	104.8	101.0	102.7	103.0	101.1	101.1	101.1	101.1	101.1
其他营利性服务业	109.3	96.7	114.4	114.6	130.7	110.4	114.6	94.4	164.5
非营利性服务业	107.7	111.9	112.0	109.7	113.9	112.4	111.5	112.0	110.9
公共管理和社会组织	113.3	113.5	114.4	106.3	122.5	109.0	101.9	100.4	112.3
其他非营利性服务业	105.8	109.5	109.8	111.2	109.8	118.7	112.3	115.3	108.2

1-13 全市法人单位数(按地域划分)

(2013 年底)　　单位:个

行　业	全市	中原区	二七区	管城区	金水区	上街区	惠济区	经济开发区
总计	**73586**	**5169**	**4212**	**4844**	**19529**	**1188**	**1405**	**2512**
农、林、牧、渔业	1494	13	31	14	43	13	53	39
采矿业	381	2	5	0	0	2	0	0
制造业	10250	802	397	135	226	292	273	341
电力、热力、燃气及水生产和供应业	142	7	4	1	1	7	4	3
建筑业	3871	359	258	248	1437	49	82	185
批发和零售业	20087	1491	1368	2374	7409	256	238	649
交通运输、仓储和邮政业	1256	56	79	128	202	44	27	103
住宿和餐饮业	1171	71	148	69	399	11	24	29
信息传输、软件和信息技术服务业	2466	198	137	156	1354	8	12	185
金融业	321	7	14	13	135	2	1	8
房地产业	4135	357	343	297	1323	64	88	180
租赁和商务服务业	7589	457	398	622	3670	72	58	286
科学研究和技术服务业	3369	235	139	100	1146	16	35	220
水利、环境和公共设施管理业	477	31	21	14	67	10	18	17
居民服务、修理和其他服务业	1143	91	75	67	371	12	25	53
教育	3718	290	259	187	527	75	140	88
卫生和社会工作	3038	72	83	45	106	10	65	27
文化、体育和娱乐业	1768	82	80	56	379	31	46	20
公共管理、社会保障和社会组织	6910	548	373	318	734	214	216	79

注:郑州市第三次全国经济普查初步汇总数据。

1-13 续表 （2013 年底） 单位:个

行 业	高新开发区	郑东新区	航空港实验区	中牟县	巩义市	荥阳市	新密市	新郑市	登封市
总计	**2034**	**6095**	**874**	**2717**	**5792**	**4456**	**4820**	**4137**	**3802**
农、林、牧、渔业	21	17	38	53	78	355	404	129	193
采矿业	0	2	0	1	57	35	132	9	136
制造业	732	118	120	263	2405	1436	1100	950	660
电力、热力、燃气及水生产和供应业	5	6	2	10	29	10	20	18	15
建筑业	136	527	17	89	49	112	127	128	68
批发和零售业	360	2163	65	427	793	549	703	681	561
交通运输、仓储和邮政业	9	68	37	90	87	77	103	81	65
住宿和餐饮业	9	113	17	18	71	17	41	45	89
信息传输、软件和信息技术服务业	171	154	5	10	24	18	8	9	17
金融业	4	88	2	3	19	3	9	7	6
房地产业	92	632	38	180	83	124	100	161	73
租赁和商务服务业	107	1066	16	124	86	158	174	172	123
科学研究和技术服务业	193	432	15	214	117	104	98	110	195
水利、环境和公共设施管理业	11	20	2	34	49	31	32	34	86
居民服务、修理和其他服务业	12	125	3	35	57	49	22	115	31
教育	61	138	114	219	273	197	457	318	375
卫生和社会工作	5	70	163	365	381	378	428	416	424
文化、体育和娱乐业	24	98	3	26	487	84	107	121	124
公共管理、社会保障和社会组织	82	258	217	556	647	719	755	633	561

1-14　基本单位按登记注册类型分组情况

（2013 年底）　　单位:个

注册类型	单位数	注册类型	单位数
总　计	**73586**	私营合伙企业	478
内资企业	**73151**	私营有限责任公司	13381
国有企业	5627	私营股份有限公司	503
集体企业	1317	其他企业	13548
股份合作企业	161	**港、澳、台商投资企业**	**214**
联营企业	137	合资经营企业(港或澳、台资)	88
国有联营企业	22	合作经营企业(港或澳、台资)	8
集体联营企业	58	港、澳、台商独资经营企业	105
国有与集体联营企业	11	港、澳、台商投资股份有限公司	9
其他联营企业	46	其他港、澳、台商投资	4
有限责任公司	32342	**外商投资企业**	**221**
国有独资公司	140	中外合资经营企业	100
其他有限责任公司	32202	中外合作经营企业	14
股份有限公司	1029	外资企业	84
私营企业	18990	外商投资股份有限公司	13
私营独资企业	4628	其他外商投资	10

主要统计指标解释

生产总值 是一个国家(地区)所有常住单位在一定时期内生产活动的最终成果。地区生产总值有三种表现形态,即价值形态、收入形态和产品形态。从价值形态看,它是所有常住单位在一定时期内所生产的全部货物和服务价值超过同期投入的全部非固定资产货物和服务价值的差额,即所有常住单位的增加值之和;从收入形态看,它是所有常住单位在一定时期内所创造并分配给常住单位和非常住单位的初次分配收入之和;从产品形态看,它是最终使用的货物和服务减去进口货物和服务。在实际核算中,地区生产总值的三种表现形态表现为三种计算方法,即生产法、收入法和支出法。三种方法分别从不同的方面反映地区生产总值及其构成。

平均每年增长速度 在我国计算平均增长速度有两种方法,一种是习惯上经常使用的“水平法”,又称几何平均法,是以间隔期最后一年的水平同基期水平对比来计算平均每年增长(或下降)速度。另一种是“累计法”,又称代数平均法或方程法,是以间隔期内各年水平的总和同基期水平对比来计算平均每年增长(或下降)速度。在一般正常情况下,两种方法计算的平均每年增长速度比较接近,但在经济发展不平衡,出现大起大落时,两种方法计算的结果差别较大。本《年鉴》内所列的平均每年增长速度,除固定资产投资是用“累计法”计算以外,其余均用“水平法”计算。

企业(单位)登记注册类型 是以在工商行政管理机关登记注册的具有法人资格的各类企业为划分对象。行政机关、事业单位和社会团体及其他经济组织参照执行。本项以工商行政管理部门对企业(单位)登记注册的类型为依据,将企业(单位)登记注册类型分为以下几种:

1. 国有企业是指企业全部资产归国家所有,并按《中华人民共和国企业法人登记管理条例》规定登记注册的非公司制的经济组织。不包括有限责任公司中的国有独资公司。

2. 集体企业是指企业资产归集体所有,并按《中华人民共和国企业法人登记管理条例》规定登记注册的经济组织。

3. 股份合作企业是指以合作制为基础,由企业职工共同出资入股,吸收一定比例的社会资产投资组建,实行自主经营,自负盈亏,共同劳动,民主管理,按劳分配与按股分红相结合的一种集体经济组织。

4. 联营企业是指两个及两个以上相同或不同所有制性质的企业法人或事业单位法人,按自愿、平等、互利的原则,共同投资组成的经济组织。联营企业包括国有联营企业、集体联营企业、国有与集体联营企业和其他联营企业。

5. 有限责任公司是指根据《中华人民共和国登记管理条例》规定登记注册,由两个以上,五十个以下的股东共同出资,每个股东以其所认缴的出资额对公司承担有限责任,公司以其全部资产对其债务承担责任的经济组织。

有限责任公司包括国有独资公司以及其他有限责任公司:

(1)国有独资公司是指国家授权的投资机构或者国家授权的部门单独投资设立的有限责任公司。

(2)其他有限责任公司是指国有独资公司以外的其他有限责任公司。

6. 股份有限公司是指根据《中华人民共和国登记管理条例》规定登记注册,其全部注册资本由等额股份构成并通过发行股票筹集资本,股东以其认购的股份对公司承担有限责任,公司以其全部资产对其债务承担责任的经济组织。

7. 私营企业是指由自然人投资设立或由自然人控股,以雇佣劳动为基础的营利性经济组织。包括按照《公司法》、《合伙企业法》、《私营企业暂行条例》规定登记注册的私营有限责任公司、私营股份有限公司、私营合伙企业和私营独资企业。

(1)私营独资企业是指按《私营企业暂行条例》的规定,由一名自然人投资经营,以雇佣劳动为基础,投资者对企业债务承担无限责任的企业。

(2)私营合伙企业是指按《合伙企业法》或《私营企业暂行条例》的规定,由两个以上自然人按照协议共同投资、共同经营、共负盈亏,以雇佣劳动为基础,对债务承担无限责任的企业。

(3)私营有限责任公司是指按《公司法》、《私营企业暂行条例》的规定,由两个以上自然人投资或由单个自然人控股的有限责任公司。

(4)私营股份有限公司是指按《公司法》的规定,由五个以上自然人投资,或由单个自然人控股的有限公司。

8. 其他内资企业是指上述第 1 条至第 7 条之外的其他内资经济组织。

9. 与港澳台商合资经营企业是指港澳台地区投资者与内地的企业依照《中华人民共和国中外合资经营企业法》及有关法律的规定,按合同规定的比例投资设立、分享利润和分担风险的企业。

10. 与港澳台商合作经营企业是指港澳台地区投资者与内地企业依照《中华人民共和国中外合作经营企业法》及有关法律的规定,依照合作合同的约定进行投资或提供条件设立、分配利润和分担风险的企业。

11. 港澳台商独资经营企业是指依照《中华人民共和国外资企业法》及有关法律的规定,在内地由港澳台地区投资者全额投资设立的企业。

12. 港澳台商投资股份有限公司是指根据国家有关规定,经外经贸部依法批准设立,其中港、澳、台商的股本占公司注册资本的比例达 25% 以上的股份有限公司。凡其中港、澳、台商的股本占公司注册资本的比例小于 25% 的,属于内资企业中的股份有限公司。

13. 中外合资经营企业是指外国企业或外国人与中国内地企业依照《中华人民共和国中外合资经营企业法》及有关法律的规定,按合同规定的比例投资设立、分享利润和分担风险的企业。

14. 中外合作经营企业是指外国企业或外国人与中国内地企业依照《中华人民共和国中外合作经营企业法》及有关法律的规定,依照合作合同的约定进行投资或提供条件设立、分配利润和分担风险的企业。

15. 外资企业是指依照《中华人民共和国外资企业法》及有关法律的规定,在中国内地由外国投资者全额投资设立的企业。

16. 外商投资股份有限公司是指根据国家有关规定,经外经贸部依法批准设立,其中外资的股本占公司注册资本的比例达 25% 以上的股份有限公司。凡其中外资股本占公司注册资本的比例小于 25% 的,属于内资企业中的股份有限公司。机关、事业单位和社会团体参照《企业登记注册类型与代码》,主要按其经费来源和管理方式划分。

具体规定如下:

1. 机关包括国家机关和党政机关,原则上均列为“国有”。但有特殊规定的,如供销社等,则列为“集体”。

2. 事业单位包括经国家机构编制部门和有关业务主管部门批准成立的各类事业单位,不包括实行企业化管理的事业单位。事业单位的划分办法如下:

(1)由国家财政预算拨款或列入财政预算外资金管理以及经费主要来源于国有主管部门或国有上级单位的事业单位,列为“国有”。

(2)经费主要来源于集体单位的事业单位,列为“集体”。

(3)公民个人(或个人合伙)开办的事业单位,列为“私营”。

(4)上述以外的其他事业单位,如果其经费来源不明确,按管理方式进行归类。

3. 社会团体包括经民政部门批准成立以及未纳入社会团体管理条例范围的工会、妇联等各类社会团体。社会团体的划分办法如下:

(1)未纳入民政部社会团体管理条例范围的工会、妇联、共青团、青联、工商联、科协、侨联等社会团体,国家拨款设立的基金会或基金管理组织以及经费主要来源于国有业务主管部门或国有上级单位的社会团体,列为“国有”。

(2)经费主要来源于集体单位的社会团体,列为“集体”。

(3)公民个人(或个人合伙)开办的社会团体,划为“私营”。

(4)上述以外的其他社会团体,如果其经费来源不明确,改按管理方式进行归类。

三次产业　根据社会生产活动历史发展的顺序对产业结构的划分,产品直接取自自然界的部门称为第一产业,对初级产品进行再加工的部门称为第二产业。为生产和消费提供各种服务的部门称为第三产业。它是世界上通用的产业结构分类,但各国的划分不尽一致。我国的三次产业划分是:

第一产业是指农、林、牧、渔业。

第二产业是指采矿业,制造业,电力、燃气及水的生产和供应业,建筑业。

第三产业是指除第一、二产业以外的其他行业。第三产业包括:交通运输、仓储和邮政业,信息传输、计算机服务和软件业,批发和零售业,住宿和餐饮业,金融业,房地产业,租赁和商务服务业,科学研究、技术服务和地质勘查业，水利、环境和公共设施管理业，居民服务和其他服务业，教育，卫生、社会保障和社会福利业，文化、体育和娱乐业，公共管理和社会组织，国际组织。

总产出 总产出是指一定时期内一个国家（或地区）常住单位生产的所有货物和服务的价值，即包括新增价值，也包括转移价值。它反映常住单位生产活动的总规模。总产出按生产者价格计算。

增加值 增加值是指常住单位生产过程创造的新增价值和固定资产的转移价值。它可以按生产法计算，也可以按收入法计算，按生产法计算，它等于总产出减去中间投入；按收入法计算，它等于劳动者报酬、生产税净额、固定资产折旧和营业盈余之和。

人口数 指一定时点、一定地区范围内的有生命的个人的总和。

年度统计的年末人口数是指每年 12 月 31 日 24 时的人口数。年度统计的全国人口总数内未包括台湾省和港澳同胞以及海外华侨人数。

出生率（又称粗出生率）指在一定时期内（通常为一年）平均每千人所出生的人数的比率，一般用千分率表示。计算公式：

$$出生率=\frac{年出生人数}{年平均人数}\times 1000‰$$

出生人数 是指活产婴儿，即胎儿脱离母体时（不管怀孕月数），有过呼吸或其他生命现象。

年平均人数 是指年初、年底人口数的平均数，也可用年中人口数代替。

死亡率（又称粗死亡率） 指在一定时期内（通常为一年）一定地区的死亡人数与同期平均人数（或期中人数）之比，一般用千分率表示。计算公式：

$$死亡率=\frac{年死亡人数}{年平均人数}\times 1000‰$$

人口自然增长率 指在一定时期内（通常为一年）人口自然增加数（出生人数减死亡人数）与该时期内平均人数（或期中人数）之比。一般用千分率表示。计算公式：

$$人口自然增长率=\frac{（本年出生人数-本年死亡人数）}{年平均人数}\times 1000‰$$

人口自然增长率=人口出生率-人口死亡率

二、从业人员和劳动工资

2-1 法人单位从业人数(按地域划分)

(2013 年底)　　　　单位:个

项目	全市	中原区	二七区	管城区	金水区	上街区	惠济区	经济开发区	高新开发区	郑东新区	航空港实验区	中牟县	巩义市	荥阳市	新密市	新郑市	登封市
合　计	**3465038**	**306131**	**212695**	**167632**	**591160**	**50736**	**108657**	**147930**	**136922**	**214677**	**306151**	**111456**	**235424**	**226130**	**201940**	**241549**	**205848**
农、林、牧、渔业	27385	263	400	333	687	182	1517	397	406	347	1630	2706	2332	4243	4572	3230	4140
采矿业	148995	71708	103			556				12		560	19833	5617	6186	3452	40968
制造业	1147359	28146	21931	38586	19260	29809	17295	61670	60843	13076	279892	27974	139974	135299	106817	106027	60760
电力、热力、燃气及水生产和供应业	61811	8830	25056	1793	9	135	1035	64	485	330	54	1193	2450	1385	2440	1122	15430
建筑业	586665	90371	38891	35421	157549	7514	55003	33713	26991	38673	1239	14140	10461	25945	21215	21619	7920
批发和零售业	293994	13645	24736	31706	94758	1638	5926	14461	5908	28729	1149	7478	12509	9106	10905	21279	10061
交通运输、仓储和邮政业	114345	1478	10379	9822	5973	808	769	10164	1127	41405	9153	2379	4464	1519	4099	7609	3197
住宿和餐饮业	65917	4180	6977	1776	26941	325	2899	737	489	6830	3100	988	2041	1335	1335	2246	3718
信息传输、软件和信息技术服务业	51133	1919	6822	1674	28199	53	132	3027	5534	2506	34	110	345	116	178	238	246
金融业	52938	2776	2357	384	31752	24	20	191	549	13151	40	13	772	41	64	245	559
房地产业	104811	9922	8710	11944	28833	1670	3229	4923	3354	13935	2130	3914	1791	2875	1813	3983	1785
租赁和商务服务业	110422	4860	7617	7454	46719	504	1371	2827	4616	15118	200	3006	1443	2041	2062	5732	4852
科学研究和技术服务业	103978	24226	5997	1418	30388	378	2111	4416	8110	7563	180	7210	1769	1623	1453	3630	3506
水利、环境和公共设施管理业	28180	2517	3892	1014	4236	425	669	474	715	1445	46	3712	1464	2060	768	1088	3655
居民服务、修理和其他服务业	20678	953	1496	2190	6019	394	448	680	263	1843	37	546	871	648	319	3497	474
教育	194982	11645	15728	7356	30249	1736	7357	2588	13875	13445	1996	8307	10074	9805	14724	22303	23794
卫生和社会工作	98336	8255	16204	5388	27609	1057	1814	2097	162	2987	963	3989	5578	4716	6622	6347	4548
文化、体育和娱乐业	51542	3066	1358	974	18291	137	1275	1919	432	1257	37	10786	4609	1429	979	2348	2645
公共管理、社会保障和社会组织	201567	17371	14041	8399	33688	3391	5787	3582	3063	12025	4271	12445	12644	16327	15389	25554	13590

2-2 分企事业机关、分行业从业人员人数

（2013年底）

单位：人、%

类　别	合　计	比上年增长	国有	比上年增长	城镇	比上年增长	其他所有制	比上年增长
单位从业人员年末人数	**1919563**	**18.2**	**450081**	**-20.8**	**36173**	**-28.6**	**1433309**	**43.1**
一、按企事业机关分								
企业	1534050	26.5	108755	-51.2	26997	-31.3	1398298	45.7
事业	275506	-4.9	251488	-1.5	8444	-25.3	15574	-24.4
机关	84152	-5.5	83809	-4.8	147		196	493.9
非营利组织	15050	12.0	1371	2.7	382	1217.2	13297	17.2
其他	10805	-5.3	4658	581.0	203	207.6	5944	-39.8
二、按行业分								
农林牧渔业	3100	50.7	756	-31.9	612	9.7	1732	204.4
采矿业	77718	-8.2	171	-99.7	261	-58.8	77286	152.8
制造业	681291	43.5	9941	-43.0	9306	3.8	662044	25.7
电力、热力、燃气及水的生产和供应业	35109	-7.8	8660	-63.8			26449	105.3
建筑业	328837	2.7	18993	-64.9	6883	-58.9	302961	63.4
批发和零售业	97214	33.6	6678	-32.4	3337	-25.5	87199	52.6
交通运输、仓储和邮政业	67718	43.9	20372	-21.6	849	-16.3	46497	203.9
住宿和餐饮业	36718	3.7	6974	-24.4	1040	-3.1	28704	22.4
信息传输、软件和信息技术服务业	22060	83.5	2674	-46.2	20	-89.3	19366	175.3
金融业	47066	3.4	10797	32.7			36269	2.0
房地产业	39635	24.4	1741	-12.0	398	-16.9	37496	12.7
租赁和商务服务业	27086	6.0	6840	-21.8	2123	36.4	18123	36.7
科学研究和技术服务业	49859	8.0	19961	-14.6	931	-35.5	28967	90.1
水利、环境和公共设施管理业	16495	-25.8	12294	-28.3	341	-44.5	3860	-10.0
居民服务、修理和其他服务业	4245	-0.7	359	-35.0	272	45.5	3614	
教育	140711	-3.2	108791	-3.4	4836	-25.5	27084	6.2
卫生和社会工作	75346	8.2	64064	5.5	4006	-3.3	7276	55.6
文化、体育和娱乐业	36956	21.2	23758	20.1	159	318.4	13039	347.3
公共管理、社会保障和社会组织	132399	9.3	126257	9.6	799	48.5	5343	32.5

注：2-2表至2-13表范围为中央和地方各类企业，事业和机关的资料，不包括私营企业、个体工商户和乡镇企业。

2-3 分企事业机关、分行业在岗职工人数

（2013年底）　　单位：人、%

类　别	合　计	比上年增长	国有	比上年增长	城镇集体	比上年增长	其他经济类型	比上年增长
在岗职工年末人数	**1712685**	**13.3**	**422201**	**-21.7**	**31357**	**-34.7**	**1259127**	**36.2**
按企事业机关分								
企业	1347999	19.1	96701	-53.4	22369	-39.2	1228929	38.4
事业	258287	-4.5	238620	-1.8	8262	-25.9	11405	-29.8
机关	81773	-5.6	81430	-5.9	147		196	493.9
非营利组织	14411	21.1	1365	3.2	382	1217.2	12664	20.1
其他	10215	-3.4	4085	497.2	197	271.7	5933	-39.7
按行业分								
农林牧渔业	3047	48.3	703	-33.4	612	9.7	1732	293.6
采矿业	77702	-8.2	171	-99.7	261	-58.8	77270	154.1
制造业	661385	23.6	9631	-41.4	8946	4.5	642808	26.0
电力、热力、燃气及水的生产和供应业	33605	-7.4	8377	-64.9			25228	104.8
建筑业	226643	3.9	15939	-67.6	4236	-72.7	206468	34.5
批发和零售业	90379	34.6	5762	-37.8	3235	-25.9	81382	52.1
交通运输、仓储和邮政业	51202	44.7	17893	-24.4	837	-15.7	32472	203.5
住宿和餐饮业	33432	3.8	5767	-30.6	948	-11.6	26717	17.0
信息传输、软件和信息技术服务业	15930	84.2	1188	-28.9	20	-89.3	14722	116.9
金融业	44632	6.5	10164	32.7			34468	4.9
房地产业	35967	22.9	1628	-13.8	398	-16.9	33941	26.2
租赁和商务服务业	21768	8.5	6364	-25.1	730	-33.8	14674	40.2
科学研究和技术服务业	39788	8.6	17598	-16.1	929	-22.0	21261	47.0
水利、环境和公共设施管理业	15141	-25.0	11360	-29.0	242	-60.6	3539	-0.9
居民服务、修理和其他服务业	4196	-3.4	354	-35.3	242	30.8	3600	-0.4
教育	136039	-2.6	105866	-3.8	4833	-24.7	25340	9.3
卫生和社会工作	69294	8.3	58247	5.2	3930	-3.0	7117	56.0
文化、体育和娱乐业	26203	26.0	22207	24.4	159	318.4	3837	32.3
公共管理、社会保障和社会组织	126332	9.9	122982	8.8	799	48.5	2551	75.3

2-4 分企事业机关、分行业在岗职工工资总额

（2013 年底）

单位：千元、%

类　别	合　计	比上年增长	国有	比上年增长	城镇集体	比上年增长	其他经济类型	比上年增长
在岗职工年工资总额	**74359701**	**26.5**	**21129544**	**-13.7**	**1118761**	**-17.0**	**52111396**	**69.2**
按企事业机关分								
企业	57682621	42.7	5941876	-40.6	695912	-26.5	51044833	73.2
事业	11675979	-0.5	10808394	1.9	392354	-1.6	475231	-34.5
机关	3937961	3.3	3919310	2.8	9744		8907	326.4
非营利组织	451822	29.9	45552	-1.1	13733	1968.2	392537	30.4
其他	611318	90.4	414412	1633.1	7018	596.2	189888	-35.9
按行业分								
农林牧渔业	81070	41.5	19214	-37.4	15352	33.6	46504	208.1
采矿业	3604289	-6.1	8777	-99.7	9396	-47.5	3586116	311.7
制造业	25903776	62.3	579135	-19.9	303655	27.9	25020986	66.9
电力、热力、燃气及水的生产和供应业	1603141	-7.0	628938	-37.7			974203	36.7
建筑业	9015713	28.1	961885	-55.4	130785	-64.5	7923043	75.6
批发和零售业	3374282	51.6	398528	-17.1	74692	-19.6	2901062	75.6
交通运输、仓储和邮政业	2584979	63.7	805420	-12.3	22841	13.1	1756718	174.3
住宿和餐饮业	1055972	26.1	188145	-21.6	31024	41.3	836803	45.4
信息传输、软件和信息技术服务业	1136868	105.2	143370	41.5	473	-93.6	993025	122.9
金融业	3938563	3.5	1115612	64.1			2822951	-7.8
房地产业	1686775	40.5	66698	-6.7	11537	-9.6	1608540	44.1
租赁和商务服务业	1068444	42.9	257337	-31.4	21680	-24.9	789427	129.7
科学研究和技术服务业	2281605	28.8	1087214	2.8	32958	-31.3	1161433	74.5
水利、环境和公共设施管理业	543762	-25.2	395470	-34.1	7458	-35.4	140834	21.9
居民服务、修理和其他服务业	109294	-10.9	11159	-47.5	8118	17.2	90017	-4.8
教育	6247425	3.7	5152179	2.1	224008	-8.7	871238	19.5
卫生和社会工作	3226576	26.5	2751992	19.8	177974	32.3	296610	149.7
文化、体育和娱乐业	1280523	34.5	1090345	24.6	5361	298.9	184817	144.8
公共管理、社会保障和社会组织	5616644	13.8	5468126	12.5	41449	192.7	107069	78.1

2-5 分企事业机关、分行业在岗职工平均工资

（2013 年底）

单位：元、%

类别	合计	比上年增长	国有	比上年增长	城镇集体	比上年增长	其他所有制	比上年增长
在岗职工年平均工资	**44622**	**7.6**	**50042**	**10.1**	**36441**	**26.8**	**43037**	**15.7**
按企事业机关分								
企业	44232	13.4	59888	24.8	31854	20.3	43164	16.0
事业	45484	4.6	45507	4.2	48862	34.3	42570	-6.6
机关	48299	9.0	48273	9.0	66286		45677	-25.7
非营利组织	34154	16.1	34147	-2.5	41489	81.2	33945	18.1
其他	60895	95.0	96322	178.8	38560	102.7	33489	7.9
按行业分								
农林牧渔业	26809	-6.1	27606	-5.0	24922	6.3	27164	-17.0
采矿业	47297	2.3	51327	-6.0	35863	-0.6	47327	55.1
制造业	41509	13.7	58292	32.1	35434	25.6	41318	13.6
电力、热力、燃气及水的生产和供应业	47164	-0.6	73474	73.4			38403	-32.8
建筑业	41910	28.2	57028	30.6	30830	24.4	41049	36.7
批发和零售业	37349	12.9	66108	30.3	23712	10.7	35710	15.5
交通运输、仓储和邮政业	47799	8.5	44982	15.9	27266	33.2	49467	-10.1
住宿和餐饮业	30824	20.9	31496	9.3	32980	65.8	30599	24.9
信息传输、软件和信息技术服务业	62923	-0.5	90409	46.1	23650	-40.5	59223	-8.7
金融业	91606	1.1	112362	26.6			85324	-8.2
房地产业	46334	24.1	40889	7.4	30602	15.6	46754	24.8
租赁和商务服务业	48242	34.6	41110	-7.0	29885	11.9	51791	66.0
科学研究和技术服务业	56526	15.3	61784	22.1	35941	-10.3	53716	13.4
水利、环境和公共设施管理业	36202	0.7	35113	-6.2	33747	79.8	39821	23.5
居民服务、修理和其他服务业	26147	-10.3	32439	-17.7	33186	-12.8	25066	-7.4
教育	46399	7.3	48572	5.9	47182	22.0	36549	14.7
卫生和社会工作	47031	17.1	47525	14.1	47663	39.9	42447	59.8
文化、体育和娱乐业	47920	9.1	47760	3.2	35740	1.1	49402	79.7
公共管理、社会保障和社会组织	44866	4.0	44877	3.8	52667	97.1	41974	1.1

2-6 全市及各县（市）区分企事业、机关从业人员人数及工资总额

（2013 年底）

单位：人、元

类　别	单位从业人员	#女性	在岗职工合计	其他从业人员	单位从业人员平均人数（人）	在岗职工	劳务派遣人员	其他从业人员	单位从业人员工资总额（千元）	在岗职工工资总额	劳务派遣人员工资总额	其他从业人员工资总额	在岗职工平均工资（含劳务派遣人员）
总计	**1919563**	**701213**	**1712685**	**75522**	**1854995**	**1654642**	**130583**	**69770**	**81840312**	**74359701**	**5300935**	**2179676**	**44622**
市直	53816	8736	52386	12	54846	53334	1496	16	3113767	3041755	71791	221	56785
中原区	139315	41598	96815	4010	136679	96223	36615	3841	6268414	4459168	1697885	111361	46350
二七区	133277	47734	109893	6839	127415	108175	12267	6973	5497643	4836892	485832	174919	44193
管城区	87215	30213	76708	5174	85488	75418	5259	4811	3536364	3254067	176569	105728	42523
金水区	321115	112573	290580	11075	314313	283983	19416	10914	14823203	13885040	621529	316634	47814
上街区	39974	12393	36683	870	40104	36964	2365	775	1429944	1353621	56477	19846	35854
惠济区	60946	15904	50418	9075	57356	47532	1453	8371	2279703	1950542	48621	280540	40812
中牟县	57373	21728	43267	11388	52403	42582	2630	7191	1947447	1706440	96862	144145	39885
巩义市	77519	23400	72977	2029	74835	71017	1947	1871	2625464	2534729	47865	42870	35395
荥阳市	98526	25771	87133	2874	97201	85871	8651	2679	3592352	3129416	372095	90841	37044
新密市	88357	28108	82037	3059	87178	81157	3019	3002	2974157	2749001	96740	128416	33807
新郑市	116523	40028	109909	5444	113612	107149	1002	5461	4522830	4331769	21234	169827	40249
登封市	99854	23339	97673	1903	94546	92267	308	1971	2924549	2870836	6457	47256	31081
经济开发区	87631	31511	76837	1597	86578	76301	8740	1537	3960249	3583488	327910	48851	45994
高新开发区	76098	18371	63997	8210	83321	63908	11038	8375	4297476	3184419	666045	447012	51377
郑东新区	92861	33720	81585	1831	92259	80978	9418	1863	5088947	4733583	306510	48854	55756
航空港实验区	289163	186086	283787	132	256861	251783	4959	119	12957803	12754935	200513	2355	50461
企业	**1534050**	**527473**	**1347999**	**61448**	**1476037**	**1296206**	**124007**	**55824**	**64687539**	**57682621**	**5135687**	**1869231**	**44232**
市直	53816	8736	52386	12	54846	53334	1496	16	3113767	3041755	71791	221	56785
中原区	108580	26194	68345	3217	106477	68245	35178	3054	4798309	3067003	1637739	93567	45490
二七区	96732	29455	78297	2852	91760	77465	11456	2839	3806335	3252121	468764	85450	41845
管城区	69342	20665	61163	3678	67858	59911	4495	3452	2798716	2547967	164463	86286	42115
金水区	223804	71641	197967	8900	219835	194247	16851	8737	10170629	9350345	565930	254354	46975
上街区	34688	10031	31604	807	34931	31977	2217	737	1213948	1142003	53443	18502	34961
惠济区	48387	9304	38525	8505	44854	35682	1357	7815	1685876	1368508	46555	270813	38205
中牟县	38646	12865	25144	10841	33540	24298	2576	6666	1240996	1014572	95773	130651	41317
巩义市	56496	14428	52905	1116	54112	51209	1918	985	1704097	1628234	47256	28607	31537
荥阳市	70302	12691	59389	2412	69031	58181	8633	2217	2507846	2051563	371728	84555	36269
新密市	64923	16109	59030	2817	63803	58190	2839	2774	2048377	1831427	93237	123713	31537
新郑市	83927	23548	79217	3545	81230	76652	997	3581	3162295	3023058	21126	118111	39204
登封市	74295	12909	72124	1903	70165	67896	298	1971	2141819	2088222	6341	47256	30715
经济开发区	83890	29379	73519	1555	83005	73197	8311	1497	3773537	3406247	319403	47887	45709

2-6 续表1 （2013年底） 单位：人、元

类别	单位从业人员	#女性	在岗职工合计	其他从业人员	单位从业人员平均人数（人）	在岗职工	劳务派遣人员	其他从业人员	单位从业人员工资总额（千元）	在岗职工工资总额	劳务派遣人员工资总额	其他从业人员工资总额	在岗职工平均工资（含劳务派遣人员）
高新开发区	65215	14010	53114	8210	72358	52945	11038	8375	3686197	2573140	666045	447012	50626
郑东新区	73655	29596	63254	979	73103	62686	9395	1022	3954189	3617963	305803	30423	54436
航空港实验区	287352	185912	282016	99	255129	250091	4952	86	12880606	12678493	200290	1823	50497
事业	**275506**	**136451**	**258287**	**11661**	**271132**	**254303**	**5344**	**11485**	**12061924**	**11675979**	**133860**	**252085**	**45484**
中原区	21459	12107	19478	748	21111	19192	1191	728	972754	908122	47880	16752	46902
二七区	29956	15619	25157	3857	29148	24354	791	4003	1358861	1255619	16271	86971	50582
管城区	13719	7584	11507	1380	13532	11499	764	1269	554575	527277	12106	15192	43985
金水区	73731	33843	69580	1855	71306	67122	2344	1840	3452191	3348681	51817	51693	48952
上街区	2916	1688	2870	2	2875	2825	48	2	120621	119111	1486	24	41976
惠济区	9127	5181	8764	294	9078	8729	69	280	428183	421024	1526	5633	48028
中牟县	12338	6544	12019	319	12481	12175		306	486114	478896		7218	39334
巩义市	14028	6959	13433	595	13851	13280		571	616105	606697		9408	45685
荥阳市	20186	10077	20113	73	20141	20068		73	802975	801700		1275	39949
新密市	15890	9087	15622	148	15824	15572	115	137	604545	599762	2205	2578	38374
新郑市	24136	13261	22642	1489	23899	22506	5	1388	1019139	983015	108	36016	43673
登封市	14417	6544	14417		14381	14381			479585	479585			33349
经济开发区	2137	1087	2095	42	2031	1991		40	95830	94866		964	47647
高新开发区	9958	4107	9958		10042	10042			568418	568418			56604
郑东新区	10085	2646	9248	827	10088	9262	10	816	440450	422351	238	17861	45577
航空港实验区	1423	117	1384	32	1344	1305	7	32	61578	60855	223	500	46553
机关	**84152**	**25021**	**81773**	**1765**	**83535**	**81166**	**603**	**1766**	**3981629**	**3937961**	**11410**	**32258**	**48299**
中原区	7854	2441	7770	45	7683	7579	46	58	440832	438884	916	1032	57679
二七区	5398	2019	5252	126	5354	5207	20	127	302366	299160	797	2409	57386
管城区	3188	1229	3188		3157	3157			154523	154523			48946
金水区	19037	4713	18524	286	18775	18268	221	286	1054705	1042564	3782	8359	56593
上街区	2134	565	1973	61	2066	1930	100	36	90425	87557	1548	1320	43894
惠济区	3170	1243	2867	276	3160	2857	27	276	159122	154488	540	4094	53755
中牟县	5600	1886	5414	129	5614	5413	54	147	196825	193588	1089	2148	35609
巩义市	5269	1294	4921	318	5259	4923	21	315	244457	239258	344	4855	48463
荥阳市	7176	2573	6769	389	7183	6776	18	389	252637	247259	367	5011	36448
新密市	6606	2383	6448	93	6617	6462	65	90	268065	264666	1298	2101	40748
新郑市	5217	1716	5201	16	5199	5183		16	211806	211479		327	40802
登封市	6028	1789	6018		6012	6002	10		184719	184603	116		30725
经济开发区	395	184	387		393	385	8		21721	21577	144		55270

2-6 续表2 （2013年底） 单位:人、元

类别	单位从业人员	#女性	在岗职工合计	其他从业人员	单位从业人员平均人数（人）	在岗职工	劳务派遣人员	其他从业人员	单位从业人员工资总额（千元）	在岗职工工资总额	劳务派遣人员工资总额	其他从业人员工资总额	在岗职工平均工资（含劳务派遣人员）
高新开发区	577	105	577		575	575			28317	28317			49247
郑东新区	6210	854	6172	25	6195	6157	13	25	358192	357153	469	570	57961
航空港实验区	293	27	292	1	293	292		1	12917	12885		32	44127
民间非营利组织	**15050**	**7554**	**14411**	**639**	**13899**	**13229**		**670**	**476880**	**451822**		**25058**	**34154**
中原区	400	261	400		393	393			11634	11634			29603
二七区	766	472	762	4	746	742		4	19489	19400		89	26146
管城区	743	546	627	116	720	630		90	21935	17685		4250	28071
金水区	3504	1876	3476	28	3383	3353		30	111981	110723		1258	33022
上街区	23	18	23		23	23			636	636			27652
惠济区	127	90	127		129	129			2652	2652			20558
中牟县	546	291	447	99	525	453		72	14019	9891		4128	21834
巩义市	1302	446	1302		1187	1187			47940	47940			40388
荥阳市	302	141	302		291	291			9564	9564			32866
新密市	148	129	147	1	146	145		1	3874	3850		24	26552
新郑市	3013	1395	2622	391	3055	2582		473	122083	106774		15309	41353
登封市	3183	1312	3183		2348	2348			72495	72495			30875
高新开发区	348	149	348		346	346			14544	14544			42035
郑东新区	621	428	621		583	583			23559	23559			40410
航空港实验区	24		24		24	24			475	475			19792
其他	**10805**	**4714**	**10215**	**9**	**10392**	**9738**	**629**	**25**	**632340**	**611318**	**19978**	**1044**	**60895**
中原区	1022	595	822		1015	814	200	1	44885	33525	11350	10	44255
二七区	425	169	425		407	407			10592	10592			26025
管城区	223	189	223		221	221			6615	6615			29932
金水区	1039	500	1033	6	1014	993		21	33697	32727		970	32958
上街区	213	91	213		209	209			4314	4314			20641
惠济区	135	86	135		135	135			3870	3870			28667
中牟县	243	142	243		243	243			9493	9493			39066
巩义市	424	273	416		426	418	8		12865	12600	265		30200
荥阳市	560	289	560		555	555			19330	19330			34829
新密市	790	400	790		788	788			49296	49296			62558
新郑市	230	108	227	3	229	226		3	7507	7443		64	32934
登封市	1931	785	1931		1640	1640			45931	45931			28007
经济开发区	1209	861	836		1149	728	421		69161	60798	8363		60192
郑东新区	2290	196	2290		2290	2290			312557	312557			136488
航空港实验区	71	30	71		71	71			2227	2227			31366

2-7 全市及各县(市)区国有单位分企事业、机关从业人员人数及工资总额

(2013 年底)

单位:人、元

类别	单位从业人员	#女性	在岗职工合计	其他从业人员	单位从业人员平均人数(人)	在岗职工	劳务派遣人员	其他从业人员	单位从业人员工资总额(千元)	在岗职工工资总额	劳务派遣人员工资总额	其他从业人员工资总额	在岗职工平均工资(含劳务派遣人员)
国有单位合计	**450081**	**183374**	**422201**	**11574**	**445810**	**416988**	**17048**	**11774**	**21990345**	**21129544**	**590568**	**270233**	**50042**
市直	2164	608	2164		2191	2191			281915	281915			128670
中原区	45448	19563	40824	878	45555	40319	4035	1201	2417613	2223406	166218	27989	53876
二七区	35616	16449	32054	640	35100	31528	2934	638	1873884	1729666	129505	14713	53948
管城区	25587	10588	23029	1464	25434	22948	1124	1362	1230994	1170131	44800	16063	50471
金水区	113987	43958	108131	2752	111029	105032	3231	2766	5673618	5515923	78458	79237	51674
上街区	7209	2832	6856	66	7324	6954	309	61	310694	301931	7075	1688	42545
惠济区	14529	7393	13632	801	14469	13580	96	793	688150	672010	2066	14074	49289
中牟县	20594	9189	19956	449	20756	20121	183	452	842930	829168	4362	9400	41053
巩义市	15905	5723	14609	964	15878	14633	308	937	663759	639799	8669	15291	43402
荥阳市	28444	12884	27675	747	28364	27621	22	721	1104414	1091366	483	12565	39498
新密市	24359	12302	23715	361	24320	23695	250	375	974750	962540	4378	7832	40381
新郑市	29890	13979	28602	1282	29776	28453	6	1317	1424730	1381309	128	43293	48541
登封市	21991	8260	21883	40	21774	21666	68	40	728964	724523	1693	2748	33414
经济开发区	7800	3484	6692	185	7837	6479	1181	177	429499	388854	36287	4358	55501
高新开发	14524	4746	13317	31	14629	13410	1188	31	857985	826096	31104	785	58720
郑东新区	39894	11259	36962	881	39360	36384	2106	870	2399112	2304328	75119	19665	61820
航空港实验区	2140	157	2100	33	2014	1974	7	33	87334	86579	223	532	43817
企业	**108755**	**33278**	**96701**	**2355**	**109103**	**95808**	**10538**	**2757**	**6451097**	**5941876**	**426944**	**82277**	**59888**
市直	2164	608	2164		2191	2191			281915	281915			128670
中原区	16576	5153	14109	189	17222	14099	2606	517	1014146	895210	106228	12708	59948
二七区	7998	2523	5916	122	8303	6043	2123	137	486734	368525	112437	5772	58898
管城区	9402	2202	8912	98	9384	8872	406	106	549019	513763	33803	1453	59018
金水区	20879	5347	19690	605	20630	19327	669	634	1150742	1108742	22917	19083	56594
上街区	2315	684	2168	3	2531	2346	162	23	106431	102010	4077	344	42299
惠济区	2355	1050	2078	277	2349	2071		278	104495	99031		5464	47818
中牟县	3172	1071	3020	20	3171	3023	129	19	176211	172239	3273	699	55683
巩义市	3111	1209	2742	67	3086	2732	287	67	142982	133301	8325	1356	46912
荥阳市	1453	431	1164	285	1410	1147	4	259	61874	55479	116	6279	48301

2-7 续表 1 (2013 年底) 单位:人、元

类别	单位从业人员	#女性	在岗职工合计	其他从业人员	单位从业人员平均人数(人)	在岗职工	劳务派遣人员	其他从业人员	单位从业人员工资总额(千元)	在岗职工工资总额	劳务派遣人员工资总额	其他从业人员工资总额	在岗职工平均工资(含劳务派遣人员)
新密市	2405	1108	2187	120	2414	2196	70	148	116393	112365	875	3153	49974
新郑市	4144	1222	3817	326	4098	3765	1	332	323503	305678	20	17805	81173
登封市	2132	697	2034	40	2045	1947	58	40	100279	95954	1577	2748	48644
经济开发区	4335	1573	3650	143	4530	3641	752	137	254144	222970	27780	3394	57079
高新开发区	3993	534	2786	31	4017	2798	1188	31	261331	229442	31104	785	65365
郑东新区	21845	7853	19788	29	21293	19181	2083	29	1306388	1230742	74412	1234	61379
航空港实验区	476	13	476		429	429			14510	14510			33823
事业	**251488**	**123116**	**238620**	**7448**	**247666**	**235136**	**5286**	**7244**	**11096481**	**10808394**	**132501**	**155586**	**45507**
中原区	20676	11647	18803	644	20299	18491	1183	625	940838	878875	47724	14239	47098
二七区	22402	12002	21068	392	21624	20459	791	374	1093376	1070573	16271	6532	51146
管城区	12983	7152	10915	1366	12879	10905	718	1256	526970	501363	10997	14610	44082
金水区	73324	33646	69176	1855	70910	66729	2341	1840	3435766	3332314	51759	51693	48995
上街区	2746	1572	2701	2	2713	2664	47	2	113331	111857	1450	24	41795
惠济区	8996	5097	8679	248	8952	8644	69	239	424370	418328	1526	4516	48187
中牟县	11579	6090	11279	300	11728	11442		286	460401	453848		6553	39665
巩义市	7525	3220	6946	579	7533	6978		555	276320	267240		9080	38298
荥阳市	19803	9874	19730	73	19759	19686		73	789463	788188		1275	40038
新密市	15348	8811	15080	148	15289	15037	115	137	590292	585509	2205	2578	38788
新郑市	20499	11029	19554	940	20449	19475	5	969	888036	862767	108	25161	44295
登封市	12989	5571	12989		12971	12971			429579	429579			33118
经济开发区	1891	886	1849	42	1795	1755		40	85181	84217		964	47987
高新开发区	9937	4107	9937		10020	10020			567744	567744			56661
郑东新区	9419	2295	8582	827	9453	8627	10	816	414907	396808	238	17861	45970
航空港实验区	1371	117	1332	32	1292	1253	7	32	59907	59184	223	500	47148
机关	**83809**	**24885**	**81430**	**1765**	**83193**	**80824**	**603**	**1766**	**3962978**	**3919310**	**11410**	**32258**	**48273**
中原区	7707	2404	7623	45	7536	7432	46	58	431088	429140	916	1032	57509
二七区	5216	1924	5070	126	5173	5026	20	127	293774	290568	797	2409	57742
管城区	3188	1229	3188		3157	3157			154523	154523			48946
金水区	19037	4713	18524	286	18775	18268	221	286	1054705	1042564	3782	8359	56593
上街区	2134	565	1973	61	2066	1930	100	36	90425	87557	1548	1320	43894

类 别	单位从业人员	#女性	在岗职工合计	其他从业人员	单位从业人员平均人数（人）	在岗职工	劳务派遣人员	其他从业人员	单位从业人员工资总额（千元）	在岗职工工资总额	劳务派遣人员工资总额	其他从业人员工资总额	在岗职工平均工资（含劳务派遣人员）
惠济区	3170	1243	2867	276	3160	2857	27	276	159122	154488	540	4094	53755
中牟县	5600	1886	5414	129	5614	5413	54	147	196825	193588	1089	2148	35609
巩义市	5269	1294	4921	318	5259	4923	21	315	244457	239258	344	4855	48463
荥阳市	7162	2569	6755	389	7169	6762	18	389	252322	246944	367	5011	36477
新密市	6606	2383	6448	93	6617	6462	65	90	268065	264666	1298	2101	40748
新郑市	5217	1716	5201	16	5199	5183		16	211806	211479		327	40802
登封市	6028	1789	6018		6012	6002	10		184719	184603	116		30725
经济开发区	395	184	387		393	385	8		21721	21577	144		55270
高新开发区	577	105	577		575	575			28317	28317			49247
郑东新区	6210	854	6172	25	6195	6157	13	25	358192	357153	469	570	57961
航空港实验区	293	27	292	1	293	292		1	12917	12885		32	44127
民间非营利组织	**1371**	**357**	**1365**	**6**	**1340**	**1334**		**6**	**45654**	**45552**		**102**	**34147**
中原区	38	26	38		38	38			1164	1164			30632
管城区	14	5	14		14	14			482	482			34429
金水区	686	228	680	6	656	650		6	30533	30431		102	46817
上街区	14	11	14		14	14			507	507			36214
惠济区	8	3	8		8	8			163	163			20375
荥阳市	26	10	26		26	26			755	755			29038
新郑市	30	12	30		30	30			1385	1385			46167
登封市	400		400		400	400			2879	2879			7198
高新开发区	17		17		17	17			593	593			34882
郑东新区	138	62	138		137	137			7193	7193			52504
其他	**4658**	**1738**	**4085**		**4508**	**3886**	**621**	**1**	**434135**	**414412**	**19713**	**10**	**96322**
中原区	451	333	251		460	259	200	1	30377	19017	11350	10	66159
金水区	61	24	61		58	58			1872	1872			32276
中牟县	243	142	243		243	243			9493	9493			39066
登封市	442	203	442		346	346			11508	11508			33260
经济开发区	1179	841	806		1119	698	421		68453	60090	8363		61173
郑东新区	2282	195	2282		2282	2282			312432	312432			136911

2-8 全市及各县(市)区城镇集体单位分企事业从业人员人数及工资总额

（2013 年底）

单位：人、元

类　别	单位从业人员	#女性	在岗职工合计	其他从业人员	单位从业人员平均人数(人)	在岗职工	劳务派遣人员	其他从业人员	单位从业人员工资总额(千元)	在岗职工工资总额	劳务派遣人员工资总额	其他从业人员工资总额	在岗职工平均工资(含劳务派遣人员)
城镇集体合计	**36173**	**13990**	**31357**	**3606**	**35303**	**30839**	**1001**	**3463**	**1224012**	**1118761**	**41532**	**63719**	**36441**
中原区	3365	671	2348	342	3056	2323	431	302	105895	80920	20230	4745	36728
二七区	3366	1890	3310	46	3352	3296	12	44	103337	102568	223	546	31073
管城区	2590	744	1447	971	2665	1449	173	1043	113679	83078	11325	19276	58202
金水区	3183	1238	3033	147	3201	3048	3	150	114256	110211	58	3987	36142
上街区	2076	923	2030	46	2090	2042		48	44048	42935		1113	21026
惠济区	284	155	238	46	277	236		41	7267	6150		1117	26059
中牟县	1478	413	1055	423	1454	1034		420	35282	28768		6514	27822
巩义市	7544	4268	7427	117	7343	7226		117	326439	324477		1962	44904
荥阳市	2580	781	2580		2326	2326			73056	73056			31408
新密市	2098	711	1962	20	2077	1944	107	26	66557	61725	3991	841	32041
新郑市	4110	910	2506	1370	4043	2597	267	1179	132841	105477	5530	21834	38759
登封市	2275	598	2216	59	2244	2164	8	72	57268	55765	175	1328	25755
经济开发区	305	210	286	19	301	280		21	13058	12602		456	45007
高新开发区	54	10	54		38	38			1090	1090			28684
郑东新区	736	433	736		707	707			26610	26610			37638
航空港实验区	129	35	129		129	129			3329	3329			25806
企业	**26997**	**8731**	**22369**	**3421**	**26433**	**22151**	**998**	**3284**	**796487**	**695912**	**41474**	**59101**	**31854**
中原区	2879	399	1961	243	2578	1944	431	203	84477	61932	20230	2315	34595
二七区	2820	1590	2764	46	2803	2747	12	44	74723	73954	223	546	26885
管城区	2197	514	1068	957	2271	1068	173	1030	96910	66891	11325	18694	63027
金水区	2908	1110	2767	141	2940	2796		144	102313	98426		3887	35202
上街区	2071	919	2025	46	2085	2037		48	43976	42863		1113	21042
惠济区	153	71	153		151	151			3454	3454			22874
中牟县	1396	388	977	419	1372	956		416	31987	25534		6453	26709
巩义市	2138	1004	2037	101	2135	2034		101	51297	49663		1634	24416
荥阳市	2228	611	2228		1985	1985			61561	61561			31013
新密市	1807	614	1671	20	1791	1658	107	26	57180	52348	3991	841	31920
新郑市	3927	812	2323	1370	3858	2412	267	1179	125621	98257	5530	21834	38741
登封市	2065	510	2006	59	2074	1994	8	72	50330	48827	175	1328	24477
经济开发区	120	64	101	19	120	99		21	4894	4438		456	44828
高新开发区	33	10	33		16	16			416	416			26000

类　别	单位从业人员	#女性	在岗职工合计	其他从业人员	单位从业人员平均人数（人）	在岗职工	劳务派遣人员	其他从业人员	单位从业人员工资总额（千元）	在岗职工工资总额	劳务派遣人员工资总额	其他从业人员工资总额	在岗职工平均工资（含劳务派遣人员）
郑东新区	188	92	188		187	187			5991	5991			32037
航空港实验区	67	23	67		67	67			1357	1357			20254
事业	**8444**	**4953**	**8262**	**179**	**8204**	**8028**	**3**	**173**	**396930**	**392354**	**58**	**4518**	**48862**
中原区	312	218	213	99	312	213		99	11032	8602		2430	40385
二七区	536	296	536		540	540			28382	28382			52559
管城区	393	230	379	14	394	381		13	16769	16187		582	42486
金水区	145	80	142		138	135	3		6156	6098	58		44609
上街区	5	4	5		5	5			72	72			14400
惠济区	131	84	85	46	126	85		41	3813	2696		1117	31718
中牟县	82	25	78	4	82	78		4	3295	3234		61	41462
巩义市	5372	3245	5356	16	5173	5157		16	274456	274128		328	53156
荥阳市	94	44	94		94	94			3195	3195			33989
新密市	291	97	291		286	286			9377	9377			32787
新郑市	183	98	183		185	185			7220	7220			39027
登封市	106	46	106		106	106			2447	2447			23085
经济开发区	180	145	180		176	176			8004	8004			45477
高新开发区	21		21		22	22			674	674			30636
郑东新区	548	341	548		520	520			20619	20619			39652
航空港实验区	45		45		45	45			1419	1419			31533
机关	**147**	**37**	**147**		**147**	**147**			**9744**	**9744**			**66286**
中原区	147	37	147		147	147			9744	9744			66286
民间非营利组织	**382**	**175**	**382**		**331**	**331**			**13733**	**13733**			**41489**
中原区	5	2	5		5	5			162	162			32400
金水区	15	5	15		15	15			780	780			52000
荥阳市	258	126	258		247	247			8300	8300			33603
登封市	104	42	104		64	64			4491	4491			70172
其他	**203**	**94**	**197**	**6**	**188**	**182**		**6**	**7118**	**7018**		**100**	**38560**
中原区	22	15	22		14	14			480	480			34286
二七区	10	4	10		9	9			232	232			25778
金水区	115	43	109	6	108	102		6	5007	4907		100	48108
巩义市	34	19	34		35	35			686	686			19600
经济开发区	5	1	5		5	5			160	160			32000
航空港实验区	17	12	17		17	17			553	553			32529

2-9 全市及各县(市)区其他单位分企事业从业人员人数及工资总额

(2013 年底)

单位：人、元

类别	单位从业人员	#女性	在岗职工合计	其他从业人员	单位从业人员平均人数(人)	在岗职工	劳务派遣人员	其他从业人员	单位从业人员工资总额(千元)	在岗职工工资总额	劳务派遣人员工资总额	其他从业人员工资总额	在岗职工平均工资(含劳务派遣人员)
总计	**1433309**	**503849**	**1259127**	**60342**	**1373882**	**1206815**	**112534**	**54533**	**58625955**	**52111396**	**4668835**	**1845724**	**43037**
市直	51652	8128	50222	12	52655	51143	1496	16	2831852	2759840	71791	221	53793
中原区	90502	21364	53643	2790	88068	53581	32149	2338	3744906	2154842	1511437	78627	42765
二七区	94295	29395	74529	6153	88963	73351	9321	6291	3520422	3004658	356104	159660	40652
管城区	59038	18881	52232	2739	57389	51021	3962	2406	2191691	2000858	120444	70389	38581
金水区	203945	67377	179416	8176	200083	175903	16182	7998	9035329	8258906	543013	233410	45823
上街区	30689	8638	27797	758	30690	27968	2056	666	1075202	1008755	49402	17045	35244
惠济区	46133	8356	36548	8228	42610	33716	1357	7537	1584286	1272382	46555	265349	37605
中牟县	35301	12126	22256	10516	30193	21427	2447	6319	1069235	848504	92500	128231	39415
巩义市	54070	13409	50941	948	51614	49158	1639	817	1635266	1570453	39196	25617	31688
荥阳市	67502	12106	56878	2127	66511	55924	8629	1958	2414882	1964994	371612	78276	36197
新密市	61900	15095	56360	2678	60781	55518	2662	2601	1932850	1724736	88371	119743	31164
新郑市	82523	25139	78801	2792	79793	76099	729	2965	2965259	2844983	15576	104700	37233
登封市	75588	14481	73574	1804	70528	68437	232	1859	2138317	2090548	4589	43180	30511
经济开发区	79526	27817	69859	1393	78440	69542	7559	1339	3517692	3182032	291623	44037	45053
高新开发区	61520	13615	50626	8179	68654	50460	9850	8344	3438401	2357233	634941	446227	49613
郑东新区	52231	22028	43887	950	52192	43887	7312	993	2663225	2402645	231391	29189	51447
航空港实验区	286894	185894	281558	99	254718	249680	4952	86	12867140	12665027	200290	1823	50525
企业	**1398298**	**485464**	**1228929**	**55672**	**1340501**	**1178247**	**112471**	**49783**	**57439955**	**51044833**	**4667269**	**1727853**	**43164**
市直	51652	8128	50222	12	52655	51143	1496	16	2831852	2759840	71791	221	53793
中原区	89125	20642	52275	2785	86677	52202	32141	2334	3699686	2109861	1511281	78544	42934
二七区	85914	25342	69617	2684	80654	68675	9321	2658	3244878	2809642	356104	79132	40589
管城区	57743	17949	51183	2623	56203	49971	3916	2316	2152787	1967313	119335	66139	38723
金水区	200017	65184	175510	8154	196265	172124	16182	7959	8917574	8143177	543013	231384	46128
上街区	30302	8428	27411	758	30315	27594	2055	666	1063541	997130	49366	17045	35296
惠济区	45879	8183	36294	8228	42354	33460	1357	7537	1577927	1266023	46555	265349	37699
中牟县	34078	11406	21147	10402	28997	20319	2447	6231	1032798	816799	92500	123499	39941
巩义市	51247	12215	48126	948	48891	46443	1631	817	1509818	1445270	38931	25617	30873

2-9 续表 1　　　　(2013 年底)　　　　单位:人、元

类别	单位从业人员	#女性	在岗职工合计	其他从业人员	单位从业人员平均人数(人)	在岗职工	劳务派遣人员	其他从业人员	单位从业人员工资总额(千元)	在岗职工工资总额	劳务派遣人员工资总额	其他从业人员工资总额	在岗职工平均工资(含劳务派遣人员)
荥阳市	66621	11649	55997	2127	65636	55049	8629	1958	2384411	1934523	371612	78276	36216
新密市	60711	14387	55172	2677	59598	54336	2662	2600	1874804	1666714	88371	119719	30792
新郑市	75856	21514	73077	1849	73274	70475	729	2070	2713171	2619123	15576	78472	37002
登封市	70098	11702	68084	1804	66046	63955	232	1859	1991210	1943441	4589	43180	30349
经济开发区	79435	27742	69768	1393	78355	69457	7559	1339	3514499	3178839	291623	44037	45062
高新开发区	61189	13466	50295	8179	68325	50131	9850	8344	3424450	2343282	634941	446227	49653
郑东新区	51622	21651	43278	950	51623	43318	7312	993	2641810	2381230	231391	29189	51602
航空港实验区	286809	185876	281473	99	254633	249595	4952	86	12864739	12662626	200290	1823	50533
事业	**15574**	**8382**	**11405**	**4034**	**15262**	**11139**	**55**	**4068**	**568513**	**475231**	**1301**	**91981**	**42570**
中原区	471	242	462	5	500	488	8	4	20884	20645	156	83	41938
二七区	7018	3321	3553	3465	6984	3355		3629	237103	156664		80439	46696
管城区	343	202	213		259	213	46		10836	9727	1109		41838
金水区	262	117	262		258	258			10269	10269			39802
上街区	165	112	164		157	156	1		7218	7182	36		45975
中牟县	677	429	662	15	671	655		16	22418	21814		604	33304
巩义市	1131	494	1131		1145	1145			65329	65329			57056
荥阳市	289	159	289		288	288			10317	10317			35823
新密市	251	179	251		249	249			4876	4876			19582
新郑市	3454	2134	2905	549	3265	2846		419	123883	113028		10855	39715
登封市	1322	927	1322		1304	1304			47559	47559			36472
经济开发区	66	56	66		60	60			2645	2645			44083
郑东新区	118	10	118		115	115			4924	4924			42817
航空港实验区	7		7		7	7			252	252			36000
机关	**196**	**99**	**196**		**195**	**195**			**8907**	**8907**			**45677**
二七区	182	95	182		181	181			8592	8592			47470
荥阳市	14	4	14		14	14			315	315			22500
民间非营利组织	**13297**	**7022**	**12664**	**633**	**12228**	**11564**		**664**	**417493**	**392537**		**24956**	**33945**
中原区	357	233	357		350	350			10308	10308			29451

2-9 续表2 （2013年底） 单位：人、元

类别	单位从业人员	#女性	在岗职工合计	其他从业人员	单位从业人员平均人数（人）	在岗职工	劳务派遣人员	其他从业人员	单位从业人员工资总额（千元）	在岗职工工资总额	劳务派遣人员工资总额	其他从业人员工资总额	在岗职工平均工资（含劳务派遣人员）
二七区	766	472	762	4	746	742		4	19489	19400		89	26146
管城区	729	541	613	116	706	616		90	21453	17203		4250	27927
金水区	2803	1643	2781	22	2712	2688		24	80668	79512		1156	29580
上街区	9	7	9		9	9			129	129			14333
惠济区	119	87	119		121	121			2489	2489			20570
中牟县	546	291	447	99	525	453		72	14019	9891		4128	21834
巩义市	1302	446	1302		1187	1187			47940	47940			40388
荥阳市	18	5	18		18	18			509	509			28278
新密市	148	129	147	1	146	145		1	3874	3850		24	26552
新郑市	2983	1383	2592	391	3025	2552		473	120698	105389		15309	41297
登封市	2679	1270	2679		1884	1884			65125	65125			34567
高新开发区	331	149	331		329	329			13951	13951			42404
郑东新区	483	366	483		446	446			16366	16366			36695
航空港实验区	24		24		24	24			475	475			19792
其他	**5944**	**2882**	**5933**	**3**	**5696**	**5670**	**8**	**18**	**191087**	**189888**	**265**	**934**	**33489**
中原区	549	247	549		541	541			14028	14028			25930
二七区	415	165	415		398	398			10360	10360			26030
管城区	223	189	223		221	221			6615	6615			29932
金水区	863	433	863		848	833		15	26818	25948		870	31150
上街区	213	91	213		209	209			4314	4314			20641
惠济区	135	86	135		135	135			3870	3870			28667
巩义市	390	254	382		391	383	8		12179	11914	265		31148
荥阳市	560	289	560		555	555			19330	19330			34829
新密市	790	400	790		788	788			49296	49296			62558
新郑市	230	108	227	3	229	226		3	7507	7443		64	32934
登封市	1489	582	1489		1294	1294			34423	34423			26602
经济开发区	25	19	25		25	25			548	548			21920
郑东新区	8	1	8		8	8			125	125			15625
航空港实验区	54	18	54		54	54			1674	1674			31000

2-10 全市及各县(市)区分行业从业人员人数及工资总额

(2013 年底)

单位:人、元

行业	单位从业人员	#女性	在岗职工合计	其他从业人员	单位从业人员平均人数(人)	在岗职工	劳务派遣人员	其他从业人员	单位从业人员工资总额(千元)	在岗职工工资总额	劳务派遣人员工资总额	其他从业人员工资总额	在岗职工平均工资(含劳务派遣人员)
农、林、牧、渔业	**3100**	**1072**	**3047**	**53**	**3077**	**3024**		**53**	**81897**	**81070**		**827**	**26809**
二七区	13	2	13		13	13			437	437			33615
管城区	15	5	15		15	15			420	420			28000
金水区	20	11	20		18	18			591	591			32833
上街区	35	16	35		35	35			764	764			21829
惠济区	241	89	188	53	238	185		53	9119	8292		827	44822
中牟县	1063	360	1063		1064	1064			25350	25350			23825
巩义市	72	10	72		70	70			2181	2181			31157
荥阳市	1126	399	1126		1131	1131			28711	28711			25385
新郑市	104	37	104		106	106			3119	3119			29425
登封市	283	130	283		268	268			7826	7826			29201
郑东新区	24	7	24		20	20			758	758			37900
航空港实验区	104	6	104		99	99			2621	2621			26475
采矿业	**77718**	**10652**	**77702**	**16**	**76223**	**76206**		**17**	**3605110**	**3604289**		**821**	**47297**
市直	47320	7390	47320		48290	48290			2586300	2586300			53558
二七区	982	231	982		963	963			37709	37709			39158
巩义市	7950	941	7944	6	7421	7415		6	236263	236047		216	31834
荥阳市	155	46	155		153	153			7219	7219			47183
新密市	2492	469	2491	1	2403	2402		1	91304	91269		35	37997
新郑市	1910	132	1910		1910	1910			58457	58457			30606
登封市	16909	1443	16900	9	15083	15073		10	587858	587288		570	38963
制造业	**681291**	**300941**	**661385**	**4035**	**641995**	**622523**	**15309**	**4163**	**26606611**	**25903776**	**571999**	**130836**	**41509**
市直	4332	738	2902	12	4365	2853	1496	16	245552	173540	71791	221	56411
中原区	14157	5602	13925	94	14268	14029	137	102	440039	433185	4014	2840	30863
二七区	15102	4903	14808	141	14904	14585	168	151	505594	496934	4730	3930	34004
管城区	20870	5215	20384	221	19985	19457	302	226	926103	897491	15884	12728	46226
金水区	15034	5994	12762	57	15075	12840	2173	62	459723	410299	48959	465	30591
上街区	22102	6203	21599	33	22655	22115	481	59	840728	824166	15668	894	37167
惠济区	7285	3399	6929	16	7229	6839	375	15	210193	190117	19463	613	29052
中牟县	14665	4172	11962	298	14167	11511	2309	347	562898	463680	85605	13613	39746
巩义市	34519	8452	33798	664	33232	32626	55	551	995126	977483	1314	16329	29950
荥阳市	43607	6656	42723	503	42768	41872	403	493	1578206	1555700	12891	9615	37104

2-10 续表1　（2013年底）　单位：人、元

类　别	单位从业人员	#女性	在岗职工合计	其他从业人员	单位从业人员平均人数（人）	在岗职工	劳务派遣人员	其他从业人员	单位从业人员工资总额（千元）	在岗职工工资总额	劳务派遣人员工资总额	其他从业人员工资总额	在岗职工平均工资（含劳务派遣人员）
新密市	35642	9478	35114	208	35240	34727	304	209	999643	981104	13328	5211	28387
新郑市	53410	16219	52172	387	52037	50987	651	399	1801309	1781296	11323	8690	34715
登封市	28980	4976	28389	504	27347	26760	87	500	669967	654352	1885	13730	24444
经济开发区	48001	20310	43106	376	47135	42715	4080	340	2110041	1927362	170502	12177	44831
高新开发区	36953	9700	34398	500	36462	33744	2067	651	1638960	1521975	87967	29018	44957
郑东新区	9446	6499	9446		9651	9651			454173	454173			47060
航空港实验区	277186	182425	276968	21	245475	245212	221	42	12168356	12160919	6675	762	49576
电力、热力、燃气及水生产和水	**35109**	**9723**	**33605**	**256**	**34887**	**33264**	**1338**	**285**	**1639514**	**1603141**	**28819**	**7554**	**47164**
市直	2164	608	2164		2191	2191			281915	281915			128670
中原区	9385	3539	8356	44	9464	8461	960	43	406523	386849	19462	212	43128
二七区	1245	370	1164		1478	1255	223		86437	80779	5658		58482
金水区	28	7	28		26	26			491	491			18885
上街区	29	13	29		29	29			1238	1238			42690
惠济区	663	194	580		614	530	84		32436	29765	2671		52827
中牟县	646	226	622	18	640	617	6	17	36964	36171	195	598	58372
巩义市	1275	447	1275		1295	1295			60226	60226			46507
荥阳市	772	258	677	95	769	669		100	31612	27529		4083	41149
新密市	1786	738	1692	16	1821	1728	50	43	74964	74561	315	88	42112
新郑市	911	357	907	4	881	877	1	3	54970	54864	49	57	62543
登封市	15538	2836	15488	50	15026	14977		49	529443	527980		1463	35253
经济开发区	28	10	28		28	28			1165	1165			41607
高新开发区	377	58	348	29	364	334		30	29098	28045		1053	83967
郑东新区	230	53	230		230	230			10114	10114			43974
航空港实验区	32	9	17		31	17	14		1918	1449	469		61871
建筑业	**328837**	**40740**	**226643**	**36932**	**323240**	**221222**	**66168**	**35850**	**13395413**	**9015713**	**3028876**	**1350824**	**41910**
中原区	52227	5371	20209	2128	50158	19881	28112	2165	2258650	832508	1357544	68598	45633
二七区	31212	3624	18581	1439	27066	18256	7337	1473	1186672	855524	285787	45361	44595
管城区	21775	2577	18847	2167	21179	18410	891	1878	871157	795740	31529	43888	42861
金水区	74654	11022	62046	6024	73648	61120	6547	5981	2846629	2427494	248597	170538	39548
上街区	6647	1367	5192	372	6528	5142	1036	350	201094	167691	26169	7234	31379
惠济区	31893	2542	22985	8187	28735	20572	686	7477	1062427	782907	16260	263260	37594
中牟县	6486	712	5597	796	6371	5436	109	826	314345	262325	6146	45874	48417
巩义市	4411	280	2395	140	3880	2428	1314	138	114428	77507	29843	7078	28688
荥阳市	19644	3372	9812	1775	19278	9524	8164	1590	696890	270513	356489	69888	35448

2-10　续表2　　（2013 年底）　　单位：人、元

类　别	单位从业人员	#女性	在岗职工合计	其他从业人员	单位从业人员平均人数（人）	在岗职工	劳务派遣人员	其他从业人员	单位从业人员工资总额（千元）	在岗职工工资总额	劳务派遣人员工资总额	其他从业人员工资总额	在岗职工平均工资（含劳务派遣人员）
新密市	14372	1463	9421	2441	13813	9143	2313	2357	451893	266084	72668	113141	29570
新郑市	15206	2381	13033	1931	14351	12175	275	1901	728802	671637	5622	51543	54398
登封市	5051	602	4210	796	4992	4079	43	870	117956	98705	1460	17791	24300
经济开发区	16747	2744	15603	798	16759	15563	366	830	680900	646332	8721	25847	41123
高新开发区	20152	1981	11370	7538	27840	11893	8396	7551	1584562	615822	559287	409453	57919
郑东新区	8042	697	7099	365	8404	7382	569	453	271752	237868	22634	11250	32763
航空港实验区	318	5	243	35	238	218	10	10	7256	7056	120	80	31474
批发和零售业	**97214**	**45460**	**90379**	**2123**	**95923**	**89386**	**4537**	**2000**	**3567210**	**3374282**	**133617**	**59311**	**37349**
中原区	5130	2309	5062	64	5086	5019	4	63	183291	181713	72	1506	36191
二七区	15720	8033	14731	419	15756	14864	505	387	455450	433958	12132	9360	29025
管城区	11806	6553	9517	85	11743	9669	2007	67	393460	330215	61296	1949	33531
金水区	27535	13275	26083	729	27108	25648	811	649	905262	866391	22085	16786	33579
上街区	1090	393	1086		1078	1074	4		29017	28897	120		26917
惠济区	2792	1012	2596	82	2716	2503	113	100	131840	127670	2020	2150	49576
中牟县	1371	541	1320	32	1360	1309	19	32	71760	70592	317	851	53395
巩义市	2580	1308	2313	234	2598	2328	52	218	68414	62757	1847	3810	27145
荥阳市	2389	896	2333	2	2290	2232	56	2	82868	80704	2064	100	36175
新密市	3989	1520	3723	116	3957	3686	153	118	167708	157527	6303	3878	42675
新郑市	4233	2534	4155	74	4005	3887	4	114	175428	167425	197	7806	43079
登封市	2546	1015	2453	46	2425	2330	48	47	87920	83690	1358	2872	35765
经济开发区	7687	2857	7082	111	7624	7029	483	112	416294	397064	16159	3071	55008
高新开发区	1538	440	1334	32	1506	1313	167	26	63931	59282	4108	541	42831
郑东新区	6187	2685	5970	97	6062	5886	111	65	314382	306212	3539	4631	51651
航空港实验区	621	89	621		609	609			20185	20185			33144
交通运输、仓储和邮政业	**67718**	**22022**	**51202**	**1988**	**66469**	**50106**	**14375**	**1988**	**3153350**	**2584979**	**497161**	**71210**	**47799**
中原区	220	60	215	5	220	215		5	8464	8404		60	39088
二七区	8023	3043	7939		7605	7521	84		335417	330869	4548		44105
管城区	4186	1273	4018	47	4165	3985	133	47	170751	164652	4617	1482	41105
金水区	3321	733	2865	18	3396	2856	519	21	165244	144980	19780	484	48818
上街区	700	140	693		694	692	2		23540	23440	100		33919
惠济区	461	158	447	14	459	445		14	18737	18410		327	41371
中牟县	663	201	651		591	581	10		23163	22731	432		39193
巩义市	1859	668	1786	60	1864	1791	13	60	45515	44455	260	800	24787
荥阳市	316	136	312		319	315	4		13527	13411	116		42404

2-10 续表 3 （2013 年底） 单位：人、元

类别	单位从业人员	#女性	在岗职工合计	其他从业人员	单位从业人员平均人数（人）	在岗职工	劳务派遣人员	其他从业人员	单位从业人员工资总额（千元）	在岗职工工资总额	劳务派遣人员工资总额	其他从业人员工资总额	在岗职工平均工资（含劳务派遣人员）
新密市	2685	320	2678		2667	2650	7	10	70326	69547	199	580	26250
新郑市	3569	470	2467	1101	3553	2451	1	1101	149640	101738	20	47882	41500
登封市	2309	552	1909	390	2286	1870	10	406	67904	58001	257	9646	30988
经济开发区	4928	1017	2308	100	4971	2403	2507	61	243777	140693	100309	2775	49084
高新开发区	94	37	56		94	56	38		6240	5637	603		66383
郑东新区	26817	10420	19668	253	26408	19174	6971	263	1184131	984708	192249	7174	45017
航空港实验区	7567	2794	3190		7177	3101	4076		626974	453303	173671		87359
住宿和餐饮业	**36718**	**19155**	**33432**	**1339**	**37526**	**34118**	**2045**	**1363**	**1147692**	**1055972**	**58733**	**32987**	**30824**
中原区	2597	1440	2312	10	2963	2638	313	12	94424	86945	7252	227	31920
二七区	5221	2214	4780	102	5251	4834	319	98	157556	145804	8320	3432	29910
管城区	994	563	910	84	989	903		86	27190	25121		2069	27819
金水区	18048	9665	16686	809	18352	16917	601	834	568827	529410	18940	20477	31302
上街区	405	258	364	41	401	350		51	8069	7154		915	20440
惠济区	1048	529	918	130	1045	912		133	31547	28591		2956	31350
中牟县	400	253	398	2	437	435		2	10063	10040		23	23080
巩义市	809	439	809		815	815			17550	17550			21534
荥阳市	315	210	315		392	391		1	9275	9187		88	23496
新密市	540	359	536	4	532	528		4	19953	19802		151	37504
新郑市	729	373	725	4	741	721	5	15	19667	19070	200	397	26543
登封市	1488	833	1330	97	1483	1314	92	77	31058	29115	1034	909	21443
经济开发区	326	208	326		323	323			11503	11503			35613
高新开发区	324	192	324		313	313			14103	14103			45058
郑东新区	2300	1187	2171	13	2370	2245	109	16	90310	85080	4868	362	38211
航空港实验区	1174	432	528	43	1119	479	606	34	36597	17497	18119	981	32826
信息传输、软件和信息技术服	**22060**	**8821**	**15930**	**17**	**21749**	**15708**	**6023**	**18**	**1368040**	**1136868**	**230508**	**664**	**62923**
中原区	403	251	117		357	125	232		12146	4875	7271		34022
二七区	5394	2086	3900		5446	3909	1537		419255	322624	96631		76984
管城区	620	143	620		622	622			42868	42868			68920
金水区	11946	5218	8080	13	11707	7912	3782	13	706016	595274	110311	431	60337
上街区	168	96	112		168	112	56		3878	2534	1344		23083
惠济区	17	9	17		17	17			439	439			25824
巩义市	491	202	253		490	250	240		14714	7889	6825		30029
荥阳市	6	1	6		6	6			144	144			24000
新郑市	314	180	314		306	306			8636	8636			28222

2-10 续表4　　(2013年底)　　单位:人、元

类别	单位从业人员	#女性	在岗职工合计	其他从业人员	单位从业人员平均人数(人)	在岗职工	劳务派遣人员	其他从业人员	单位从业人员工资总额(千元)	在岗职工工资总额	劳务派遣人员工资总额	其他从业人员工资总额	在岗职工平均工资(含劳务派遣人员)
登封市	6	2	6		6	6			180	180			30000
经济开发区	447	218	444	3	462	458		4	14043	13960		83	30480
高新开发区	1239	271	1126	1	1202	1090	111	1	63757	58757	4850	150	52962
郑东新区	997	144	923		948	883	65		81676	78400	3276		86156
航空港实验区	12		12		12	12			288	288			24000
金融业	**47066**	**18633**	**44632**	**446**	**44725**	**42288**	**2034**	**403**	**4071847**	**3938563**	**121603**	**11681**	**91606**
中原区	1871	1100	1871		1746	1746			155465	155465			89041
二七区	1555	655	1496	59	1477	1417		60	58057	56517		1540	39885
管城区	1005	669	735	29	958	679	257	22	108012	77923	29395	694	114656
金水区	30119	10799	28630	358	28524	27007	1196	321	2397273	2324527	63299	9447	84666
上街区	21	11	14		21	14	7		618	406	212		29429
中牟县	844	456	718		757	634	123		46468	43390	3078		61384
巩义市	1202	674	1165		1154	1117	37		112687	111213	1474		97649
荥阳市	295	88	295		295	295			11145	11145			37780
新密市	477	228	477		478	478			38440	38440			80418
新郑市	531	254	469		484	428	56		33542	30025	3517		69302
登封市	514	340	514		514	514			18411	18411			35819
高新开发区	139	68	139		141	141			8397	8397			59553
郑东新区	8493	3291	8109		8176	7818	358		1083332	1062704	20628		132501
房地产业	**39635**	**14334**	**35967**	**1412**	**38849**	**35559**	**1996**	**1294**	**1786605**	**1686775**	**53285**	**46545**	**46334**
中原区	4644	1714	4328	128	4685	4337	198	150	210885	199825	5489	5571	45273
二七区	4115	1524	3844	268	4138	3891	3	244	190531	185785	72	4674	47729
管城区	2565	874	2469	82	2625	2524	11	90	119524	114970	279	4275	45463
金水区	12706	4803	11454	165	12312	11294	877	141	569325	541943	20551	6831	46216
上街区	1468	546	1130	338	1350	1095		255	49263	40163		9100	36679
惠济区	1112	418	1092	10	1002	982	10	10	42715	41914	425	376	42680
中牟县	1227	496	1184	43	1157	1118		39	39983	38574		1409	34503
巩义市	485	183	472	11	482	469	2	11	16692	16232	102	358	34679
荥阳市	1104	402	1074	25	1061	1032	6	23	30924	30191	168	565	29248
新密市	733	169	727	4	702	695	2	5	29832	29526	112	194	42522
新郑市	1645	475	1615	25	1568	1535	4	29	71048	69753	198	1097	45452
登封市	392	104	366	11	396	369	15	12	12357	11783	299	275	31464
经济开发区	1653	421	846	7	1584	838	740	6	66256	45132	20886	238	41837
高新开发区	1400	586	1295	104	1472	1361	1	110	61212	54681	15	6516	40159

类　别	单位从业人员	#女性	在岗职工合计	其他从业人员	单位从业人员平均人数（人）	在岗职工	劳务派遣人员	其他从业人员	单位从业人员工资总额（千元）	在岗职工工资总额	劳务派遣人员工资总额	其他从业人员工资总额	在岗职工平均工资（含劳务派遣人员）
郑东新区	3859	1466	3549	191	3762	3491	102	169	248164	239645	3453	5066	67659
航空港实验区	527	153	522		553	528	25		27894	26658	1236		50441
租赁和商务服务业	**27086**	**9741**	**21768**	**2444**	**26023**	**21269**	**2828**	**1926**	**1202477**	**1068444**	**94039**	**39994**	**48242**
中原区	1557	788	921	626	973	899	19	55	50192	47949	494	1749	52770
二七区	1078	415	969	22	1058	951	85	22	46952	43445	3245	262	45068
管城区	3261	1447	1486	963	3352	1505	811	1036	88099	49862	19036	19201	29749
金水区	8791	3589	8341	344	8521	8086	106	329	446051	433572	2588	9891	53242
上街区	1055	492	455		1035	449	586		20234	11454	8780		19550
惠济区	272	125	272		272	272			8755	8755			32188
中牟县	825	194	409	416	867	454		413	17619	11315		6304	24923
巩义市	570	112	343		555	342	213		15804	9948	5856		28476
荥阳市	821	128	821		781	781			13580	13580			17388
新密市	268	74	259		268	258	10		8001	7689	312		29854
新郑市	1857	385	1837	20	1774	1754		20	63571	62916		655	35870
登封市	320	127	317		339	336	3		13175	13127	48		38864
经济开发区	797	236	688		793	684	109		81455	79305	2150		102718
高新开发区	1061	403	1060	1	1057	1056		1	60435	60345		90	57145
郑东新区	4383	1209	3420	52	4208	3272	886	50	260363	206991	51530	1842	62174
航空港实验区	170	17	170		170	170			8191	8191			48182
科学研究和技术服务业	**49859**	**12629**	**39788**	**2422**	**48210**	**38734**	**7202**	**2274**	**2656754**	**2281605**	**314991**	**60158**	**56526**
中原区	15822	3463	10501	85	15318	10042	5197	79	938346	698035	236062	4249	61296
二七区	4672	861	2731	381	4236	2678	1175	383	229957	166280	47353	16324	55446
管城区	1957	302	737	1154	1834	731	66	1037	40706	29527	1953	9226	39498
金水区	17325	5366	16423	474	16851	15948	416	487	905425	870791	14651	19983	54109
上街区	350	71	347	3	342	339		3	25111	25026		85	73823
惠济区	1556	432	1454	13	1463	1361	89	13	79459	73439	5716	304	54590
中牟县	1248	433	1191	57	1216	1160		56	33999	33213		786	28632
巩义市	307	136	303	4	308	304		4	9867	9807		60	32260
荥阳市	510	168	498	12	496	488		8	15282	15066		216	30873
新密市	445	182	445		446	446			14526	14526			32570
新郑市	1026	292	837	189	1009	847		162	54074	46329		7745	54698
登封市	39	12	39		41	41			977	977			23829
经济开发区	1200	190	1184	16	1260	1252		8	75800	75457		343	60269
高新开发区	1715	274	1441	5	1695	1432	258	5	148578	139172	9215	191	87803

类　别	单位从业人员	#女性	在岗职工合计	其他从业人员	单位从业人员平均人数(人)	在岗职工	劳务派遣人员	其他从业人员	单位从业人员工资总额(千元)	在岗职工工资总额	劳务派遣人员工资总额	其他从业人员工资总额	在岗职工平均工资(含劳务派遣人员)
郑东新区	1687	447	1657	29	1695	1665	1	29	84647	83960	41	646	50421
水利、环境和公共设施管理	**16495**	**5375**	**15141**	**1216**	**16313**	**14998**	**128**	**1187**	**567324**	**543762**	**3836**	**19726**	**36202**
中原区	1252	372	894	358	1245	887		358	46805	41243		5562	46497
二七区	773	238	544	229	770	546		224	25727	23337		2390	42742
管城区	874	382	874		857	857			29367	29367			34267
金水区	3150	804	3045	40	3030	2928	62	40	144953	140618	1932	2403	47676
上街区	758	453	685		722	656	66		18428	16524	1904		25524
惠济区	1170	403	1150	20	1195	1175		20	52909	52477		432	44661
中牟县	706	423	706		734	734			19205	19205			26165
巩义市	1099	236	565	534	1070	560		510	27196	18796		8400	33564
荥阳市	2238	576	2238		2239	2239			52522	52522			23458
新密市	482	157	454	28	482	454		28	13629	13160		469	28987
新郑市	1276	448	1273	3	1262	1259		3	40793	40749		44	32366
登封市	1110	391	1110		1088	1088			22689	22689			20854
经济开发区	268	139	264	4	291	287		4	14801	14775		26	51481
高新开发区	417	45	417		406	406			14711	14711			36234
郑东新区	922	308	922		922	922			43589	43589			47277
居民服务、修理和其他服务	**4245**	**1999**	**4196**	**29**	**4227**	**4179**	**20**	**28**	**110200**	**109294**	**499**	**407**	**26147**
中原区	94	33	88		99	93	6		2810	2731	79		28384
二七区	414	114	414		410	410			14781	14781			36051
管城区	1545	957	1531		1536	1522	14		27780	27360	420		18086
金水区	691	228	691		682	682			23674	23674			34713
上街区	357	235	337	20	360	341		19	6043	5769		274	16918
惠济区	134	68	134		133	133			2713	2713			20398
中牟县	52	14	48	4	52	48		4	2230	2169		61	45188
巩义市	39	12	39		39	39			910	910			23333
荥阳市	51	15	51		49	49			1217	1217			24837
新密市	63	10	63		62	62			2301	2301			37113
新郑市	110	28	105	5	109	104		5	2642	2570		72	24712
登封市	50	9	50		54	54			1291	1291			23907
经济开发区	50	16	50		50	50			1218	1218			24360
高新开发区	60		60		60	60			1703	1703			28383
郑东新区	535	260	535		532	532			18887	18887			35502
教育	**140711**	**77658**	**136039**	**3891**	**138909**	**134190**	**780**	**3939**	**6384143**	**6247425**	**15049**	**121669**	**46399**

2-10 续表7　　（2013年底）　　单位：人、元

类　别	单位从业人员	#女性	在岗职工合计	其他从业人员	单位从业人员平均人数（人）	在岗职工	劳务派遣人员	其他从业人员	单位从业人员工资总额（千元）	在岗职工工资总额	劳务派遣人员工资总额	其他从业人员工资总额	在岗职工平均工资（含劳务派遣人员）
中原区	8404	5341	8286	114	8351	8233	8	110	365125	362520	156	2449	44009
二七区	11968	6879	11236	672	11875	10979	60	836	571227	528096	1012	42119	47931
管城区	4825	3493	4563	262	4806	4571		235	209794	201879		7915	44165
金水区	22035	11650	21287	287	21584	20839	456	289	1047557	1028883	9568	9106	48765
上街区	1682	1002	1667		1649	1634	15		74294	73970	324		45054
惠济区	6238	3657	6048	187	6241	6050	3	188	294654	291118	58	3478	48104
中牟县	7217	4048	7003	214	7243	7053		190	281243	275461		5782	39056
巩义市	8915	4944	8906	9	8842	8833		9	422750	422513		237	47833
荥阳市	12680	7115	12622	58	12673	12615		58	584659	583615		1044	46264
新密市	9741	6703	9673	68	9723	9662		61	414204	412883		1321	42733
新郑市	16647	9219	15316	1326	16572	15294	5	1273	771014	737194	108	33712	48193
登封市	10107	5374	10107		9080	9080			315931	315931			34794
经济开发区	933	604	923	10	923	915		8	40284	40068		216	43790
高新开发区	9939	4211	9939		10023	10023			569185	569185			56788
郑东新区	9048	3359	8131	684	8992	8077	233	682	409650	391537	3823	14290	47576
航空港实验区	332	59	332		332	332			12572	12572			37867
卫生和社会工作	**75346**	**45730**	**69294**	**2315**	**73051**	**67217**	**3577**	**2257**	**3392553**	**3226576**	**102950**	**63027**	**47031**
中原区	7354	4993	5948	79	7095	5742	1277	76	345934	285905	56081	3948	48723
二七区	13426	7851	12289	255	12642	11667	731	244	635745	616498	15259	3988	50956
管城区	3946	2579	3280	37	3955	3266	647	42	172144	161235	9988	921	43757
金水区	25392	15035	23551	1370	24544	22743	446	1355	1171939	1121177	11930	38832	48864
上街区	486	311	486		486	486			18376	18376			37811
惠济区	1534	1042	1447	87	1508	1436		72	67150	65427		1723	45562
中牟县	2435	1565	2297	138	2437	2315		122	120678	116065		4613	50136
巩义市	3700	2399	3674	26	3496	3470		26	161374	160921		453	46375
荥阳市	2981	1711	2966	15	2979	2964		15	106909	106678		231	35991
新密市	4168	2502	4065	48	4155	4056	55	44	178635	176642	1329	664	43291
新郑市	4264	3026	4036	228	4183	3954		229	153221	146067		7154	36942
登封市	3233	1397	3233		3193	3193			128760	128760			40326
经济开发区	1190	845	817		1130	709	421		68807	60444	8363		60891
高新开发区	67		67		65	65			2254	2254			34677
郑东新区	1037	445	1037		1050	1050			57034	57034			54318
航空港实验区	133	29	101	32	133	101		32	3593	3093		500	30624

类别	单位从业人员	#女性	在岗职工合计	其他从业人员	单位从业人员平均人数（人）	在岗职工	劳务派遣人员	其他从业人员	单位从业人员工资总额（千元）	在岗职工工资总额	劳务派遣人员工资总额	其他从业人员工资总额	在岗职工平均工资（含劳务派遣人员）
文化、体育和娱乐业	**36956**	**14331**	**26203**	**9543**	**32911**	**25983**	**1297**	**5631**	**1384174**	**1280523**	**26730**	**76921**	**47920**
中原区	1718	891	1709	9	2396	2040		356	98190	90899		7291	44558
二七区	574	213	549	25	581	557		24	21707	21255		452	38160
管城区	470	214	470		463	463			15749	15749			34015
金水区	17786	5577	16585	85	17424	16136	1198	90	923720	897134	24371	2215	53162
上街区	66	35	64	2	75	66	7	2	2449	2210	215	24	33219
惠济区	688	279	622		657	591	66		42121	40653	1468		64111
中牟县	10164	5029	984	9180	5875	940		4935	88152	26947		61205	28667
巩义市	461	177	460	1	461	460		1	12867	12857		10	27950
荥阳市	557	257	557		558	558			18849	18849			33780
新密市	236	123	236		236	236			6992	6992			29627
新郑市	377	170	377		375	375			10566	10566			28176
登封市	384	133	384		376	376			10416	10416			27702
经济开发区	1864	1051	1692	144	1831	1669	26	136	64192	60113	676	3403	35864
高新开发区	26		26		26	26			1288	1288			49538
郑东新区	1581	182	1484	97	1573	1486		87	66780	64459		2321	43378
航空港实验区	4		4		4	4			136	136			34000
公共管理、社会保障和社会	**132399**	**42197**	**126332**	**5045**	**130688**	**124668**	**926**	**5094**	**5719398**	**5616644**	**18240**	**84514**	**44866**
中原区	12480	4331	12073	266	12255	11836	152	267	651125	640117	3909	7099	53723
二七区	11790	4478	8923	2827	11746	8879	40	2827	518432	476260	1085	41087	53520
管城区	6501	2967	6252	43	6404	6239	120	45	293240	289688	2172	1380	45897
金水区	32534	8797	32003	302	31511	30983	226	302	1540503	1527791	3967	8745	49081
上街区	2555	751	2388	61	2476	2335	105	36	106800	103839	1641	1320	43230
惠济区	3842	1548	3539	276	3832	3529	27	276	192489	187855	540	4094	52979
中牟县	7361	2605	7114	190	7435	7173	54	208	253327	249212	1089	3026	34634
巩义市	6775	1780	6405	340	6763	6405	21	337	290900	285437	344	5119	44473
荥阳市	8959	3337	8552	389	8964	8557	18	389	308813	303435	367	5011	35429
新密市	10238	3613	9983	125	10193	9946	125	122	391806	386948	2174	2684	38638
新郑市	8404	3048	8257	147	8386	8179		207	322331	319358		2973	39046
登封市	10595	3063	10585		10549	10539	10		300430	300314	116		28479
经济开发区	1512	645	1476	28	1414	1378	8	28	69713	68897	144	672	49813
高新开发区	597	105	597		595	595			29062	29062			48844
郑东新区	7273	1061	7210	50	7256	7194	13	49	409205	407464	469	1272	56602
航空港实验区	983	68	975	1	909	901	7	1	41222	40967	223	32	45363

2-11 全市及各县(市)区国有单位分行业从业人员人数及工资总额

（2013 年底）

单位：人、元

行业	单位从业人员				单位从业人员平均人数（人）				单位从业人员工资总额（千元）				在岗职工平均工资（含劳务派遣人员）
		#女性	在岗职工合计	其他从业人员		在岗职工	劳务派遣人员	其他从业人员		在岗职工工资总额	劳务派遣人员工资总额	其他从业人员工资总额	
农、林、牧、渔业	**756**	**251**	**703**	**53**	**749**	**696**		**53**	**20041**	**19214**		**827**	**27606**
惠济区	173	55	120	53	170	117		53	6418	5591		827	47786
巩义市	27	4	27		24	24			680	680			28333
中牟县	533	185	533		532	532			12600	12600			23684
新郑市	23	7	23		23	23			343	343			14913
采矿业	**171**	**3**	**171**		**171**	**171**			**8777**	**8777**			**51327**
荥阳市	11	3	11		11	11			382	382			34727
登封市	160		160		160	160			8395	8395			52469
制造业	**9941**	**3142**	**9631**	**47**	**10318**	**9745**	**504**	**69**	**598707**	**579135**	**18303**	**1269**	**58292**
中原区	2649	976	2605	5	2631	2592	34	5	112095	110807	960	328	42562
二七区	1153	270	1151	2	1150	1148		2	51506	51423		83	44794
管城区	1441	423	1337	39	1453	1345	67	41	47576	44878	2110	588	33278
金水区	513	201	513		502	502			25735	25735			51265
上街区	1563	473	1479		1809	1687	102	20	70307	67435	2613	259	39155
惠济区	5	1	5		5	5			180	180			36000
新郑市	1420	559	1420		1389	1389			191845	191845			138117
经济开发区	597	132	522		789	488	301		46424	33804	12620		58839
高新开发区	600	107	599	1	590	589		1	53039	53028		11	90031
电力、热力、燃气及水生产和供应业	**8660**	**2835**	**8377**	**118**	**8795**	**8365**	**279**	**151**	**639803**	**628938**	**6168**	**4697**	**73474**
市直	2164	608	2164		2191	2191			281915	281915			128670
二七区	1245	370	1164		1478	1255	223		86437	80779	5658		58482
上街区	29	13	29		29	29			1238	1238			42690
巩义市	810	243	810		810	810			50922	50922			62867
中牟县	600	225	580	14	595	575	6	14	35777	35099	195	483	60747
荥阳市	480	155	412	68	477	404		73	24069	20406		3663	50510
新密市	1463	608	1372	13	1471	1380	50	41	67329	66973	315	41	47055
新郑市	729	320	729		702	702			47927	47927			68272
登封市	996	262	996		898	898			39062	39062			43499
经济开发区	28	10	28		28	28			1165	1165			41607
高新开发区	108	21	85	23	108	85		23	3722	3212		510	37788
航空港实验区	8		8		8	8			240	240			30000
建筑业	**18993**	**2204**	**15939**	**375**	**19143**	**15785**	**3017**	**341**	**1080582**	**961885**	**110354**	**8343**	**57028**

2-11 续表 1 （2013 年底） 单位：人、元

类　别	单位从业人员	#女性	在岗职工合计	其他从业人员	单位从业人员平均人数（人）	在岗职工	劳务派遣人员	其他从业人员	单位从业人员工资总额（千元）	在岗职工工资总额	劳务派遣人员工资总额	其他从业人员工资总额	在岗职工平均工资（含劳务派遣人员）
中原区	6975	1033	5255	142	7120	5093	1902	125	399039	315820	79814	3405	56560
二七区	986	151	971		986	957	15	14	94656	91826	1500	1330	96014
管城区	5267	319	5267		5265	5265			322608	322608			61274
金水区	326	55	310	16	323	307		16	15235	14243		992	46394
中牟县	1419	243	1419		1430	1430			111270	111270			77811
荥阳市	273	10	56	217	238	52		186	3847	1231		2616	23673
新密市	49	11	49		48	48			1031	1031			21479
经济开发区	993	128	993		989	989			27896	27896			28206
高新开发区	2705	254	1619		2744	1644	1100		105000	75960	29040		38265
批发和零售业	**6678**	**2510**	**5762**	**349**	**6670**	**5755**	**552**	**363**	**434045**	**398528**	**18414**	**17103**	**66108**
中原区	230	77	230		232	232			9430	9430			40647
二七区	483	149	470	13	489	471		18	22116	21353		763	45335
管城区	76	45	69	7	76	69		7	3669	3402		267	49304
金水区	995	273	910	59	974	886	26	62	42484	39931	890	1663	44760
上街区	33	8	29		28	24	4		2182	2062	120		77929
惠济区	218	105	151	67	213	148		65	14360	13310		1050	89932
巩义市	317	85	277	7	317	278	32	7	21348	19792	1000	556	67071
中牟县	250	92	250		250	250			5286	5286			21144
荥阳市	161	52	161		161	161			11710	11710			72733
新密市	448	171	343	85	449	344	20	85	35892	32655	560	2677	91250
新郑市	549	178	483	66	556	484		72	45452	38536		6916	79620
登封市	590	238	512	35	589	511	43	35	43419	39576	1230	2613	73657
经济开发区	963	338	524		964	537	425	2	120130	105624	14484	22	124852
高新开发区	25	8	21	2	25	21	2	2	1970	1767	130	73	82478
郑东新区	1255	678	1247	8	1261	1253		8	52327	51824		503	41360
航空港实验区	85	13	85		86	86			2270	2270			26395
交通运输、仓储和邮政业	**20372**	**6147**	**17893**	**377**	**20179**	**17536**	**2263**	**380**	**903667**	**805420**	**85181**	**13066**	**44982**
中原区	97	35	92	5	97	92		5	4394	4334		60	47109
二七区	233	44	149		233	149	84		14439	9891	4548		61970
管城区	1189	602	1180	2	1194	1185	7	2	50181	49951	196	34	42070
金水区	1602	297	1236	17	1685	1246	419	20	84079	68133	15466	480	50210
上街区	107	27	107		107	107			4466	4466			41738
惠济区	373	151	359	14	371	357		14	16097	15770		327	44174

类　别	单位从业人员	#女性	在岗职工合计	其他从业人员	单位从业人员平均人数(人)	在岗职工	劳务派遣人员	其他从业人员	单位从业人员工资总额(千元)	在岗职工工资总额	劳务派遣人员工资总额	其他从业人员工资总额	在岗职工平均工资(含劳务派遣人员)
巩义市	1667	632	1594	60	1672	1599	13	60	40004	38944	260	800	24320
中牟县	213	107	213		213	213			7284	7284			34197
荥阳市	153	85	149		156	152	4		9558	9442	116		61269
新密市	7	1	7		7	7			172	172			24571
新郑市	1116	355	854	261	1119	857	1	261	28838	17913	20	10905	20901
登封市	52	13	39	3	52	39	10	3	1155	833	257	65	22245
高新开发区	94	37	56		94	56	38		6240	5637	603		66383
郑东新区	13164	3761	11553	15	12879	11177	1687	15	618760	554650	63715	395	48069
航空港实验区	305		305		300	300			18000	18000			60000
住宿和餐饮业	**6974**	**3077**	**5767**	**477**	**7064**	**5805**	**765**	**494**	**220140**	**188145**	**18787**	**13208**	**31496**
中原区	919	483	644		954	641	313		30329	23077	7252		31791
二七区	1694	705	1254	101	1725	1309	319	97	62220	50556	8320	3344	36165
管城区	14	6	14		16	16			629	629			39313
金水区	2584	1155	2222	246	2650	2253	133	264	75722	65599	3215	6908	28841
上街区	30	21	30		30	30			555	555			18500
惠济区	1028	518	898	130	1020	887		133	31043	28087		2956	31665
荥阳市	18	4	18		18	18			408	408			22667
登封市	329	185	329		341	341			8134	8134			23853
航空港实验区	358		358		310	310			11100	11100			35806
信息传输、软件和信息技术服务业	**2674**	**1093**	**1188**	**10**	**2611**	**1124**	**1477**	**10**	**235502**	**143370**	**91784**	**348**	**90409**
中原区	86	29	22		50	28	22		2632	1423	1209		52640
二七区	1600	653	246		1642	245	1397		112327	23161	89166		68409
金水区	477	110	465	10	423	411	2	10	107409	106996	65	348	259228
上街区	100	72	44		100	44	56		2280	936	1344		22800
巩义市	97	49	97		90	90			2218	2218			24644
新郑市	314	180	314		306	306			8636	8636			28222
金融业	**10797**	**4649**	**10164**		**10298**	**9691**	**607**		**1157106**	**1115612**	**41494**		**112362**
中原区	1855	1090	1855		1730	1730			154923	154923			89551
管城区	948	648	707		909	652	257		106375	76980	29395		117024
金水区	1249	458	1200		1171	1125	46		110585	109062	1523		94436
巩义市	495	259	466		497	468	29		36956	35747	1209		74358
中牟县	197	117	71		192	69	123		6048	2970	3078		31500
登封市	11		11		11	11			303	303			27545

2-11 续表 3 （2013 年底） 单位：人、元

类别	单位从业人员	#女性	在岗职工合计	其他从业人员	单位从业人员平均人数（人）	在岗职工	劳务派遣人员	其他从业人员	单位从业人员工资总额（千元）	在岗职工工资总额	劳务派遣人员工资总额	其他从业人员工资总额	在岗职工平均工资（含劳务派遣人员）
郑东新区	6042	2077	5854		5788	5636	152		741916	735627	6289		128182
房地产业	**1741**	**661**	**1628**	**78**	**1736**	**1624**	**31**	**81**	**69404**	**66698**	**973**	**1733**	**40889**
中原区	249	147	249		251	251			7405	7405			29502
二七区	130	48	130		128	128			8312	8312			64938
管城区	163	35	100	50	169	104	9	56	5447	4734	149	564	43212
金水区	826	294	805	21	820	802		18	29379	28592		787	35651
上街区	12	5	12		12	12			157	157			13083
巩义市	56	27	56		52	52			2141	2141			41173
登封市	15	8	8	2	15	8	5	2	320	160	90	70	19231
经济开发区	14	4	14		13	13			446	446			34308
郑东新区	276	93	254	5	276	254	17	5	15797	14751	734	312	57140
租赁和商务服务业	**6840**	**1974**	**6364**	**154**	**6639**	**6179**	**306**	**154**	**269373**	**257337**	**9263**	**2773**	**41110**
中原区	219	98	219		219	219			14696	14696			67105
二七区	276	77	186	3	275	187	85	3	13899	10618	3245	36	50967
管城区	28	8	28		28	28			1466	1466			52357
金水区	3101	1172	2946	151	2916	2761	4	151	156014	153204	73	2737	55435
上街区	222	65	222		209	209			4731	4731			22636
惠济区	227	112	227		227	227			7772	7772			34238
巩义市	478	87	251		463	250	213		12790	6934	5856		27624
中牟县	196	64	196		245	245			7042	7042			28743
荥阳市	702	91	702		656	656			10014	10014			15265
新密市	71	34	71		71	71			2051	2051			28887
新郑市	1176	136	1176		1186	1186			27074	27074			22828
登封市	19	5	19		19	19			556	556			29263
经济开发区	12	6	12		12	12			247	247			20583
高新开发区	26		26		26	26			1121	1121			43115
郑东新区	62	19	58		62	58	4		9000	8911	89		145161
航空港实验区	25		25		25	25			900	900			36000
科学研究和技术服务业	**19961**	**5727**	**17598**	**1685**	**19566**	**17337**	**686**	**1543**	**1142903**	**1087214**	**26311**	**29378**	**61784**
中原区	3730	1283	3404	4	3681	3344	335	2	274181	256828	16993	360	74428
二七区	607	185	604	3	603	600		3	31960	31744		216	52907
管城区	1899	279	679	1154	1776	673	66	1037	39273	28094	1953	9226	40659
金水区	9285	2709	8769	276	9106	8588	237	281	516477	500097	6034	10346	57352

2-11 续表4 （2013年底） 单位：人、元

类别	单位从业人员	#女性	在岗职工合计	其他从业人员	单位从业人员平均人数（人）	在岗职工	劳务派遣人员	其他从业人员	单位从业人员工资总额（千元）	在岗职工工资总额	劳务派遣人员工资总额	其他从业人员工资总额	在岗职工平均工资（含劳务派遣人员）
上街区	265	45	262	3	257	254		3	22135	22050		85	86811
惠济区	58	19	45	13	58	45		13	1696	1392		304	30933
巩义市	296	128	292	4	296	292		4	9462	9402		60	32199
中牟县	684	227	677	7	677	671		6	22028	21800		228	32489
荥阳市	269	90	269		263	263			8398	8398			31932
新密市	437	180	437		438	438			14220	14220			32466
新郑市	783	214	594	189	764	602		162	48812	41067		7745	68218
登封市	33	10	33		36	36			872	872			24222
经济开发区	44	7	41	3	44	41		3	2974	2929		45	71439
高新开发区	536	107	481	5	529	476	48	5	94133	92611	1331	191	179279
郑东新区	1035	244	1011	24	1038	1014		24	56282	55710		572	54941
水利、环境和公共设施管理业	**12294**	**3943**	**11360**	**846**	**12164**	**11259**	**83**	**822**	**410864**	**395470**	**2786**	**12608**	**35113**
中原区	895	246	636	259	895	636		259	31666	28534		3132	44865
二七区	189	41	189		190	190			8851	8851			46584
管城区	854	378	854		837	837			28518	28518			34072
金水区	2778	724	2711	2	2688	2624	62	2	131656	129593	1932	131	48967
上街区	276	152	253		270	249	21		8958	8104	854		33178
惠济区	547	184	527	20	569	549		20	24440	24008		432	43730
巩义市	981	185	447	534	960	450		510	24470	16070		8400	35711
中牟县	696	421	696		687	687			17132	17132			24937
荥阳市	2217	571	2217		2217	2217			52000	52000			23455
新密市	457	150	429	28	457	429		28	13258	12789		469	29811
新郑市	950	383	947	3	935	932		3	28658	28614		44	30702
登封市	915	356	915		918	918			19379	19379			21110
高新开发区	153	45	153		155	155			5596	5596			36103
郑东新区	386	107	386		386	386			16282	16282			42181
居民服务、修理和其他服务业	**359**	**82**	**354**	**5**	**349**	**344**		**5**	**11231**	**11159**		**72**	**32439**
管城区	51	13	51		51	51			2299	2299			45078
金水区	67	16	67		63	63			2509	2509			39825
上街区	10	2	10		8	8			387	387			48375
惠济区	24	3	24		24	24			370	370			15417
荥阳市	20	5	20		18	18			410	410			22778
新密市	63	10	63		62	62			2301	2301			37113
新郑市	74	17	69	5	73	68		5	1737	1665		72	24485

类　别	单位从业人员	#女性	在岗职工合计	其他从业人员	单位从业人员平均人数（人）	在岗职工	劳务派遣人员	其他从业人员	单位从业人员工资总额（千元）	在岗职工工资总额	劳务派遣人员工资总额	其他从业人员工资总额	在岗职工平均工资（含劳务派遣人员）
经济开发区	50	16	50		50	50			1218	1218			24360
教育	**108791**	**59315**	**105866**	**2154**	**108506**	**105611**	**766**	**2129**	**5212833**	**5152179**	**14756**	**45898**	**48572**
中原区	7359	4624	7250	109	7276	7170		106	331046	328680		2366	45841
二七区	6220	3378	6089	71	6185	6060	60	65	334799	331946	1012	1841	54405
管城区	3735	2666	3589	146	3745	3600		145	171816	168151		3665	46709
金水区	18018	8971	17343	220	17705	17039	450	216	929213	913887	9431	5895	52794
上街区	1518	884	1503		1491	1476	15		67393	67069	324		45200
惠济区	6165	3592	5975	187	6168	5977	3	188	293296	289760	58	3478	48465
巩义市	2880	1718	2871	9	2907	2898		9	140541	140304		237	48414
中牟县	5994	3328	5894	100	6047	5945		102	244806	243756		1050	41002
荥阳市	11813	6599	11755	58	11819	11761		58	553995	552951		1044	47016
新密市	8850	6181	8783	67	8847	8787		60	380092	378795		1297	43109
新郑市	11571	6819	11073	493	11645	11150	5	490	578936	568309	108	10519	50956
登封市	5909	3275	5909		5820	5820			212427	212427			36499
经济开发区	670	388	660	10	670	662		8	29325	29109		216	43971
高新开发区	9587	4062	9587		9672	9672			554560	554560			57337
郑东新区	8218	2783	7301	684	8225	7310	233	682	379296	361183	3823	14290	48390
航空港实验区	284	47	284		284	284			11292	11292			39761
卫生和社会工作	**64064**	**38255**	**58247**	**2083**	**62102**	**56497**	**3574**	**2031**	**2911483**	**2751992**	**102896**	**56595**	**47525**
中原区	6385	4378	4979	79	6145	4792	1277	76	313344	253315	56081	3948	50980
二七区	12957	7568	11841	234	12219	11265	731	223	622576	603896	15259	3421	51613
管城区	3483	2282	2834	23	3494	2821	644	29	157487	147214	9934	339	45353
金水区	24484	14434	22662	1351	23652	21868	446	1338	1129448	1079473	11930	38045	48911
上街区	486	311	486		486	486			18376	18376			37811
惠济区	1255	856	1214	41	1232	1201		31	59872	59266		606	49347
巩义市	609	370	600	9	610	601		9	19806	19697		109	32774
中牟县	2435	1565	2297	138	2437	2315		122	120678	116065		4613	50136
荥阳市	2924	1677	2909	15	2922	2907		15	105005	104774		231	36042
新密市	2268	1299	2170	43	2264	2170	55	39	67011	65018	1329	664	29819
新郑市	2404	1593	2286	118	2317	2200		117	83575	79456		4119	36116
登封市	2204	738	2204		2201	2201			91021	91021			41354
经济开发区	1179	841	806		1119	698	421		68453	60090	8363		61173
高新开发区	67		67		65	65			2254	2254			34677
郑东新区	836	314	836		851	851			50403	50403			59228

2-11 续表6 （2013年底） 单位：人、元

类别	单位从业人员	#女性	在岗职工合计	其他从业人员	单位从业人员平均人数（人）	在岗职工	劳务派遣人员	其他从业人员	单位从业人员工资总额（千元）	在岗职工工资总额	劳务派遣人员工资总额	其他从业人员工资总额	在岗职工平均工资（含劳务派遣人员）
航空港实验区	88	29	56	32	88	56		32	2174	1674		500	29893
文化、体育和娱乐业	**23758**	**7721**	**22207**	**359**	**24074**	**22101**	**1279**	**694**	**1132339**	**1090345**	**26291**	**15703**	**47760**
中原区	1575	817	1566	9	2268	1912		356	94253	86962		7291	45482
二七区	322	103	297	25	329	305		24	13327	12875		452	42213
管城区	255	91	255		250	250			8195	8195			32780
金水区	15921	4526	14740	83	15573	14305	1180	88	804422	778288	23932	2202	51806
上街区	53	29	51	2	60	51	7	2	2159	1920	215	24	36810
惠济区	614	249	548		580	514	66		40117	38649	1468		69167
巩义市	448	169	447	1	448	447		1	12516	12506		10	27978
中牟县	46	21	46		46	46			717	717			15587
荥阳市	444	205	444		444	444			15805	15805			35597
新密市	236	123	236		236	236			6992	6992			29627
新郑市	377	170	377		375	375			10566	10566			28176
登封市	259	126	259		259	259			6519	6519			25170
经济开发区	1740	970	1568	144	1747	1585	26	136	61552	57473	676	3403	36095
高新开发区	26		26		26	26			1288	1288			49538
郑东新区	1438	122	1343	95	1429	1342		87	53775	51454		2321	38341
航空港实验区	4		4		4	4			136	136			34000
公共管理、社会保障和社会组织	**126257**	**39785**	**122982**	**2404**	**124676**	**121363**	**859**	**2454**	**5531545**	**5468126**	**16807**	**46612**	**44877**
中原区	12225	4247	11818	266	12006	11587	152	267	638180	627172	3909	7099	53759
二七区	7521	2707	7313	188	7468	7259	20	189	396459	392435	797	3227	54023
管城区	6184	2793	6065	43	6171	6052	74	45	285455	283012	1063	1380	46372
金水区	31761	8563	31232	300	30778	30252	226	300	1513251	1500581	3967	8703	49365
上街区	2505	725	2339	61	2428	2288	104	36	105370	102445	1605	1320	43499
惠济区	3842	1548	3539	276	3832	3529	27	276	192489	187855	540	4094	52979
巩义市	6744	1767	6374	340	6732	6374	21	337	289905	284442	344	5119	44533
中牟县	7331	2594	7084	190	7405	7143	54	208	252262	248147	1089	3026	34631
荥阳市	8959	3337	8552	389	8964	8557	18	389	308813	303435	367	5011	35429
新密市	10010	3534	9755	125	9970	9723	125	122	384401	379543	2174	2684	38761
新郑市	8404	3048	8257	147	8386	8179		207	322331	319358		2973	39046
登封市	10499	3044	10489		10455	10445	10		297402	297286	116		28446
经济开发区	1510	644	1474	28	1412	1376	8	28	69669	68853	144	672	49853
高新开发区	597	105	597		595	595			29062	29062			48844
郑东新区	7182	1061	7119	50	7165	7103	13	49	405274	403533	469	1272	56774
航空港实验区	983	68	975	1	909	901	7	1	41222	40967	223	32	45363

2-12 全市及各县(市)区城镇集体单位分行业从业人员人数及工资总额

(2013 年底)

单位:人、元

行业	单位从业人员	#女性	在岗职工合计	其他从业人员	单位从业人员平均人数(人)	在岗职工	劳务派遣人员	其他从业人员	单位从业人员工资总额(千元)	在岗职工工资总额	劳务派遣人员工资总额	其他从业人员工资总额	在岗职工平均工资(含劳务派遣人员)
农、林、牧、渔业	**612**	**204**	**612**		**616**	**616**			**15352**	**15352**			**24922**
中牟县	530	175	530		532	532			12750	12750			23966
荥阳市	19	7	19		19	19			431	431			22684
新郑市	63	22	63		65	65			2171	2171			33400
采矿业	**261**	**15**	**261**		**262**	**262**			**9396**	**9396**			**35863**
登封市	261	15	261		262	262			9396	9396			35863
制造业	**9306**	**3529**	**8946**	**172**	**9078**	**8709**	**190**	**179**	**317385**	**303655**	**11675**	**2055**	**35434**
中原区	38	14	35	3	38	35		3	1168	1103		65	31514
二七区	1802	1081	1772	22	1783	1752	9	22	48927	48424	220	283	27623
管城区	795	285	610	13	805	619	173	13	66511	55042	11325	144	83797
金水区	848	373	795	53	866	808		58	26729	26522		207	32824
上街区	1117	658	1117		1140	1140			19758	19758			17332
惠济区	107	41	107		105	105			2247	2247			21400
巩义市	422	107	422		415	415			9368	9368			22573
荥阳市	1839	403	1839		1601	1601			53572	53572			33462
新密市	689	154	689		676	676			19617	19617			29019
新郑市	1040	312	970	62	1045	975	8	62	51049	50019	130	900	51016
登封市	480	37	480		475	475			13329	13329			28061
经济开发区	120	64	101	19	120	99		21	4894	4438		456	44828
航空港实验区	9		9		9	9			216	216			24000
建筑业	**6883**	**1065**	**4236**	**1660**	**6613**	**4410**	**768**	**1435**	**185730**	**130785**	**28851**	**26094**	**30830**
中原区	2485	243	1586	240	2195	1579	416	200	67226	45008	19968	2250	32569
二七区	86	29	79	5	96	90	3	3	4115	4075	3	37	43849
金水区	492	112	492		532	532			13229	13229			24867
上街区	471	120	445	26	473	444		29	10570	9731		839	21917
中牟县	229	75	226	3	211	208		3	9101	8952		149	43038
新密市	160	30	40	20	160	50	90	20	5568	1392	3480	696	34800
新郑市	2418	312	884	1308	2338	962	259	1117	64116	37782	5400	20934	35366
登封市	542	144	484	58	608	545		63	11805	10616		1189	19479
批发和零售业	**3337**	**1376**	**3235**	**102**	**3258**	**3150**		**108**	**76490**	**74692**		**1798**	**23712**
中原区	63	23	63		63	63			1450	1450			23016
二七区	451	258	451		441	441			7273	7273			16492
管城区	10	2	10		10	10			122	122			12200
金水区	571	195	571		555	555			22235	22235			40063
上街区	154	1	154		154	154			5349	5349			34734

类别	单位从业人员	#女性	在岗职工合计	其他从业人员	单位从业人员平均人数(人)				单位从业人员工资总额(千元)				在岗职工平均工资(含劳务派遣人员)
						在岗职工	劳务派遣人员	其他从业人员		在岗职工工资总额	劳务派遣人员工资总额	其他从业人员工资总额	
中牟县	25	18	25		24	24			304	304			12667
巩义市	893	354	792	101	899	798		101	16303	14669		1634	18382
荥阳市	294	170	294		289	289			5468	5468			18920
新密市	190	118	190		190	184		6	4992	4847		145	26342
新郑市	120	32	120		120	120			2291	2291			19092
登封市	465	168	464	1	412	411		1	8804	8785		19	21375
郑东新区	43	14	43		43	43			758	758			17628
航空港实验区	58	23	58		58	58			1141	1141			19672
交通运输、仓储和邮政业	**849**	**209**	**837**	**5**	**850**	**838**	**7**	**5**	**23068**	**22841**	**199**	**28**	**27266**
中原区	25		25		25	25			1355	1355			54200
二七区	12	3	12		12	12			586	586			48833
管城区	150	54	145	5	150	145		5	4005	3977		28	27428
金水区	47	12	47		43	43			1037	1037			24116
上街区	145	44	145		155	155			3869	3869			24961
巩义市	7	3	7		7	7			119	119			17000
荥阳市	17	3	17		17	17			366	366			21529
新密市	384	90	377		379	372	7		9895	9696	199		26108
登封市	62		62		62	62			1836	1836			29613
住宿和餐饮业	**1040**	**575**	**948**	**92**	**1044**	**938**	**8**	**98**	**35045**	**31024**	**175**	**3846**	**32980**
中原区	22	12	22		30	30			575	575			19167
二七区	141	97	141		142	142			2873	2873			20232
管城区	137	63	137		128	128			3631	3631			28367
金水区	325	155	233	92	330	240		90	18778	15052		3726	62717
巩义市	89	50	89		89	89			2210	2210			24831
登封市	255	146	255		255	239	8	8	5160	4865	175	120	20405
郑东新区	71	52	71		70	70			1818	1818			25971
信息传输、软件和信息技术服务业	**20**	**8**	**20**		**20**	**20**			**473**	**473**			**23650**
金水区	7	2	7		7	7			151	151			21571
巩义市	13	6	13		13	13			322	322			24769
房地产业	**398**	**160**	**398**		**377**	**377**			**11537**	**11537**			**30602**
中原区	26	9	26		25	25			538	538			21520
二七区	27	20	27		27	27			477	477			17667
管城区	34	14	34		34	34			690	690			20294
金水区	159	48	159		156	156			4863	4863			31173
巩义市	104	43	104		104	104			2923	2923			28106

类　别	单位从业人员	#女性	在岗职工合计	其他从业人员	单位从业人员平均人数（人）	在岗职工	劳务派遣人员	其他从业人员	单位从业人员工资总额（千元）	在岗职工工资总额	劳务派遣人员工资总额	其他从业人员工资总额	在岗职工平均工资（含劳务派遣人员）
新密市	20	16	20		20	20			1737	1737			86850
高新开发区	28	10	28		11	11			309	309			28091
租赁和商务服务业	**2123**	**353**	**730**	**1374**	**2186**	**723**	**19**	**1444**	**47227**	**21680**	**495**	**25052**	**29885**
中原区	41	26	31		39	30	9		2359	2176	183		60487
二七区	82	27	63	19	82	63		19	2334	2108		226	33460
管城区	1056	81	117	939	1129	117		1012	21613	3091		18522	26419
金水区	68	31	68		67	67			2814	2814			42000
上街区	8	6	8		8	8			216	216			27000
中牟县	612	120	196	416	605	192		413	9832	3528		6304	18375
巩义市	25	12	25		25	25			892	892			35680
荥阳市	37	10	37		37	37			1291	1291			34892
新密市	194	40	185		194	184	10		5876	5564	312		30289
科学研究和技术服务业	**931**	**388**	**929**	**2**	**919**	**917**		**2**	**33012**	**32958**		**54**	**35941**
中原区	159	59	159		143	143			9172	9172			64140
二七区	177	63	177		178	178			6413	6413			36028
金水区	295	167	293	2	291	289		2	8991	8937		54	30924
新密市	8	2	8		8	8			306	306			38250
新郑市	213	71	213		220	220			4608	4608			20945
高新开发区	5		5		5	5			107	107			21400
郑东新区	74	26	74		74	74			3415	3415			46149
水利、环境和公共设施管理业	**341**	**185**	**242**	**99**	**320**	**221**		**99**	**9888**	**7458**		**2430**	**33747**
中原区	139	70	40	99	139	40		99	4816	2386		2430	59650
二七区	2	2	2		2	2			66	66			33000
上街区	126	84	126		106	106			3330	3330			31415
巩义市	34	15	34		35	35			756	756			21600
新郑市	40	14	40		38	38			920	920			24211
居民服务、修理和其他服务业	**272**	**70**	**242**	**24**	**270**	**241**	**6**	**23**	**8532**	**8118**	**79**	**335**	**33186**
中原区	10	7	4		10	4	6		319	240	79		31900
二七区	45	12	45		45	45			1811	1811			40244
金水区	74	20	74		73	73			2462	2462			33726
上街区	55	10	35	20	54	35		19	956	682		274	19486
中牟县	52	14	48	4	52	48		4	2230	2169		61	45188
巩义市	6	2	6		6	6			94	94			15667
登封市	30	5	30		30	30			660	660			22000
教育	**4836**	**2899**	**4833**		**4749**	**4746**	**3**		**224066**	**224008**	**58**		**47182**

类别	单位从业人员	#女性	在岗职工合计	其他从业人员	单位从业人员平均人数（人）	在岗职工	劳务派遣人员	其他从业人员	单位从业人员工资总额（千元）	在岗职工工资总额	劳务派遣人员工资总额	其他从业人员工资总额	在岗职工平均工资（含劳务派遣人员）
中原区	167	141	167		167	167			6243	6243			37383
二七区	188	136	188		187	187			7945	7945			42487
管城区	141	62	141		142	142			6865	6865			48345
金水区	64	42	61		56	53	3		2673	2615	58		47732
巩义市	3338	1971	3338		3339	3339			163816	163816			49061
荥阳市	258	126	258		247	247			8300	8300			33603
新密市	17	12	17		17	17			655	655			38529
登封市	98	42	98		58	58			4350	4350			75000
经济开发区	180	145	180		176	176			8004	8004			45477
高新开发区	21		21		22	22			674	674			30636
郑东新区	347	210	347		321	321			13988	13988			43576
航空港实验区	17	12	17		17	17			553	553			32529
卫生和社会工作	**4006**	**2611**	**3930**	**76**	**3804**	**3734**		**70**	**180001**	**177974**		**2027**	**47663**
中原区	23	17	23		23	23			486	486			21130
二七区	49	39	49		53	53			1679	1679			31679
管城区	267	183	253	14	267	254		13	10242	9660		582	38031
金水区	63	29	63		63	63			2704	2704			42921
惠济区	177	114	131	46	172	131		41	5020	3903		1117	29794
巩义市	2613	1705	2597	16	2411	2395		16	129636	129308		328	53991
荥阳市	57	34	57		57	57			1904	1904			33404
新密市	208	170	208		210	210			10506	10506			50029
新郑市	216	147	216		217	217			7686	7686			35419
登封市	82	41	82		82	82			1928	1928			23512
经济开发区	5	1	5		5	5			160	160			32000
郑东新区	201	131	201		199	199			6631	6631			33322
航空港实验区	45		45		45	45			1419	1419			31533
文化、体育和娱乐业	**159**	**70**	**159**		**150**	**150**			**5361**	**5361**			**35740**
中原区	20	13	20		12	12			444	444			37000
金水区	80	29	80		79	79			3193	3193			40418
荥阳市	59	28	59		59	59			1724	1724			29220
公共管理、社会保障和社会组织	**799**	**273**	**799**		**787**	**787**			**41449**	**41449**			**52667**
中原区	147	37	147		147	147			9744	9744			66286
二七区	304	123	304		304	304			18838	18838			61967
金水区	90	23	90		83	83			4397	4397			52976
中牟县	30	11	30		30	30			1065	1065			35500
新密市	228	79	228		223	223			7405	7405			33206

2-13 全市及各县(市)区其他单位分行业从业人员人数及工资总额

(2013 年底)

单位:人、元

行业	单位从业人员	#女性	在岗职工合计	其他从业人员	单位从业人员平均人数(人)	在岗职工	劳务派遣人员	其他从业人员	单位从业人员工资总额(千元)	在岗职工工资总额	劳务派遣人员工资总额	其他从业人员工资总额	在岗职工平均工资(含劳务派遣人员)
农、林、牧、渔业	**1732**	**617**	**1732**		**1712**	**1712**			**46504**	**46504**			**27164**
二七区	13	2	13		13	13			437	437			33615
管城区	15	5	15		15	15			420	420			28000
金水区	20	11	20		18	18			591	591			32833
上街区	35	16	35		35	35			764	764			21829
惠济区	68	34	68		68	68			2701	2701			39721
巩义市	45	6	45		46	46			1501	1501			32630
荥阳市	1107	392	1107		1112	1112			28280	28280			25432
新郑市	18	8	18		18	18			605	605			33611
登封市	283	130	283		268	268			7826	7826			29201
郑东新区	24	7	24		20	20			758	758			37900
航空港实验区	104	6	104		99	99			2621	2621			26475
采矿业	**77286**	**10634**	**77270**	**16**	**75790**	**75773**		**17**	**3586937**	**3586116**		**821**	**47327**
市直	47320	7390	47320		48290	48290			2586300	2586300			53558
二七区	982	231	982		963	963			37709	37709			39158
巩义市	7950	941	7944	6	7421	7415		6	236263	236047		216	31834
荥阳市	144	43	144		142	142			6837	6837			48148
新密市	2492	469	2491	1	2403	2402		1	91304	91269		35	37997
新郑市	1910	132	1910		1910	1910			58457	58457			30606
登封市	16488	1428	16479	9	14661	14651		10	570067	569497		570	38871
制造业	**662044**	**294270**	**642808**	**3816**	**622599**	**604069**	**14615**	**3915**	**25690519**	**25020986**	**542021**	**127512**	**41318**
市直	4332	738	2902	12	4365	2853	1496	16	245552	173540	71791	221	56411
中原区	11470	4612	11285	86	11599	11402	103	94	326776	321275	3054	2447	28190
二七区	12147	3552	11885	117	11971	11685	159	127	405161	397087	4510	3564	33907
管城区	18634	4507	18437	169	17727	17493	62	172	812016	797571	2449	11996	45572
金水区	13673	5420	11454	4	13707	11530	2173	4	407259	358042	48959	258	29702
上街区	19422	5072	19003	33	19706	19288	379	39	750663	736973	13055	635	38136
惠济区	7173	3357	6817	16	7119	6729	375	15	207766	187690	19463	613	29160
中牟县	14665	4172	11962	298	14167	11511	2309	347	562898	463680	85605	13613	39746
巩义市	34097	8345	33376	664	32817	32211	55	551	985758	968115	1314	16329	30045
荥阳市	41768	6253	40884	503	41167	40271	403	493	1524634	1502128	12891	9615	37248
新密市	34953	9324	34425	208	34564	34051	304	209	980026	961487	13328	5211	28375
新郑市	50950	15348	49782	325	49603	48623	643	337	1558415	1539432	11193	7790	31475
登封市	28500	4939	27909	504	26872	26285	87	500	656638	641023	1885	13730	24378
经济开发区	47284	20114	42483	357	46226	42128	3779	319	2058723	1889120	157882	11721	44590
高新开发区	36353	9593	33799	499	35872	33155	2067	650	1585921	1468947	87967	29007	44203
郑东新区	9446	6499	9446		9651	9651			454173	454173			47060
航空港实验区	277177	182425	276959	21	245466	245203	221	42	12168140	12160703	6675	762	49577

类别	单位从业人员	#女性	在岗职工合计	其他从业人员	单位从业人员平均人数（人）	在岗职工	劳务派遣人员	其他从业人员	单位从业人员工资总额（千元）	在岗职工工资总额	劳务派遣人员工资总额	其他从业人员工资总额	在岗职工平均工资（含劳务派遣人员）
电力、热力、燃气及水生产和供应业	**26449**	**6888**	**25228**	**138**	**26092**	**24899**	**1059**	**134**	**999711**	**974203**	**22651**	**2857**	**38403**
中原区	9385	3539	8356	44	9464	8461	960	43	406523	386849	19462	212	43128
金水区	28	7	28		26	26			491	491			18885
惠济区	663	194	580		614	530	84		32436	29765	2671		52827
中牟县	46	1	42	4	45	42		3	1187	1072		115	25524
巩义市	465	204	465		485	485			9304	9304			19184
荥阳市	292	103	265	27	292	265		27	7543	7123		420	26879
新密市	323	130	320	3	350	348		2	7635	7588		47	21805
新郑市	182	37	178	4	179	175	1	3	7043	6937	49	57	39693
登封市	14542	2574	14492	50	14128	14079		49	490381	488918		1463	34727
高新开发区	269	37	263	6	256	249		7	25376	24833		543	99731
郑东新区	230	53	230		230	230			10114	10114			43974
航空港实验区	24	9	9		23	9	14		1678	1209	469		72957
建筑业	**302961**	**37471**	**206468**	**34897**	**297484**	**201027**	**62383**	**34074**	**12129101**	**7923043**	**2889671**	**1316387**	**41049**
中原区	42767	4095	13368	1746	40843	13209	25794	1840	1792385	471680	1257762	62943	44341
二七区	30140	3444	17531	1434	25984	17209	7319	1456	1087901	759623	284284	43994	42560
管城区	16508	2258	13580	2167	15914	13145	891	1878	548549	473132	31529	43888	35955
金水区	73836	10855	61244	6008	72793	60281	6547	5965	2818165	2400022	248597	169546	39633
上街区	6176	1247	4747	346	6055	4698	1036	321	190524	157960	26169	6395	32112
惠济区	31893	2542	22985	8187	28735	20572	686	7477	1062427	782907	16260	263260	37594
中牟县	4838	394	3952	793	4730	3798	109	823	193974	142103	6146	45725	37944
巩义市	4411	280	2395	140	3880	2428	1314	138	114428	77507	29843	7078	28688
荥阳市	19371	3362	9756	1558	19040	9472	8164	1404	693043	269282	356489	67272	35483
新密市	14163	1422	9332	2421	13605	9045	2223	2337	445294	263661	69188	112445	29539
新郑市	12788	2069	12149	623	12013	11213	16	784	664686	633855	222	30609	56468
登封市	4509	458	3726	738	4384	3534	43	807	106151	88089	1460	16602	25035
经济开发区	15754	2616	14610	798	15770	14574	366	830	653004	618436	8721	25847	41978
高新开发区	17447	1727	9751	7538	25096	10249	7296	7551	1479562	539862	530247	409453	60992
郑东新区	8042	697	7099	365	8404	7382	569	453	271752	237868	22634	11250	32763
航空港实验区	318	5	243	35	238	218	10	10	7256	7056	120	80	31474
批发和零售业	**87199**	**41574**	**81382**	**1672**	**85995**	**80481**	**3985**	**1529**	**3056675**	**2901062**	**115203**	**40410**	**35710**
中原区	4837	2209	4769	64	4791	4724	4	63	172411	170833	72	1506	36147
二七区	14786	7626	13810	406	14826	13952	505	369	426061	405332	12132	8597	28876
管城区	11720	6506	9438	78	11657	9590	2007	60	389669	326691	61296	1682	33456
金水区	25969	12807	24602	670	25579	24207	785	587	840543	804225	21195	15123	33027
上街区	903	384	903		896	896			21486	21486			23980
惠济区	2574	907	2445	15	2503	2355	113	35	117480	114360	2020	1100	47156
中牟县	1096	431	1045	32	1086	1035	19	32	66170	65002	317	851	61972
巩义市	1370	869	1244	126	1382	1252	20	110	30763	28296	847	1620	22911
荥阳市	1934	674	1878	2	1840	1782	56	2	65690	63526	2064	100	35686

2-13 续表2 （2013 年底） 单位：人、元

类别	单位从业人员	#女性	在岗职工合计	其他从业人员	单位从业人员平均人数（人）	在岗职工	劳务派遣人员	其他从业人员	单位从业人员工资总额（千元）	在岗职工工资总额	劳务派遣人员工资总额	其他从业人员工资总额	在岗职工平均工资（含劳务派遣人员）
新密市	3351	1231	3190	31	3318	3158	133	27	126824	120025	5743	1056	38216
新郑市	3564	2324	3552	8	3329	3283	4	42	127685	126598	197	890	38575
登封市	1491	609	1477	10	1424	1408	5	11	35697	35329	128	240	25093
经济开发区	6724	2519	6558	111	6660	6492	58	110	296164	291440	1675	3049	44750
高新开发区	1513	432	1313	30	1481	1292	165	24	61961	57515	3978	468	42205
郑东新区	4889	1993	4680	89	4758	4590	111	57	261297	253630	3539	4128	54705
航空港实验区	478	53	478		465	465			16774	16774			36073
交通运输、仓储和邮政业	**46497**	**15666**	**32472**	**1606**	**45440**	**31732**	**12105**	**1603**	**2226615**	**1756718**	**411781**	**58116**	**49467**
中原区	98	25	98		98	98			2715	2715			27704
二七区	7778	2996	7778		7360	7360			320392	320392			43532
管城区	2847	617	2693	40	2821	2655	126	40	116565	110724	4421	1420	41404
金水区	1672	424	1582	1	1668	1567	100	1	80128	75810	4314	4	48065
上街区	448	69	441		432	430	2		15205	15105	100		35197
惠济区	88	7	88		88	88			2640	2640			30000
中牟县	450	94	438		378	368	10		15879	15447	432		42008
巩义市	185	33	185		185	185			5392	5392			29146
荥阳市	146	48	146		146	146			3603	3603			24678
新密市	2294	229	2294		2281	2271		10	60259	59679		580	26279
新郑市	2453	115	1613	840	2434	1594		840	120802	83825		36977	52588
登封市	2195	539	1808	387	2172	1769		403	64913	55332		9581	31279
经济开发区	4928	1017	2308	100	4971	2403	2507	61	243777	140693	100309	2775	49084
郑东新区	13653	6659	8115	238	13529	7997	5284	248	565371	430058	128534	6779	42059
航空港实验区	7262	2794	2885		6877	2801	4076		608974	435303	173671		88552
住宿和餐饮业	**28704**	**15503**	**26717**	**770**	**29418**	**27375**	**1272**	**771**	**892507**	**836803**	**39771**	**15933**	**30599**
中原区	1656	945	1646	10	1979	1967		12	63520	63293		227	32177
二七区	3386	1412	3385	1	3384	3383		1	92463	92375		88	27306
管城区	843	494	759	84	845	759		86	22930	20861		2069	27485
金水区	15139	8355	14231	471	15372	14424	468	480	474327	448759	15725	9843	31190
上街区	375	237	334	41	371	320		51	7514	6599		915	20622
惠济区	20	11	20		25	25			504	504			20160
中牟县	400	253	398	2	437	435		2	10063	10040		23	23080
巩义市	720	389	720		726	726			15340	15340			21129
荥阳市	297	206	297		374	373		1	8867	8779		88	23536
新密市	540	359	536	4	532	528		4	19953	19802		151	37504
新郑市	729	373	725	4	741	721	5	15	19667	19070	200	397	26543
登封市	904	502	746	97	887	734	84	69	17764	16116	859	789	20752
经济开发区	326	208	326		323	323			11503	11503			35613
高新开发区	324	192	324		313	313			14103	14103			45058
郑东新区	2229	1135	2100	13	2300	2175	109	16	88492	83262	4868	362	38586
航空港实验区	816	432	170	43	809	169	606	34	25497	6397	18119	981	31634

2-13 续表3 （2013年底） 单位：人、元

类 别	单位从业人员	#女性	在岗职工合计	其他从业人员	单位从业人员平均人数（人）	在岗职工	劳务派遣人员	其他从业人员	单位从业人员工资总额（千元）	在岗职工工资总额	劳务派遣人员工资总额	其他从业人员工资总额	在岗职工平均工资（含劳务派遣人员）
信息传输、软件和信息技术服务业	**19366**	**7720**	**14722**	**7**	**19118**	**14564**	**4546**	**8**	**1132065**	**993025**	**138724**	**316**	**59223**
中原区	317	222	95		307	97	210		9514	3452	6062		30990
二七区	3794	1433	3654		3804	3664	140		306928	299463	7465		80686
管城区	620	143	620		622	622			42868	42868			68920
金水区	11462	5106	7608	3	11277	7494	3780	3	598456	488127	110246	83	53075
上街区	68	24	68		68	68			1598	1598			23500
惠济区	17	9	17		17	17			439	439			25824
巩义市	381	147	143		387	147	240		12174	5349	6825		31457
荥阳市	6	1	6		6	6			144	144			24000
登封市	6	2	6		6	6			180	180			30000
经济开发区	447	218	444	3	462	458		4	14043	13960		83	30480
高新开发区	1239	271	1126	1	1202	1090	111	1	63757	58757	4850	150	52962
郑东新区	997	144	923		948	883	65		81676	78400	3276		86156
航空港实验区	12		12		12	12			288	288			24000
金融业	**36269**	**13984**	**34468**	**446**	**34427**	**32597**	**1427**	**403**	**2914741**	**2822951**	**80109**	**11681**	**85324**
中原区	16	10	16		16	16			542	542			33875
二七区	1555	655	1496	59	1477	1417		60	58057	56517		1540	39885
管城区	57	21	28	29	49	27		22	1637	943		694	34926
金水区	28870	10341	27430	358	27353	25882	1150	321	2286688	2215465	61776	9447	84242
上街区	21	11	14		21	14	7		618	406	212		29429
中牟县	647	339	647		565	565			40420	40420			71540
巩义市	707	415	699		657	649	8		75731	75466	265		115268
荥阳市	295	88	295		295	295			11145	11145			37780
新密市	477	228	477		478	478			38440	38440			80418
新郑市	531	254	469		484	428	56		33542	30025	3517		69302
登封市	503	340	503		503	503			18108	18108			36000
高新开发区	139	68	139		141	141			8397	8397			59553
郑东新区	2451	1214	2255		2388	2182	206		341416	327077	14339		142972
房地产业	**37496**	**13513**	**33941**	**1334**	**36736**	**33558**	**1965**	**1213**	**1705664**	**1608540**	**52312**	**44812**	**46754**
中原区	4369	1558	4053	128	4409	4061	198	150	202942	191882	5489	5571	46342
二七区	3958	1456	3687	268	3983	3736	3	244	181742	176996	72	4674	47357
管城区	2368	825	2335	32	2422	2386	2	34	113387	109546	130	3711	45928
金水区	11721	4461	10490	144	11336	10336	877	123	535083	508488	20551	6044	47181
上街区	1456	541	1118	338	1338	1083		255	49106	40006		9100	36940
惠济区	1112	418	1092	10	1002	982	10	10	42715	41914	425	376	42680
中牟县	1227	496	1184	43	1157	1118		39	39983	38574		1409	34503
巩义市	325	113	312	11	326	313	2	11	11628	11168	102	358	35778
荥阳市	1104	402	1074	25	1061	1032	6	23	30924	30191	168	565	29248
新密市	713	153	707	4	682	675	2	5	28095	27789	112	194	41213

类别	单位从业人员	#女性	在岗职工合计	其他从业人员	单位从业人员平均人数（人）	在岗职工	劳务派遣人员	其他从业人员	单位从业人员工资总额（千元）	在岗职工工资总额	劳务派遣人员工资总额	其他从业人员工资总额	在岗职工平均工资（含劳务派遣人员）
新郑市	1645	475	1615	25	1568	1535	4	29	71048	69753	198	1097	45452
登封市	377	96	358	9	381	361	10	10	12037	11623	209	205	31892
经济开发区	1639	417	832	7	1571	825	740	6	65810	44686	20886	238	41899
高新开发区	1372	576	1267	104	1461	1350	1	110	60903	54372	15	6516	40257
郑东新区	3583	1373	3295	186	3486	3237	85	164	232367	224894	2719	4754	68517
航空港实验区	527	153	522		553	528	25		27894	26658	1236		50441
租赁和商务服务业	**18123**	**7414**	**14674**	**916**	**17198**	**14367**	**2503**	**328**	**885877**	**789427**	**84281**	**12169**	**51791**
中原区	1297	664	671	626	715	650	10	55	33137	31077	311	1749	47558
二七区	720	311	720		701	701			30719	30719			43822
管城区	2177	1358	1341	24	2195	1360	811	24	65020	45305	19036	679	29637
金水区	5622	2386	5327	193	5538	5258	102	178	287223	277554	2515	7154	52252
上街区	825	421	225		818	232	586		15287	6507	8780		18688
惠济区	45	13	45		45	45			983	983			21844
中牟县	17	10	17		17	17			745	745			43824
巩义市	67	13	67		67	67			2122	2122			31672
荥阳市	82	27	82		88	88			2275	2275			25852
新密市	3		3		3	3			74	74			24667
新郑市	681	249	661	20	588	568		20	36497	35842		655	63102
登封市	301	122	298		320	317	3		12619	12571	48		39434
经济开发区	785	230	676		781	672	109		81208	79058	2150		103980
高新开发区	1035	403	1034	1	1031	1030		1	59314	59224		90	57499
郑东新区	4321	1190	3362	52	4146	3214	882	50	251363	198080	51441	1842	60918
航空港实验区	145	17	145		145	145			7291	7291			50283
科学研究和技术服务业	**28967**	**6514**	**21261**	**735**	**27725**	**20480**	**6516**	**729**	**1480839**	**1161433**	**288680**	**30726**	**53716**
中原区	11933	2121	6938	81	11494	6555	4862	77	654993	432035	219069	3889	57029
二七区	3888	613	1950	378	3455	1900	1175	380	191584	128123	47353	16108	57065
管城区	58	23	58		58	58			1433	1433			24707
金水区	7745	2490	7361	196	7454	7071	179	204	379957	361757	8617	9583	51086
上街区	85	26	85		85	85			2976	2976			35012
惠济区	1498	413	1409		1405	1316	89		77763	72047	5716		55347
中牟县	564	206	514	50	539	489		50	11971	11413		558	23339
巩义市	11	8	11		12	12			405	405			33750
荥阳市	241	78	229	12	233	225		8	6884	6668		216	29636
新郑市	30	7	30		25	25			654	654			26160
登封市	6	2	6		5	5			105	105			21000
经济开发区	1156	183	1143	13	1216	1211		5	72826	72528		298	59891
高新开发区	1174	167	955		1161	951	210		54338	46454	7884		46803

类别	单位从业人员	#女性	在岗职工合计	其他从业人员	单位从业人员平均人数（人）	在岗职工	劳务派遣人员	其他从业人员	单位从业人员工资总额（千元）	在岗职工工资总额	劳务派遣人员工资总额	其他从业人员工资总额	在岗职工平均工资（含劳务派遣人员）
郑东新区	578	177	572	5	583	577	1	5	24950	24835	41	74	43038
水利、环境和公共设施管理业	**3860**	**1247**	**3539**	**271**	**3829**	**3518**	**45**	**266**	**146572**	**140834**	**1050**	**4688**	**39821**
中原区	218	56	218		211	211			10323	10323			48924
二七区	582	195	353	229	578	354		224	16810	14420		2390	40734
管城区	20	4	20		20	20			849	849			42450
金水区	372	80	334	38	342	304		38	13297	11025		2272	36266
上街区	356	217	306		346	301	45		6140	5090	1050		17746
惠济区	623	219	623		626	626			28469	28469			45478
中牟县	10	2	10		47	47			2073	2073			44106
巩义市	84	36	84		75	75			1970	1970			26267
荥阳市	21	5	21		22	22			522	522			23727
新密市	25	7	25		25	25			371	371			14840
新郑市	286	51	286		289	289			11215	11215			38806
登封市	195	35	195		170	170			3310	3310			19471
经济开发区	268	139	264	4	291	287		4	14801	14775		26	51481
高新开发区	264		264		251	251			9115	9115			36315
郑东新区	536	201	536		536	536			27307	27307			50946
居民服务、修理和其他服务业	**3614**	**1847**	**3600**		**3608**	**3594**	**14**		**90437**	**90017**	**420**		**25066**
中原区	84	26	84		89	89			2491	2491			27989
二七区	369	102	369		365	365			12970	12970			35534
管城区	1494	944	1480		1485	1471	14		25481	25061	420		17159
金水区	550	192	550		546	546			18703	18703			34255
上街区	292	223	292		298	298			4700	4700			15772
惠济区	110	65	110		109	109			2343	2343			21495
巩义市	33	10	33		33	33			816	816			24727
荥阳市	31	10	31		31	31			807	807			26032
新郑市	36	11	36		36	36			905	905			25139
登封市	20	4	20		24	24			631	631			26292
高新开发区	60		60		60	60			1703	1703			28383
郑东新区	535	260	535		532	532			18887	18887			35502
教育	**27084**	**15444**	**25340**	**1737**	**25654**	**23833**	**11**	**1810**	**947244**	**871238**	**235**	**75771**	**36549**
中原区	878	576	869	5	908	896	8	4	27836	27597	156	83	30700
二七区	5560	3365	4959	601	5503	4732		771	228483	188205		40278	39773
管城区	949	765	833	116	919	829		90	31113	26863		4250	32404
金水区	3953	2637	3883	67	3823	3747	3	73	115671	112381	79	3211	29989
上街区	164	118	164		158	158			6901	6901			43677
惠济区	73	65	73		73	73			1358	1358			18603
中牟县	1223	720	1109	114	1196	1108		88	36437	31705		4732	28615
巩义市	2697	1255	2697		2596	2596			118393	118393			45606

2-13 续表6 （2013 年底） 单位：人、元

类别	单位从业人员	#女性	在岗职工合计	其他从业人员	单位从业人员平均人数（人）	在岗职工	劳务派遣人员	其他从业人员	单位从业人员工资总额（千元）	在岗职工工资总额	劳务派遣人员工资总额	其他从业人员工资总额	在岗职工平均工资（含劳务派遣人员）
荥阳市	609	390	609		607	607			22364	22364			36843
新密市	874	510	873	1	859	858		1	33457	33433		24	38966
新郑市	5076	2400	4243	833	4927	4144		783	192078	168885		23193	40754
登封市	4100	2057	4100		3202	3202			99154	99154			30966
经济开发区	83	71	83		77	77			2955	2955			38377
高新开发区	331	149	331		329	329			13951	13951			42404
郑东新区	483	366	483		446	446			16366	16366			36695
航空港实验区	31		31		31	31			727	727			23452
卫生和社会工作	**7276**	**4864**	**7117**	**156**	**7145**	**6986**	**3**	**156**	**301069**	**296610**	**54**	**4405**	**42447**
中原区	946	598	946		927	927			32104	32104			34632
二七区	420	244	399	21	370	349		21	11490	10923		567	31298
管城区	196	114	193		194	191	3		4415	4361	54		22758
金水区	845	572	826	19	829	812		17	39787	39000		787	48030
惠济区	102	72	102		104	104			2258	2258			21712
巩义市	478	324	477	1	475	474		1	11932	11916		16	25139
新密市	1692	1033	1687	5	1681	1676		5	101118	101118			60333
新郑市	1644	1286	1534	110	1649	1537		112	61960	58925		3035	38338
登封市	947	618	947		910	910			35811	35811			39353
经济开发区	6	3	6		6	6			194	194			32333
文化、体育和娱乐业	**13039**	**6540**	**3837**	**9184**	**8687**	**3732**	**18**	**4937**	**246474**	**184817**	**439**	**61218**	**49402**
中原区	123	61	123		116	116			3493	3493			30112
二七区	252	110	252		252	252			8380	8380			33254
管城区	215	123	215		213	213			7554	7554			35465
金水区	1785	1022	1765	2	1772	1752	18	2	116105	115653	439	13	65589
上街区	13	6	13		15	15			290	290			19333
惠济区	74	30	74		77	77			2004	2004			26026
中牟县	10118	5008	938	9180	5829	894		4935	87435	26230		61205	29340
巩义市	13	8	13		13	13			351	351			27000
荥阳市	54	24	54		55	55			1320	1320			24000
登封市	125	7	125		117	117			3897	3897			33308
经济开发区	124	81	124		84	84			2640	2640			31429
郑东新区	143	60	141	2	144	144			13005	13005			90313
公共管理、社会保障和社会组织	**5343**	**2139**	**2551**	**2641**	**5225**	**2518**	**67**	**2640**	**146404**	**107069**	**1433**	**37902**	**41974**
中原区	108	47	108		102	102			3201	3201			31382
二七区	3965	1648	1306	2639	3974	1316	20	2638	103135	64987	288	37860	48859
管城区	317	174	187		233	187	46		7785	6676	1109		33412
金水区	683	211	681	2	650	648		2	22855	22813		42	35205
上街区	50	26	49		48	47	1		1430	1394	36		29792
巩义市	31	13	31		31	31			995	995			32097
登封市	96	19	96		94	94			3028	3028			32213
经济开发区	2	1	2		2	2			44	44			22000
郑东新区	91		91		91	91			3931	3931			43198

主要统计指标解释

从业人员年末人数 指期末最后一日24时在本单位中工作,并取得工资或其他形式劳动报酬的人员数。该指标为时点指标,不包括最后一日当天及以前已经与单位解除劳动合同关系的人员。是在岗职工、劳务派遣人员及其他从业人员之和。从业人员不包括:

(1)离开本单位仍保留劳动关系,并定期领取生活费的人员;

(2)利用课余时间打工的学生及在本单位实习的各类在校学生;

(3)本单位因劳务外包而使用的人员。

在岗职工 指在本单位工作且与本单位签订劳动合同,并由单位支付各项工资和社会保险、住房公积金的人员,以及上述人员中由于学习、病伤、产假等原因暂未工作仍由单位支付工资的人员。在岗职工还包括:

(1)应订立劳动合同而未订立劳动合同人员(如使用的农村户籍人员);

(2)处于试用期人员;

(3)编制外招用的人员;

(4)派往外单位工作,但工资仍由本单位发放的人员(如挂职锻炼、外派工作等情况)。

在岗职工不包括:

(1)本单位使用的且由本单位直接支付工资的劳务派遣人员,应统计在本单位"劳务派遣人员"指标中;

(2)本单位因劳务外包而使用的人员,由承包劳务的单位统计为在岗职工。

劳务派遣人员 根据《中华人民共和国劳动合同法》规定,指与劳务派遣单位签订劳动合同,并被劳务派遣单位派遣到实际用工单位工作,且劳务派遣单位与实际用工单位签订《劳务派遣协议》的人员。

注意:无论用工单位是否直接支付劳动报酬,劳务派遣人员均由实际用工单位填报,而劳务派遣单位(派出单位)不填报这些人员。

其他从业人员 指本单位中不能归到在岗职工、劳务派遣人员中的人员。此类人员是实际参加本单位生产或工作并从本单位取得劳动报酬的人员。具体包括:非全日制人员、聘用的正式离退休人员、兼职人员和第二职业者等,以及在本单位中工作的外籍和港澳台方人员。

从业人员工资总额 指根据《关于工资总额组成的规定》(1990年1月1日国家统计局发布的一号令)进行修订,本单位在报告期内(季度或年度)直接支付给本单位全部从业人员的劳动报酬总额。包括计时工资、计件工资、奖金、津贴和补贴、加班加点工资、特殊情况下支付的工资,是在岗职工工资总额、劳务派遣人员工资总额和其他从业人员工资总额之和。

工资总额是税前工资,包括单位从个人工资中直接为其代扣或代缴的房费、水费、电费、住房公积金和社会保险基金个人缴纳部分等。

工资总额不论是计入成本的还是不计入成本的,不论是以货币形式支付的还是以实物形式支付的,均应列入工资总额的计算范围。

在岗职工工资 总额指本单位在报告期内直接支付给本单位全部在岗职工的劳动报酬总额。在岗职工工资总额从构成角度分解为四部分:基本工资、绩效工资、工资性津贴和补贴、其他工资。工资总额不包括人员的病假、事假等情况扣款,单位在填报在岗职工工资总额四项构成时,应根据实际情况调整对应项目;如不能确定调整项,可扣减基本工资项。

劳务派遣人员工资总额 指实际用工单位(派遣人员的使用方)在一定时期内为使用劳务派遣人员而付出的劳动报酬总额,包括用工单位负担的基本工资、加班工资、绩效工资以及各种津贴、补贴等,但不包含因使用派遣人员而支付的管理费用和其他用工成本。

其他从业人员工资总额 指本单位在报告期内直接支付给本单位其他从业人员的全部劳动报酬。

三、固定资产投资及房地产开发

3-1 全社会固定资产投资完成情况

（2013 年）

单位：万元、万平方米

指　　标	全社会投资	固定资产投资	房地产开发	农户投资
总　　计	**45092941**	**44002102**	**14453279**	**1090839**
住宅投资	10142948	9488928	9104558	654020
按经济类型分				
内资	**42198899**	**42198899**	**13734941**	
国有经济	7648969	7648969	269811	
集体经济	1777446	1777446		
股份合作	732285	732285		
国有联营	80639	80639		
集体联营	568	568		
国有与集体联营	9480	9480		
其他联营	90836	90836		
国有独资	1225112	1225112	706542	
其他有限责任公司	14618430	14618430	8564735	
股份有限公司	2776479	2776479	570273	
私营	8910467	8910467	3290727	
其他内资	4306866	4306866	332853	
港澳台商投资	**979589**	**979589**	**432837**	
合资经营	304887	304887	179146	
合作经营	7022	7022	7022	
独　资	634900	634900	246669	
其　他	32780	32780		
外商投资	**780863**	**780863**	**285501**	
合资经营	244808	244808	30078	
独　资	412894	412894	252109	
股份有限	9092	9092	3314	
其　他	114069	114069		
个体经营	**1133590**	**42751**		**1090839**
本年新增固定资产	**20374254**	**19313215**	**3552127**	**1061039**
本年施工房屋面积	**15107**	**14285**	**9721**	**822**
#住宅	7640	6916	6349	724
本年竣工房屋面积	**2337**	**1549**	**1137**	**788**
#住宅	1535	824	761	711
本年竣工房屋价值	**4126392**	**3488494**	**2723825**	**637898**
#住宅	2434377	1844619	1744034	589758

3-2 分县(市)区全社会固定资产投资

(2013 年)

单位:万元

县(市)区	全社会投资	固定资产投资	房地产开发	农户投资
总　计	**45092941**	**44002102**	**14453279**	**1090839**
各区小计	**24310997**	**24112382**	**12528476**	**198615**
中原区	1940731	1919079	1504496	21652
二七区	2930116	2926295	2303580	3821
管城区	2164614	2134476	979100	30138
金水区	3530348	3500595	2362910	29753
上街区	1011321	1001091	448158	10230
惠济区	1226070	1153668	648930	72402
经济开发区	2720753	2720753	208671	
高新开发区	2206706	2206706	934006	
郑东新区	4459502	4459502	2253991	
航空港实验区	2120836	2090217	884634	30619
各县(市)小计	**19885212**	**18992988**	**1924803**	**892224**
中牟县	2473098	2302940	281062	170158
巩义市	3840667	3725449	478130	115218
荥阳市	3572084	3464700	393115	107384
新密市	3452040	3293806	161351	158234
新郑市	3446051	3275608	475343	170443
登封市	3101272	2930485	135802	170787

3-3　分产业及行业全社会固定资产投资

（2013 年）

单位：万元

指　　标	全社会投资	固定资产投资	房地产开发	农户投资
合　计	**45092941**	**44002102**	**14453279**	**1090839**
按产业及国民经济行业分				
第一产业	**648875**	**549124**		**99751**
农林牧渔业服务业	648875	549124		99751
第二产业	**13922792**	**13808715**		**114077**
工　业	13880033	13775801		104232
采矿业	858845	858845		
制造业	12254412	12150180		104232
电力煤气及水的生产和供业业	766776	766776		
建筑业	42759	32914		9845
第三产业	**30521274**	**29644263**	**14453279**	**877011**
交通运输、仓储和邮政业	2877173	2756209		120964
信息传输、计算机服务和软件业	358445	358445		
批发和零售业	1391421	1318201		73220
住宿和餐饮业	579026	566282		12744
金融业	68366	68366		
房地产业	17927367	17257432	14453279	669935
租赁和商务服务业	738783	738635		148
科学研究和技术服务业	281292	281292		
水利、环境和公共设施管理业	4606379	4606379		
居民服务和其他服务业	21006	21006		
教育	756922	756922		
卫生和社会工作	386444	386444		
文化、体育和娱乐业	370957	370957		
公共管理、社会保障和社会组织	157693	157693		

3-4　分类型固定资产投资

（2013 年）

单位：万元、平方米

类　　别	固定资产投资	类　　别	固定资产投资
投资总额	**44002102**	国家预算内资金	2211468
按登记注册类型分		国内贷款	3040235
国有经济	8954720	利用外资	80500
集体经济	2519211	自筹资金	22098887
城乡个人	42751	其他资金来源	16571012
联营经济	112726	**按构成分**	
股份制经济	17394909	建筑安装工程	27521310
港澳台投资经济	979589	设备工器具购置	7449612
外商投资经济	780863	其他费用	9031180
私营经济	8910467	**房屋建筑面积**	
其他经济	4306866	施工面积	142853859
按隶属关系分		#住宅	69156941
中央	615265	竣工面积	15488169
地方	43386837	#住宅	8244890
资金来源			

3-5 按行业和注册类型

（2013 年）

行　业	本年完成投资额	中央	地方	内资	港澳台商投资
总　计	**44002102**	**615265**	**43386837**	**42241650**	**979589**
农、林、牧、渔业	**549124**		**549124**	**518899**	
农业	266353		266353	244228	
林业	89034		89034	89034	
畜牧业	144575		144575	136475	
渔业	18972		18972	18972	
农、林、牧、渔服务业	30190		30190	30190	
工业	**13775801**	**207350**	**13568451**	**13086493**	**389184**
采矿业	858845		858845	821805	23840
煤炭开采和洗选业	768639		768639	731599	23840
石油和天然气开采业	20000		20000	20000	
黑色金属矿采选业	1890		1890	1890	
有色金属矿采选业	17450		17450	17450	
非金属矿采选业	46676		46676	46676	
开采辅助活动	3400		3400	3400	
其他采矿业	790		790	790	
制造业	12150180	207350	11942830	11528892	344064
农副食品加工业	220759		220759	218667	
食品制造业	518674		518674	475559	
酒、饮料和精制茶制造业	114416		114416	114416	
烟草制造业	170000	170000		170000	
纺织业	58795		58795	58795	
纺织服装、服饰业	219510		219510	219510	
皮革、毛皮、羽毛及其制品和制鞋业	5930		5930	5930	
木材加工及木、竹、藤、棕、草制品业	44750		44750	44750	
家具制造业	206247		206247	206247	
造纸及纸制品业	215366		215366	215366	
印刷和记录媒介复制业	57021		57021	57021	
文教、工美、体育和娱乐用品制造业	50675		50675	50675	

分固定资产投资

单位:万元

外商投资	国有控股	集体控股	私人控股	港澳台控股	外商控股	其他控股
780863	**10916910**	**2990335**	**21817701**	**806419**	**624541**	**6846196**
30225	**44338**	**74349**	**314337**			**116100**
22125	4800	42791	130254			88508
	27393	24037	36478			1126
8100		3162	121233			20180
	600		18372			
	11545	4359	8000			6286
300124	**1288473**	**1042902**	**9063208**	**332756**	**177389**	**1871073**
13200	259649	121704	346980			130512
13200	236249	121704	297625			113061
	20000					
			1890			
			4500			12950
			42965			3711
	3400					
						790
277224	530545	877229	8657964	332756	177389	1574297
2092		8720	135097		2092	74850
43115	17000		439197	192	34685	27600
		15907	61577			36932
	170000					
		23585	35210			
		55060	163950			500
						5930
			16252			28498
			189667			16580
			180925			34441
	2676		44994			9351
			50675			

3-5 续表 1

行业	本年完成投资额	中央	地方	内资	港澳台商投资
石油加工、炼焦及核燃料加工业	16141		16141	16141	
化学原料及化学制品制造业	317744		317744	317744	
医药制造业	344696		344696	344248	
化学纤维制造业	8885		8885	8885	
橡胶和塑料制品业	171066		171066	171066	
非金属矿物制品业	2648053	1000	2647053	2611296	11500
黑色金属冶炼和压延加工业	112937		112937	112937	
有色金属冶炼及压延加工业	1119176		1119176	1056896	
金属制品业	445501		445501	440801	
通用设备制造业	889653		889653	839652	50001
专业设备制造业	1719794	32550	1687244	1719794	
汽车制造业	1035949		1035949	896617	
铁路、船舶、航空航天和其他运输设备制造业	14381		14381	14381	
电气机械及器材制造业	541360	3800	537560	541360	
计算机、通信和其他电子设备制造业	731053		731053	448490	282563
仪器仪表制造业	101961		101961	101961	
其他制造业	11637		11637	11637	
废弃资源综合利用业	38050		38050	38050	
电力、燃气及水的生产和供应业	766776		766776	735796	21280
电力、热力生产和供应业	342854		342854	315574	21280
燃气生产和供应业	70841		70841	68341	
水的生产和供应业	353081		353081	351881	
建筑业	**32914**		**32914**	**32914**	
交通运输、仓储和邮政业	**2756209**	**69318**	**2686891**	**2620313**	**51900**
铁路运输	125351	69318	56033	125351	
道路运输业	1299072		1299072	1285076	
仓储业	570754		570754	530754	40000
邮政业	24019		24019	24019	

单位:万元

外商投资	国有控股	集体控股	私人控股	港澳台控股	外商控股	其他控股
			15056			1085
	4146	7309	216584			89705
448		74917	265831			3948
			8885			
			162788			8278
25257	130807	85147	2095341		4000	332758
			102937			10000
62280	68500		914560		62280	73836
4700		10000	360814			74687
			783043	50001		56609
	108236	365726	1042394			203438
139332		182000	489117		74332	290500
			14381			
	19800	48858	385584			87118
	180		350557	282563		97753
	3600		98361			
	5600		6037			
			28150			9900
9700	498279	43969	58264			166264
6000	268034	2536	16704			55580
2500	10128	4437	41560			14716
1200	220117	36996				95968
			32914			
83996	**1749014**	**226660**	**368175**	**51900**	**70000**	**290460**
	125351					
13996	967347	145625	5025			181075
	132888	70772	219009	40000		108085
	24019					

行 业	本年完成投资额	中央	地方	内资	港澳台商投资
批发和零售业	**1318201**		**1318201**	**1270001**	**48200**
批发业	1059719		1059719	1059719	
住宿和餐饮业	**566282**		**566282**	**560591**	
住宿业	539773		539773	534082	
信息传输、软件和信息技术服务业	**358445**		**358445**	**351945**	
电信、广播电视和卫星传输服务业	86367		86367	79867	
金融业	**68366**	**12884**	**55482**	**68366**	
货币金融服务	54482		54482	54482	
房地产业	**17257432**	**247586**	**17009846**	**16501255**	**432837**
租赁和商务服务业	**738635**	**6000**	**732635**	**738635**	
商务服务业	738635	6000	732635	738635	
科学研究和技术服务业	**281292**	**28601**	**252691**	**281292**	
研究和试验发展	210448	27601	182847	210448	
专业技术服务业	44066	1000	43066	44066	
水利、环境和公共设施管理业	**4606379**	**9526**	**4596853**	**4547046**	**42468**
水利管理业	203804	8026	195778	201309	
生态保护和环境治理业	116190		116190	116190	
公共设施管理业	4286385	1500	4284885	4229547	42468
居民服务业、修理和其他服务业	**21006**		**21006**	**21006**	
居民服务业	10737		10737	10737	
教育	**756922**	**9000**	**747922**	**736093**	**15000**
卫生和社会工作	**386444**	**25000**	**361444**	**386444**	
卫生	337939	25000	312939	337939	
文化、体育和娱乐业	**370957**		**370957**	**362664**	
广播、电视、电影和影视录音制作业	3785		3785	3785	
文化艺术业	151051		151051	147788	
公共管理、社会保障和社会组织	**157693**		**157693**	**157693**	
国家机构	133013		133013	133013	

单位:万元

外商投资	国有控股	集体控股	私人控股	港澳台控股	外商控股	其他控股
	80928	**90200**	**875528**	**48200**		**223345**
	32528	2963	827052			197176
5691	**67680**	**23440**	**314698**			**160464**
5691	66680	23440	289189			160464
6500	**86367**		**172078**			**100000**
6500	86367					
	43366	**20400**	**4600**			
	30482	19400	4600			
323340	**2797368**	**1078552**	**9420223**	**316095**	**364883**	**3280311**
	7485	**37045**	**666697**			**27408**
	7485	37045	666697			27408
	132865	**24393**	**108723**			**15311**
	105090	20425	74933			10000
	27775		10980			5311
16865	**3582847**	**269554**	**146754**	**42468**		**564756**
2495	171858	1628				30318
	102190		6000			8000
14370	3308799	267926	140754	42468		526438
	7199	**5800**	**7106**			**901**
	1830	900	7106			901
5829	**525331**	**34791**	**67398**	**15000**	**4856**	**109546**
	270068	**31519**	**39906**			**44951**
	249098	25850	27490			35501
8293	**91768**	**17150**	**213756**		**7413**	**40870**
			3785			
3263	61156	10790	57370		3263	18472
	141813	**13580**	**1600**			**700**
	117138	13575	1600			700

3-6 分行业固定资产投资资金来源

（2013 年）

单位：万元

行　　业	本年资金来源小计	国家预算内资金	国内贷款	利用外资	自筹资金	其他资金来源
总　计	**45771048**	**2211468**	**4458399**	**124754**	**30121945**	**8854482**
农、林、牧、渔业	**545403**	**2459**	**33785**		**480944**	**28215**
农业	261598	295	24285		229618	7400
林业	89044				74346	14698
畜牧业	143585		9500		130964	3121
渔业	19440				19440	
农、林、牧、渔服务业	31736	2164			26576	2996
工业	**13576843**	**150457**	**1446770**	**10500**	**11813995**	**155121**
采矿业	**820419**		**109335**		**710984**	**100**
煤炭开采和洗选业	726763		107335		619328	100
石油和天然气开采业	20000				20000	
黑色金属矿采选业	1890				1890	
有色金属矿采选业	17450				17450	
非金属矿采选业	50126		2000		48126	
开采辅助活动	3400				3400	
其他采矿业	790				790	
制造业	**11998298**		**1216075**	**10500**	**10720639**	**51084**
农副食品加工业	223954		12100		211854	
食品制造业	515605		17870	4000	488135	5600
酒、饮料和精制茶制造业	113822		4465		107557	1800
烟草制造业	170000				170000	
纺织业	58640		6100		52540	
纺织服装、服饰业	219077		64635		153168	1274
皮革、毛皮、羽毛及其制品和制鞋业	5930				5930	
木材加工及木、竹、藤、棕、草制品业	44486		5000		39486	
家具制造业	205687		28000		177687	
造纸及纸制品业	212039		16651		195388	
印刷和记录媒介复制业	56932				56932	

行业	本年资金来源小计	国家预算内资金	国内贷款	利用外资	自筹资金	其他资金来源
文教、工美、体育和娱乐用品制造业	50440				50440	
石油加工、炼焦及核燃料加工业	16141		4800		11341	
化学原料及化学制品制造业	314355		18418		295437	500
医药制造业	331284		43500		287784	
化学纤维制造业	8885				8885	
橡胶和塑料制品业	168487		18500		147187	2800
非金属矿物制品业	2625723		206022	5000	2410610	4091
黑色金属冶炼和压延加工业	112032		9877		102155	
有色金属冶炼及压延加工业	1096124		275950	500	819674	
金属制品业	444705		51247		392789	669
通用设备制造业	885962		44900	1000	839062	1000
专业设备制造业	1678637		142840		1502797	33000
汽车制造业	1029513		171300		857863	350
铁路、船舶、航空航天和其他运输设备制造业	14381				14381	
电气机械及器材制造业	540267		39400		500867	
计算机、通信和其他电子设备制造业	705105		30000		675105	
仪器仪表制造业	100707		3500		97207	
其他制造业	11438				11438	
废弃资源综合利用业	37940		1000		36940	
电力、燃气及水的生产和供应业	**758126**	**150457**	**121360**		**382372**	**103937**
电力、热力生产和供应业	341857	29381	94115		192375	25986
燃气生产和供应业	70514	4000			66514	
水的生产和供应业	345755	117076	27245		123483	77951
建筑业	**33014**				**33014**	
房屋建筑业	33014				33014	
批发和零售业	**1273833**		**65016**		**1208317**	**500**
批发业	1016123		31516		984607	
交通运输、仓储和邮政业	**2695885**	**601697**	**682129**	**70000**	**1194984**	**147075**
铁路运输	55137	3620	8520		10325	32672

3-6 续表 2 （2013 年） 单位:万元

行　业	本年资金来源小计	国家预算内资金	国内贷款	利用外资	自筹资金	其他资金来源
道路运输业	1318977	476287	259089		473188	110413
仓储业	561754	2000	106520		449244	3990
邮政业	24064				24064	
住宿和餐饮业	**600611**		**18000**		**571911**	**10700**
住宿业	574112		18000		545412	10700
信息传输、软件和信息技术服务业	**358445**	**10**	**70000**		**288435**	
电信、广播电视和卫星传输服务业	86367	10	5000		81357	
金融业	**66207**				**66207**	
货币金融服务	54492				54492	
房地产业	**19467378**	**53750**	**1594228**	**44254**	**10434044**	**7341102**
租赁和商务服务业	**730035**		**10500**		**719535**	
科学研究和技术服务业	**276593**	**35901**	**2600**		**237647**	**445**
研究和试验发展	206479	32201	100		174178	
专业技术服务业	46336	3700			42191	445
水利、环境和公共设施管理业	**4564063**	**1102759**	**445267**		**2013488**	**1002549**
水利管理业	199723	101854	45989		47337	4543
生态保护和环境治理业	115017	23715			15500	75802
公共设施管理业	4249323	977190	399278		1950651	922204
居民服务业、修理和其他服务业	**20956**				**19126**	**1830**
居民服务业	10737				8907	1830
教育	**682482**	**63890**	**12170**		**453117**	**153305**
卫生和社会工作	**370431**	**50648**	**40800**		**267543**	**11440**
卫生	327457	38658	38800		247649	2350
文化、体育和娱乐业	**362449**	**35788**	**36134**		**289927**	**600**
广播、电视、电影和影视录音制作业	3785				3785	
文化艺术业	142256	23909	8234		110113	
公共管理、社会保障和社会组织	**146420**	**114109**	**1000**		**29711**	**1600**
国家机构	127715	102709	1000		22406	1600

3-7 县(市)区按三次产业分固定资产投资

(2013年)

单位:万元

县(市)区	投资总额	第一产业	第二产业	工业	第三产业
郑州市	**44002102**	**549124**	**13808715**	**13775801**	**29644263**
中原区	1919079		32550	32550	1886529
二七区	2926295	61496	264551	264551	2600248
管城区	2134476	12765	195284	179170	1926427
金水区	3500595	36478	103094	103094	3361023
上街区	1001091	900	389637	381637	610554
惠济区	1153668	26999	152733	152733	973936
中牟县	2302940	67995	644511	644511	1590434
巩义市	3725449	51695	2426447	2426447	1247307
荥阳市	3464700	69583	1834928	1834928	1560189
新密市	3293806	8800	2288797	2284017	996209
新郑市	3275608	70301	1078383	1078383	2126924
登封市	2930485	141452	1628028	1628028	1161005
经济开发区	2720753		1610675	1610675	1110078
高新业开发区	2206706		714780	714780	1491926
郑东新区	4459502	660	53632	49612	4405210
航空港实验区	2015371		390685	390685	1624686

3-8 县(市)区按建设性质分固定资产投资

(2013 年)

单位:万元

县(市)区	投资总额	新建	扩建	改建
郑州市	**44002102**	**23288031**	**3290713**	**2469662**
中原区	1919079	408583	6000	
二七区	2926295	467548	119850	25516
管城区	2134476	1014530	62193	42869
金水区	3500595	1029125	11077	97483
上街区	1001091	282872	157751	69709
惠济区	1153668	350734	40779	96289
中牟县	2302940	1841519	120367	46459
巩义市	3725449	2265310	716026	255683
荥阳市	3464700	2542395	392557	133133
新密市	3293806	1918107	358770	847852
新郑市	3275608	2348779	326400	99691
登封市	2930485	1402699	839549	485114
经济开发区	2720753	2234082	38000	240000
高新开发区	2206706	1132464	25621	29864
郑东新区	4459502	2111295	75773	
航空港实验区	2015371	966411		

3-9 县(市)区按构成性质分固定资产投资

(2013 年)

单位:万元

县(市)区	投资总额	建筑工程	安装工程	设备工器具购置	其他费用
郑州市	**44002102**	**26943739**	**577571**	**7449612**	**9031180**
中原区	1919079	1505678	1980	77244	334177
二七区	2926295	2557028	2460	133287	233520
管城区	2134476	1023077	3294	33999	1074106
金水区	3500595	2772405	1061	13968	713161
上街区	1001091	839598	4332	29057	128104
惠济区	1153668	822236	7958	10267	313207
中牟县	2302940	1408818	8672	96656	788794
巩义市	3725449	1945989	135711	1479134	164615
荥阳市	3464700	1199178	38725	949322	1277475
新密市	3293806	1528128	73564	1238988	453126
新郑市	3275608	1804324	38163	610231	822890
登封市	2930485	1267169	86375	909643	667298
经济开发区	2720753	1444142	21046	1175072	80493
高新开发区	2206706	1477636	932	184610	543528
郑东新区	4459502	3394690	8427	86543	969842
航空港实验区	2015371	1427780	53380	315176	219035

3-10 各县(市)区分行业

(2013 年)

县(市)区	郑州市	中原区	二七区	管城区	金水区	上街区	惠济区
总 计	**44002102**	**1919079**	**2926295**	**2134476**	**3500595**	**1001091**	**1153668**
农、林、牧、渔业	**549124**		**61496**	**12765**	**36478**	**900**	**26999**
畜牧业	144575						
工业	**13775801**	**32550**	**264551**	**179170**	**103094**	**381637**	**152733**
采矿业	858845						
煤炭开采和洗选业	768639						
石油和天然气开采业	20000						
黑色金属矿采选业	1890						
有色金属矿采选业	17450						
非金属矿采选业	46676						
开采辅助活动	3400						
其他采矿业	790						
制造业	12150180	32550	250504	135315	10180	352082	88920
农副食品加工业	220759		13350				39573
食品制造业	518674		146260				26815
酒、饮料和精制茶制造业	114416		500				
烟草制品业	170000						
纺织业	58795			4321			
纺织服装、服饰业	219510						
皮革、毛皮、羽毛及其制品业和制鞋业	5930						
木材加工及木、竹、藤、棕、草制品业	44750					200	
家具制造业	206247					500	
造纸及纸制品业	215366		13400				2056
印刷和记录媒介复制业	57021		10450			9000	2676
文教、工美、体育和娱乐用品制造业	50675					8105	
石油加工、炼焦和核燃料加工业	16141						
化学原料及化学制品制造业	317744		3700	2200	5000	4100	
医药制造业	344696						
化学纤维制造业	8885						
橡胶和塑料制品业	171066					1000	
非金属矿物制品业	2648053			89431		39050	
黑色金属冶炼和压延加工业	112937						
有色金属冶炼和压延加工业	1119176					19700	
金属制品业	445501					37100	17000

固定资产投资

单位:万元

中牟县	巩义市	荥阳市	新密市	新郑市	登封市	经济开发区	高新开发区	郑东新区	航空港实验区
2302940	**3725449**	**3464700**	**3293806**	**3275608**	**2930485**	**2720753**	**2206706**	**4459502**	**2015371**
67995	**51695**	**69583**	**8800**	**70301**	**141452**			**660**	
6662	36828	13710	1986	10645	74744				
644511	**2426447**	**1834928**	**2284017**	**1078383**	**1628028**	**1610675**	**714780**	**49612**	**390685**
4140	76558	14361	245615	95338	402833	20000			
	50038		221970	95338	401293				
						20000			
	1890								
	17450								
4140	3780	14361	23645		750				
	3400								
					790				
583386	2315759	1785412	1948965	927534	1111839	1590675	641251	23585	352223
12682		81154		28762	40100	2500	2638		
5926	2832	27254	19689	208968	35630	45300			
10098		9181	33752	46185	1700	13000			
						170000			
	16000	7930		6959				23585	
760		23230	190040	4980	500				
		3500		2430					
	10000	7027	24698		2825				
	23100	41080	87567	25600	28400				
1250	18480	31393	123718	21569					3500
	4800	11944	1451	16700					
	23100	16470			3000				
3300			5561	7280					
11171	91240	78079	57772	7877	33798		22807		
32952	2800	72095	27317	68157	80210		55151		6014
	1500			7385					
12260	25208	20232	10739	89627	12000				
31264	622289	291418	884871	185838	313191	122000	65851		2850
	38870	58473	1877	6527	7190				
1165	740524	21413	4046	32900	277850		21578		
18790	100051	165455	6343	69662	10000	10000			11100

3-10 续表

县(市)区	郑州市	中原区	二七区	管城区	金水区	上街区	惠济区
通用设备制造业	889653		41020			115755	
专用设备制造业	1719794	32550	21824	26113	5180	32657	800
汽车制造业	1035949			400		7000	
铁路、船舶、航空航天和其他运输设备制造业	14381					2000	
电气机械及器材制造业	541360			7200		67883	
计算机、通信和其他电子设备制造业	731053			650			
仪器仪表制造业	101961					8032	
其他制造业	11637						
废弃资源综合利用业	38050			5000			
电力、燃气及水的生产和供应业	766776		14047	43855	92914	29555	63813
电力、热力的生产和供应业	342854		8547	3200	44714	9027	2536
燃气生产和供应业	70841					10328	
水的生产和供应业	353081		5500	40655	48200	10200	61277
建筑业	**32914**			**16114**		**8000**	
批发和零售业	**1318201**	**183176**		**613520**	**109804**	**15250**	**100**
交通运输、仓储和邮政业	**2756209**		**33156**	**19574**	**44996**	**20662**	**106676**
铁路运输业	125351			4500			35073
道路运输业	1299072		33156	14194	44996	6217	55502
航空运输业	460279					3050	
仓储业	570754			880		11395	16101
住宿和餐饮业	**566282**		**79366**	**10000**	**187155**		**3150**
信息传输、软件和信息技术服务业	**358445**			**12000**	**116217**		**30**
金融业	**68366**				**5000**		
房地产业	**17257432**	**1507496**	**2337380**	**1005893**	**2440491**	**504216**	**678572**
租赁和商务服务业	**738635**		**500**	**3000**	**21655**		**8600**
科学研究、技术服务和地质勘查业	**281292**			**445**	**105470**	**16900**	**10000**
水利、环境和公共设施管理业	**4606379**	**157857**	**74091**	**213909**	**200339**	**25030**	**97789**
水利管理业	203804	2669				3910	200
生态保护和环境治理业	116190						
公共设施管理业	4286385	155188	74091	213909	200339	21120	97589
居民服务和其他服务业	**21006**		**5369**		**546**	**1830**	
教育	**756922**		**28138**	**26376**	**34339**	**13287**	**34042**
卫生、社会保障和社会福利业	**386444**	**31000**	**42248**	**20010**	**68590**	**2235**	**33447**
卫生	337939	25000	42248	20010	64700	1235	23367
文化、体育和娱乐业	**370957**			**1000**	**4539**	**11144**	
公共管理和社会组织	**157693**	**7000**		**700**	**21882**		**1530**

单位:万元

中牟县	巩义市	荥阳市	新密市	新郑市	登封市	经济开发区	高新开发区	郑东新区	航空港实验区
32630	124736	289404	88312	5870	19760	120000	52166		
	206779	454730	241451	24042	148516	510000	10152		5000
383640	78400	12744		4800	48090	500875			
	12000						381		
21898	163050	42237	72202	32295		91000	42764		831
	2000		67559	2053	22100	6000	307763		322928
3600				3350	26979		60000		
		10469		1168					
	8000	8500		16550					
56985	34130	35155	89437	55511	113356		73529	26027	38462
47950		11924	81333	2377	56750		48469	26027	
20	8600	16797	2996	13200	18900				
9015	25530	6434	5108	39934	37706		25060		38462
			4780					**4020**	
81604	**44718**	**58622**	**77511**	**62056**	**50840**	**21000**			
351354	**147072**	**195155**	**79684**	**242312**	**99499**	**288094**		**170264**	**503074**
10010		2824		3626				69318	
127592	92272	192331	2889	119686	99499			56101	
									457229
193772	9600		36825	92772		132694		30870	45845
34977	**7127**	**152291**	**10654**	**15350**	**37032**			**10680**	**18500**
10	**6500**						**223688**		
2882	**12100**			**15000**	**100**			**33284**	
435307	**847752**	**717843**	**535563**	**773688**	**602816**	**493766**	**1021187**	**2398803**	**956659**
	9600	**11508**		**619307**				**64465**	
	26759	**11164**	**23716**	**2398**	**22610**		**29434**	**32396**	
530917	**59662**	**352220**	**228276**	**209721**	**164700**	**307218**	**179560**	**1159196**	**128953**
26297	1628	8000	3338	13279	19488			124995	
21092	5000	4684		1612	8000			75802	
483528	53034	339536	224938	194830	137212	307218	179560	958399	128953
	4700		**2901**	**2900**	**2760**				
13978	**46259**	**11424**	**15597**	**97413**	**98303**		**36254**	**301512**	
6709	**6800**	**4900**	**12144**	**41600**	**13431**			**103330**	
6709	6800	4900	440	41600	2200			98730	
129120	**25758**	**45062**	**6998**	**21312**	**68914**			**57110**	
3576	**2500**		**3165**	**23867**			**1803**	**74170**	**17500**

3-11 农户固定

（2013 年）

指 标	全市	中原区	二七区	管城区	金水区	上街区
本年固定资产投资完成额	**1090840**	**21652**	**3821**	**30138**	**29753**	**10230**
按投资来源成分						
自筹资金	1090840	21652	3821	30138	29753	10230
按投资构成分						
建筑工程	753368		3821	20293	29753	10230
#水利	20					
房屋	719814		3821	20293	29753	10230
#住宅	654020		3821	20293	29753	10230
设备工器具购置	235247					
#生产设备	185247					
其它	102225	21652		9845		
按投资方向分						
农林牧渔业	99751					
制造业	104232	21652				
建筑业	9845			9845		
交通运输仓储和邮政业	120964					
批发和零售业	73221					
住宿和餐饮业	12744					
房地产业	669936		3821	20293	29753	10230
租赁和商务服务业	148					
按具体投资项目分						
房屋	719814		3821	20293	29753	10230
#住宅	654020		3821	20293	29753	10230
设备	235247					
水利	20					
其它	135759	21652		9845		
本年施工房屋面积	**822**		**8**	**40**	**42**	**20**
#住宅	724		8	40	42	20
#当年新开工	734		8	40	42	20
本年竣工房屋面积	**788**		**8**	**34**	**42**	**20**
#住宅	711		8	34	42	20
本年竣工房屋投资完成额	**637898**		**3821**	**17122**	**29753**	**10230**
#住宅	589758		3821	17122	29753	10230

资产投资

单位：万元、万平方米

惠济区	中牟县	巩义市	荥阳市	新密市	新郑市	登封市	航空港实验区
72402	**170158**	**115218**	**107384**	**158234**	**170443**	**170787**	**30619**
72402	170158	115218	107384	158234	170443	170787	30619
72402	96009	115071	8452	156165	90353	120295	30523
				20			
72402	69561	115071	1400	156112	90353	120295	30523
72402	44451	88651	1089	156112	87931	109112	30175
	56045		98931		80090	85	96
	56045		98931		30090	85	96
	18104	148		2069		50407	
	31835	26419	311	1107	28328	11307	444
	28379		53664	538			
	21787		43622		41530	14025	
	31441		8697		10232	22850	
	12266			478			
72402	44451	88651	1089	156112	90353	122605	30175
		148					
72402	69561	115071	1400	156112	90353	120295	30523
72402	44451	88651	1089	156112	87931	109112	30175
	56045		98931		80090	85	96
				20			
	44552	148	7052	2103		50407	
91	**80**	**106**	**3**	**180**	**43**	**163**	**46**
91	37	78	2	180	43	138	45
91	76	70	2	180	43	163	
91	**80**	**80**	**3**	**180**	**43**	**163**	**45**
91	37	72	2	180	42	138	45
72402	**69616**	**91056**	**1400**	**156112**	**35916**	**120295**	**30175**
72402	44506	79730	1089	156112	35707	109112	30175

3-12　分行业固定资产投资

（2013 年）

单位:万元

行　　业	本年完成投资	建筑工程	安装工程	设备工器具购置	其他费用	新建	改建	扩建
总　计	**44002102**	**26943739**	**577571**	**7449612**	**9031180**	**23288031**	**2469662**	**3290713**
农、林、牧、渔业	**549124**	**257960**	**4745**	**106622**	**179797**	**502253**	**9555**	**36190**
农业	266353	138750	1288	39617	86698	262013		4340
林业	89034	34721			54313	87740		168
畜牧业	144575	64894	2655	50518	26508	115493		29082
渔业	18972	4025	650	7380	6917	18972		
农、林、牧、渔服务业	30190	15570	152	9107	5361	18035	9555	2600
工业	**13775801**	**5406827**	**336132**	**6041622**	**1991220**	**9293023**	**2000898**	**2263500**
采矿业	858845	216821	31611	472182	138231	189079	569582	100184
煤炭开采和洗选业	768639	170683	29993	445984	121979	125570	558285	84784
石油和天然气开采业	20000	10000	100	9900		20000		
黑色金属矿采选业	1890	880		350	660	1890		
有色金属矿采选业	17450	13850		700	2900	8050		9400
非金属矿采选业	46676	18008	1398	14578	12692	33569	7107	6000
制造业	12150180	4713120	293756	5417365	1725939	8420561	1388681	2122558
农副食品加工业	220759	91909	3118	73455	52277	164423	7338	48998
食品制造业	518674	265493	3309	148079	101793	373154	28892	114628
饮料制造业	114416	60060	547	32334	21475	86694	4772	22450
烟草制品业	170000	80000	2000	88000			170000	
纺织业	58795	30914	1331	19503	7047	49596		8999
纺织服装、服饰业	219510	105273	3843	79089	31305	198294	13785	7431
皮革、毛皮、羽毛及其制品业和制鞋业	5930	1010	60	1300	3560	3500		2430
木材加工及木、竹、藤、棕、草制品业	44750	24867	397	11528	7958	32071	3410	9269
家具制造业	206247	83618	1597	69063	51969	171147	2760	32040
造纸及纸制品业	215366	60066	3478	94585	57237	136001	57822	18043
印刷和记录媒介复制业	57021	25950	556	17984	12531	43121		13900

行业	本年完成投资	建筑工程	安装工程	设备工器具购置	其他费用	新建	改建	扩建
文教、工美、体育和娱乐用品制造业	50675	23465	1390	16969	8851	25845	10300	9730
石油加工、炼焦和核燃料加工业	16141	5081	294	7579	3187	12841		3300
化学原料及化学制品制造业	317744	138231	5172	121121	53220	208796	45913	59035
医药制造业	344696	127851	13503	137344	65998	258543	57807	22332
化学纤维制造业	8885	2324	53	3486	3022	8885		
橡胶和塑料制品业	171066	50129	4142	73186	43609	107880	33291	29895
非金属矿物制品业	2648053	857323	82829	1337142	370759	1307005	633203	700673
黑色金属冶炼和压延加工业	112937	30156	3516	66435	12830	77350		33087
有色金属冶炼和压延加工业	1119176	277778	69957	690223	81218	839682	62310	205184
金属制品业	445501	161303	14541	189477	80180	297430	83510	64561
通用设备制造业	889653	441436	8489	319273	120455	686073	52015	142545
专用设备制造业	1719794	639157	30489	828175	221973	1329949	41103	331961
交通运输设备制造业	1050330	366778	23150	516788	143614	852328	70000	128002
电气机械及器材制造业	541360	294031	9659	164336	73334	464917	4800	71643
计算机、通信和其他电子设备制造业	731053	393840	4103	270131	62979	558657	5650	19153
仪器仪表制造业	101961	57214	1644	28200	14903	89561		10400
其他制造业	11637	3021	34	1852	6730	6768		4869
废弃资源综合利用业	38050	14842	555	10728	11925	30050		8000
电力、燃气及水的生产和供应业	766776	476886	10765	152075	127050	683383	42635	40758
电力、热力的生产和供应业	342854	180777	7291	102437	52349	307783	23321	11750
燃气生产和供应业	70841	36505	1710	17064	15562	68513		2328
水的生产和供应业	353081	259604	1764	32574	59139	307087	19314	26680
建筑业	**32914**	**19822**	**12**	**7570**	**5510**	**17740**		
批发和零售业	**1318201**	**535665**	**5877**	**133631**	**643028**	**1231656**	**33142**	**51753**
批发业	1059719	363143	5565	110276	580735	987519	33142	37958
住宿和餐饮业	**566282**	**318900**	**1903**	**42260**	**203219**	**492493**	**19231**	**54558**
住宿业	539773	298283	1805	39320	200365	474884	19231	45658

3-12 续表2 （2013年底） 单位:万元

行业	本年完成投资	建筑工程	安装工程	设备工器具购置	其他费用	新建	改建	扩建
交通运输、仓储和邮政业	**2756209**	**1732207**	**108754**	**417567**	**497681**	**2460743**	**147389**	**141358**
铁路运输业	125351	116921	1	266	8163	117225	3626	
道路运输业	1299072	767923	100526	153176	277447	1039351	129563	130158
航空运输业	737013	487674	4691	179510	65138	720594	14200	
仓储业	570754	337938	3531	84480	144805	559554		11200
邮政业	24019	21751	5	135	2128	24019		
信息传输、软件和信息技术服务业	**358445**	**248377**	**20**	**6128**	**103920**	**357707**	**10**	
电信和其他信息传输服务业	86367	71847	20	5400	9100	86357	10	
金融业	**68366**	**58364**	**520**	**4650**	**4832**	**60366**		
房地产业	**17257432**	**13268561**	**92282**	**357831**	**3538758**	**2319699**	**132864**	**211808**
租赁和商务服务业	**738635**	**457889**	**10900**	**104755**	**165091**	**706557**	**20070**	**9008**
商务服务业	738635	457889	10900	104755	165091	706557	20070	9008
科学研究和技术服务业	**281292**	**167747**	**2075**	**31706**	**79764**	**253281**		**28011**
研究与试验发展	210448	111516	1216	25355	72361	182437		28011
水利、环境和公共设施管理业	**4606379**	**3191844**	**6857**	**87947**	**1319731**	**4226423**	**79466**	**287015**
水利管理业	203804	72287	842	7121	123554	127765	2460	73579
生态保护和环境治理业	116190	37945	20	4761	73464	111190		5000
公共设施管理业	4286385	3081612	5995	76065	1122713	3987468	77006	208436
居民服务、修理和其他服务业	**21006**	**17424**	**108**	**1946**	**1528**	**15500**		**5506**
居民服务业	10737	9787		750	200	8131		2606
教育	**756922**	**625680**	**1857**	**29541**	**99844**	**621684**	**12490**	**90185**
卫生和社会工作	**386444**	**287721**	**471**	**39319**	**58933**	**311228**		**37035**
#卫生	337939	248198	311	36634	52796	278803		20955
文化、体育和娱乐业	**370957**	**219021**	**4914**	**30164**	**116858**	**279196**	**4553**	**69869**
文化艺术业	151051	82013	4621	19930	44487	75748		57964
公共管理、社会保障和社会组织	**157693**	**129730**	**144**	**6353**	**21466**	**138482**	**9994**	**4917**
国家机构	4050	2150			1900	4050		

3-13 分行业投资项目个数及新增固定资产

（2013 年）

单位：万元

行　业	在建规模	新开工规模	施工项目个数	新开工	全部投产项目个数	新增固定资产
总　计	**98229545**	**49434242**	**3206**	**1957**	**1867**	**15761088**
农、林、牧、渔业	**1515006**	**856783**	**115**	**75**	**64**	**302459**
农业	841490	485349	53	34	23	99836
林业	156026	117037	7	4	6	63424
畜牧业	348145	147996	32	20	22	106921
渔业	85000	54000	6	4	2	8480
农、林、牧、渔服务业	84345	52401	17	13	11	23798
工业	**35645211**	**15506784**	**1545**	**875**	**1006**	**8719331**
采矿业	2324614	767343	106	48	62	628995
煤炭开采和洗选业	2090548	675181	86	35	48	541150
石油和天然气开采业	100000		1		1	20000
黑色金属矿采选业	5369	5369	1	1		
有色金属矿采选业	23000	15800	4	3	3	19450
非金属矿采选业	89354	54650	12	7	9	47605
开采辅助活动	15553	15553	1	1		
其他采矿业	790	790	1	1	1	790
制造业	29967770	13635657	1332	739	878	7608144
农副食品加工业	523725	271730	33	17	21	98694
食品制造业	1304048	756425	61	33	44	247521
酒、饮料和精制茶制造业	615726	267760	15	7	10	60607
烟草制造业	270000		1			
纺织业	448413	225760	10	3	7	166767
纺织服装、服饰业	951002	497942	22	11	10	136108
皮革、毛皮、羽毛及其制品和制鞋业	10950	4950	2	1	1	3500
木材加工及木、竹、藤、棕、草制品业	202400	168800	9	6	3	33301
家具制造业	355200	306100	20	14	14	83503
造纸及纸制品业	842224	740235	33	20	21	146448
印刷和记录媒介复制业	97800	45500	14	7	9	46139
文教、工美、体育和娱乐用品制造业	158600	94800	13	5	9	31440

3-13 续表1 （2013年底） 单位:万元

行 业	在建规模	新开工规模	施工项目个数	新开工	全部投产项目个数	新增固定资产
石油加工、炼焦及核燃料加工业	34680	29480	4	3	3	16793
化学原料及化学制品制造业	685278	284085	63	35	47	257298
医药制造业	810086	534649	34	24	20	151608
化学纤维制造业	8885	8885	2	2	2	8885
橡胶和塑料制品业	373778	206103	38	22	25	117334
非金属矿物制品业	5574990	3196464	408	249	290	2308245
黑色金属冶炼和压延加工业	328556	163370	19	9	14	88096
有色金属冶炼及压延加工业	2809844	852901	78	39	45	744796
金属制品业	859306	446490	58	27	36	300612
通用设备制造业	1871688	932360	105	53	65	481820
专业设备制造业	3333495	1319485	135	62	92	901484
汽车制造业	2694261	903583	53	37	31	472325
铁路、船舶、航空航天和其他运输设备制造业	118000	112000	3	2	2	12381
电气机械及器材制造业	1679026	764104	43	25	23	276680
计算机、通信和其他电子设备制造业	2532920	183300	29	9	19	314667
仪器仪表制造业	258596	160396	19	12	11	82374
其他制造业	160993	120000	3	1	1	1168
废弃资源综合利用业	53300	38000	5	4	3	17550
电力、燃气及水的生产和供应业	3352827	1103784	107	88	66	482192
电力、热力生产和供应业	2562582	437276	41	32	23	261159
燃气生产和供应业	117584	68484	14	10	8	38747
水的生产和供应业	672661	598024	52	46	35	182286
建筑业	**43964**	**36790**	**4**	**4**	**3**	**13580**
房屋建筑业	43964	36790	4	4	3	13580
批发和零售业	**4114652**	**2156324**	**82**	**43**	**58**	**406626**
批发业	2850785	1419374	42	25	32	299751
交通运输、仓储和邮政业	**12729611**	**4938620**	**184**	**111**	**103**	**2061637**
铁路运输	1525434	15500	6	2	3	752345
道路运输业	6227094	1655053	120	80	71	839010

3-13　续表 2　　　　　　　　　　　　（2013 年底）　　　　　　　　　　　　单位：万元

行　业	在建规模	新开工规模	施工项目个数	新开工	全部投产项目个数	新增固定资产
仓储业	2549793	1075940	32	13	16	216485
邮政业	50800	16000	4	1	2	20160
住宿和餐饮业	**1441709**	**1051435**	**49**	**24**	**33**	**172218**
住宿业	1317445	1023612	42	20	27	146709
信息传输、软件和信息技术服务业	**2653591**	**1905850**	**12**	**7**	**4**	**31387**
电信、广播电视和卫星传输服务业	418863	23850	4	2	1	19357
金融业	**262492**	**112414**	**10**	**7**	**4**	**19600**
货币金融服务	135578	35500	8	6	4	19600
房地产业	**12684155**	**8553174**	**311**	**190**	**140**	**1015993**
租赁和商务服务业	**5176358**	**3397020**	**26**	**19**	**6**	**64525**
商务服务业	5176358	3397020	26	19	6	64525
科学研究和技术服务业	**941426**	**496765**	**33**	**13**	**16**	**93985**
研究和试验发展	619337	380976	17	9	6	59121
专业技术服务业	228734	100789	11	3	6	15896
水利、环境和公共设施管理业	**14139682**	**7988320**	**524**	**419**	**268**	**2086132**
水利管理业	440439	148783	36	29	21	63945
生态保护和环境治理业	352276	279869	10	9	2	80407
公共设施管理业	13346967	7559668	478	381	245	1941780
居民服务业、修理和其他服务业	**63490**	**42137**	**11**	**4**	**10**	**26286**
居民服务业	21790	5137	8	2	8	19586
教育	**2744709**	**987241**	**155**	**96**	**85**	**292958**
卫生和社会工作	**1309409**	**478190**	**47**	**21**	**20**	**254565**
卫生	1206322	449231	38	16	17	239510
文化、体育和娱乐业	**2314799**	**699015**	**55**	**25**	**28**	**128185**
广播、电视、电影和影视录音制作业	9255	2200	3	1	3	3785
文化艺术业	936497	277667	24	11	6	57773
公共管理、社会保障和社会组织	**449281**	**227380**	**43**	**24**	**19**	**71621**
国家机构	371955	200602	37	22	17	64316

3-14 各县(市)区投资项目个数和在建规模

(2013 年)

县(市)区	施工项目个数(个)	#亿元以上项目个数	#本年新开工	本年投产项目个数	全部建成投产率(%)	计划总投资(万元)	#亿元以上项目总投资	#本年新开工计划总投资
郑州市	**3206**	**1427**	**1957**	**1867**	**58.2**	**98229545**	**89218324**	**49434242**
市辖区	4	4	1			4840805	4840805	1318005
中原区	22	14	3	2	9.1	1840951	1792379	271205
二七区	79	34	54	34	43	1873217	1731803	1436615
管城区	71	28	49	58	81.7	2179337	1963690	1575473
金水区	98	46	49	65	66.3	2640987	2416445	1610157
上街区	112	44	77	58	51.8	2208980	1931013	1406226
惠济区	58	43	28	24	41.4	2680962	2635793	1004405
中牟县	248	124	174	109	44	9579109	9037302	4379216
巩义市	477	146	356	320	67.1	8064722	6529462	4092659
荥阳市	463	242	187	266	57.5	10229571	8719603	5322953
新密市	380	133	194	288	75.8	9007926	7505082	4089953
新郑市	379	144	249	201	53	12813529	11526466	8577355
登封市	385	163	267	245	63.6	7725241	6809069	4336012
经济开发区	69	58	34	48	69.6	5091213	5045184	1262364
高新开发区	124	61	76	74	59.7	5263804	5012086	2649799
郑东新区	213	122	147	59	27.7	8448424	8016944	4233646
航空港实验区	24	21	12	16	66.7	3740767	3705198	1868199

3-15 房地产开发企业(单位)财务情况

(2013 年)

单位:千元

类　别	数　值	类　别	数　值
年初存货	**180937501**	主营业务成本	55188424
期末资产负债		营业税金及附加	8372585
流动资产合计	474464081	主营业务税金及附加	8337378
#应收账款	12153334	其他业务利润	396139
#存货	230425963	销售费用	3148287
固定资产合计	15874522	管理费用	4753362
固定资产原价	18344224	#税金	489769
累计折旧	4328667	财务费用	1711075
#本年折旧	1100431	#利息收入	261653
在建工程	12489312	#利息支出	1282404
资产总计	560153858	资产减值损失	94966
非流动负债合计	62246720	公允价值变动收益(损失以"-"号记)	12199
负债合计	457175596	投资收益(损失以"-"号记)	2437444
所有者权益合计	102978262	营业利润	13698498
实收资本	79374624	营业外收入	610374
损益及分配		#补贴收入	242501
主营业务收入	83586902	营业外支出	749773
土地转让收入	75560	利润总额	13577201
商品房屋销售收入	78017245	应交所得税	2723464
房屋出租收入	4161291	**人工成本**	
其他收入	1332806	应付职工薪酬(本年贷方累计发生额)	2135973
营业成本	55350094		

3-16 分县(市)区

(2013年)

县(市)区	固定资产原价	实收资本合计	资产总计	累计折旧	#本年折旧	负债合计	流动资产合计	非流动负债合计
郑州市	**18344224**	**79374624**	**560153858**	**4328667**	**1100431**	**457175596**	**394928876**	**62246720**
中原区	1822149	7973972	59327262	1053522	290625	49676300	42313380	7362920
二七区	880420	4079147	51554175	281571	79276	47097101	40372104	6724997
管城区	2309275	2547016	41093361	831429	125308	35043605	29815351	5228254
金水区	3908500	18390570	145914916	1142417	184728	112197423	98993787	13203636
上街区	39576	1378586	7778099	13332	3120	5778895	4411698	1367197
惠济区	1105503	3404826	25005833	111054	34820	20423363	18896832	1526531
中牟县	71238	1206615	7748600	28298	8987	6290421	5899327	391094
巩义市	194451	679122	4665303	36574	12848	3137914	2901663	236251
荥阳市	104577	780200	11569969	26795	11883	10523158	10123861	399297
新密市	113401	702200	6245343	40949	9985	4898166	4319572	578594
新郑市	256407	1470255	19311403	63552	19410	16863287	14493899	2369388
登封市	59723	783896	3756918	14699	5476	2307513	2124880	182633
经济开发区	856733	1670335	12815043	159470	108022	10216480	9235658	980822
高新开发区	181735	1856778	23868553	69527	18457	21311424	18553345	2758079
郑东新区	6375102	28678725	120980769	443720	181560	96959758	81392732	15567026
航空港实验区	65434	3772381	18518311	11758	5926	14450788	11080787	3370001

房地产开发企业财务状况

单位:千元

所有者权益合计	资产负债率(%)	主营业务收入					营业税金及附加		利润总额
			土地转让收入	商品房屋销售收入	房屋出租收入	其他收入		主营业务税金及附加	
102978262	**81.6**	**83586902**	**75560**	**78017245**	**4161291**	**1332806**	**8372585**	**8337378**	**13577201**
9650962	83.7	6854015	9016	6667381	95755	81863	526539	526485	1503626
4457074	91.4	7510890		4347284	2968902	194704	999852	985989	281921
6049756	85.3	9321317		9022461	236618	62238	863270	863229	1755582
33717493	76.9	11522445	1350	10631024	395357	494714	1258431	1250993	1928682
1999204	74.3	1519202		1423155	4740	91307	125461	124313	51817
4582470	81.7	2949509		2871054	1707	76748	246215	246152	508269
1458179	81.2	2753197		2726345		26852	186164	185930	410527
1527389	67.3	1627193		1577563		49630	90663	89373	123698
1046811	91	6733515	13000	6720462	53		524919	524919	506796
1347177	78.4	1658770		1642217	9417	7136	138452	138420	492952
2448116	87.3	7937517		7908757	9759	19001	649155	649090	1022760
1449405	61.4	763609	50	757155	96	6308	58246	54424	31237
2598563	79.7	1478334	52144	1199967	111533	114690	142511	139648	146482
2557129	89.3	1774647		1750339	20575	3733	139638	139611	311282
24021011	80.1	17739380		17375258	264537	99585	2304083	2299905	4315692
4067523	78	1443362		1396823	42242	4297	118986	118897	185878

3-17 房地产开发企业(单位)投资、资金和土地情况

(2013年) 单位:万元

类　别	数　值	类　别	数　值
计划总投资	**72258543**	#140平方米以上	1179226
自开始建设累计完成投资	**39647694**	#别墅、高档公寓	138242
本年完成投资	**14453279**	办公楼	1359075
按登记注册类型分		商业营业用房	1886844
内资	**13734941**	其他	2102802
国有	269811	本年新增固定资产	3552127
有限责任公司	9271277	待开发土地面积	3458463
国有独自公司	706542	本年土地购置面积	4612825
其他有限责任公司	8564735	本年土地成交价款	1192696
股份有限公司	570273	#拆迁补偿费	259372
私营	3290727	土地使用权出让金	826066
其他内资	332853	**契税**	**26497**
港澳台商投资	**432837**	**本年资金来源合计**	**20699227**
与港澳台商合资经营	179146	年末结余资金	3972153
与港澳台商合作经营	7022	本年资金来源小计	16727074
港澳台商独资	246669	#省外资金	131039
外商投资	**285501**	国内贷款	1418164
中外合资经营	30078	#银行贷款	1364497
外资企业	252109	#非银行金融机构贷款	53667
外商投资股份有限公司	3314	利用外资	44254
按构成分		自筹资金	8023058
建筑工程	11220381	#自有资金	3143286
安装工程	81005	股东投入资金	751900
设备工器具购置	250489	借入资金	1288076
其他费用	2901404	其他资金来源	7241598
旧建筑物购置费	108723	#定金及预收款	3966806
土地购置费	1502554	#个人按揭贷款	2059956
按工程用途分		**本年各项应付款合计**	**3265090**
住宅	9104558	#工程款	1840457
#90平方米以下	4488047		

3-18 房地产开发企业(单位)施工、销售和空置情况

(2013 年)

单位:万元、平方米

类　别	合计	住宅	90 平米以下住房	140 平米以上住房	别墅、高档公寓	办公楼	商业营业用房	其他房屋
房屋施工面积	97212292	63489017	27100280	7864714	894940	8664094	10791421	14267760
#新开工面积	28143553	19765167	8090756	2855419	225489	2086940	2674708	3616738
房屋竣工面积	11374714	7605576	2311009	1326041	25430	850751	1350110	1568277
#不可销售面积	1386562	434345	91939	6803		167445	177830	606942
商品住宅竣工套数(套)		71114	32571	6425	86			
竣工房屋价值	2723835	1744034	571065	293997	7120	261095	379424	339282
批准预售面积	11634447	8460658	2228473	1186613	146103	2164101	768672	241016
批准预售套数(套)		79063	27482	6197	1526			
出租房屋面积	382554	4220	4220			170	378164	
商品房销售面积	16218948	13134782	4747500	1623006	158385	1767376	882670	434120
#现房销售面积	2485167	1847240	495941	283251	2489	221087	283713	133127
#期房销售面积	13733781	11287542	4251559	1339755	155896	1546289	598957	300993
商品房销售额	11616453	8651663	3288060	1420375	194763	1722624	1058640	183526
#现房销售额	1197806	812173	215772	159517	3478	93758	232888	58987
#期房销售额	10418647	7839490	3072288	1260858	191285	1628866	825752	124539
商品住宅销售套数(套)		127234	60661	8856	851			
#现房销售套数		16962	6316	1686	6			
#期房销售套数		110272	54345	7170	845			
待售面积	3205616	2164019	775364	493543	17030	259874	508910	272813
#待售 1-3 年面积	1687012	1125671	394871	181801		146285	260663	154393
#待售 3 年以上面积	55592	4919	183	4214	3444	715	45549	4409

3-19 分县(市)区按工程用途分房地产开发投资情况

(2013年)

单位:万元

县(市)区	本年完成投资	住宅	90平方米以下	办公楼	商业营业用房	其他
郑州市	**14453279**	**9104558**	**4488047**	**1359075**	**1886844**	**2102802**
中原区	1504496	928843	436216	116947	226847	231859
二七区	2303580	1523691	832159	135577	449346	194966
管城区	979100	684636	293535	30593	228949	34922
金水区	2362910	1613247	909736	83680	344087	321896
上街区	448158	346534	169174	2399	64890	34335
惠济区	648930	469709	182199	9381	58318	111522
中牟县	281062	172261	24123	1200	14167	93434
巩义市	478130	283380	134890	11000	131850	51900
荥阳市	393115	302135	53058	2700	21099	67181
新密市	161351	103918	22960	10	32882	24541
新郑市	475343	408482	124805	13693	18840	34328
登封市	135802	121787	31836	50	9891	4074
经济开发区	208671	138161	84078	7120	4761	58629
高新开发区	934006	512615	276845	184437	23094	213860
郑东新区	2253991	906199	361438	752550	224569	370673
航空港实验区	884634	588960	550995	7738	33254	254682

3-20 分县(市)区商品房施工房屋面积

(2013 年)

单位:平方米

县(市)区	施工房屋面积	住宅	90 平方米以下	办公楼	商业营业用房	其他
郑州市	**97212292**	**63489017**	**27100280**	**8664094**	**10791421**	**14267760**
中原区	10691982	7378226	3447363	413751	1330273	1569732
二七区	10928715	7375688	3876799	429369	1526300	1597358
管城区	7138648	5082292	2519093	244287	1310672	501397
金水区	16868971	11377912	5356982	732487	1950412	2808160
上街区	2833382	2290701	1093537	24115	377599	140967
惠济区	3703937	2948915	1417955	61789	269154	424079
中牟县	2858653	2198707	616829	65583	271168	323195
巩义市	1724164	1128970	341590	19000	485722	90472
荥阳市	3784251	3124045	293790	1061	183323	475822
新密市	1866293	1461203	266342	210	198320	206560
新郑市	4070248	3825131	1197400	28828	109607	106682
登封市	1430158	1201718	192373	1020	120700	106720
经济开发区	1798221	1326622	739476	143707	89438	238454
高新开发区	4303827	2528332	1380084	934463	229200	611832
郑东新区	19780376	7445784	2174692	5518882	1958407	4857303
航空港实验区	3430466	2794771	2185975	45542	381126	209027

3-21 分县(市)区商品房竣工房屋面积

(2013 年)

单位:平方米

县(市)区	竣工房屋面积	住宅	90 平方米以下	办公楼	商业营业用房	其他房屋
郑州市	**11374714**	**7605576**	**2311009**	**850751**	**1350110**	**1568277**
中原区	527184	451672	113892	1000	45968	28544
二七区	824884	397536	181946	42256	119245	265847
管城区	1525081	1223287	634739	2677	182959	116158
金水区	1726182	1253904	609409	78006	151023	243249
上街区	424576	370269	57799	20575	32464	1268
中牟县	81927	68467	19760		934	12526
巩义市	661810	394710	117180	9000	188000	70100
荥阳市	1998705	1597424	79395	482	122940	277859
新郑市	411424	357523	10324	28002	11764	14135
登封市	70728	59964	5824		4966	5798
经济开发区	89136	48200	17170		10800	30136
高新开发区	512220	232140	63816	158750	27963	93367
郑东新区	2397954	1092990	342265	464461	451084	389419
航空港实验区	122903	57490	57490	45542		19871

3-22 分县(市)区商品房竣工房屋价值

(2013 年)

单位:万元

县(市)区	竣工房屋价值	住宅	90 平方米以下	办公楼	商业营业用房	其他房屋
郑州市	**2723835**	**1744034**	**571065**	**261095**	**379424**	**339282**
中原区	105968	87847	27777	280	11226	6615
二七区	219553	111902	51267	11881	32919	62851
管城区	352079	278678	142397	752	46216	26433
金水区	337349	241469	118829	10865	32287	52728
上街区	91626	75393	11050	6160	9705	368
中牟县	16863	14594	5000		269	2000
巩义市	170960	97390	28500	2500	51530	19540
荥阳市	501403	408574	18391	110	33297	59422
新郑市	90606	75590	2993	7794	3123	4099
登封市	19283	16692	1631		1489	1102
经济开发区	25650	14430	5130		3220	8000
高新开发区	137626	62940	13558	44450	7822	22414
郑东新区	598883	230535	116542	155303	146321	66724
航空港实验区	55986	28000	28000	21000		6986

3-23 分县(市)区商品房屋销售面积

(2013 年)

单位:平方米

县(市)区	销售面积	住宅	90 平方米以下	办公楼	商业营业用房	其他房屋
郑州市	**16218948**	**13134782**	**4747500**	**1767376**	**882670**	**434120**
中原区	2003250	1852211	948892	63081	72543	15415
二七区	1122640	968769	489303	45625	103923	4323
管城区	1037476	959563	347865	10199	63049	4665
金水区	2242313	2077411	950090	45916	88011	30975
上街区	462458	397898	95136	460	62900	1200
惠济区	325760	310950	122744	71	14739	
中牟县	412183	407809	46350		4374	
巩义市	995722	769606	297665		202516	23600
荥阳市	1271433	1165746	70558	1236	51862	52589
新密市	785868	681451	150967	681	75736	28000
新郑市	1170823	1147188	259745		18775	4860
登封市	279127	273303	26745		2824	3000
经济开发区	105942	97157	26791	6358	2427	
高新开发区	1670165	876358	530051	530693	10174	252940
郑东新区	2329911	1149118	384598	1059423	108817	12553
航空港实验区	3877	244		3633		

3-24 分县(市)区房地产开发商品房屋销售额

(2013 年) 单位:万元

县(市)区	商品房屋销售额	住宅		办公楼	商业营业用房	其他房屋
			90 平方米以下			
郑州市	**11616453**	**8651663**	**3288060**	**1722624**	**1058640**	**183526**
中原区	1496349	1290704	628117	57508	139014	9123
二七区	901743	705697	352440	33731	158067	4248
管城区	858753	773674	284675	7958	75290	1831
金水区	1903405	1710178	859841	57960	126909	8358
上街区	224257	179191	34955	517	44287	262
惠济区	301862	271684	98161	66	30112	
中牟县	189298	185357	20725		3941	
巩义市	419935	252658	99860		155992	11285
荥阳市	725500	669807	31689	593	44101	10999
新密市	330217	252904	54138	571	68342	8400
新郑市	708173	687671	139972		18828	1674
登封市	92938	88960	13243		2729	1249
经济开发区	133921	121130	16231	6116	6675	
高新开发区	861842	532024	338234	200453	9394	119971
郑东新区	2465695	929920	315779	1354690	174959	6126
航空港实验区	2565	104		2461		

3-25 分地区房地产开发资金来源

（2013 年）

单位：万元

县(市)区	本年资金来源小计	国内贷款	#银行贷款	自筹资金	#自有资金	#股东投入资金	#借入资金	其他资金来源	定金及预收款	#个人按揭贷款
郑州市	**16727074**	**1418164**	**1364497**	**8023058**	**3143286**	**751900**	**1288076**	**7241598**	**3966806**	**2059956**
中原区	1797473	246227	245760	512933	96947	24967	157020	1038313	406106	272866
二七区	2225216	94200	94200	1197593	306838	67363	80244	933423	592644	179165
管城区	1165111	75250	75250	429930	247544		80212	659931	318280	279245
金水区	2864406	158380	131180	1455800	546167	121978	304447	1205972	627482	285734
上街区	414325	45600	45600	323823	106942	50700	5888	44902	18500	21200
惠济区	732548	7600	6500	445805	112071	100404	128096	279143	152962	109258
中牟县	301889	10680	10680	154261	51678	24200	29656	136948	77669	34228
巩义市	480430	84300	79200	396130	147610	2900				
荥阳市	451231	15500	15500	197085	89213	28160	44938	238646	105747	96186
新密市	211577	35400	35400	124848	33358	24800	35184	51329	25188	25911
新郑市	687150	85500	80500	240263	124631	14966	19681	361387	170052	110087
登封市	120931	15941	14941	67135	31606	1200	5050	37855	26110	11745
经济开发区	275887	13800	13800	180063	116119	4331	9613	82024	38333	12919
高新开发区	1154868	130000	122000	713427	345013	198131	86533	311441	238363	39017
郑东新区	3270187	367253	361453	1045505	393470	87800	205820	1857429	1166515	582395
航空港实验区	573845	32533	32533	538457	394079		95694	2855	2855	

3-26 分地区房地产土地购置和开发情况

（2013 年）

单位:万元

县(市)区	土地购置费	本年购置土地面积（平方米）	本年土地成交价款	拆迁补偿费	土地使用权出让金	契税
郑州市	**1502554**	**4612825**	**1192696**	**259372**	**826066**	**26497**
中原区	73000					
二七区	122627	176049	58328	7304	51015	2025
管城区	178480	43011	39000		39000	
金水区	227839	476925	240518	57200	183318	2533
上街区	25320	87849	11280	6000	5280	425
惠济区	207479	447429	124706	20151	42293	1234
中牟县	91564	92446	24714	1857	22770	945
巩义市	37100					
荥阳市	25688	163941	33553	376	21838	486
新密市	19376	77698	7111	150	6808	272
新郑市	52068	359176	91799	6256	85493	3161
登封市	5215	83575	4595		1595	128
经济开发区	52567	30759	10030		10030	500
高新开发区	196000	1742321	436594	160078	276506	11661
郑东新区	92556	411509	58417		28069	1043
航空港实验区	95675	420137	52051		52051	2084

主要统计指标解释

固定资产投资额 是以货币表现的建造和购置固定资产活动的工作量，它是反映固定资产投资规模、速度、比例关系和使用方向的综合性指标。全社会固定资产投资包括国有经济单位投资、城乡集体经济单位投资、各种经济类型的单位的投资和城乡居民个人投资。按照我国现行计划管理体制，国有经济单位固定资产投资总额分为基本建设、更新改造、商品房屋建设投资和其他固定资产投资四个部分；城乡集体经济单位投资包括城镇集体所有制单位投资和农村集体所有制单位投资；各种经济类型的单位投资包括联营经济、股份制经济、中外合资经营、中外合作经营、外资、与大陆合资经营、与大陆合作经营、港澳台独资及其他经济类型的单位投资。城镇居民个人投资包括城市、县城、镇、工矿区所辖范围内的个人建房和农村个人建房及购买生产性固定资产的投资。

固定资产投资的资金来源 根据固定资产投资的资金来源不同，分为国家预算内资金、国内贷款、利用外资、自筹资金和其他资金来源。

1. 国家预算内资金 指中央财政和地方财政中由国家统筹安排的基本建设拨款和更新改造拨款，以及中央财政安排的专项拨款中用于基本建设的资金和基本建设拨款改贷款的资金等。

2. 国内贷款 指报告期内企、事业单位向银行及非银行金融机构借入的用于固定资产投资的各种国内贷款。包括银行利用自有资金及吸收的存款发放的贷款、上级主管部门拨入的国内贷款、国家专项贷款（包括煤代油贷款、劳改煤矿专项贷款等）、地方财政专项资金安排的贷款、国内储备贷款、周转贷款等。

3. 利用外资 指报告期内收到的用于固定资产投资的国外资金，包括统借统还、自借自还的国外贷款，中外合资项目中的外资，以及对外发行债券和股票等。国家统借统还的外资指由我国政府出面同外国政府、团体或金融组织签订贷款协议、并负责偿还本息的国外贷款。

4. 自筹资金 指建设单位报告期内收到的，用于进行固定资产投资的上级主管部门、地方和企、事业单位自筹资金。

5. 其他资金来源 指报告期内收到的除以上各种拨款、借款、自筹资金以外，其他用于固定资产投资的资金。

固定资产投资按国民经济行业分 建设项目归哪个行业，按其建成投产后的主要产品或主要用途及社会经济活动性质来确定。基本建设按建设项目划分国民经济行业，更新改造、国有经济单位其他固定资产投资及城镇集体投资根据整个企业、事业单位所属的行业来划分。一般情况下，一个建设项目或一个企业、事业单位只能属于一种国民经济行业。为了更准确地反映国民经济各行业之间的比例关系，联合企业（总厂）所属分厂属于不同行业的，原则上按分厂划分行业。

固定资产投资按建设性质分 建设项目的性质一般分为新建、扩建、改建、迁建、恢复。基本建设按建设项目划分建设性质，更新改造、国有经济单位其他固定资产投资及城镇集体投资按整个企业、事业单位的建设情况确定建设性质。目前基本建设和更新改造是根据我国现行的计划管理体制区分的，所以基本建设和更新改造都可以分别按新建、扩建等划分。

固定资产投资按用途分 固定资产投资按工程的经济用途分为用于为农林牧渔业用、工业建筑业用商业、运输邮电业用、其他五部分的建设，是研究不同用途的固定资产投资之间比例关系的重要指标。基本建设投资、国有经济单位其他固定资产投资及城镇集体投资的用途按单项工程确定，现有企业、事业单位更新改造投资的用途按更新改造项目确定。

固定资产投资按构成分 固定资产投资活动按其工作内容和实现方式分为建筑安装工程，设备、工具、器具购置，其他费用三个部分。

1. 建筑安装工程（建筑工作量）指各种房屋、建筑物的建造工程和各种设备、装置的安装工程。包括各种房屋建造工程，各种用途设备基础和各种工业窑炉的砌筑工程；为施工而进行的各种准备工作和临时工程以及完工后的清理工作等；铁路、道路的铺设，矿井的开凿及石油管道的架设等；水利工程；防空地下建筑等特殊工程；以及各种机械设备的安装工程；为测定安装工程质量，对设备进行的试行工作。在安装工程中，不包括被安装设备本身价值。

2. 设备、工具、器具购置指购置或自制达到固定资产标准的设备、工具、器具的价值，固定资产的标准按财务部门规定。新建单位、扩建单位的新建车间按照设计和计划要求购置或自制的全部设备、工具、器具,不论是否达到固定资产标准均计入“设备、工具、器具购置”中。

3. 其他费用指除建筑安装工程和设备、工具、器具购置以外的投资完成额。它包括两种性质的费用,一种是属于增加固定资产的费用,主要有:建设单位管理费,土地、青苗等补偿费和安置补助费、勘察设计费、研究实验费、农林单位牲畜购置费、各种经济林木的营造费、办公和生活家具、器具购置费、引进技术和进口设备项目的其他费用、联合试运转费等;一种是属于不增加固定资产的费用,主要有:施工机械转移费、生产职工培训费、农业开荒费用及报废工程损失费等。

基本建设项目按大中小型划分 基本建设划分大中小型项目原则上应按照上级批准的设计任务书或初步设计所确定的总规模或总投资划分,没有正式批准设计任务书或初步设计的,按国家或省、自治区、直辖市年度基本建设投资计划中所列的总规模或总投资划分。上述两条均不具备的,按本年计划施工工程的建设总规模或总投资划分。生产单一产品的工业项目,按产品的设计能力划分;生产多种产品的工业项目,按其主要产品的设计能力划分。品种繁多,难以按生产能力划分的,按全部计划投资额划分。划分标准以国家颁发的《大中小型建设项目划分标准》依据。国家曾在 1958 年、1962 年、1977 年和 1979 年先后四次修订《大中小型建设项目划分标准》,因此各历史时期的大中型项目数不完全可比。

建筑业统计单位 指从事房屋、构筑物建造和设备安装活动的法人企业。建筑业法人企业应具有建筑业资质并能够独立核算,同时其应具备以下条件:1. 依法成立,有自己的名称、组织机构和场所,能够承担民事责任;2. 独立拥有和使用资产,承担负债,有权与其他单位签订合同;3. 独立核算盈亏,能够编制资产负债表。

施工项目 指报告期内曾进行建筑或安装工程施工活动的建设项目。包括报告期内新开工项目,报告期以前开工跨入报告期继续施工的项目以及报告期施过工并在报告期内全部建设投产或停缓建的项目。

全部建成投产项目工业项目 是指设计文件规定形成生产能力的主体工程及其相应配套的辅助设施全部建成,经负荷试运转,证明具备生产设计规定合格产品的条件,并经过验收鉴定合格或达到竣工验收标准,与生产性工程配套的生产福利设施可以满足近期正常生产的需要,正式移交生产的建设项目。

施工和竣工房屋建筑面积 房屋建筑面积是从房屋外墙线算起的各层平面面积的总和,包括房屋结构(如柱、墙)占用的面积和地下室面积。多层建筑按各自然层面积总和计算,包括房屋内的楼隔层,突出墙面的眺望间、门斗、有柱雨罩的面积。不包括突出墙面结构的构件、艺术装饰等所占的面积,如台阶等。凹阳台、挑阳台按其水平投影面积一半计算建筑面积。

住宅建筑面积 指施工和竣工房屋建筑面积中供居住用的施工和竣工房屋建筑面积。

竣工面积 指在报告期内房屋建筑按照设计要求已全部完工,达到住人和使用条件,经验收鉴定合格,正式移交使用单位的建筑面积。

房屋建筑面积竣工率 指一定时期内房屋竣工面积占同期房屋施工面积的比率。它是从房屋建筑施工速度的角度反映投资效果和建筑业经济效益的指标。

新增固定资产 指通过投资活动所形成的新的固定资产价值。包括已经建成投入生产或交付使用的工程价值和达到固定资产标准的设备、工具、器具的价值及有关应摊入的费用。它是以价值形式表示的固定资产投资成果的综合性指标,可以综合反映不同时期、不同部门、不同地区的固定资产投资成果。

建设项目投产率 指一定时期内全部建成投入生产项目个数占同期正式施工项目个数的比率。它是从项目建设速度的角度反映投资效果的指标。

固定资产交付使用率 指一定时期新增固定资产与同期完成投资额的比率。它是反映各个时期固定资产动用速度,衡量建设过程中投资效果的一个综合性指标。未完工程占用率指年末未完工程累计完成投资额占全年实际完成投资额的比率。它反映未完工程的相对规模,并可从资金占用的角度反映固定资产投资效果。由于未完工程是指已经开工,但尚未建成交付使用的工程,有个跨年度问题,因此未完工程占用率会出现大于 1 的情况。

实收资本 指企业实际吸收到的所有投资人投入的资金。该指标来源于会计“资产负债表”中“实收资本”项目的期末数。

资产总计 指企业拥有或控制的全部资产,包括活动资产、长期投资、固定资产、无形及递延资产、其他长期资产。该指标来源于会计“资产负债表”中“资产总计”项的期末数。

负债总计 指企业的流动负债和长期负债的合计。

本年施工规模 指报告期内施工的单项工程(或更新改造项目)的设计能力(或工程效益),包括报告期以前已开工跨入本年继续施工的工程的设计能力和报告期新开工工程的设计能力。也包括报告期内建成投产或报告期施工后又停缓建的单项工程设计能力。不包括在报告期以前建成投产或已经停、缓建的工程,以及报告期内尚未正式开工的工程的设计能力。

商品房销售面积 指报告期内出售商品房屋的合同总面积(即双方签署的正式买卖合同中所确定的建筑面积)。由现房销售面积和期房销售面积两部分组成。

商品房销售额 指报告期内出售商品房屋的合同总价款(即双方签署的正式买卖合同中所确定的合同总价)。该指标与商品房销售面积同口径,由现房销售额和期房销售额两部分组成。

四、价　格

4-1　市区居民消费价格指数(2013 年)

（以上年价格为 100）

类　别	年　度	月　份											
		一	二	三	四	五	六	七	八	九	十	十一	十二
居民消费价格总指数	**102.8**	**101.5**	**103.8**	**102.3**	**102.5**	**102.7**	**103.0**	**102.8**	**102.5**	**102.9**	**103.4**	**103.4**	**102.5**
非食品价格指数	**101.9**	**101.1**	**101.9**	**101.9**	**101.9**	**102.2**	**101.8**	**102.0**	**101.9**	**101.9**	**101.8**	**101.8**	**101.9**
服务项目价格指数	**103.7**	**102.2**	**104.2**	**103.8**	**103.4**	**103.5**	**103.0**	**103.5**	**103.4**	**104.2**	**104.0**	**104.4**	**104.4**
工业品价格指数	**100.6**	**100.4**	**100.4**	**100.7**	**100.9**	**101.3**	**101.0**	**100.9**	**100.9**	**100.5**	**100.3**	**100.1**	**100.3**
扣除食品和能源价格指数	**102.0**	**101.2**	**102.0**	**102.0**	**102.1**	**102.4**	**102.0**	**102.1**	**102.0**	**102.0**	**101.9**	**102.0**	**102.1**
扣除鲜菜鲜果总指数	**102.5**	**101.8**	**103.2**	**102.8**	**102.7**	**102.7**	**102.5**	**102.5**	**102.5**	**102.5**	**102.3**	**102.4**	**102.2**
消费品价格指数	**102.4**	**101.3**	**103.6**	**101.7**	**102.2**	**102.4**	**103.0**	**102.5**	**102.2**	**102.4**	**103.2**	**103.1**	**101.8**
食品	**104.8**	**102.3**	**107.8**	**103.0**	**103.7**	**103.7**	**105.6**	**104.6**	**103.9**	**105.0**	**107.1**	**107.0**	**103.9**
粮食	104.3	104.8	104.7	105.9	104.3	103.4	103.4	104.2	104.0	104.0	103.8	104.8	104.2
大　米	102.3	103.9	103.9	103.9	103.9	103.9	103.9	103.4	102.3	100.9	100.0	100.0	98.4
面　粉	111.9	112.4	113.8	114.4	114.1	111.9	109.8	110.1	110.3	110.1	112.6	113.4	110.3
粮食制品	102.9	105.1	104.1	106.1	102.9	101.7	102.3	103.3	102.3	102.9	101.6	101.8	101.4
其　他	105.9	100.0	101.3	102.0	102.0	102.0	102.0	104.1	107.4	107.4	110.0	115.3	117.1
淀粉	111.0	121.9	121.9	117.3	116.5	114.6	111.8	109.5	109.5	107.8	104.8	101.7	100.0
干豆类及豆制品	109.1	107.4	108.5	109.7	110.0	109.7	110.2	110.2	113.4	112.4	107.2	107.5	104.0
干　豆	101.2	100.0	100.2	100.4	101.1	100.5	102.3	102.3	102.3	101.7	101.6	101.6	100.6
豆 制 品	113.2	111.4	113.0	114.7	114.7	114.7	114.4	114.4	119.2	118.0	109.9	110.3	105.6
油脂	101.8	103.4	104.1	104.0	103.7	102.6	102.3	102.7	101.1	100.1	99.7	99.3	99.3
食用植物油	102.1	103.2	104.3	104.2	104.1	103.7	102.8	103.1	101.5	99.7	99.4	99.4	99.9
植物油制品	101.4	103.9	103.8	103.8	103.0	100.7	101.5	102.0	100.4	100.9	100.2	99.1	98.2
其　他	86.4	93.1	92.2	89.8	87.2	81.8	82.9	82.1	83.7	84.7	85.9	86.6	85.6
肉禽及其制品	105.5	100.8	107.9	104.9	104.1	105.1	108.2	107.9	107.9	107.4	105.6	104.7	102.6
食用畜肉及副产品	106.2	99.8	108.6	104.2	104.0	105.8	108.7	109.1	109.7	109.0	107.4	106.1	102.6
猪　肉	99.5	93.6	101.7	94.4	93.8	96.4	100.6	101.6	103.9	103.9	103.9	103.5	98.5
牛　肉	126.9	127.4	137.8	138.2	138.5	137.6	137.6	136.2	129.1	123.4	113.7	109.3	106.7
羊　肉	113.7	105.4	113.4	114.2	114.8	115.1	116.5	116.3	116.1	116.1	113.8	111.7	111.2
畜肉副产品	103.2	94.0	106.0	106.0	104.6	103.6	102.7	102.7	102.6	103.8	103.9	104.1	105.2
其　他	114.2	106.1	116.7	112.1	109.1	109.1	112.1	112.1	112.1	113.8	123.3	123.3	123.3
禽	102.9	100.6	110.8	105.5	98.7	97.5	107.7	103.1	101.7	103.9	101.2	101.0	103.0
鸡	103.5	100.8	112.5	106.7	99.2	97.8	109.2	103.6	102.0	104.4	101.4	101.3	103.4
鸭	99.2	99.1	100.6	98.0	96.1	95.8	99.3	99.5	100.5	101.1	100.4	99.5	100.4
其　他	98.9	100.0	104.0	104.0	97.6	93.6	101.6	104.0	98.0	96.0	96.0	96.0	96.0
加工肉禽	105.1	103.4	104.8	106.7	106.6	106.7	106.9	106.9	106.4	105.2	103.0	102.6	102.6
畜肉制品	105.9	103.4	105.0	107.4	107.7	107.8	108.6	108.6	108.0	106.1	103.3	102.9	102.7

4-1 续表1

类别	年度	月份 一	二	三	四	五	六	七	八	九	十	十一	十二
禽制品	103.7	103.4	104.5	105.4	104.6	104.6	103.7	103.7	103.6	103.6	102.5	102.1	102.4
蛋	104.9	116.0	133.5	122.6	119.7	112.1	98.9	95.7	96.4	100.5	94.4	93.1	91.8
鲜蛋	105.3	117.5	137.3	125.2	122.0	113.4	98.8	95.3	96.1	100.5	94.0	92.5	91.2
蛋制品	100.0	100.0	100.0	100.0	100.0	100.0	100.0	100.0	100.0	100.0	100.0	100.0	100.0
水产品	103.9	105.5	114.0	103.2	100.1	97.9	100.9	102.2	103.8	105.3	104.8	105.0	105.6
鱼	101.3	104.0	113.5	101.4	97.6	94.0	97.0	98.6	100.7	102.1	101.8	102.8	104.0
淡水鱼	98.1	100.5	114.7	95.2	90.9	85.9	91.0	94.2	98.9	101.9	102.4	104.3	102.8
海水鱼	105.6	108.4	112.0	110.2	107.7	106.4	105.8	104.6	103.1	102.3	101.1	101.1	105.6
其他水产品	116.5	112.3	116.5	111.7	112.3	117.5	120.9	120.9	120.3	121.8	118.9	114.6	112.4
虾蟹类	109.1	103.1	107.9	98.7	98.9	105.8	109.8	108.9	107.4	119.0	122.1	118.9	114.8
其他	129.9	131.4	134.3	140.0	141.4	142.9	142.9	142.9	142.9	126.1	114.5	108.7	108.7
菜	108.5	100.6	120.8	93.4	100.3	100.8	114.3	109.8	103.5	109.9	132.7	126.0	102.8
鲜菜	108.3	100.1	121.2	92.1	99.3	99.9	115.1	109.9	102.5	109.6	135.6	128.3	102.6
干菜及菜制品	104.5	101.8	104.5	105.3	105.6	105.6	105.6	105.6	105.6	105.2	102.5	102.0	104.4
薯类	118.8	113.8	139.3	113.0	120.5	113.3	114.2	114.5	124.0	125.0	128.9	120.1	105.2
调味品	109.9	114.6	114.9	112.0	112.3	110.3	109.7	109.5	109.6	110.8	109.3	106.5	100.5
食用盐	146.0	156.3	156.3	156.3	156.3	156.3	156.3	156.3	156.3	156.3	156.3	122.0	100.0
酱油	102.4	101.8	104.9	98.9	102.8	100.6	102.7	102.9	102.4	102.7	103.8	103.4	102.3
食醋	104.1	112.5	112.0	111.7	111.4	107.7	101.2	100.7	100.7	98.0	98.1	98.9	99.7
味精	102.6	102.9	102.9	102.9	102.9	102.5	102.2	102.2	102.2	102.2	104.6	102.4	101.7
其他	97.8	102.9	101.4	96.4	94.8	92.9	95.2	94.8	95.5	101.9	94.8	104.3	100.0
糖	99.3	97.4	97.5	98.4	98.1	97.0	98.4	101.4	101.2	100.7	101.6	99.8	100.5
食糖	95.8	92.8	90.4	92.7	92.6	96.1	96.1	99.3	94.9	92.6	103.4	95.2	104.8
糖果	100.5	96.2	97.4	99.0	97.7	95.7	99.0	105.1	106.2	105.9	103.8	102.1	99.4
巧克力制品	99.9	99.6	99.6	99.6	100.0	100.0	100.0	100.0	100.0	100.0	100.0	100.0	100.0
糖类小食品	97.6	100.2	100.2	100.2	100.1	91.5	93.2	96.3	97.5	97.5	97.5	97.3	100.1
茶及饮料	102.3	104.3	104.4	104.7	103.6	102.8	101.4	99.6	100.1	100.1	101.6	103.0	102.7
茶叶	100.9	101.7	101.7	101.7	101.7	101.7	101.7	100.0	100.0	100.0	100.0	100.0	100.0
茶叶	100.9	101.7	101.7	101.7	101.7	101.7	101.7	100.0	100.0	100.0	100.0	100.0	100.0
饮料	103.3	105.9	106.1	106.6	104.9	103.5	101.2	99.3	100.1	100.2	102.6	104.9	104.4
固体饮料	100.9	103.4	103.4	103.4	100.0	97.2	98.4	98.9	100.4	101.5	101.5	101.4	101.3
液体饮料	101.2	102.6	103.1	104.4	102.5	101.4	99.6	99.1	99.9	99.2	100.7	102.1	100.7
冷冻饮品	107.4	111.8	111.8	111.8	111.8	111.8	105.4	100.0	100.0	100.0	105.4	110.6	110.6
干鲜瓜果	102.0	95.5	97.3	97.7	99.7	101.4	102.5	101.4	100.2	104.3	104.9	108.3	111.2
鲜瓜果	105.1	91.9	95.3	98.2	101.7	104.9	107.3	105.9	103.9	110.1	110.2	114.4	119.9

4-1 续表2

类别	年度	月份											
		一	二	三	四	五	六	七	八	九	十	十一	十二
干(坚)果	96.1	102.5	101.1	96.6	96.0	94.9	94.0	93.5	93.7	94.0	95.2	97.1	95.4
糕点饼干面包	103.4	101.6	101.6	101.9	101.9	102.1	103.6	105.4	104.7	104.8	104.6	105.2	103.4
糕点	102.7	103.9	105.1	105.1	102.4	102.7	104.0	103.7	102.4	103.0	101.6	100.2	98.8
饼干	105.3	99.9	99.1	99.7	102.4	102.1	104.5	109.2	108.6	108.1	108.7	111.9	109.1
面包	101.3	101.0	101.0	101.0	100.5	101.3	101.7	101.7	101.7	101.7	101.7	101.7	100.7
液体乳及乳制品	104.2	101.9	101.9	100.8	100.2	100.3	100.5	100.6	100.8	100.9	109.5	116.2	116.2
巴氏杀菌乳或灭菌乳	105.7	100.0	100.0	100.0	100.0	100.0	100.0	100.0	100.0	100.0	115.2	126.5	126.5
酸牛乳	102.7	110.6	110.6	104.1	101.3	101.3	101.3	101.3	101.7	102.1	100.0	100.0	100.0
乳粉	102.6	100.0	100.0	100.0	100.0	100.5	102.1	103.5	105.0	105.0	105.0	105.0	105.0
其他	99.9	99.8	99.8	99.8	99.8	99.8	99.8	99.8	99.8	99.8	99.8	99.8	100.0
在外用膳食品	104.1	102.3	103.4	105.5	105.9	105.6	105.1	103.5	103.5	103.5	103.6	103.8	104.0
主食	102.6	101.2	101.2	102.2	103.5	102.9	102.2	102.2	102.2	102.2	102.7	104.3	104.0
炒菜	100.2	100.2	100.2	100.2	100.2	100.2	100.2	100.2	100.2	100.2	100.2	100.0	100.0
地方小吃	116.8	109.3	114.4	125.3	126.3	125.3	123.4	113.0	113.0	113.0	113.0	113.0	114.3
其他	105.8	103.6	106.0	106.0	106.0	106.0	106.0	106.0	106.0	106.0	106.0	106.0	106.0
其他食品	99.7	105.7	104.3	104.4	102.1	99.9	100.2	97.1	96.6	96.6	97.1	97.1	96.5
其他食品	99.7	105.7	104.3	104.4	102.1	99.9	100.2	97.1	96.6	96.6	97.1	97.1	96.5
烟酒	**99.6**	**99.5**	**99.7**	**100.2**	**100.2**	**99.8**	**98.5**	**99.7**	**100.0**	**100.2**	**99.5**	**99.8**	**98.6**
烟草	100.0	100.0	100.0	100.0	100.0	100.0	100.0	100.0	100.0	100.0	100.0	100.0	100.0
高档卷烟	100.0	100.0	100.0	100.0	100.0	100.0	100.0	100.0	100.0	100.0	100.0	100.0	100.0
中档卷烟	100.0	100.0	100.0	100.0	100.0	100.0	100.0	100.0	100.0	100.0	100.0	100.0	100.0
其他	100.0	100.0	100.0	100.0	100.0	100.0	100.0	100.0	100.0	100.0	100.0	100.0	100.0
酒	99.3	98.9	99.4	100.5	100.4	99.6	97.2	99.4	100.0	100.3	99.0	99.5	97.3
白酒	99.2	98.3	99.4	100.4	100.4	99.4	96.5	99.3	100.4	101.2	99.3	99.3	96.7
葡萄酒	94.8	97.4	93.7	94.1	94.1	94.1	94.1	93.4	93.4	93.4	95.4	97.3	97.3
啤酒	102.9	105.2	103.5	105.7	105.2	105.0	104.6	104.5	101.0	97.7	98.6	102.7	101.8
其他	100.3	101.3	101.3	100.6	100.0	100.0	100.0	100.0	100.0	100.0	100.0	100.0	100.0
衣着	**101.9**	**99.8**	**100.0**	**101.0**	**101.4**	**102.4**	**102.5**	**102.5**	**102.4**	**102.6**	**103.0**	**103.0**	**102.9**
服装	102.0	99.5	99.8	101.0	101.3	102.6	102.7	102.8	102.8	102.8	103.2	103.0	103.0
男式服装	102.0	100.0	100.2	100.9	101.1	102.7	102.7	102.8	102.7	102.7	103.1	102.8	102.8
大衣	100.2	98.1	99.2	100.2	100.4	100.4	100.4	100.4	100.4	100.4	101.4	100.7	100.5
毛线衣	101.5	100.7	100.7	101.8	101.8	101.8	101.8	101.8	101.8	101.8	103.3	100.6	100.6
夹克衫	102.3	104.9	103.8	102.7	102.7	102.7	102.7	102.7	102.7	100.7	100.7	100.7	100.7
衬衫	103.4	101.8	101.8	101.8	101.8	103.8	103.8	104.6	104.0	106.7	104.7	103.3	102.8
T恤衫	105.6	94.5	96.1	99.8	99.8	108.3	110.8	110.8	110.8	109.4	109.7	109.8	109.7

4-1 续表3

类别	年度	月份 一	二	三	四	五	六	七	八	九	十	十一	十二
裤子	100.5	98.8	98.8	98.8	98.8	98.8	98.8	98.8	98.8	102.8	103.9	104.0	104.1
西服	100.7	101.3	101.8	101.1	101.1	101.1	101.1	101.1	101.1	99.8	99.8	99.8	99.8
运动衫裤	105.1	101.8	101.8	102.5	104.0	107.5	106.5	106.5	106.5	104.3	105.5	106.8	106.8
内衣	97.0	96.5	96.5	96.5	96.5	98.2	96.5	96.5	96.5	96.5	96.5	96.5	100.0
羽绒衣	102.2	99.4	99.4	102.6	102.6	102.6	102.6	102.6	102.6	102.6	103.9	103.4	102.5
其他	100.5	100.6	100.6	100.6	100.6	100.6	100.6	100.6	100.6	100.6	100.6	100.3	100.0
女式服装	102.0	98.8	99.4	100.9	101.3	102.5	102.7	102.8	102.8	102.8	103.3	103.2	103.2
大衣	100.3	98.0	99.3	100.7	100.7	100.7	100.7	100.7	100.7	100.7	100.7	100.7	100.7
毛线衣	100.1	100.1	100.1	100.1	100.1	100.1	100.1	100.1	100.1	100.1	101.4	99.6	99.6
羽绒衣	104.0	98.4	101.2	104.3	104.3	104.3	104.3	104.3	104.3	104.3	106.8	106.8	104.8
套装	104.4	99.4	99.2	100.3	102.4	105.9	106.3	106.3	106.3	106.3	106.3	106.9	106.9
衬衫	101.8	101.0	101.0	100.7	100.7	102.0	102.0	102.0	102.0	102.0	102.0	103.1	103.1
T恤衫	102.6	95.2	96.1	99.8	99.2	105.9	106.5	106.5	106.5	104.1	104.1	104.3	104.6
裙子	103.3	99.6	99.6	102.3	102.3	101.9	102.5	103.8	103.8	106.0	106.0	105.9	105.9
裤子	103.0	99.5	99.6	102.6	102.6	104.0	104.0	104.0	104.0	104.0	104.0	104.0	104.0
运动衫裤	102.2	101.4	101.7	101.9	101.1	102.7	102.7	102.7	102.7	102.1	102.8	102.6	102.3
内衣	97.4	94.9	94.9	94.9	98.0	98.0	98.0	98.0	98.0	98.0	98.0	98.0	100.0
其他	100.0	100.0	100.0	100.0	100.0	100.0	100.0	100.0	100.0	100.0	100.0	100.0	100.0
儿童服装	102.3	101.2	100.7	101.4	102.0	102.6	102.7	102.7	102.7	103.0	103.1	103.0	103.0
上衣	102.9	101.3	100.7	101.7	103.4	103.4	103.4	103.4	103.4	103.4	103.4	103.4	103.4
裤子	102.6	104.5	103.2	101.9	101.9	102.9	102.9	102.9	102.9	101.9	102.2	102.1	102.1
裙子	103.2	96.9	97.5	101.4	101.4	103.3	103.5	103.8	103.8	106.7	106.7	106.7	106.7
其他	100.0	100.0	100.0	100.0	100.0	100.0	100.0	100.0	100.0	100.0	100.0	100.0	100.0
衣着材料	100.0	100.2	100.2	100.0	100.0	100.0	100.0	100.0	100.0	100.0	100.0	100.0	100.0
棉布	100.0	100.0	100.0	100.0	100.0	100.0	100.0	100.0	100.0	100.0	100.0	100.0	100.0
化纤布	100.0	100.0	100.0	100.0	100.0	100.0	100.0	100.0	100.0	100.0	100.0	100.0	100.0
毛线	100.3	101.7	101.7	100.0	100.0	100.0	100.0	100.0	100.0	100.0	100.0	100.0	100.0
其他	100.0	100.0	100.0	100.0	100.0	100.0	100.0	100.0	100.0	100.0	100.0	100.0	100.0
鞋袜帽	101.8	100.5	100.3	100.9	101.8	102.0	102.0	101.6	101.6	102.1	102.6	102.8	102.7
鞋	101.9	100.5	100.3	101.1	102.0	102.3	102.3	101.9	101.9	102.4	102.7	102.9	102.8
男鞋	100.9	100.0	100.0	100.0	100.7	101.3	101.3	101.3	101.3	101.3	101.3	101.3	101.3
女鞋	102.8	100.7	100.4	101.7	103.1	103.1	103.1	102.3	102.3	103.4	104.2	104.6	104.6
童鞋	101.3	101.2	101.2	101.8	101.8	101.8	101.8	101.8	101.8	101.0	101.0	100.5	100.0
袜子	100.0	100.0	100.0	100.0	100.0	100.0	100.0	100.0	100.0	100.0	100.0	100.0	100.0
男袜	100.0	100.0	100.0	100.0	100.0	100.0	100.0	100.0	100.0	100.0	100.0	100.0	100.0

4-1 续表4

类　别	年 度	月份 一	二	三	四	五	六	七	八	九	十	十一	十二
女　袜	100.0	100.0	100.0	100.0	100.0	100.0	100.0	100.0	100.0	100.0	100.0	100.0	100.0
帽子	102.0	101.1	100.9	100.4	101.2	101.3	101.6	100.7	100.7	100.7	103.5	105.8	105.5
男　帽	101.6	102.5	101.8	100.5	99.8	99.8	100.7	100.2	100.2	100.2	102.8	105.3	105.3
女　帽	102.2	100.3	100.3	100.3	102.1	102.1	102.1	101.1	101.1	101.1	103.9	106.1	105.6
衣着加工服务费	102.3	100.5	100.5	100.5	101.1	103.2	103.2	103.2	103.2	103.2	103.2	103.2	103.2
缝　纫	111.4	102.5	102.5	102.5	105.5	115.3	115.3	115.3	115.3	115.3	115.3	115.3	115.3
清　洗	100.0	100.0	100.0	100.0	100.0	100.0	100.0	100.0	100.0	100.0	100.0	100.0	100.0
其　他	100.0	100.0	100.0	100.0	100.0	100.0	100.0	100.0	100.0	100.0	100.0	100.0	100.0
家庭设备用品及维修服务	**101.8**	**102.3**	**102.3**	**102.5**	**102.1**	**102.3**	**102.2**	**101.6**	**101.3**	**101.6**	**101.3**	**101.1**	**100.7**
耐用消费品	101.7	101.0	101.5	101.6	101.8	102.1	102.1	102.2	101.2	102.3	101.5	101.5	101.3
家　具	101.5	100.0	100.0	100.0	100.0	100.0	100.0	101.6	101.6	103.5	103.5	103.5	103.5
柜	102.2	100.0	100.0	100.0	100.0	100.0	100.0	103.5	103.5	104.8	104.8	104.8	104.8
床	101.0	100.0	100.0	100.0	100.0	100.0	100.0	100.8	100.8	102.5	102.5	102.5	102.5
桌	101.9	100.0	100.0	100.0	100.0	100.0	100.0	102.4	102.4	104.5	104.5	104.5	104.5
椅	103.4	100.0	100.0	100.0	100.0	100.0	100.0	101.5	101.5	109.4	109.4	109.4	109.4
沙　发	100.1	100.0	100.0	100.0	100.0	100.0	100.0	100.0	100.0	100.3	100.3	100.3	100.3
其　他	100.9	100.0	100.0	100.0	100.0	100.0	100.0	101.7	101.7	101.7	101.7	101.7	101.7
家庭设备	101.8	101.7	102.6	102.7	103.0	103.5	103.6	102.6	100.9	101.3	100.0	100.0	99.7
洗 衣 机	102.5	102.0	102.2	102.5	102.6	102.5	103.7	102.9	102.9	102.9	101.7	102.1	102.1
电 风 扇	112.6	106.7	106.7	106.7	106.7	123.1	125.4	112.4	110.3	113.3	113.3	113.3	113.3
电冰箱(柜)	104.7	100.7	102.4	102.0	102.7	102.0	103.5	105.2	105.2	105.2	111.4	109.1	107.4
吸排油烟机	98.8	100.3	97.5	97.5	97.8	97.5	99.2	98.5	96.4	99.0	99.9	100.9	100.9
空 调 器	100.5	102.3	105.5	105.9	106.5	103.3	100.9	99.3	97.0	96.4	96.5	96.5	96.2
热 水 器	103.5	100.9	103.9	103.9	104.8	103.9	103.9	103.7	103.7	103.7	103.7	103.7	103.0
微 波 炉	98.0	100.0	100.0	98.7	97.8	97.4	97.4	97.4	97.4	97.4	97.4	97.4	97.4
其　他	98.1	100.3	100.3	100.3	100.3	100.3	100.3	103.1	100.0	100.0	90.8	90.8	90.8
室内装饰品	101.3	100.9	100.9	100.3	99.6	99.6	99.4	101.0	101.7	102.3	102.6	103.3	103.3
纺织装饰品	102.4	100.0	100.0	100.0	100.0	100.0	99.6	101.9	103.5	104.6	105.4	106.8	106.8
装饰灯具	101.0	102.0	102.0	102.0	102.0	102.0	102.0	100.0	100.0	100.0	100.0	100.0	100.0
其　他	98.9	101.7	101.7	98.3	95.2	95.2	95.2	100.0	100.0	100.0	100.0	100.0	100.0
床上用品	99.8	98.8	98.8	100.0	100.0	100.0	100.0	100.0	100.0	100.0	100.0	100.0	100.0
被　子	100.0	100.0	100.0	100.0	100.0	100.0	100.0	100.0	100.0	100.0	100.0	100.0	100.0
床上套件	99.7	98.1	98.1	100.0	100.0	100.0	100.0	100.0	100.0	100.0	100.0	100.0	100.0
其　他	100.0	100.0	100.0	100.0	100.0	100.0	100.0	100.0	100.0	100.0	100.0	100.0	100.0
家庭日用杂品	101.5	104.1	103.4	103.4	102.2	102.5	102.0	100.0	100.5	100.0	100.5	100.1	99.9

类 别	年 度	月 份											
		一	二	三	四	五	六	七	八	九	十	十一	十二
茶 具	100.9	103.0	103.0	103.0	101.3	99.5	99.5	97.6	101.1	101.1	101.1	100.5	100.0
餐 具	96.5	92.0	95.3	93.9	92.0	95.8	95.8	100.6	98.5	97.6	97.6	99.0	100.5
厨 具	101.1	95.9	100.7	100.7	100.7	100.7	100.7	103.0	105.5	105.5	100.0	100.0	100.0
家用手工工具	100.7	100.9	100.0	100.0	100.6	101.6	102.5	100.5	100.5	100.5	100.5	100.6	100.6
洗涤用品	102.0	109.1	106.0	106.3	103.8	103.8	102.4	98.2	99.0	98.1	100.2	99.6	99.5
其 他	103.1	104.4	104.4	104.4	104.4	104.4	104.4	102.4	102.4	102.4	102.4	101.2	100.0
家庭服务及加工维修服务	110.5	113.8	113.5	114.5	111.7	111.7	111.7	111.7	111.7	111.1	107.4	107.4	101.5
家庭服务	112.8	112.2	111.8	113.7	113.7	113.7	113.7	113.7	113.7	115.1	115.1	115.1	102.9
加工维修服务	108.1	115.5	115.5	115.5	109.5	109.5	109.5	109.5	109.5	106.9	100.0	100.0	100.0
医疗保健和个人用品	**100.8**	**101.1**	**101.0**	**101.1**	**101.4**	**101.5**	**101.1**	**100.7**	**100.7**	**100.2**	**100.1**	**100.4**	**100.0**
医疗保健	101.5	101.0	101.0	101.4	101.9	102.0	101.9	101.6	101.4	101.4	101.4	101.7	101.5
医疗器具及用品	102.1	103.9	103.9	103.9	103.9	103.9	103.9	102.0	100.0	100.0	100.0	100.0	100.0
医疗器具及用品	102.1	103.9	103.9	103.9	103.9	103.9	103.9	102.0	100.0	100.0	100.0	100.0	100.0
中药材及中成药	101.5	102.5	102.5	102.6	104.0	103.3	102.0	100.2	100.6	101.1	100.2	99.8	99.8
中 药 材	96.0	94.6	94.6	94.9	95.4	94.4	95.5	96.7	97.8	99.9	97.0	95.9	95.9
中 成 药	104.4	106.9	106.9	106.9	108.7	108.1	105.4	102.0	102.0	101.7	101.7	101.7	101.7
西药	101.8	101.5	101.5	102.4	102.4	102.6	102.6	102.2	101.7	101.7	101.7	101.1	100.5
抗菌素(抗感染药)	100.0	100.0	100.0	100.0	100.0	100.0	100.0	100.0	100.0	100.0	100.0	100.0	100.0
消化系统用药	98.7	99.6	99.6	99.6	99.6	99.6	99.6	97.4	97.6	97.9	97.9	97.9	97.9
呼吸系统用药	105.6	102.5	102.5	106.6	106.6	106.6	106.6	106.6	106.6	106.6	106.6	105.3	104.1
解热镇痛药	98.5	96.8	96.8	97.6	97.6	97.6	97.6	97.8	98.9	100.3	100.3	100.3	100.3
抗肿瘤药	100.0	100.0	100.0	100.0	100.0	100.0	100.0	100.0	100.0	100.0	100.0	100.0	100.0
激素类药	100.3	96.7	96.7	96.7	96.7	99.8	99.8	101.4	103.2	103.2	103.2	103.2	103.2
心血管系统用药	105.8	105.5	105.5	107.9	107.9	107.9	107.9	107.9	104.7	104.7	104.7	103.5	102.3
中枢神经系统用药	105.2	106.9	106.9	106.9	106.9	106.9	106.9	106.9	104.1	104.1	104.1	102.0	100.0
消毒防腐及创伤外科用药	101.3	100.0	100.0	101.7	100.2	101.7	101.7	101.7	101.7	101.7	101.7	101.7	101.7
泌尿系统用药	100.0	100.0	100.0	100.0	100.0	100.0	100.0	100.0	100.0	100.0	100.0	100.0	100.0
维生素类	104.6	108.2	108.2	108.2	108.2	107.0	107.0	107.0	106.3	100.2	98.9	98.9	98.9
其 他	97.3	100.0	100.0	100.0	100.0	100.0	100.0	94.7	94.7	94.7	94.7	94.7	94.7
保健器具及用品	105.3	100.0	100.0	100.0	104.0	104.9	104.9	105.8	105.8	105.8	107.0	112.7	112.7
保健器具	100.0	100.0	100.0	100.0	100.0	100.0	100.0	100.0	100.0	100.0	100.0	100.0	100.0
滋补保健用品	106.9	100.0	100.0	100.0	105.3	106.4	106.4	107.6	107.6	107.6	109.2	116.6	116.6
医疗保健服务	100.0	100.0	100.0	100.0	100.0	100.0	100.0	100.0	100.0	100.0	100.0	100.0	100.0
挂号诊疗费	100.0	100.0	100.0	100.0	100.0	100.0	100.0	100.0	100.0	100.0	100.0	100.0	100.0
注 射 费	100.0	100.0	100.0	100.0	100.0	100.0	100.0	100.0	100.0	100.0	100.0	100.0	100.0

4-1　续表6

类　别	年　度	月份											
		一	二	三	四	五	六	七	八	九	十	十一	十二
检 查 费	100.0	100.0	100.0	100.0	100.0	100.0	100.0	100.0	100.0	100.0	100.0	100.0	100.0
手 术 费	100.0	100.0	100.0	100.0	100.0	100.0	100.0	100.0	100.0	100.0	100.0	100.0	100.0
床 位 费	100.0	100.0	100.0	100.0	100.0	100.0	100.0	100.0	100.0	100.0	100.0	100.0	100.0
理 疗 费	100.0	100.0	100.0	100.0	100.0	100.0	100.0	100.0	100.0	100.0	100.0	100.0	100.0
化 验 费	100.0	100.0	100.0	100.0	100.0	100.0	100.0	100.0	100.0	100.0	100.0	100.0	100.0
其　他	100.0	100.0	100.0	100.0	100.0	100.0	100.0	100.0	100.0	100.0	100.0	100.0	100.0
个人用品及服务	99.4	101.3	101.0	100.5	100.3	100.5	99.8	99.2	99.4	97.9	97.7	98.0	97.4
化妆美容用品	101.2	101.5	101.7	101.7	101.4	101.3	101.6	101.8	101.4	100.9	100.8	100.3	100.1
化妆美容器具	101.2	101.5	102.9	102.5	99.5	99.5	101.9	103.2	101.1	101.1	101.1	100.6	100.0
美容化妆品	100.0	100.0	100.0	100.0	100.0	100.0	100.0	100.0	100.0	100.0	100.0	100.0	100.0
护 肤 品	101.9	102.5	102.5	102.5	102.5	102.5	102.5	102.5	102.5	101.2	101.2	100.4	100.0
护发美容品	100.3	99.8	100.3	100.7	101.0	100.8	100.1	100.1	99.3	101.0	100.1	100.2	100.6
清洁类化妆品	100.7	101.4	99.9	102.3	102.6	102.4	99.7	101.0	100.2	99.8	100.1	99.7	99.9
洗发用品	99.6	99.3	99.3	99.3	99.3	99.3	99.3	100.5	99.6	99.6	99.6	99.5	99.9
洗浴用品	102.7	102.4	102.4	103.0	104.4	102.6	103.0	101.3	103.1	102.5	102.9	102.1	102.6
其　他	100.8	102.6	99.3	104.4	104.6	104.9	98.5	101.2	99.4	98.8	99.2	98.8	98.8
个人饰品	96.3	101.4	99.7	98.7	98.2	98.8	98.0	95.4	96.7	92.9	91.8	92.8	92.2
首　饰	90.2	102.8	98.2	95.7	94.2	95.7	93.5	88.5	91.9	82.7	79.8	81.7	79.2
皮　件	100.4	100.7	100.7	100.7	100.7	100.7	100.7	100.0	100.0	100.0	100.0	100.0	100.0
手　表	100.0	100.0	100.0	100.0	100.0	100.0	100.0	100.0	100.0	100.0	100.0	100.0	100.0
领　带	101.5	101.8	101.8	101.8	101.8	101.8	101.8	101.8	101.8	101.8	101.8	100.9	100.0
其　他	99.5	100.3	100.3	100.3	100.3	100.3	100.3	98.3	98.3	98.3	98.3	99.1	100.0
个人服务	101.2	101.2	102.6	101.1	101.0	101.0	101.0	101.0	101.0	101.0	101.4	101.4	100.4
美　容	100.0	100.0	100.0	100.0	100.0	100.0	100.0	100.0	100.0	100.0	100.0	100.0	100.0
理(烫)发	103.1	103.6	107.6	103.2	102.9	102.9	102.9	102.9	102.9	102.9	102.9	102.9	100.0
洗　浴	101.6	101.1	102.5	101.1	101.1	101.1	101.1	101.1	101.1	101.1	102.9	102.9	101.8
其　他	100.0	100.0	100.0	100.0	100.0	100.0	100.0	100.0	100.0	100.0	100.0	100.0	100.0
交通和通信	**99.7**	**99.7**	**100.6**	**100.2**	**99.9**	**100.1**	**99.4**	**100.2**	**100.0**	**99.5**	**99.0**	**98.2**	**99.5**
交通	100.2	100.7	102.6	101.9	100.8	100.7	99.3	100.3	100.2	99.7	99.1	97.4	99.8
交通工具	98.0	100.0	100.0	100.0	100.0	100.0	97.5	97.5	97.5	96.7	96.7	93.6	96.5
助动自行车	100.0	100.0	100.0	100.0	100.0	100.0	100.0	100.0	100.0	100.0	100.0	100.0	100.0
轿　车	97.6	100.0	100.0	100.0	100.0	100.0	97.0	97.0	97.0	96.0	96.0	92.4	95.8
自 行 车	100.0	100.0	100.0	100.0	100.0	100.0	100.0	100.0	100.0	100.0	100.0	100.0	100.0
其　他	106.8	100.0	100.0	100.0	109.1	109.1	109.1	109.1	109.1	109.1	109.1	109.1	109.1
车用燃料及零配件	99.8	102.0	100.6	100.3	94.4	95.2	98.4	103.1	103.6	101.5	98.6	99.1	102.0

类别	年度	月份											
		一	二	三	四	五	六	七	八	九	十	十一	十二
汽油	98.9	102.6	100.8	100.1	92.7	92.5	96.6	102.6	103.3	100.7	97.0	97.7	101.7
柴油	98.4	105.1	101.4	100.4	92.7	92.1	98.5	102.5	103.2	98.8	94.5	95.4	97.7
零配件	107.3	100.0	100.0	102.1	102.1	112.9	110.6	110.6	110.6	110.6	110.6	110.6	107.6
其他	100.0	100.0	100.0	100.0	100.0	100.0	100.0	100.0	100.0	100.0	100.0	100.0	100.0
车辆使用及维修费	101.2	102.4	100.0	100.4	100.4	101.4	101.4	101.4	101.4	101.4	101.4	101.4	101.4
保险费	100.0	100.0	100.0	100.0	100.0	100.0	100.0	100.0	100.0	100.0	100.0	100.0	100.0
停车费	103.7	100.0	100.0	104.4	104.4	104.4	104.4	104.4	104.4	104.4	104.4	104.4	104.4
车辆修理服务费	101.5	104.4	100.0	100.0	100.0	101.8	101.8	101.8	101.8	101.8	101.8	101.8	101.8
其他	100.0	100.0	100.0	100.0	100.0	100.0	100.0	100.0	100.0	100.0	100.0	100.0	100.0
市区公共交通费	100.0	100.0	100.0	100.0	100.0	100.0	100.0	100.0	100.0	100.0	100.0	100.0	100.0
公共汽车票	100.0	100.0	100.0	100.0	100.0	100.0	100.0	100.0	100.0	100.0	100.0	100.0	100.0
出租汽车	100.0	100.0	100.0	100.0	100.0	100.0	100.0	100.0	100.0	100.0	100.0	100.0	100.0
其他	100.0	100.0	100.0	100.0	100.0	100.0	100.0	100.0	100.0	100.0	100.0	100.0	100.0
城市间交通费	118.4	104.2	129.4	122.0	116.9	113.7	114.2	119.1	117.8	121.6	117.5	122.1	122.6
飞机票	169.6	116.9	210.4	182.9	163.6	151.7	154.1	172.3	167.6	181.6	166.4	182.7	185.2
火车票	99.2	99.2	99.2	99.2	99.2	99.2	99.2	99.2	99.2	99.2	99.2	99.2	99.2
长途汽车	100.0	100.0	100.0	100.0	100.0	100.0	100.0	100.0	100.0	100.0	100.0	100.0	100.0
短途汽车	100.0	100.0	100.0	100.0	100.0	100.0	100.0	100.0	100.0	100.0	100.0	100.0	100.0
其他	100.0	100.0	100.0	100.0	100.0	100.0	100.0	100.0	100.0	100.0	100.0	100.0	100.0
通信	99.2	98.7	98.6	98.4	99.0	99.4	99.4	100.0	99.7	99.3	99.0	99.0	99.3
通信工具	94.2	91.2	90.6	89.2	93.5	96.2	95.9	100.2	98.2	95.4	93.0	92.9	95.0
固定电话机	100.3	100.0	100.0	97.2	100.5	100.8	100.8	100.8	100.8	100.8	100.8	100.8	100.8
移动电话机	94.0	90.8	90.2	88.8	93.2	96.0	95.7	100.2	98.1	95.2	92.7	92.5	94.7
其他	100.2	100.0	100.0	100.0	101.9	100.0	100.0	100.0	100.0	100.0	100.0	100.0	100.0
通信服务	100.0	100.0	100.0	100.0	100.0	100.0	100.0	100.0	100.0	100.0	100.0	100.0	100.0
移动通信费	100.0	100.0	100.0	100.0	100.0	100.0	100.0	100.0	100.0	100.0	100.0	100.0	100.0
市内电话费	100.0	100.0	100.0	100.0	100.0	100.0	100.0	100.0	100.0	100.0	100.0	100.0	100.0
长途电话费	100.0	100.0	100.0	100.0	100.0	100.0	100.0	100.0	100.0	100.0	100.0	100.0	100.0
月租费	100.0	100.0	100.0	100.0	100.0	100.0	100.0	100.0	100.0	100.0	100.0	100.0	100.0
上网费	100.0	100.0	100.0	100.0	100.0	100.0	100.0	100.0	100.0	100.0	100.0	100.0	100.0
邮政邮寄	100.0	100.0	100.0	100.0	100.0	100.0	100.0	100.0	100.0	100.0	100.0	100.0	100.0
其他邮寄	100.0	100.0	100.0	100.0	100.0	100.0	100.0	100.0	100.0	100.0	100.0	100.0	100.0
其他	100.0	100.0	100.0	100.0	100.0	100.0	100.0	100.0	100.0	100.0	100.0	100.0	100.0
娱乐教育文化用品及服务	**103.7**	**100.1**	**102.8**	**102.8**	**102.7**	**102.9**	**103.2**	**104.6**	**104.6**	**104.5**	**104.5**	**105.6**	**105.9**
文娱用耐用消费品及服务	94.7	93.6	91.6	90.7	93.1	93.2	93.2	97.5	97.3	97.0	96.5	96.5	96.5

4-1 续表 8

类别	年度	月份											
		一	二	三	四	五	六	七	八	九	十	十一	十二
电视机	93.6	90.2	84.7	84.7	91.0	91.5	92.5	99.6	98.2	98.2	98.2	98.2	98.2
激光视盘机	100.0	100.0	100.0	100.0	100.0	100.0	100.0	100.0	100.0	100.0	100.0	100.0	100.0
摄像机	98.8	96.9	96.9	96.9	97.6	97.0	98.5	102.2	101.6	100.8	100.0	99.0	99.0
照相机	83.5	93.9	93.9	86.2	81.1	82.8	80.8	83.5	83.1	81.6	78.1	78.1	78.1
家用音响	100.0	100.0	100.0	100.0	100.4	100.0	100.0	100.0	100.0	100.0	100.0	100.0	100.0
便携式音响	98.3	97.2	97.2	97.2	97.2	97.2	97.2	97.2	100.0	100.0	100.0	100.0	100.0
电脑	97.4	94.3	94.3	94.3	96.6	95.9	95.5	99.2	99.9	99.9	99.9	99.9	99.9
修理服务	100.0	100.0	100.0	100.0	100.0	100.0	100.0	100.0	100.0	100.0	100.0	100.0	100.0
其他	92.2	93.3	93.3	93.3	93.3	93.3	93.3	100.0	98.2	91.1	85.7	85.7	85.7
教育	102.0	101.2	101.2	101.2	101.2	101.2	101.2	102.5	102.7	102.9	102.9	102.9	102.9
教材及参考书	109.8	114.0	114.0	114.0	114.0	114.0	114.0	114.0	116.2	102.0	102.0	102.0	102.0
工具书	100.0	100.0	100.0	100.0	100.0	100.0	100.0	100.0	100.0	100.0	100.0	100.0	100.0
教材	111.9	117.1	117.1	117.1	117.1	117.1	117.1	117.1	119.9	102.3	102.3	102.3	102.3
参考书	100.0	100.0	100.0	100.0	100.0	100.0	100.0	100.0	100.0	100.0	100.0	100.0	100.0
教育软件	100.0	100.0	100.0	100.0	100.0	100.0	100.0	100.0	100.0	100.0	100.0	100.0	100.0
教育服务	101.3	100.0	100.0	100.0	100.0	100.0	100.0	101.4	101.4	103.0	103.0	103.0	103.0
学前教育	106.7	100.0	100.0	100.0	100.0	100.0	100.0	107.7	107.7	116.1	116.1	116.1	116.1
中等教育	100.0	100.0	100.0	100.0	100.0	100.0	100.0	100.0	100.0	100.0	100.0	100.0	100.0
高等教育	100.0	100.0	100.0	100.0	100.0	100.0	100.0	100.0	100.0	100.0	100.0	100.0	100.0
专业技能培训	100.0	100.0	100.0	100.0	100.0	100.0	100.0	100.0	100.0	100.0	100.0	100.0	100.0
其他	100.0	100.0	100.0	100.0	100.0	100.0	100.0	100.0	100.0	100.0	100.0	100.0	100.0
文化娱乐类	117.9	102.3	120.2	120.4	120.4	120.4	120.3	120.2	119.0	117.8	117.8	117.8	117.8
文化娱乐用品	99.7	100.0	99.8	99.8	99.8	99.9	99.6	99.1	98.9	98.8	100.0	100.2	100.0
乐器	100.0	100.0	100.0	100.0	100.0	100.0	100.0	100.0	100.0	100.0	100.0	100.0	100.0
音像光盘和视盘	98.4	97.2	97.2	97.2	97.2	97.2	97.2	98.6	100.0	100.0	100.0	100.0	100.0
电子存储器	93.6	90.5	90.5	90.5	90.5	90.5	90.5	94.0	94.0	94.0	100.0	100.0	100.0
儿童玩具	101.4	102.9	102.9	102.9	102.9	102.9	102.2	100.2	100.0	100.1	100.0	100.0	100.0
纸张本册	100.9	104.7	104.7	101.5	100.2	99.5	99.5	99.5	100.4	99.5	101.1	100.5	100.0
文具	102.5	104.6	103.0	103.9	104.8	105.6	105.5	101.5	100.7	100.0	100.0	101.2	100.0
体育用品	100.7	101.3	101.3	101.3	101.3	101.3	101.3	100.3	100.0	100.0	100.0	100.0	100.0
其他	100.0	100.0	100.0	100.0	100.0	100.0	100.0	100.0	100.0	100.0	100.0	100.0	100.0
书报杂志	106.2	110.3	110.3	110.3	110.3	110.3	110.3	110.3	104.3	100.0	100.0	100.0	100.0
书籍	100.0	100.0	100.0	100.0	100.0	100.0	100.0	100.0	100.0	100.0	100.0	100.0	100.0
报纸	114.7	126.0	126.0	126.0	126.0	126.0	126.0	126.0	110.1	100.0	100.0	100.0	100.0
杂志	100.0	100.0	100.0	100.0	100.0	100.0	100.0	100.0	100.0	100.0	100.0	100.0	100.0

4-1 续表9

类别	年度	月份											
		一	二	三	四	五	六	七	八	九	十	十一	十二
文娱费	127.1	100.9	129.6	129.8	129.8	129.8	129.8	129.8	129.8	129.3	128.7	128.7	128.7
电影票	100.0	100.0	100.0	100.0	100.0	100.0	100.0	100.0	100.0	100.0	100.0	100.0	100.0
景点门票	153.3	100.0	158.1	158.1	158.1	158.1	158.1	158.1	158.1	158.1	158.1	158.1	158.1
有线电视	100.0	100.0	100.0	100.0	100.0	100.0	100.0	100.0	100.0	100.0	100.0	100.0	100.0
健身活动	103.5	100.0	100.0	104.1	104.1	104.1	104.1	104.1	104.1	104.1	104.1	104.1	104.1
其他	117.8	107.1	121.4	121.4	121.4	121.4	121.4	121.4	121.4	117.2	113.3	113.3	113.3
旅游	102.6	99.9	100.5	101.1	97.4	99.1	101.4	101.4	102.2	102.3	102.5	110.5	112.8
旅行社收费	102.7	99.9	100.5	101.2	97.3	99.0	101.5	101.5	102.3	102.4	102.6	111.1	113.5
宾馆住宿	100.0	100.0	100.0	100.0	100.0	100.0	100.0	100.0	100.0	100.0	100.0	100.0	100.0
其他住宿	100.0	100.0	100.0	100.0	100.0	100.0	100.0	100.0	100.0	100.0	100.0	100.0	100.0
居住	**102.9**	**103.4**	**103.7**	**103.4**	**103.5**	**103.7**	**102.7**	**102.3**	**102.1**	**102.7**	**102.6**	**102.4**	**102.3**
建房及装修材料	101.2	98.5	99.2	100.2	101.3	102.1	102.1	102.1	102.1	102.1	102.1	101.7	101.3
木材	100.0	100.0	100.0	100.0	100.0	100.0	100.0	100.0	100.0	100.0	100.0	100.0	100.0
木地板	100.0	100.0	100.0	100.0	100.0	100.0	100.0	100.0	100.0	100.0	100.0	100.0	100.0
砖	103.1	90.5	92.2	96.4	103.2	107.4	107.4	107.4	107.4	107.4	107.4	107.4	107.4
水泥	104.4	98.5	98.5	98.5	103.2	108.3	108.3	108.3	108.3	108.3	108.3	104.0	102.2
涂料	100.0	100.0	100.0	100.0	100.0	100.0	100.0	100.0	100.0	100.0	100.0	100.0	100.0
板材	100.0	100.0	100.0	100.0	100.0	100.0	100.0	100.0	100.0	100.0	100.0	100.0	100.0
玻璃	111.0	92.0	101.1	112.2	114.8	114.8	114.8	114.8	114.8	114.8	114.8	114.8	111.4
粘胶	100.0	100.0	100.0	100.0	100.0	100.0	100.0	100.0	100.0	100.0	100.0	100.0	100.0
厨卫设备	100.0	100.0	100.0	100.0	100.0	100.0	100.0	100.0	100.0	100.0	100.0	100.0	100.0
其他	99.8	98.1	99.0	100.0	100.0	100.0	100.0	100.0	100.0	100.0	100.0	100.0	100.0
住房租金	101.4	101.4	101.6	101.4	101.4	101.5	100.8	101.0	101.1	101.6	101.5	101.5	101.5
公房房租	100.0	100.0	100.0	100.0	100.0	100.0	100.0	100.0	100.0	100.0	100.0	100.0	100.0
私房房租	107.4	108.2	109.0	107.8	107.6	108.5	104.4	105.1	105.8	108.5	108.2	108.1	108.1
其他费用	100.0	100.0	100.0	100.0	100.0	100.0	100.0	100.0	100.0	100.0	100.0	100.0	100.0
自有住房	104.8	105.9	106.4	105.7	105.6	105.6	103.7	104.1	103.6	104.7	104.4	104.1	104.0
住房估算租金	105.6	107.0	107.7	106.7	106.7	106.6	104.2	104.7	104.1	105.5	105.0	104.9	104.9
物业管理费用	100.0	100.0	100.0	100.0	100.0	100.0	100.0	100.0	100.0	100.0	100.0	100.0	100.0
维护修理费用	105.4	106.3	106.3	106.3	106.3	106.3	106.3	106.3	106.3	106.3	106.3	103.0	100.0
其他	100.0	100.0	100.0	100.0	100.0	100.0	100.0	100.0	100.0	100.0	100.0	100.0	100.0
水、电、燃料	100.8	101.9	101.9	101.6	101.6	101.6	101.7	99.8	99.9	100.0	100.0	100.0	100.0
水	100.0	100.0	100.0	100.0	100.0	100.0	100.0	100.0	100.0	100.0	100.0	100.0	100.0
电	101.6	103.2	103.2	103.2	103.2	103.2	103.2	100.0	100.0	100.0	100.0	100.0	100.0
液化石油气	99.5	108.7	106.4	97.6	95.7	97.4	99.6	94.1	96.1	100.4	100.4	98.2	100.0
管道燃气	100.0	100.0	100.0	100.0	100.0	100.0	100.0	100.0	100.0	100.0	100.0	100.0	100.0
其他燃料	100.0	100.0	100.0	100.0	100.0	100.0	100.0	100.0	100.0	100.0	100.0	100.0	100.0

4-2 市区商品零售价格指数(2013 年)

(以上年价格为 100)

类别	年度	月份											
		一	二	三	四	五	六	七	八	九	十	十一	十二
商品零售价格总指数	**101.4**	**101.0**	**102.2**	**101.0**	**101.0**	**101.1**	**101.5**	**101.7**	**101.5**	**101.3**	**101.5**	**101.5**	**101.0**
食品	**105.2**	**102.9**	**108.2**	**103.7**	**104.3**	**104.2**	**105.9**	**105.2**	**104.5**	**105.5**	**107.0**	**106.7**	**103.9**
粮食	105.2	106.0	106.1	107.0	105.8	104.9	104.6	105.1	104.7	104.4	104.5	105.2	104.0
淀粉	111.0	121.9	121.9	117.3	116.5	114.6	111.8	109.5	109.5	107.8	104.8	101.7	100.0
干豆类及豆制品	111.0	109.2	110.6	112.0	112.1	112.0	112.1	112.1	116.0	115.0	108.4	108.8	104.7
油脂	101.2	103.1	103.6	103.5	102.9	101.4	101.4	101.8	100.3	99.7	99.3	98.8	98.6
肉禽及其制品	104.8	99.9	107.2	103.8	102.9	104.0	107.3	107.0	107.3	107.0	105.3	104.5	102.3
蛋	104.8	115.7	132.8	122.2	119.3	111.8	99.0	95.8	96.4	100.5	94.5	93.2	92.0
水产品	109.4	110.3	117.1	109.8	107.7	106.8	109.3	110.1	111.1	110.2	107.7	106.5	107.0
菜	108.2	100.7	119.9	94.1	100.6	101.2	113.6	109.5	103.7	109.6	130.2	124.1	102.9
调味品	115.9	121.4	121.7	119.5	119.8	117.9	117.0	116.8	116.8	117.3	116.5	108.9	100.4
糖	98.5	96.0	95.7	97.1	96.7	95.9	97.4	101.2	100.3	99.3	102.2	98.8	101.4
干鲜瓜果	102.5	94.8	96.9	97.8	100.1	102.0	103.4	102.2	100.9	105.4	105.9	109.4	112.8
糕点饼干面包	103.1	101.4	101.4	101.7	101.7	102.0	103.3	104.9	104.3	104.4	104.2	104.8	103.1
液体乳及乳制品	104.2	101.9	101.9	100.7	100.2	100.3	100.6	100.9	101.2	101.3	109.4	115.6	115.7
在外用膳食品	103.8	102.1	103.1	105.0	105.4	105.1	104.7	103.2	103.2	103.2	103.3	103.5	103.7
其他食品	99.7	105.7	104.3	104.4	102.1	99.9	100.2	97.1	96.6	96.6	97.1	97.1	96.5
烟酒	**100.3**	**100.8**	**100.8**	**101.4**	**101.1**	**100.6**	**99.5**	**99.7**	**99.9**	**99.8**	**99.9**	**100.7**	**99.8**
茶及饮料	102.3	104.2	104.4	104.9	103.8	103.0	101.2	99.5	100.0	99.8	101.6	103.1	102.6
烟草	100.0	100.0	100.0	100.0	100.0	100.0	100.0	100.0	100.0	100.0	100.0	100.0	100.0
酒	99.4	99.5	99.4	100.6	100.5	99.8	97.7	99.6	99.6	99.5	98.7	99.7	97.8
鞋帽	**101.9**	**99.9**	**100.0**	**100.9**	**101.4**	**102.2**	**102.3**	**102.3**	**102.3**	**102.6**	**103.0**	**102.9**	**102.8**
服装	101.9	99.6	99.8	100.8	101.1	102.3	102.4	102.6	102.5	102.8	103.2	102.9	103.0
鞋袜帽	101.8	100.5	100.3	101.0	101.8	102.0	102.0	101.6	101.6	102.0	102.5	102.8	102.7
其他	101.5	101.8	101.8	101.8	101.8	101.8	101.8	101.8	101.8	101.8	101.8	100.9	100.0
纺织品	**99.9**	**99.3**	**99.3**	**100.0**	**100.0**	**100.0**	**100.0**	**100.0**	**100.0**	**100.0**	**100.0**	**100.0**	**100.0**
衣着材料	100.1	100.5	100.5	100.0	100.0	100.0	100.0	100.0	100.0	100.0	100.0	100.0	100.0
床上用品	99.8	98.9	98.9	100.0	100.0	100.0	100.0	100.0	100.0	100.0	100.0	100.0	100.0
家用电器及音像器材	**98.7**	**98.6**	**98.6**	**98.0**	**98.9**	**98.8**	**98.7**	**99.8**	**98.9**	**98.7**	**98.9**	**98.7**	**98.4**
家庭设备	102.1	101.7	103.4	103.4	103.8	103.2	103.0	101.9	100.7	100.8	101.6	101.3	100.8
文娱用耐用消费品	93.4	93.8	91.3	89.7	91.6	92.1	92.2	96.5	95.9	95.3	94.4	94.3	94.3

4-2 续表

类别	年度	月份											
		一	二	三	四	五	六	七	八	九	十	十一	十二
音像器材	100.0	100.0	100.0	100.0	100.0	100.0	100.0	100.0	100.0	100.0	100.0	100.0	100.0
文化办公用品	**98.9**	**98.6**	**98.4**	**97.9**	**98.5**	**98.2**	**98.2**	**99.4**	**99.6**	**99.4**	**99.6**	**99.8**	**99.6**
日用品	**100.1**	**100.4**	**100.3**	**100.6**	**100.3**	**100.3**	**99.9**	**100.2**	**100.2**	**99.6**	**99.9**	**100.0**	**100.1**
日用百货	99.3	98.4	98.1	99.2	99.4	98.5	98.4	100.9	100.2	99.2	99.3	99.7	100.0
日用杂品	99.3	95.8	99.1	98.5	97.5	98.8	98.8	101.2	101.8	101.5	99.3	99.8	100.2
洗涤用品	101.2	104.4	102.8	102.9	102.3	102.7	101.4	99.1	99.7	98.8	100.7	100.3	100.2
其他日用品	100.4	100.8	100.8	100.8	100.8	100.8	100.6	100.1	100.0	100.1	100.0	100.0	100.0
体育娱乐用品	**100.1**	**100.3**	**100.3**	**100.3**	**100.2**	**100.2**	**100.2**	**99.8**	**99.8**	**99.8**	**100.1**	**100.2**	**100.2**
体育用品	100.3	100.7	100.7	100.7	100.7	100.6	100.6	100.0	100.0	100.0	100.0	100.0	100.0
娱乐用品	99.8	99.6	99.6	99.6	99.6	99.6	99.6	99.6	99.6	99.6	100.1	100.4	100.4
通信用品	**98.0**	**97.9**	**97.8**	**97.4**	**98.5**	**99.1**	**97.8**	**98.8**	**98.4**	**97.4**	**96.8**	**96.9**	**98.8**
交通运输机械	99.0	100.0	100.0	100.0	100.0	100.0	98.3	98.3	98.3	97.8	97.8	97.9	99.8
通信器材	95.3	92.8	92.3	90.8	94.8	96.9	96.7	100.2	98.6	96.3	94.4	94.3	96.0
家具	**101.7**	**100.0**	**100.0**	**100.0**	**100.0**	**100.0**	**100.0**	**101.8**	**101.8**	**104.3**	**104.3**	**104.3**	**104.3**
化妆品	**101.1**	**101.2**	**101.2**	**101.4**	**101.6**	**101.3**	**101.3**	**101.4**	**101.3**	**101.0**	**100.9**	**100.5**	**100.5**
金银珠宝	**93.0**	**105.0**	**100.7**	**99.0**	**97.3**	**97.7**	**95.8**	**90.7**	**93.3**	**85.9**	**83.7**	**85.2**	**83.3**
中西药品及医疗保健用品	**102.0**	**101.5**	**101.5**	**102.0**	**102.9**	**102.9**	**102.4**	**101.7**	**101.7**	**101.8**	**101.7**	**102.0**	**101.8**
医疗器具及用品	102.1	103.9	103.9	103.9	103.9	103.9	103.9	102.0	100.0	100.0	100.0	100.0	100.0
中药材及中成药	101.9	103.1	103.1	103.2	104.6	103.9	102.5	100.5	100.8	101.2	100.4	100.1	100.1
西药	101.3	100.6	100.6	101.6	101.5	101.8	101.8	101.6	101.5	101.5	101.5	101.1	100.7
保健品及器具	105.6	100.0	100.0	100.0	104.2	105.1	105.1	106.1	106.1	106.1	107.3	113.3	113.3
书报杂志及电子出版物	**105.9**	**109.3**	**109.3**	**109.3**	**109.3**	**109.3**	**109.3**	**109.4**	**106.2**	**100.5**	**100.5**	**100.5**	**100.4**
教材及参考书	105.5	107.8	107.8	107.8	107.8	107.8	107.8	107.8	109.0	101.2	101.2	101.2	101.2
书报杂志	107.0	111.9	111.9	111.9	111.9	111.9	111.9	111.9	104.9	100.0	100.0	100.0	100.0
电子音像制品	99.0	98.4	98.4	98.4	98.4	98.4	98.4	99.2	100.0	100.0	100.0	100.0	98.4
燃料	**99.4**	**102.3**	**101.0**	**99.9**	**96.1**	**96.1**	**98.7**	**100.6**	**101.1**	**100.1**	**98.2**	**98.4**	**100.2**
煤炭及制品	100.0	100.0	100.0	100.0	100.0	100.0	100.0	100.0	100.0	100.0	100.0	100.0	100.0
石油及制品	99.2	102.7	101.2	99.8	95.4	95.4	98.4	100.8	101.3	100.1	97.9	98.1	100.2
建筑材料及五金电料	**100.0**	**98.1**	**98.7**	**99.6**	**100.5**	**100.8**	**100.2**	**100.6**	**100.3**	**100.3**	**100.5**	**100.6**	**100.4**
建筑装璜材料	99.4	96.6	97.2	98.5	99.6	100.2	99.1	100.5	100.0	100.0	100.4	100.5	100.2
五金电料	101.6	101.6	102.1	102.1	102.7	102.4	102.6	100.9	100.9	100.9	100.9	100.9	100.9

4-3 市区居民消费及零售商品平均价格

（2013 年）

品 名	规 格	单位	本年平均价格（元）	品 名	规 格	单位	本年平均价格（元）
大米	郑州市一等信阳米散装	千克	4.59	植物油制品	山东菏泽福临门天然谷物调和油 5 升	升	14.14
大米	原阳一等粳米散装	千克	5.47	植物油制品	周口金龙鱼 5 升调和油	升	14.20
面粉	郑州神象特一粉 25 千克袋装	千克	3.46	其他	郑州猪板油一级	千克	14.54
面粉	郑州金苑精制粉 25 千克袋装	千克	3.11	猪肉	郑州去骨五花猪肉	千克	26.91
粮食制品	郑州神象高筋挂面 450 克	千克	4.61	猪肉	郑州去骨后腿猪肉	千克	26.91
粮食制品	郑州三全黑芝麻大汤圆 500 克袋装(15 个)	千克	18.57	牛肉	郑州牛肉去骨腿肉	千克	54.54
粮食制品	康师傅红烧牛肉面五连包袋装 110 克 * 5(面饼 90 克 * 5)	千克	22.95	牛肉	郑州牛肉肋排肉	千克	53.38
粮食制品	郑州馒头(袋装)	千克	4.00	羊肉	郑州羊肉去骨统肉	千克	62.90
其他	郑州一等小米散装	千克	7.83	羊肉	郑州带骨羊排肉	千克	52.60
其他	郑州一等玉米面散装	千克	3.70	畜肉副产品	郑州猪肝	千克	16.82
淀粉及制品	郑州薯类淀粉	千克	10.40	畜肉副产品	郑州猪肚	千克	35.49
淀粉及制品	禹州红薯粉条	千克	12.00	其他	郑州兔肉	千克	18.40
干豆	郑州一等黄豆散装	千克	6.28	鸡	郑州活公鸡上等	千克	31.79
干豆	郑州一等绿豆散装	千克	10.00	鸡	郑州白条鸡上等	千克	14.24
豆制品	郑州水豆腐	千克	3.86	鸭	郑州活鸭上等	千克	30.94
豆制品	许昌腐竹	千克	24.80	鸭	郑州半片鸭	千克	10.89
豆制品	郑州豆腐干	千克	7.77	其他	郑州活鸽子上等	千克	24.73
食用植物油	郑州小磨香油	升	42.54	畜肉制品	郑州香肠	千克	39.20
食用植物油	周口金龙鱼花生油 5 升	升	26.68	畜肉制品	郑州五香熟牛肉	千克	95.63
食用植物油	周口金龙鱼维生素 A 营养 5 升大豆油	升	12.21	畜肉制品	郑州熟猪头肉	千克	41.22

4-3 续表1

品 名	规 格	单位	本年平均价格（元）	品 名	规 格	单位	本年平均价格（元）
禽制品	郑州烧鸡	千克	37.52	鲜菜	郑州黄瓜一等	千克	6.46
禽制品	郑州鸡爪	千克	41.17	鲜菜	郑州冬瓜一等	千克	3.39
禽制品	郑州鸡翅	千克	59.37	鲜菜	郑州西红柿一等	千克	6.71
鲜蛋	郑州新鲜完整鸡蛋	千克	8.68	鲜菜	郑州茄子一等	千克	6.84
蛋制品	郑州咸鸭蛋	千克	16.64	鲜菜	郑州白萝卜一等	千克	2.50
蛋制品	郑州松花蛋	千克	16.64	鲜菜	郑州胡萝卜一等	千克	4.42
淡水鱼	郑州鲤鱼0.5千克以上	千克	11.35	鲜菜	郑州青椒一等	千克	8.06
淡水鱼	郑州鲢鱼0.5千克以上	千克	12.91	鲜菜	郑州四季豆一等	千克	9.06
淡水鱼	郑州草鱼0.5千克以上	千克	13.75	鲜菜	郑州黄豆芽一等	千克	3.30
海水鱼	浙江带鱼0.5千克以上	千克	24.44	鲜菜	郑州洋葱头一等	千克	4.37
海水鱼	浙江扒皮鱼中等	千克	58.72	鲜菜	郑州大葱一等	千克	4.92
海水鱼	浙江黄花鱼	千克	31.19	鲜菜	郑州生姜一等	千克	11.13
虾蟹类	河蟹	千克	64.72	鲜菜	郑州大蒜一等	千克	7.87
虾蟹类	浙江竹节虾	千克	84.90	鲜菜	郑州莲藕一等	千克	7.64
虾蟹类	浙江冷冻虾散装	千克	37.91	鲜菜	郑州蒜苔一等	千克	8.66
其他	浙江海带(干)	千克	19.72	鲜菜	郑州西葫芦一等	千克	5.29
鲜菜	郑州大白菜一等	千克	2.62	鲜菜	郑州丝瓜一等	千克	8.46
鲜菜	郑州洋白菜一等	千克	3.50	鲜菜	郑州莴笋一等	千克	4.50
鲜菜	郑州菠菜一等	千克	5.83	干菜及菜制品	东北木耳(干)	千克	96.83
鲜菜	郑州油菜一等	千克	6.17	干菜及菜制品	郑州五香大头菜	千克	5.00
鲜菜	郑州芹菜一等	千克	4.95	干菜及菜制品	柘城甲级干辣椒	千克	23.17
鲜菜	郑州韭菜一等	千克	4.58	干菜及菜制品	淮阳甲级黄花菜	千克	35.50
鲜菜	郑州菜花一等	千克	6.21	薯类	郑州土豆一等	千克	5.13

4-3 续表2

品　名	规　格	单位	本年平均价格（元）	品　名	规　格	单位	本年平均价格（元）
食用盐	平顶山卫群500克加碘精盐	千克	3.75	鲜瓜果	郑州苹果一级	千克	8.04
酱油	广东江门李锦记锦珍老抽500ml	升	11.96	鲜瓜果	郑州梨一级	千克	4.26
酱油	广东佛山海天金标生抽500ml	升	14.44	鲜瓜果	两广香蕉一级	千克	5.43
食醋	江苏恒顺牌瓶装香醋500ml	升	10.94	鲜瓜果	郑州西瓜一级	千克	1.89
食醋	山西清徐紫林山西老陈醋420ml	升	9.76	鲜瓜果	四川橘子一级	千克	3.69
味精	周口莲花牌含麸酸纳99%味精500克袋装	千克	20.10	鲜瓜果	郑州葡萄一级	千克	9.44
其他	北京房山王致和料酒500ml	瓶	4.57	鲜瓜果	郑州桃子一级	千克	6.15
食糖	厨大妈白砂糖450克	千克	14.78	鲜瓜果	郑州猕猴桃一级	千克	10.91
食糖	厨大妈红糖450克袋装	千克	14.78	干(坚)果	新郑干红枣一级	千克	50.00
糖果	上海金丝猴话梅硬糖(散装)	千克	39.32	干(坚)果	郑州生花生米一级	千克	12.72
糖果	上海金丝猴奶糖(散装)	千克	59.10	干(坚)果	郑州核桃一级	千克	46.82
巧克力制品	北京德芙牌巧克力板糖80克(丝滑牛奶)	千克	160.00	糕点	特味思极品蜂蜜蛋糕(散装)	千克	16.02
糖类小食品	郑州冬瓜糖(散装)	千克	19.90	糕点	广东东莞徐福记鸡蛋沙琪玛470克	千克	30.70
糖类小食品	郑州糖姜片(散装)	千克	16.57	糕点	特味思桃酥(散装)	千克	15.59
茶叶	湖南长沙猴王牌茉莉花茶特级100克	千克	130.00	饼干	苏州卡夫太平梳打饼干(香葱)400克袋装	千克	29.19
茶叶	信阳柴旺特级绿茶100克	千克	98.00	饼干	天津康师傅饼干苏打3+2夹心饼干袋装375克(香巧)	千克	38.08
固体饮料	雀巢咖啡醇品100克瓶装	千克	420.42	饼干	广东嘉士力鲜葱薄饼干680克袋装	千克	22.71
固体饮料	上海生字清凉菊花晶400克袋装	千克	42.47	面包	诺蜜欧长条吐司650克	千克	13.84
液体饮料	河北承德露露杏仁露240ml罐装	升	13.66	面包	郑州圆型普通精粉面包90克	千克	15.42
液体饮料	浙江绍兴王老吉凉茶罐装310ml	升	12.47	巴氏杀菌乳或灭菌乳	蒙牛纯牛奶250ml盒装	升	10.41
液体饮料	郑州可口可乐2升瓶装	升	3.22	巴氏杀菌乳或灭菌乳	郑州花花牛纯牛奶200ml袋装(30天保质期)	升	8.06
冷冻饮品	天津小神童冰激淋	支	1.57	酸牛乳	郑州花花牛酸奶200克袋装	袋	1.77
冷冻饮品	内蒙伊犁火炬冰激淋	支	2.50	酸牛乳	蒙牛活性乳酸菌酸牛奶100克*8盒	盒	1.35

4-3 续表3

品　名	规　格	单位	本年平均价格（元）	品　名	规　格	单位	本年平均价格（元）
乳粉	伊利全脂无糖400克奶粉袋装（16*25克）	千克	63.07	高档卷烟	蓝硬盒芙蓉王	盒	35.00
乳粉	黑龙江双城力多精婴儿奶粉400克袋装（1号）	千克	157.02	高档卷烟	流金岁月黄金叶	盒	30.00
其他	呼和浩特伊利早餐奶酪180克（10片装）	袋	22.17	中档卷烟	红塔山国际100硬盒	盒	10.00
主食	大米饭二两一碗	碗	1.00	中档卷烟	黄金叶帝豪	盒	10.00
主食	烩面四两一碗	碗	12.73	其他	红旗渠软盒20支	盒	5.00
主食	油条	千克	10.15	白酒	四川宜宾五粮液52度500ml瓶装	瓶	1053.39
炒菜	西芹百合	盘	32.33	白酒	杜康国色天香500ml瓶装	瓶	53.60
炒菜	土芹菜炒腊肉	盘	31.33	白酒	北京京宫二锅头56度大普450ml	瓶	10.27
炒菜	蒜蓉上海青	盘	13.33	葡萄酒	吉林通化红葡萄酒720毫升瓶装	瓶	15.55
炒菜	酸辣广肚	盘	74.00	葡萄酒	山东烟台张裕干红葡萄酒99年份750毫升瓶装	瓶	39.25
炒菜	清蒸鲈鱼	盘	51.33	啤酒	山东青岛啤酒瓶装10度600毫升	瓶	4.25
炒菜	上汤娃娃菜	盘	23.00	啤酒	郑州金星新一代啤酒550ml瓶装	瓶	2.84
炒菜	香菇菜心	盘	24.33	其他	女儿红黄酒	瓶	9.80
炒菜	银杏蒸南瓜	盘	26.33	大衣	皮尔卡丹男式羊毛大衣	件	6216.17
炒菜	辣子鸡	盘	31.00	大衣	宁波雅戈尔男式大衣	件	2880.00
炒菜	毛血旺	盘	39.67	毛线衣	鹿王男式羊绒衫	件	3064.44
地方小吃	炒凉粉	份	4.68	毛线衣	鄂尔多斯男式羊绒衫	件	3550.17
地方小吃	胡辣汤	碗	2.59	夹克衫	宁波雅戈尔男式夹克衫	件	1880.00
地方小吃	豆腐脑	碗	1.72	夹克衫	金利来男式夹克衫	件	2391.11
其他	西式快餐超级鸡腿堡	个	14.80	衬衫	宁波雅戈尔男式衬衫	件	892.22
其他食品	冠生园蜂蜜500克瓶装	瓶	19.83	衬衫	皮尔卡丹男式衬衫	件	895.06
其他食品	呼和浩特新家园烤馍锅巴75g	袋	1.88	T恤衫	广东李宁牌男式T恤衫	件	393.33
其他食品	上海上好佳田园薯片55克袋装	袋	2.88	T恤衫	耐克男T恤衫	件	388.86

4-3 续表 4

品 名	规 格	单位	本年平均价格（元）	品 名	规 格	单位	本年平均价格（元）
裤子	天津皮尔卡丹男裤	条	1691.11	裙子	衣恋短裙	条	659.56
裤子	宁波雅戈尔男裤	条	1102.22	裙子	阿玛施短裙	条	759.47
西服	金利来男西服	套	5831.11	裤子	阿玛施女裤	条	793.33
西服	宁波雅戈尔男西服	套	3580.00	裤子	衣恋女裤	条	736.17
运动衫裤	广东李宁男运动裤	条	417.39	运动衫裤	广东李宁女运动裤	条	458.58
运动衫裤	青岛耐克男运动裤	条	407.75	运动衫裤	青岛耐克女运动裤	条	475.25
内衣	上海宜而爽男棉毛长袖衫裤（厚棉）（套）	套	82.33	内衣	上海宜而爽女棉毛长袖衫裤（厚棉）	套	85.67
内衣	上海三枪薄棉舒软圆领男内衣	套	72.33	内衣	上海三枪薄棉舒软圆领女内衣	套	72.33
羽绒衣	李宁男羽绒服	件	1312.89	其他	皮尔卡丹女棉睡衣	套	598.00
羽绒衣	江苏波司登羽绒服	件	1498.00	上衣	巴布豆毛衣夹里女外套	件	549.00
其他	皮尔卡丹男棉睡衣	套	802.67	上衣	巴布豆连帽铺棉男外套	件	505.39
大衣	阿玛施女羊毛大衣	件	1993.33	裤子	阿迪达斯男儿童梭织男裤	条	354.92
大衣	衣恋女大衣	件	2521.17	裤子	阿迪达斯少女梭织女裤	条	368.47
毛线衣	鹿王女圆领彩条羊绒衫	件	2180.00	裙子	上海巴布豆棉短裙	条	709.11
毛线衣	衣恋毛衣	件	3142.11	裙子	侨保马甲裙	条	368.14
羽绒衣	江苏波司登女羽绒服	件	1312.89	其他	君品金竹童棉内衣	套	45.67
羽绒衣	李宁女羽绒服	件	1511.96	棉布	新疆白棉布 3.4m	米	12.00
套装	衣恋女套装（衬衫+裙子）	套	1355.86	棉布	上海床单布	米	15.50
套装	PRICA 女套装（上衣+裙子）	套	1956.69	化纤布	绍兴化纤布（厚）144cm	米	42.00
衬衫	阿玛施女衬衫	件	850.56	化纤布	绍兴化纤布 144cm（薄）	米	28.00
衬衫	衣恋女衬衫	件	667.89	毛线	上海恒源祥 100% 纯毛中粗团线	千克	244.00
T 恤衫	广东李宁牌女卫衣	件	417.96	毛线	河北三利全毛中粗	千克	226.67
T 恤衫	耐克女卫衣	件	440.39	其他	浙江丝绸	米	18.00

品 名	规 格	单位	本年平均价格（元）	品 名	规 格	单位	本年平均价格（元）
男鞋	C. veny 男牛皮鞋	双	1873.00	柜	东港实木书柜 1.8m＊0.6m＊2.1m	个	2933.33
男鞋	李宁男跑鞋	双	999.00	柜	五维空间家私板式衣柜	个	3911.11
男鞋	暇步士男牛皮鞋(休闲鞋)	双	1727.22	柜	明杨实木床头柜 0.3m＊0.3m＊0.4m	个	572.22
女鞋	百丽黑色女小牛皮鞋	双	826.78	床	名居家私板式双人床 1.8m＊2m	张	2127.78
女鞋	李宁都市新运动(网球鞋)	双	1005.81	床	宝莱实木单人床 1.2m＊2m	张	1811.11
女鞋	李宁女跑鞋	双	911.28	桌	明杨实木餐桌 0.8m＊1.6m	张	3227.78
童鞋	阿迪达斯男训练鞋	双	460.00	桌	电脑桌 1.2m＊0.8m	张	315.56
童鞋	上海斯乃那男童牛皮鞋	双	429.00	桌	广东达之杰实木老板台 1.8m＊0.8m＊1m	张	3000.00
童鞋	斯乃那女童休闲鞋	双	429.00	椅	森志普通餐桌椅	把	173.33
男袜	皮尔卡丹男袜子(厚)	双	68.00	椅	大康高档实木椅	把	448.89
男袜	皮尔卡丹男袜(单)	双	48.00	沙发	成都聚皇牛皮皮沙发(1+2+4)	套	17200.00
女袜	皮尔卡丹女袜(厚)	双	28.00	沙发	明杨木制沙发(1+2+3+2 个茶几)	套	9655.56
女袜	皮尔卡丹女袜(单)	双	24.00	其他	茶几	件	780.00
男帽	李宁男运动帽	顶	215.67	洗衣机	青岛海尔洗衣机 XQB50-728E	台	999.00
男帽	阿迪达斯男运动帽	顶	100.43	洗衣机	青岛海尔洗衣机 XQG50-807	台	2028.18
女帽	阿迪达斯女运动帽	顶	98.24	洗衣机	三洋洗衣机 DB6535XS	台	2962.69
女帽	李宁女运动帽	顶	152.47	电风扇	先锋电风扇 DD092	台	195.50
缝纫	男西服缝纫费	套	157.78	电风扇	先锋电风扇 DK082	台	249.66
缝纫	毛料女裤缝纫费	条	61.39	电冰箱(柜)	青岛海尔电冰箱 BCD-215KS	台	2615.67
清洗	男毛料西服干洗费(深色)	套/次	20.00	电冰箱(柜)	新乡新飞电冰箱 BCD-180TKD(180F)	台	1500.39
清洗	干洗羽绒服	件/次	33.33	电冰箱(柜)	新飞冰柜 BC/BD-168HD	台	1450.78
其他	缝裤边	条	4.33	吸排油烟机	海尔吸排油烟机 CXW-219-12667	台	3115.78

4-3 续表6

品　名	规　格	单位	本年平均价格（元）	品　名	规　格	单位	本年平均价格（元）
吸排油烟机	老板抽油烟机 CXW-200-8101	台	3030.64	茶具	弓箭直身玻璃杯(53460)	个	8.07
空调器	美的变频空调 KFR-26GW/BP2DNIY	台	3982.60	茶具	润玉日式茶具七头江西景德镇	套	57.85
空调器	格力柜机空调 KFR-72LM(72566)Aa-3	台	6570.22	餐具	直口碗恒源丝雨花开5.5寸山西怀仁	只	3.80
空调器	美的空调 KFR-26GW/DY-MB(R3)	台	2560.76	餐具	铁木筷 J-04 广西俏林(5双)	把	9.19
热水器	史密斯热水器 CEWHR-50PE5	台	2498.00	厨具	十八字刀选夫人	把	38.56
热水器	海尔燃气热水器 JSQ20-TFLRB(12T)	台	2089.08	厨具	夹柄平铲广东鸿顺天鹅	个	17.53
微波炉	美的微波炉 MM721AAU-PW	台	565.18	家用手工工具	昌达钢丝钳8寸江苏南通	把	26.08
微波炉	格兰仕微波炉 G80F23CSL-Q6H(B0)	台	1246.22	家用手工工具	捷科螺丝刀	把	9.80
其他	顺德美的电饭煲 YJ407M	个	199.00	家用手工工具	昌达小号锤子江苏	把	24.88
其他	格兰仕电磁炉 CH2065	个	374.00	家用手工工具	长江扳手250*30上海(10寸)	个	22.07
其他	美的豆浆机 DE12G12	个	399.00	洗涤用品	洗洁精雕牌全效加浓浙江丽水500g	瓶	4.64
纺织装饰品	化纤窗帘 6m*2.8m 郑州	幅	305.00	洗涤用品	蓝月亮强效厕清500g广东广州	瓶	9.30
纺织装饰品	大元桌布(137*183)广州	个	22.30	洗涤用品	洗衣粉奥妙净蓝全效安徽1.1kg	袋	11.10
装饰灯具	护眼灯上海良亮		267.00	洗涤用品	增白皂雕牌242g浙江(清新柠檬)	块	5.06
装饰灯具	吸顶灯广东佛山(50*70cm)	个	425.00	其他	料缸广东揭阳顺荣22cm	个	20.60
其他	果盘苏州莹辉	个	27.90	家庭服务	钟点工	小时	34.17
被子	羊毛被 2m*2.3m 馨亭豪华型	条	1688.00	家庭服务	保姆费	月	2033.33
被子	四孔被 2m*2.3m(春秋)馨亭高级型馨柔	条	648.00	家庭服务	月嫂	月	5333.33
床上套件	印花四件套馨亭 2m*2.3m	套	699.00	加工维修服务	清洗抽油烟机	次	56.67
床上套件	富安娜四件套 2m*2.3m	套	798.00	加工维修服务	配门琐铜钥匙	把	2.00
其他	馨亭舒棉枕	个	238.00	医疗器具及用品	体温计5ml山东东阿	个	3.13

4-3　续表 7

品　名	规　格	单位	本年平均价格（元）	品　名	规　格	单位	本年平均价格（元）
医疗器具及用品	透气胶带 1.25cm＊910cm 新乡医用	合	2.47	抗肿瘤药	环磷酰胺针 0.2g 江苏	支	5.14
医疗器具及用品	血压计台式上海玉兔牌	个	85.00	激素类药	强的松 5mg＊100s 浙江	瓶	3.21
中药材	甘草一级	千克	46.67	激素类药	平消片 0.23g＊80s/6 宁夏	盒	22.60
中药材	银花一级	千克	315.97	心血管系统用药	硝酸甘油片 0.5mg＊50s 北京益民	瓶	2.67
中药材	菊花一级	千克	47.78	心血管系统用药	尼莫地平 20mg＊50s 山东新华	瓶	3.74
中药材	陈皮一级	千克	16.67	中枢神经系统用药	盐酸氯丙嗪片 25mg＊100s 常州康普	瓶	3.00
中药材	黄连一级	千克	196.67	中枢神经系统用药	阿司匹林 25mg＊100s 石药集团	瓶	1.63
中成药	牛黄解毒片 0.25g＊24s 山西亚宝	盒	0.73	消毒防腐及创伤外科用药	创可贴 100 片云南白药	盒	17.93
中成药	银翘解毒丸 9g＊10s 河北药都	盒	3.77	消毒防腐及创伤外科用药	云南白药 4g	瓶	11.47
中成药	板兰根冲剂 10g＊20 包袋装广州香雪	袋	9.00	泌尿系统用药	呋喃妥因肠溶片 20mg＊100s 山西云鹏	瓶	1.40
中成药	霍香正气丸 6g＊10 袋禹州	盒	3.23	泌尿系统用药	盐酸左氧氟沙星 0.1g＊6s 上海健坤	盒	2.33
中成药	跌打丸 6 克＊6s 广西中华	盒	6.10	维生素类	维生素 c100mg＊100s 湖北华中	瓶	1.44
抗菌素（抗感染药）	罗红霉素 150mg＊6s 广东丽珠	盒	3.98	维生素类	维生素 b25mg＊100s 湖北华中	瓶	1.33
抗菌素（抗感染药）	阿莫西林 250mg＊20s 广州康宁	盒	5.37	其他	肠虫清胶囊 200mg＊10s 天津中美史克	盒	10.32
消化系统用药	雷尼替丁胶囊 150mg＊30s 上海衡山	盒	2.57	保健器具	频普仪 W301 北京周林	台	830.00
消化系统用药	丽珠得乐胶囊 0.3g＊40s 广东	盒	26.98	保健器具	按摩棒多乐	个	115.33
呼吸系统用药	甘草片 100S 广州白云山	盒	6.02	保健器具	足浴盆金泰昌	个	399.00
呼吸系统用药	氨茶碱 0.1g＊100s 海南	瓶	1.58	滋补保健用品	21 金维他 60s 杭州民生	瓶	24.07
解热镇痛药	芬必得 0.3g＊10s 天津	盒	8.25	滋补保健用品	东阿阿胶 500g 山东	瓶	883.00
解热镇痛药	扶他林 25mg＊30s 北京	盒	19.72	滋补保健用品	葡萄糖酸钙口服液 10mg＊12 支哈尔滨	盒	20.77
抗肿瘤药	甲氨蝶令 2.5mg＊100s 上海	瓶	19.11	挂号诊疗费	主治医师挂号费	次	2.83

4-3 续表 8

品 名	规 格	单位	本年平均价格（元）	品 名	规 格	单位	本年平均价格（元）
挂号诊疗费	副主任医师挂号费	次	4.83	化妆美容器具	飞利浦电吹风 HP8210 广东珠海	个	175.67
注射费	肌肉注射费	次	2.50	化妆美容器具	飞利浦电动剃须刀 IQ6071 珠海	个	479.56
注射费	静脉注射费	次	4.00	化妆美容器具	飞利浦卷发器 HP8300 珠海	个	195.67
检查费	检查费(螺旋 CT)	次	220.00	美容化妆品	美宝莲新恒美眉笔(黑)1.1g 天津	支	39.00
检查费	检查费(彩色 B 超)	次	80.00	美容化妆品	唇膏 1.9g 美宝莲水晶胶原	支	69.00
手术费	阑尾手术费	次	540.00	美容化妆品	玉兰油透白无痕美肌粉底液 28g 广州宝洁	瓶	140.00
手术费	剖腹产手术费	次	585.33	护肤品	欧莱雅复颜抗皱紧致滋润日霜 50ml	瓶	195.00
床位费	普通病房住院费(四人间)	床/天	7.33	护肤品	欧珀莱时光锁紧实弹润系列醒活柔润乳 130ml	瓶	230.00
床位费	干部病房住院费(两人间)	床/天	25.00	护发美容品	发膜迪彩冰海泥深层修复 500g +500g	瓶	40.17
理疗费	理疗费(超短波治疗)	次	9.33	护发美容品	弹力素迪彩丰盈波浪 300g	瓶	31.13
理疗费	激光理疗费(每个部位)	次部位	12.00	护发美容品	啫喱膏美涛清爽保湿 240g	瓶	26.18
化验费	尿常规	次	8.00	护发美容品	潘婷乳液修复润发精华素 400ml	瓶	34.90
化验费	血脂全项	次	86.67	洗发用品	海飞丝去屑止痒洗发膏 400ml	瓶	45.23
其他	针灸	次	18.00	洗发用品	夏士莲黑亮焗油洗焗洗发露 400ML 上海	瓶	22.52
雨具	天堂折叠伞 338 苏	把	35.67	洗发用品	飘柔焗油护理洗发露 400ML 广州	瓶	27.90
雨具	天堂雨披 N116	件	31.53	洗浴用品	香皂上海力士白皙焕彩 125g	块	4.30
剃须刀具	珠海飞利浦剃须刀 IQ6071	只	479.56	洗浴用品	沐浴乳 200ml 安徽合肥力士滋养柔肤娇肤	瓶	11.12
剃须刀具	刀头架上海吉列威锋	只	12.50	洗浴用品	舒肤佳香皂 125g 天津(纯白清香型)	块	5.43
电池	南孚 7 号(2 节)	节	2.42	药物美容用品	旁氏无暇透白精致透白防护日霜 50g	瓶	138.51
电池	南孚 5#碱性电池两节装	节	2.37	药物美容用品	旁氏无暇透白系列精透纯白淡斑精华乳 30ml	瓶	178.38
电池	劲量 2032 纽扣电池	个	4.83	药物美容用品	李医生祛痘印修护霜 15g	瓶	35.00

4-3 续表9

品　名	规　格	单位	本年平均价格（元）	品　名	规　格	单位	本年平均价格（元）
药物美容用品	李医生祛痘保湿美白乳50+20ml	瓶	37.90	美容	绣眉	次	860.00
卫生用纸制品	维达花之韵10卷850克	包	13.83	理(烫)发	男理发	次	21.14
卫生用纸制品	品秀繁花似锦无芯卷纸(红色)960g*10卷周口鹿邑	提	13.75	理(烫)发	女短烫发	次	100.00
卫生用纸制品	娇爽360度超吸收纤巧棉柔日用10*1片	包	4.90	洗浴	洗澡	次	12.36
卫生用纸制品	洁婷侧吸护围护翼卫生巾16片	包	13.37	洗浴	搓背	次	9.42
其他	心相印茶语三层手帕纸10包湖南常德	包	5.87	其他	保健按摩	次	28.33
其他	维达花之韵10卷装850g广东江门	提	13.83	助动自行车	电动车洪都(金茉莉)	辆	1799.00
其他	娇爽360度超吸收纤巧棉柔日用10*1	包	4.90	轿车	上汽POLO1.4L自动挡	辆	100200.00
金饰品	六福千足金	克	367.72	轿车	上汽大众朗逸1.4Tsi自动挡	辆	149833.33
银饰品	华昌银镯子	克	14.34	轿车	上汽大众PASST1.8Tsi自动挡御尊	辆	230291.67
铂金饰品	六福铂金饰品PT990	克	517.33	客车	南京依维柯A30型2.8L17座	辆	175666.67
铂金饰品	六福铂金饰品PT950	克	497.08	货车	江铃轻卡凯锐宽体厢式卡车	辆	109133.33
皮件	皮带金利来男士	件	198.00	其他	空气滤芯	个	5.00
皮件	公文包皮尔卡丹	件	1980.00	自行车	自行车哈佛6.0	辆	1198.00
皮件	皮手套金利来男士	件	358.00	自行车	飞鸽26型女自行车天津	辆	460.00
手表	RADO(雷达)男士石英表	块	9900.00	其他	三轮车(24型650*1000半轴)安阳三枪	辆	587.50
手表	瑞士梅花机械女表	块	8000.00	汽油	97#乙醇	升	7.81
领带	涤纶领带宁波雅戈尔	条	280.00	汽油	93#乙醇	升	7.38
领带	桑蚕丝领带宁波雅戈尔	条	780.00	柴油	0#柴油	升	7.30
其他	流行美发卡	个	191.67	柴油	-10#柴油	升	7.75
美容	皮肤护理	次	63.33	零配件	电动车蓄电池	件	472.92

4-3 续表 10

品　名	规　格	单位	本年平均价格（元）	品　名	规　格	单位	本年平均价格（元）
零配件	雨刮器	件	68.89	短途汽车	城市间短途（郑州－洛阳 158 公里）	人百公里	28.48
其他	润滑油（北京 3.5 升机油）	升	14.20	其他	郑州－西安高铁	元/次	229.00
保险费	交强险费 25 万以内轿车	年	950.00	固定电话机	中诺电话机 G099	部	93.51
保险费	车损险费 25 万以内轿车	年	2773.00	固定电话机	西门子 A280（子母机）	部	570.56
停车费	小汽车路边停车费	辆/次	3.94	移动电话机	诺基亚 900	部	2426.24
停车费	电动车停车费	辆/次	1.00	移动电话机	诺基亚 510	部	1354.83
车辆修理服务费	小轿车补胎	孔	15.00	移动电话机	三星 5758	部	1600.00
车辆修理服务费	桑塔纳 3000 型换三芯机油（中等）	次	191.11	传真机	传真机松下激光 323CN	部	1759.33
其他	小汽车清洗费	次	20.00	其他	对讲机通易达 T7 型泉州	部	360.00
公共汽车票	公共汽车市区单程投币票（普通车）	张	1.00	移动通信费	联通大众卡（月租 25 元）主叫	分钟	0.20
公共汽车票	公共汽车成人月票（每月 80 次）	月	40.00	移动通信费	全球通（带 50 元基本费）主叫	分钟	0.40
出租汽车	市内出租车起步价（排气量 2.0 以下）	公里	3.00	市内电话费	住宅固定电话三分钟后	分钟	0.11
出租汽车	市内出租车（排气量 2.0 以下）	公里	1.50	长途电话费	郑州－北京长途电话费	分钟	0.70
其他	BRT 公交	次	1.00	月租费	民用住宅固定电话月租费	月	20.00
飞机票	郑州——北京 690 公里（3 天后价格）CZ3171 航班 12:40 起飞	人百公里	94.06	月租费	全球通月租费	月	50.00
飞机票	郑州——广州 1389 公里（3 天后价格）CZ3971 航班 10:50 起飞	人百公里	66.18	上网费	网吧上网费	小时	2.50
火车票	郑州－北京西 180 次快速空调（硬座）火车票	人百公里	13.49	上网费	网通宽带	月	100.00
火车票	郑州东－北京西 D2022（动车二等舱）火车票	人百公里	30.88	邮政邮寄	信件邮寄外省 20g 以内	封	1.20
长途汽车	郑州－北京豪华车（43 座）700 公里长途汽车票	人百公里	35.57	邮政邮寄	包裹邮寄郑州－洛阳	件	3.60
长途汽车	郑州－成都豪华大巴长途汽车票 1300 公里	人百公里	24.38	其他邮寄	郑州－洛阳快递费	件	10.00
短途汽车	城市间短途（郑州－偃师 120 公里）	人百公里	33.33	其他	短信发送	条	0.10

4-3 续表 11

品名	规格	单位	本年平均价格（元）	品名	规格	单位	本年平均价格（元）
电视机	海信彩电 32K160JD	台	2669.28	电脑附件	摄像头 SC-603SKE	件	88.44
电视机	长虹彩电 3D43A9000I	台	6055.56	打印机及配件	激光打印机联想 2400L 型	台	770.00
激光视盘机	飞利浦 DVD-3600	台	332.33	打印机及配件	色带北京神舟	盒	10.00
激光视盘机	先锋 DVDDV-3022	台	492.33	扫描仪	扫描仪广州清华紫光 B5300	台	537.50
专业音响器材	放大器雅马哈 P700S 型	台	7600.00	扫描仪	880+扫描仪广州清华紫光	台	800.00
专业音响器材	音箱雅马哈 R215	对	14800.00	复印机	复印机 256 东芝数码	台	15500.00
专业音响器材	调音台雅马哈 MG166CX 型	台	3200.00	计算器	计算器中山卡西欧 DX-120v	个	125.47
专业声像器材	摄像机索尼 I98P	架	28800.00	教学设备	投影机 C35X 爱普生多媒体液体	台	5000.00
专业声像器材	摄像机松下 MDH1	架	12800.00	教学设备	地球仪 32CM	台	59.60
摄像机	日本松下数码摄像机 V700	台	5026.29	教学设备	显微镜 107 双目宁波	台	1100.00
摄像机	上海索尼摄像机 PJ10	台	4265.13	其他	打孔机 0104 浙江宁波得力	个	25.43
照相机	索尼码照相机 DSC-TX66	架	1848.39	修理服务	照相机检验费(理光 30SD)	次	100.00
照相机	佳能单反相机 600D(EF-S18-55IS)	架	4243.96	修理服务	25 寸彩电带摇控检修费	次	63.33
家用音响	雅马哈音响 NS6900	台	6295.00	其他	步步高点读机 T900	台	1335.50
家用音响	雅马哈家庭影院 NS-9002	台	6693.33	工具书	现代汉语词典 32 开(商务印书馆)第六版	本	95.00
便携式音响	三诺 6900P	台	299.00	工具书	牛津高阶双解英汉词典(外语与教学研究出版)	本	118.00
便携式音响	麦博 M-200	台	416.00	工具书	辞海 16 开(缩印本)	本	260.00
其他	步步高点读机 T900	台	1335.50	教材	高一语文 32 开(人民教育)普通班	本	7.66
电脑	联想电脑主机家悦 S525	台	3517.06	教材	初一语文(人民教育)普通班	本	7.45
电脑	联想笔记本电脑 GT480I5	台	4154.83	教材	小学一年级语文(人民教育)普通班	本	6.44
电脑附件	罗技鼠标	件(只、个)	96.50	参考书	小学生优秀作文大全	本	29.70

4-3　续表 12

品　名	规　格	单位	本年平均价格（元）	品　名	规　格	单位	本年平均价格（元）
参考书	初中生优秀作文（中国对外翻译出版社）	本	18.00	乐器	钢琴广州珠江	件	16000.00
参考书	高中生优秀作文极品总汇（朝华出版社）	本	48.00	乐器	小提琴广州红锦练习琴	件	400.00
教育软件	轻轻松松背单词（电脑软件）北京大学出版社	册	38.00	乐器	雅马哈电子琴 61 键 323 型	件	900.00
教育软件	新概念 2 同步讲解辅导（北京外语音像社）	册	298.00	音像光盘和视盘	音响光盘 2CD（盒）广东广州	盒	9.90
计算机软件	瑞星杀毒软件	套	130.00	音像光盘和视盘	歌碟 4DVD 广东广州	盒	29.90
计算机软件	XP 电脑操作系统安装盘	套	1391.67	电子存储器	闪迪优盘 8G	个	69.67
学前教育	日托托幼费	月	639.40	电子存储器	朗科移动硬盘 E192-320G	卷	471.67
学前教育	全托托幼费	月	425.00	儿童玩具	背包积木 9921 浙江丽水兴勇	包	32.83
中等教育	高中一年级	学期	212.00	儿童玩具	动力火车奥力欢乐伙伴	辆	62.63
中等教育	中专一年级	学期	1900.00	儿童玩具	铲车载人者 6825S 广东群兴	盒	40.60
教育软件	轻轻松松背单词（电脑软件）北京大学出版社	册	38.00	钟表眼镜及配件	北极星挂钟山东烟台	个	59.93
教育软件	新概念 2 同步讲解辅导（北京外语音像社）	册	298.00	钟表眼镜及配件	天王星挂钟山东烟台	个	71.67
学前教育	日托托幼费	月	639.40	日用普通饰品	壁画 80 * 80cm	件	160.00
学前教育	全托托幼费	月	425.00	日用普通饰品	挂匾 180 * 80cm	件	250.00
中等教育	高中一年级	学期	212.00	其他	灯泡 40 瓦飞利浦普通上海	个	3.80
中等教育	中专一年级	学期	1900.00	纸张本册	英语本	本	1.00
高等教育	大专一年级（中州大学）	学年	3600.00	纸张本册	六年级完全试卷	本	10.00
高等教育	本科教育（理工专业）	学年	3700.00	纸张本册	稿纸	本	2.77
专业技能培训	中式烹饪培训	学期	850.00	纸张本册	软抄本 32 开（40 页）郑州金阳光	本	1.47
专业技能培训	计算机应用培训	学期	750.00	文具	墨水 20360ml 上海英雄纯蓝	瓶	3.23
其他	择校费	三年	18000.00	文具	12 色彩笔上海真彩快乐小画家 5686A	盒	12.43
乐器	吉它深圳和普轮 40 型	件	750.00	文具	正姿笔 6003 上海英雄	支	15.00

4-3 续表 13

品 名	规 格	单位	本年平均价格(元)	品 名	规 格	单位	本年平均价格(元)
文具	中性笔 3031A-1 上海真彩大鲨鱼	支	5.03	电影票	电影票(进口片)	张	46.67
体育用品	篮球福建漳州斯伯丁 74-163	个	198.00	电影票	电影票(国产片)	张	46.67
体育用品	足球天津祖迪斯 IBW	个	44.67	景点门票	动物园门票	张	28.83
体育用品	羽毛球拍套装祖迪斯	套	29.60	景点门票	世纪欢乐园门票	张	156.67
棋牌	中国象棋 40 * 13 浙江丽水星球	副	16.50	有线电视	有线电视初装费	次	240.00
棋牌	扑克 2020 浙江义乌三 A	付	3.00	有线电视	郑州有线电视费月租费	月	13.00
健身器材	握力器 1215 弗洛特广州	件	16.53	健身活动	游泳门票	次	41.50
健身器材	哑铃 4 磅奥建包胶	只	40.00	健身活动	保龄球	场	15.50
健身器材	两用扩胸器 JF6O07 祖迪斯	件	32.40	健身活动	健身	月	239.67
游艺器材	旱冰鞋套装 0903 广州狮普高	套	297.56	其他	舞票	次	5.61
游艺器材	S0NYPSP3000 游戏机	台	1200.00	旅行社收费	郑州-海南(双飞五日游)	次/人	2707.36
游艺器材	游龙板 2008A-03 广东飞越	个	192.00	旅行社收费	郑州-登封少林寺	次/人	200.00
书籍	草房子(32 开)少年儿童出版社	本	16.80	宾馆住宿	三星级宾馆标准间	天/间	264.33
书籍	红楼梦	套	59.70	宾馆住宿	二星级标准间	天/套	145.00
书籍	操作系统系统教程 16 开	本	43.00	其他住宿	普通招待所两人间	天/间	85.00
书籍	十万个为什么 32 开(广州出版)	套	79.20	其他住宿	快捷酒店标准间	天/床	152.33
报纸	大河报	份	1.00	木材	进口白松木材	立方米	2590.00
报纸	郑州晚报	份	1.00	木材	东北白松原木 3cm * 5cm	立方米	1900.00
报纸	大河文摘报	份	1.00	木地板	北美枫林木地板 400mm * 900mm(实木)	平方米	274.00
杂志	读者	本	4.00	木地板	广州木地板 400mm * 900mm(强化)	平方米	114.00
杂志	家庭医生	本	5.00	钢材	盘元	吨	3704.17
杂志	女友	本	6.00	钢材	角钢	吨	3773.75

4-3 续表 14

品　名	规　格	单位	本年平均价格(元)	品　名	规　格	单位	本年平均价格(元)
砖	民用砖	块	0.49	电工电料	电线 4mm 郑州二厂	件	6.53
砖	地板砖 300mm＊300mm 广州佛山	块	3.83	水暖器材	六角阀门翔鹰快开	个	30.27
水泥	新乡水泥 500 号(42.5 等级)	千克	0.31	水暖器材	洗衣机笼头深圳家必备立角 JB-X8343	个	30.23
水泥	新乡白水泥	千克	0.30	水暖器材	开封水表	件)	29.33
涂料	郑州 888 涂料(千克)	千克	1.00	其他	8 分钉郑州	千克	9.00
涂料	顺德聚酯漆	千克	60.33	其他	步阳防盗门 2050cm＊960cm＊8cm	樘	1700.00
板材	河北三合板 1.22m＊2.44m	张	28.33	公房房租	公房房租一级砖混楼房	平方米	1.70
板材	河北五合板 1.22m＊2.44m	张	35.00	私房房租	高档住房	元/平方米	28.10
板材	河北板材 1.2m＊2.44m	张	92.50	私房房租	中档住房	元/平方米	16.79
玻璃	洛阳玻璃 5mm	平方米	33.19	私房房租	低档住房	元/平方米	10.38
玻璃	洛阳磨砂玻璃 5mm	平方米	33.19	其他费用	卫生费		
粘胶	哥俩好白乳胶东北	升	11.00	住房估算租金	高档住房	元/平方米	28.10
粘胶	万能胶广东鱼珠	瓶	19.17	住房估算租金	中档住房	元/平方米	16.79
管材	上水管金德 pvc	米	7.33	物业管理费用	物业管理费小区一级	平方米	0.41
管材	下水管铝塑管	米	5.33	维护修理费用	疏通下水道维护修理费用	次	56.67
管材	金属软管浙江	根	17.00	其他	暖气费	$10m^2$/天	1.90
厨卫设备	座便器广东佛山	件	273.33	水	居民用水	吨	2.40
厨卫设备	不锈钢水池	件	78.33	电	居民生活用电	百度	57.81
电工电料	插头子弹头 10A 三相	个	11.13	液化石油气	液化气	千克	8.26
电工电料	插盘 233 子弹头 10A 三相	个	32.39	管道燃气	天燃气	立方米	2.25
电工电料	电表上海华立 20A	个	19.67	原煤	民用煤	吨	805.28
电工电料	电工胶布湖北孝感	件	2.00	煤制品	蜂窝煤(12 孔)	百千克	75.55

主要统计指标解释

居民消费价格指数 居民消费价格是居民购买并用于日常生活消费的商品和服务项目的价格。居民消费价格指数是度量消费商品及服务项目的价格水平随时间而变动的相对数,反映居民家庭购买的消费品及服务价格水平的变动情况。它是宏观经济分析和调控、价格总水平监测以及国民经济核算的重要指标。其变动率在一定程度上反映了通货膨胀(或紧缩)的程度。编制居民消费价格指数是根据各调查商品和服务项目的基期和报告期的平均价格采用加权算术平均公式计算。目前,编制居民消费价格指数的商品和服务项目计8个大类,263个基本分类。权数根据住户调查中居民的实际消费构成计算。

商品零售价格指数 商品零售价格是工业、商业、餐饮业和其他零售企业向城乡居民、机关团体出售生活消费品和办公用品的价格。商品零售价格指数是反映市场商品零售价格的变动趋势和变动程度。编制商品零售价格指数是根据各调查商品的基期和报告期的平均价格采用加权算术平均公式计算。目前,编制商品零售价格指数的商品计16个大类,229个基本分类。权数根据典型调查、商品流转统计中商品销售构成及商品零售额计算。

五、人民生活

5-1 全市及县(市)城镇居民家庭基本情况

(2013年)

项　　目	单位	全市	中牟县	巩义市	荥阳市	新密市	新郑市	登封市
调查户数	户	520	33	28	25	32	30	30
现住房总建筑面积	平方米/人	36.73	57.37	38.16	39.20	56.50	52.54	58.61
家庭人口数	**人**	**1487.83**	**103.25**	**95.00**	**76.25**	**122.25**	**102.50**	**95.00**
有收入者人数	人	1037.04	59.50	67.25	58.50	83.75	69.00	60.00
就业人口数	人	837.92	58.50	59.25	49.00	68.50	53.50	60.00
国有经济单位职工人数	人	282.08	33.00	27.00	14.00	33.25	14.25	11.00
城镇个体或私营企业主人数	人	140.50	4.75	9.75	6.25	13.75	12.50	9.00
离退休再就业人数	人	31.08	2.00		4.75			
其它就业人数	人	384.25	18.75	22.50	24.00	21.50	26.75	40.00
离退休人数	人	150.92		6.00	8.00	13.00	15.00	
其它有收入者人数	人	48.21	1.00	2.00	1.50	2.25	0.50	
无收入者人数	人	450.79	43.75	27.75	17.75	38.50	33.50	35.00
在外就学人数	人	10.73			3.25		1.00	5.00
家庭总收入	**元**	**28255**	**22451**	**24148**	**23837**	**24426**	**23178**	**22026**
#可支配收入	元	26615	20602	22516	22582	22617	22630	21795
家庭总支出	**元**	**21690**	**16933**	**18809**	**23118**	**24311**	**23102**	**20486**
消费支出	**元**	**18672**	**13560**	**15308**	**16430**	**20543**	**20864**	**18999**
通过互联网购买商品或服务支出	元	169.36	78.26	42.43	96.23	47.93	21.88	45.01
恩格尔系数	**%**	**32.4**	**29.0**	**26.1**	**27.4**	**25.4**	**24.3**	**21.7**

5-2 全市及县(市)城镇居民家庭每人全年现金收入情况

(2013 年)

单位:元

项 目	全市	中牟县	巩义市	荥阳市	新密市	新郑市	登封市
期初手存现金	7168.50	2569.56	2755.67	5605.90	10855.99	3759.92	5768.89
家庭总收入	28254.86	22450.64	24148.26	23836.62	24425.99	23178.38	22026.43
#可支配收入	26615.00	20602.43	22515.93	22582.24	22617.37	22630.00	21795.27
工资性收入	17132.37	16427.01	14829.29	16538.38	14193.31	11082.68	11467.91
工资及补贴收入	16910.60	14452.20	14298.58	16286.03	13848.70	11073.37	11467.91
其它劳动收入	221.76	1974.81	530.71	252.35	344.61	9.31	
经营净收入	3382.33	3049.65	7601.61	2269.09	4500.41	4540.28	6636.26
财产性收入	714.25	132.73	230.00	871.84	1463.94	956.84	3822.56
利息收入	67.04		88.51	13.47	1.39		
股息与红利收入	102.04		39.46	839.63	620.84	94.66	
其它投资收入	50.42			8.70	68.98	3.21	
出租房屋收入	466.77		102.03		772.28	421.26	3822.56
其它财产性收入	23.45	132.73		10.04	0.45	437.70	
转移性收入	7025.92	2841.25	1487.36	4157.31	4268.33	6598.59	99.71
养老金或离退休金	5995.77	1926.62	1221.84	3004.12	3215.31	6060.84	
社会救济收入	9.59	1.84				7.91	
#最低生活保障收入	1.37						
赡养收入	435.66			501.47	254.96	240.51	
捐赠收入	182.81		11.27	502.95	656.30	30.55	
其它转移性收入	278.74	909.83	121.11	79.76	92.62	68.48	63.91
出售财物收入	19.45				371.13	2.52	
出售其它物品收入	19.45				371.13	2.52	
借贷收入	776.43	37.90	1217.57	1144.28	3211.46	42.63	90.01
提取储蓄存款	678.08	26.18	1217.57	980.73	2675.38	40.11	90.01
借入款	4.80	5.24		163.55			
收回借出款	16.26						

5-3 全市及县(市)城镇居民家庭每人全年现金支出情况

(2013 年)

单位:元

项　　目	全市	中牟县	巩义市	荥阳市	新密市	新郑市	登封市
家庭总支出	21690.49	16933.38	18809.32	23117.77	24310.88	23102.26	20486.15
消费性支出	18671.57	13559.72	15307.71	16429.55	20542.50	20864.29	18998.94
通过互联网购买商品或服务支出	169.36	78.26	42.43	96.23	47.93	21.88	45.01
财产性支出	2.82				0.72	76.76	1.02
非生产性贷款利息支出	2.38					70.07	
其它	0.44				0.72	6.69	1.02
转移性支出	1463.57	1316.27	2002.43	2570.78	2008.18	1810.40	1291.02
交纳所得税	61.10	6.63		20.12		9.67	0.20
捐赠支出	1101.34	843.83	1569.75	2026.67	1556.56	1545.83	1159.00
购买彩票	9.38		2.73	1.49	0.29	8.72	34.37
赡养支出	104.32		418.08	299.52	239.30	173.45	15.34
#在外就学子女费用	34.03		255.76	171.58	93.01	131.34	
各种非储蓄性保险支出	91.38	36.92		3.42	198.44	57.87	76.06
#车辆保险支出	27.07	22.90			197.69	38.74	
其它转移性支出	96.04	428.90	11.87	219.56	13.59	14.85	6.04
社会保障支出	1460.82	1838.62	1499.18	1165.24	1759.48	350.81	195.16
个人交纳的养老基金	644.14	565.09	440.54	368.62	838.51	127.08	104.93
个人交纳的住房公积金	498.74	984.42	836.16	524.16	579.17	164.97	8.88
个人交纳的医疗基金	242.69	215.15	145.69	181.10	296.06	50.80	69.45
个人交纳的失业基金	71.76	72.70	76.80	88.01	45.74	3.22	11.90
其它社会保障支出	3.48	1.26		3.34		4.75	
购房与建房支出	91.71	218.77		2952.19			
购房	78.66			2952.19			
借贷支出	2366.29	809.70	1470.55	1191.95	243.97	91.21	
存入储蓄款	1981.73		1140.64	590.44			
借出款	4.75						
归还借款	4.91	26.18			3.74	24.07	
储蓄性保险支出	31.95	310.28	57.98	34.09	2.99		
其它投资支出	1.30						
归还住房贷款	337.24	470.79	227.05	567.42	237.25	67.14	
其它借贷支出	0.36						

5-4 全市及县(市)城镇居民家庭年人均消费支出

(2013年)

项目	单位	全市	中牟县	巩义市	荥阳市	新密市	新郑市	登封市
消费支出	**元**	**18671.57**	**13559.72**	**15307.71**	**16429.55**	**20542.50**	**20864.29**	**18998.94**
通过互联网购买商品或服务支出	元	169.36	78.26	42.43	96.23	47.93	21.88	45.01
食品	**元**	**6056.80**	**3937.58**	**3994.88**	**4497.90**	**5224.64**	**5062.69**	**4120.06**
粮油类	元	815.45	594.38	558.72	784.71	703.33	1020.78	788.70
粮食	元	484.49	476.01	314.26	475.21	338.49	616.08	585.19
大米	元/千克	5.13	5.14	6.06	5.34	6.34	5.55	5.74
数量	千克	26.99	12.27	7.88	37.98	20.18	13.59	21.26
金额	元	138.32	63.07	47.75	202.65	128.02	75.43	122.00
面粉	元/千克	3.41	3.39	3.27	3.38	3.81	3.24	3.11
数量	千克	28.82	102.67	21.03	27.63	21.33	39.01	53.83
金额	元	98.37	347.56	68.83	93.31	81.17	126.55	167.18
其它粮食及制品	元	247.80	65.39	197.68	179.25	129.31	414.10	296.01
淀粉及薯类	元	49.56	27.57	29.95	40.27	26.89	59.74	76.13
干豆类及豆制品	元	59.34	1.45	71.97	69.71	48.05	60.16	44.01
油脂类	元	215.50	114.67	118.65	179.96	260.45	192.45	132.07
食用植物油	元/千克	15.53	12.70	15.06	13.06	15.92	16.87	14.52
数量	千克	13.77	9.03	7.82	13.78	16.28	10.57	9.04
金额	元	213.93	114.67	117.74	179.96	259.22	178.24	131.21
食用动物油	元	1.57		0.91		1.23	14.21	0.86
肉禽蛋水产品类	元	1300.23	684.61	792.68	1093.59	834.21	1032.46	739.07
肉类	元	826.61	527.04	537.37	782.66	553.65	701.43	469.52
猪肉	元/千克	23.92	22.46	25.96	26.70	27.21	25.68	25.45
数量	千克	18.32	21.51	9.46	11.50	10.89	16.54	11.05
金额	元	438.28	483.14	245.68	307.20	296.24	424.64	281.19
牛肉	元/千克	47.78	66.16	50.68	43.30	54.74	65.16	57.83
数量	千克	3.40	0.10	0.93	4.14	1.46	1.11	1.60
金额	元	162.56	6.81	47.32	179.42	79.87	72.33	92.29
羊肉	元/千克	50.10	58.16	54.65	47.18	55.87	58.98	55.24
数量	千克	2.30	0.07	1.48	4.39	0.82	1.37	0.60
金额	元	115.36	3.83	80.64	207.19	45.75	80.71	33.20
其它肉及制品	元	110.41	33.25	163.72	88.84	131.79	123.74	62.85
禽类	元	160.53	48.20	66.59	100.96	84.29	117.73	146.45

5-4 续表 1 （2013 年）

项　　目	单位	全市	中牟县	巩义市	荥阳市	新密市	新郑市	登封市
鸡	元/千克	17.49	13.08	17.94	14.94	21.86	17.09	9.45
数量	千克	6.86	3.60	1.43	4.09	1.40	5.40	14.41
金额	元	119.92	47.10	25.73	61.15	30.61	92.34	136.13
鸭	元/千克	17.89	10.95	5.24	23.76	19.26	13.85	12.46
数量	千克	0.77	0.09	0.06	0.09	0.16	0.17	0.39
金额	元	13.82	0.94	0.30	2.10	3.08	2.36	4.80
其它禽类及制品	元	26.79	0.16	40.55	37.70	50.60	23.03	5.52
蛋类	元	134.64	70.01	110.50	155.70	113.86	130.26	103.69
鲜蛋	元/千克	8.26	8.57	8.87	8.60	8.33	9.49	8.47
数量	千克	15.57	8.17	11.85	17.49	13.39	12.96	11.78
金额	元	128.60	70.01	105.17	150.40	111.55	123.07	99.81
蛋制品	元	6.04		5.34	5.31	2.31	7.19	3.89
水产品类	元	178.45	39.37	78.21	54.28	82.41	83.04	19.41
鱼	元/千克	16.44	13.46	16.94	17.67	23.72	13.81	18.06
数量	千克	6.18	2.78	2.58	2.22	2.16	4.15	0.80
金额	元	101.61	37.45	43.73	39.15	51.20	57.26	14.52
虾	元/千克	38.31	59.67	45.11	44.39	31.55	40.96	33.52
数量	千克	1.37	0.02	0.36	0.11	0.45	0.45	0.02
金额	元	52.39	0.94	16.17	4.77	14.26	18.41	0.66
其它水产品及制品	元	24.45	0.98	18.31	10.36	16.95	7.36	4.24
蔬菜类	元	555.89	286.80	392.84	489.90	392.05	625.93	375.32
鲜菜	元/千克	3.99	3.08	3.82	3.18	4.14	4.48	3.25
数量	千克	124.33	91.39	88.54	145.95	80.50	128.82	109.30
金额	元	496.19	281.75	337.87	463.57	333.20	577.74	355.33
干菜	元	44.92	3.03	43.71	18.90	36.16	30.36	13.76
菜制品	元	14.78	2.02	11.27	7.43	22.70	17.83	6.23
调味品	元	85.43	19.27	49.65	74.62	80.37	67.51	86.56
糖烟酒饮料类	元	813.85	432.92	442.85	288.30	551.36	467.06	765.43
糖类	元	41.83	0.72	35.27	10.47	46.07	55.52	31.81
烟草类	元	269.68	118.29	165.59	103.72	113.94	202.09	51.53
酒类	元	323.67	296.41	50.33	82.50	116.90	100.14	286.57
白酒	元/千克	92.72	182.34	71.00	71.91	84.56	126.70	137.70
数量	千克	2.86	1.58	0.47	0.97	0.85	0.68	1.78

项　目	单位	全市	中牟县	巩义市	荥阳市	新密市	新郑市	登封市
金额	元	264.92	289.00	33.12	69.48	71.85	86.48	245.56
果酒	元/千克	52.84		8.64	37.00	17.91	9.30	
数量	千克	0.26		0.28	0.01	0.20	0.04	
金额	元	13.71		2.45	0.46	3.55	0.36	
啤酒	元/千克	6.47	3.81	7.07	5.12	9.83	5.02	5.96
数量	千克	4.81	1.95	1.40	1.95	3.36	2.18	6.46
金额	元	31.08	7.41	9.88	9.98	33.02	10.94	38.49
其它酒	元	13.96		4.88	2.58	8.49	2.36	2.53
饮料	元	178.67	17.51	191.66	91.61	274.45	109.31	395.52
瓶装饮用水	元	6.36	1.61	5.94	8.05	15.48	8.23	21.56
茶叶	元/千克	178.88		469.03	95.40	238.24	211.16	400.62
数量	千克	0.36		0.09	0.13	0.20	0.05	0.66
金额	元	63.89		42.72	12.51	46.93	10.68	266.11
其它饮料	元	108.43	15.90	143.00	71.06	212.03	90.40	107.85
干鲜瓜果类	元	518.40	292.82	453.54	360.18	477.49	445.13	435.87
鲜果	元/千克	4.98	3.48	4.94	4.30	5.28	4.28	4.90
数量	千克	64.78	62.49	49.34	50.96	50.20	68.39	59.30
金额	元	322.65	217.29	243.71	218.87	265.05	292.74	290.79
鲜瓜	元/千克	4.98	3.48	4.94	4.30	5.28	4.28	4.90
数量	千克	11.43	11.03	8.71	8.99	8.86	12.07	10.46
金额	元	56.94	38.34	43.01	38.62	46.77	51.66	51.32
其它干鲜瓜果类及制品	元	138.82	37.18	166.82	102.68	165.67	100.73	93.76
糕点、奶及奶制品	元	454.17	22.93	372.59	344.68	337.61	425.78	257.43
糕点	元/千克	17.51	14.57	21.28	16.84	17.19	19.37	14.40
数量	千克	7.90	1.05	6.86	4.00	6.07	6.30	7.35
金额	元	138.42	15.37	145.93	67.44	104.40	122.05	105.90
奶及奶制品	元	315.75	7.56	226.66	277.23	233.21	303.73	151.53
鲜乳品	元/千克	6.00	4.00	12.67	7.24	7.67	6.80	4.92
数量	千克	23.94	0.02	10.53	2.94	8.60	10.20	14.16
金额	元	143.76	0.07	133.52	21.27	65.96	69.40	69.73
奶粉	元/千克	140.66	30.00	179.64	83.56	223.87	272.48	158.90
数量	千克	0.54	0.03	0.30	1.25	0.53	0.17	0.13
金额	元	76.15	0.89	54.43	104.86	118.94	47.11	20.86

5-4 续表 3 (2013 年)

项目	单位	全市	中牟县	巩义市	荥阳市	新密市	新郑市	登封市
酸奶	元/千克	6.64	30.00	13.39	7.55	8.42	10.25	5.95
数量	千克	8.76		2.76	2.36	3.94	8.03	4.36
金额	元	58.17	0.02	36.89	17.82	33.23	82.31	25.91
其它奶制品	元	37.67	6.58	1.82	133.27	15.08	104.92	35.04
其它食品	元	114.71	345.78	65.57	87.61	154.90	33.82	101.78
饮食服务	元	1398.67	1258.06	866.45	974.31	1693.33	944.22	569.89
食品加工服务费	元	3.51	0.99	0.18	0.82		0.52	0.88
在外饮食	元	1395.16	1257.07	866.27	973.48	1693.33	943.70	569.01
衣着	**元**	**2613.80**	**1635.18**	**2356.57**	**2406.35**	**2674.73**	**1933.55**	**2826.70**
服装	元	1872.20	1329.21	1659.95	1728.24	1907.24	1456.18	1837.58
衣着材料	元	11.40	1.66	1.75	14.19	0.75	2.09	4.99
鞋类	元/双	188.39	111.68	146.27	160.51	186.68	132.93	182.05
数量	双	3.45	2.63	4.36	3.98	3.81	3.39	4.92
金额	元	649.81	294.15	637.44	638.82	710.66	451.18	895.25
其它衣着用品	元	75.13	10.16	54.05	22.86	54.13	15.06	86.62
衣着加工服务费	元	5.26		3.39	2.23	1.96	9.05	2.25
居住	**元**	**1769.34**	**1613.84**	**1653.67**	**1132.32**	**1768.44**	**2240.11**	**2674.35**
住房	元	571.64	928.36	900.88	355.26	972.80	1163.21	1900.27
租赁房房租	元	321.49	578.75	77.79	36.27	24.74	34.79	116.19
住房装潢支出	元	195.85	349.61	709.74	310.66	870.31	207.54	1604.01
维修用建筑材料	元	52.08		110.93	2.19	77.13	920.88	167.82
其它住房支出	元	2.22		2.41	6.14	0.62		12.25
水电燃料及其它	元	1084.17	610.49	660.08	750.56	768.97	843.23	714.12
水	元/吨	2.25	2.53	2.21	2.09	2.93	1.67	2.62
数量	吨	45.64	15.38	29.73	23.33	41.13	30.71	32.31
金额	元	102.60	38.89	65.58	48.78	120.63	51.44	84.70
电	元/度	0.58	0.59	0.56	0.58	0.58	0.60	0.57
数量	度	742.70	593.41	672.41	679.05	782.97	692.55	626.48
金额	元	429.80	348.11	378.68	392.33	450.23	413.52	355.67
燃料	元	271.61	223.49	108.94	267.84	198.11	240.86	273.76
煤炭	元/千克	0.76		0.63	0.63	0.77	0.78	1.32
数量	千克	5.73		16.70	87.62	12.54	20.14	23.37
金额	元	4.33		10.59	55.52	9.71	15.72	30.86

5-4 续表4 (2013年)

项目	单位	全市	中牟县	巩义市	荥阳市	新密市	新郑市	登封市
罐装液化石油气	元/千克	5.33	4.70	8.12	7.19	7.43	7.54	7.53
数量	千克	6.99	9.69	1.92	22.88	24.20	5.46	27.35
金额	元	37.25	45.55	15.61	164.39	179.80	41.17	206.02
管道天然气	元/立方米	2.21	2.44	2.25	2.45	4.46	1.95	3.42
数量	立方米	69.55	48.98	36.70	17.28	0.45	92.23	2.68
金额	元	153.95	119.72	82.75	42.34	1.98	180.11	9.17
其它燃料	元	75.60	58.23		5.59	6.62	3.86	27.71
取暖费	元	258.02		106.89	3.54		132.95	
其它相关支出	元	22.13			38.07		4.46	
居住服务费	元	113.53	74.99	92.71	26.50	26.67	233.66	59.95
物业管理费	元	98.30	74.99	62.56	19.81	6.77	3.44	5.75
维修服务费	元	13.02		27.73	0.55	19.28	230.22	41.96
其它居住服务费	元	2.22		2.41	6.14	0.62		12.25
家庭设备用品及服务	**元**	**1596.28**	**940.93**	**1348.51**	**1176.84**	**2090.02**	**1605.20**	**2125.50**
耐用消费品	元	762.43	388.50	716.20	543.26	1067.74	1071.42	1437.83
家具	元	216.38	119.21	229.42	260.24	372.56	737.68	748.74
家庭设备	元	546.04	269.28	486.79	283.02	695.18	333.73	689.09
洗衣机	元/台	2309.11	4368.82	2570.07	1551.36	3937.50	2585.34	2490.36
数量	台	0.04	0.01	0.03	0.04	0.01	0.02	0.05
金额	元	103.86	46.70	76.99	64.28	58.85	45.47	132.47
电冰箱	元/台	2581.29	1700.00	1617.75			3000.00	4606.14
数量	台	0.01	0.01	0.03			0.01	0.04
金额	元	32.68	10.44	51.11			28.69	197.38
微波炉	元/台	691.56		489.00			903.75	298.00
数量	台	0.02		0.01			0.02	0.01
金额	元	16.74		5.80			15.89	3.35
空调器	元/台	3610.92	3925.15	2798.71		6282.49	3450.60	2745.22
数量	台	0.05	0.02	0.08		0.07	0.02	0.06
金额	元	166.09	65.19	222.90		415.89	79.02	176.91
淋浴热水器	元/台	1639.76		1100.00	1572.33	2932.89		6000.00
数量	台	0.01		0.02	0.03	0.03		0.01
金额	元	24.55		23.00	51.30	99.35		67.51
消毒碗柜	元/台	420.00			420.00			

5-4 续表5

(2013年)

项　　目	单位	全市	中牟县	巩义市	荥阳市	新密市	新郑市	登封市
数量	台				0.01			
金额	元	0.11			4.57			
其它家庭设备	元	198.99	146.96	106.99	162.87	121.10	164.66	111.46
室内装饰品	元	29.00	0.27		21.29	99.56	1.45	54.48
床上用品	元	160.75	209.11	148.93	269.06	432.09	75.96	168.30
家庭日用杂品	元	572.74	328.69	470.00	323.50	426.17	221.19	426.55
家具材料	元	9.71				0.15	0.65	
家庭服务	元	61.65	14.36	13.38	19.73	64.31	234.53	38.35
家政服务	元	35.95		3.93	2.64	22.57	216.72	1.13
加工维修服务费	元	25.69	14.36	9.45	17.09	41.75	17.81	37.22
医疗保健	**元**	**1174.14**	**996.69**	**276.29**	**959.60**	**1738.16**	**2558.78**	**1132.67**
医疗器具	元	11.02			12.63	0.02	6.33	0.08
保健器具	元	37.87		48.87	217.33	141.31	5.02	0.18
药品费	元	414.34	208.74	62.93	401.51	246.17	627.15	359.28
滋补保健品	元	92.83		54.71	9.06	183.10	74.02	40.63
医疗费	元	686.33	1397.26	179.90	319.07	1421.73	1893.00	744.82
交通和通信	**元**	**2192.64**	**2619.27**	**3121.90**	**3771.31**	**2844.24**	**3845.73**	**3674.23**
交通	元	1190.77	2158.46	2136.00	2563.90	2011.41	3267.53	2488.26
家庭交通工具	元	642.34	1350.00	1607.92	2292.95	1096.61	2667.47	1785.09
助力车	元/辆	2277.89	2075.93	2226.90	2264.83		2028.88	2690.51
数量	辆	0.03	0.03	0.02	0.08		0.05	0.06
金额	元	77.79	53.37	46.56	173.53		101.55	164.54
家用汽车	元/辆	96566	43200	67493	100000	128000	159600	150000
数量	辆	0.01	0.03	0.02	0.02	0.01	0.02	0.01
金额	元	516.05	1279.92	1561.36	1968.13	1055.66	2560.76	1534.40
其它交通工具	元	47.53	16.72		151.29	40.95	5.17	86.16
车辆用燃料及零配件	元	331.32	654.08	201.69	136.55	529.36	330.64	456.31
燃料	元	310.28	591.49	197.12	127.23	508.51	272.46	409.10
零配件	元	21.04	62.59	4.57	9.32	20.85	58.17	47.21
交通工具服务支出	元	94.70	126.57	29.23	19.58	263.13	238.85	113.32
维修费	元	31.56	93.89	6.85	13.97	31.27	87.26	70.81
车辆使用税费	元	40.68	23.36	4.25		203.80	39.41	25.14

5-4 续表6 （2013年）

项 目	单位	全市	中牟县	巩义市	荥阳市	新密市	新郑市	登封市
其它车辆使用费用	元	22.46	9.33	18.13	5.60	28.06	112.18	17.37
交通费	元	122.42	27.81	297.17	114.83	122.31	30.56	133.54
飞机	元	19.74		104.41	5.85	1.49	0.40	20.56
火车	元	41.62	4.18	59.99	47.67	31.32	11.25	15.61
长途汽车	元	13.71		50.57	27.60	34.54	13.34	26.98
市内公共交通	元	13.74	0.18	40.92	13.26	19.12	0.75	24.72
出租汽车费	元	17.56	23.45	40.45	7.20	35.25	3.38	26.82
其它交通费	元	16.05		0.83	13.25	0.57	1.44	18.86
通信	元	1001.87	460.80	985.90	1207.41	832.83	578.20	1185.97
通信工具	元	346.30	77.42	413.31	434.62	138.35	88.88	601.46
电话机	元/部	524.28		129.00		150.00		583.58
数量	部	0.01		0.02		0.01		0.03
金额	元	5.22		3.06		1.24		16.59
移动电话	元/部	1687.10	644.08	2201.30	1908.89	1036.60	640.84	2508.86
数量	部	0.20	0.12	0.19	0.23	0.12	0.11	0.23
金额	元	331.39	77.42	407.70	432.96	128.52	73.20	583.20
其它通信工具	元	9.70		2.54	1.66	8.59	15.68	1.67
通信服务	元	655.57	383.38	572.59	772.79	694.48	489.32	584.51
电信费	元	652.38	383.38	566.33	770.20	693.59	489.32	584.17
#上网费	元	148.80	65.36	97.93	251.11	182.65	111.57	73.37
邮费	元	0.30		0.24	0.15	0.28		0.28
其它通信服务费	元	2.88		6.02	2.44	0.60		0.06
教育文化娱乐服务	**元**	**2234.44**	**1433.44**	**1923.88**	**1783.36**	**2736.07**	**2396.30**	**1642.03**
文化娱乐用品	元	528.55	292.23	550.98	291.49	1029.74	446.43	484.47
彩色电视机	元/台	4299.55		6392.07	1790.00	5061.61	7150.00	2300.00
数量	台	0.02		0.03	0.01	0.07	0.04	0.01
金额	元	88.86		201.96	19.47	346.83	286.04	23.53
计算机	元	105.80	207.39	186.78	157.69	117.53	104.82	44.98
照相机	元/架	2725.53		950.00		3069.42		9550.00
数量	架	0.02		0.01		0.05		0.02
金额	元	50.13		8.60		152.22		195.38
其它中高档乐器	元	11.83						

5-4 续表7 （2013年）

项　　目	单位	全市	中牟县	巩义市	荥阳市	新密市	新郑市	登封市
健身器材	元	9.72		9.90		50.58		0.43
音像制品及软件	元	5.70	2.27	2.86	5.03	8.41	2.14	6.68
体育用品	元	18.84		13.03	6.97	16.36	5.26	6.01
书报杂志	元	51.32	20.45	25.72	45.26	75.72	19.28	60.16
纸张文具	元	33.33	38.45	20.17	29.74	33.72	11.26	34.57
其它文娱用品	元	131.31	23.66	80.52	27.33	174.76	17.62	112.73
文化娱乐服务	元	795.40	160.43	820.76	494.52	499.28	1309.33	213.90
参观游览	元	67.62	52.19	45.92	3.98	7.56	12.30	1.91
健身活动	元	17.81		24.80	57.90		6.33	4.78
团体旅游	元	531.18	18.56	607.39	236.39	373.18	1254.46	119.52
其它文娱活动	元	169.27	89.68	125.03	183.97	116.74	33.95	78.36
文娱用品修理服务费	元	9.51		17.63	12.28	1.80	2.30	9.33
教育	元	910.48	980.79	552.15	997.35	1207.06	640.54	943.66
教材	元	52.91	47.67	6.61	50.02	52.31	34.41	37.84
教育费用	元	857.57	933.11	545.54	947.34	1154.75	606.13	905.82
非义务教育学杂费	元	108.47	204.15	288.60	536.27	274.94	229.93	179.78
义务教育学杂费	元	48.98	14.06	39.29	67.66	72.15	38.13	174.10
托幼费	元	223.92	25.07	7.12	31.45	209.35	132.89	0.11
成人教育费	元	50.29	1.82	17.52	5.90	75.76		172.03
培训班	元	256.30	2.64	89.97	164.21	346.41	89.21	22.68
其它教育费用	元	169.60	685.38	103.05	141.85	176.15	115.97	357.11
其它商品和服务	**元**	**1034.13**	**382.79**	**632.01**	**701.88**	**1466.20**	**1221.93**	**803.41**
其它商品	元	826.30	313.89	453.19	435.61	1239.54	1148.50	600.98
金银珠宝饰品	元	452.60	132.34	175.81	223.10	769.14	800.51	381.80
手表	元	79.87	23.35	31.02	39.37	135.73	141.27	67.38
化妆品	元	233.18	37.73	117.11	34.26	332.40	180.22	146.06
其它杂品	元	60.65	120.46	129.25	138.88	2.28	26.51	5.75
服务	元	207.83	68.90	178.81	266.26	226.65	73.43	202.43
旅馆住宿费	元	18.95		23.52		50.38	7.33	2.23
理发洗澡费	元	78.47	34.84	79.33	78.40	97.56	18.68	86.49
美容费	元	52.31	23.23	52.89	52.27	65.04	12.45	57.66
其它服务	元	58.09	10.83	23.09	135.59	13.68	34.96	56.05

5-5 全市及县(市)城镇居民家庭年人均实物收入

(2013 年)

单位:元

项目	全市	中牟县	巩义市	荥阳市	新密市	新郑市	登封市
非现金(实物与服务)收入总计	**129.43**	**609.32**	**79.62**	**251.52**	**374.42**	**59.62**	**42.02**
食品	**34.78**		**9.05**	**244.34**	**120.25**	**11.55**	**29.69**
粮油类	10.96		6.75	43.14	24.89	7.53	25.52
肉禽蛋水产品类	4.83			4.84	24.57		0.31
蔬菜类	2.41				20.87	0.67	
糖烟酒饮料类	2.22			1.24	13.60		
干鲜瓜果类	2.77		0.27	6.21	16.05	3.35	3.68
糕点、奶及奶制品	2.60			2.61	13.23		0.17
其它食品	4.05		2.03	22.61	7.04		
饮食服务	4.94			163.68			
衣着	**1.76**						
家庭设备用品及服务	**0.54**		**0.45**	**2.92**		**1.34**	
医疗保健	**79.21**	**609.32**	**70.11**	**0.33**	**254.18**	**46.73**	**12.33**
#医疗基金	68.26	609.32	70.11		254.18	46.73	12.33
交通和通信	**0.05**						
教育文化娱乐服务	**1.01**						
其它商品和服务	**12.07**			**3.94**			

5-6 全市及县(市)城镇居民家庭每百户年末主要耐用消费品拥有量

(2013 年)

项 目	单位	全市	中牟县	巩义市	荥阳市	新密市	新郑市	登封市
摩托车	辆	11	5	14	15	9	24	87
助力车	辆	61	50	19	73		125	71
家用汽车	辆	28	33	31	25	65	36	56
洗衣机	台	99	102	100	100	103	111	100
电冰箱	台	97	100	97	100	100	103	86
彩色电视机	台	122	109	119	106	190	134	138
计算机	台	72	96	97	57	123	84	106
组合音响	套	8	9	11	24	6	28	6
摄像机	架	8	7	4	18	6	9	17
照相机	架	52	32	49	40	97	38	61
中高档乐器	件	3	11			9	4	
微波炉	台	67	49	47	40	79	60	47
空调器	台	152	112	181	124	256	170	166
淋浴热水器	台	89	91	92	71	106	97	76
消毒碗柜	台	9	2	4		18	15	32
洗碗机	台	2			6	3		3
健身器材	套	3			6	18	13	
固定电话	部	53	3	25	18	59	68	41
移动电话	部	195	230	263	264	300	232	212

5-7 全市及县(市)城镇居民家庭住房情况

(2013 年)

项　目	计量单位	全市	中牟县	巩义市	荥阳市	新密市	新郑市	登封市
家庭居住人口	人	1487.83	103.25	95.00	76.25	122.25	102.50	95.00
现住房总建筑面积	平方米/人	36.73	57.37	38.16	39.20	56.50	52.54	58.61
房屋产权								
租赁公房	%	0.93						
租赁私房	%	6.78	9.12	11.43				
原有私房	%	12.65		3.81	33.73	23.22	25.88	48.35
房改私房	%	34.49		3.81			43.02	
商品房	%	44.19	90.88	77.14	66.27	76.78	30.85	51.65
其它	%	0.96		3.81				
住宅建筑式样								
单栋住宅	%	9.14		11.43		16.00	15.53	36.11
四居室	%	5.24		24.26	18.74	37.12	3.09	
三居室	%	39.45	77.99	61.25	77.51	46.88	44.97	58.12
二居室	%	38.18	22.01	3.06			25.81	
一居室	%	5.19						
普通楼房	%	0.46						2.89
平房及其它	%	2.35			3.75		10.35	2.89
建筑年份	%	5.49	2.67	4.66	6.21	4.06	6.47	3.49
现有住房按市场价估计值	元/人	179571	127012	82641	61862	209643	63010	123729
租赁房月租金	元/人	29.18	29.63	15.78				
现住房房租折算	元/人	456.61	461.40	204.43	128.11	237.56	214.22	436.47
购房时间	年	4.93	2.04	4.53	5.69	4.05	6.33	3.48
购房总金额	元/人	62224	49580	32255	15857	30748	27429	61510
购房实际支出金额	元/人	58630	41585	32255	14739	30748	26226	56079
饮水情况								
自来水	%	98.26	100	100	100	100	100	100

5-7 续表 (2013 年)

项　目	计量单位	全市	中牟县	巩义市	荥阳市	新密市	新郑市	登封市
其他(收集雨水+其他水源)	%	1.74						
用水情况								
独用自来水	%	98.96	100	100	100	96.86	90.50	97.11
公用自来水	%	1.04				3.14	9.50	
其他(没有管道设施)	%							2.89
卫生设备								
无卫生设备		1.13						
有厕所浴室	%	93.65	98.60	95.99	90.31	97.16	62.16	88.08
有厕所无浴室	%	3.21	1.40	4.01	9.69	2.84	33.52	8.67
公用	%	2.01					4.31	3.25
取暖设备								
无取暖设备	%	12.43	16.34	6.87	11.24	3.14	10.38	40.79
其它	%	87.57	83.66	93.13	88.76	96.86	89.62	59.21
炊用燃料使用情况								
煤炭	%	0.47					2.59	
罐装液化石油气	%	11.78	13.33	7.62	49.98	61.35	18.66	96.75
管道液化石油气	%	1.12	1.40	7.62				
管道煤气	%	0.10		3.81				
管道天然气	%	80.36	73.13	73.33	25.01	5.68	67.87	
其他燃料	%	6.18	12.14	7.62	25.01	32.97	10.88	3.25
除了现住房,还有几处其它住房	套/人	0.01		0.02		0.05		0.13
出租房	套/人	0.01		0.01		0.05		0.09
#建筑面积	平方米/人	1.66		2.03		15.08		23.53
偶尔居住房	套/人			0.01				0.01
其它用途房	套/人							0.03
#建筑面积	平方米/人	0.19						7.98

5-8 全市按相对收入分的城镇居民家庭生活基本情况

（2013 年）

指标	单位	低收入户	中低收入户	中等收入户	中高收入户	高收入户
调查户数	户	102	103	104	106	105
现住房总建筑面积	平方米/人	39.00	35.67	37.63	36.28	51.96
家庭人口数	人	360.17	314.42	305.42	287.33	220.50
有收入者人数	人	214.92	212.19	219.44	220.58	169.92
就业人口数	人	180.00	171.08	184.83	177.92	124.08
国有经济单位职工人数	人	53.00	67.67	71.33	61.83	28.25
城镇个体或私营企业主人数	人	20.50	27.83	22.58	33.92	35.67
离退休再就业人数	人	1.25	6.25	5.17	8.17	10.25
其它就业人数	人	105.25	69.33	85.75	74.00	49.92
离退休人数	人	21.75	30.08	26.08	31.08	41.92
其它有收入者人数	人	13.17	11.02	8.52	11.58	3.92
无收入者人数	人	145.25	102.23	85.98	66.75	50.58
在外就学人数	人	0.48	0.25	1.00	5.00	4.00
家庭总收入	元/人	14272	20889	26568	32534	45370
#可支配收入	元/人	13304	19286	24589	30943	43947
家庭总支出	元/人	14036	17027	22594	23000	32530
消费支出	元/人	12137	13796	19166	19880	28864
通过互联网购买商品或服务支出	元/人	47.99	194.86	121.20	138.61	264.92
城镇居民信息化调查						
接入互联网的移动电话	部/每百户	49.92	79.75	57.50	77.50	56.33
接入有线电视网络的电视机	台/每百户	113.00	100.83	113.00	126.50	117.25
接入互联网的计算机	台/每百户	68.00	62.17	67.08	71.67	59.50

5-9　全市按相对收入分的城镇居民家庭年人均收入情况

（2013 年）

单位:元

指　　标	低收入户	中低收入户	中等收入户	中高收入户	高收入户
期初手存现金	3870.73	4833.58	6270.00	8432.62	10139.53
家庭总收入	14271.66	20888.91	26567.55	32534.32	45370.16
#可支配收入	13303.56	19286.35	24589.02	30942.54	43947.39
工资性收入	10571.56	16183.16	19298.49	21737.86	18203.32
#工资及补贴收入	10303.16	15925.44	19212.54	21418.48	17554.01
其它劳动收入	268.40	257.72	85.95	319.37	649.31
经营性收入	1232.79	1486.48	1862.49	4635.41	12352.99
财产性收入	511.93	213.57	679.42	1302.66	2327.61
#利息收入	0.51	37.96	151.18	131.53	155.50
股息与红利收入	145.88		14.73	243.27	409.52
保险收益			16.37	29.03	22.68
其它投资收入	1.64			102.32	195.46
出租房屋收入	239.08	167.45	496.94	794.68	1481.89
转移性收入	1955.38	3005.71	4727.16	4858.40	12486.25
养老金或离退休金	1478.72	2399.51	4092.84	3953.62	10165.67
社会救济收入		6.55		1.74	
#最低生活保障收入		5.41			
赔偿收入	3.33	8.06	13.62		19.24
保险收入			0.16		
#失业保险金			0.16		
赡养收入	168.03	154.13	221.86	349.45	1471.02
捐赠收入	42.54	224.25	78.35	282.92	486.25
其它转移性收入	186.29	131.03	199.07	139.57	151.62
出售财物收入	0.03		0.16	1.39	217.21
出售其它物品收入	0.03		0.16	1.39	217.21
借贷收入	344.68	381.88	932.29	873.20	2224.73
提取储蓄存款	340.84	319.71	759.06	782.63	2007.52
借入款		6.36	4.77	34.80	
收回借出款		3.79	65.48		
兑售有价证券		43.80	66.30	40.72	
收回投资本金	0.03	4.87	7.53	5.92	217.21
住房贷款			29.14	8.00	
汽车贷款	3.82	3.36			
其它借贷收入				1.13	

5-10 全市按相对收入分的城镇居民家庭年人均支出情况

（2013 年）

单位:元

指　　标	低收入户	中低收入户	中等收入户	中高收入户	高收入户
家庭总支出	14035.67	17027.10	22594.49	23000.34	32529.74
消费性支出	12137.07	13796.06	19165.94	19880.08	28863.98
通过互联网购买商品或服务支出	47.99	194.86	121.20	138.61	264.92
财产性支出	0.08	1.35	24.97	0.35	1.22
非生产性贷款利息支出		1.27	22.68		0.40
其它	0.08	0.08	2.29	0.35	0.82
转移性支出	1016.51	1218.91	1567.95	1710.92	2473.67
交纳所得税	9.63	16.89	39.40	51.68	61.91
捐赠支出	813.58	895.16	1197.40	1309.05	1999.79
购买彩票	4.29	3.44	16.03	0.13	24.62
赡养支出	73.30	153.45	113.83	147.64	132.99
#在外就学子女费用	26.79	81.98	36.02	64.39	47.62
各种非储蓄性保险支出	36.71	93.88	110.44	110.47	107.75
#车辆保险支出	21.91	24.73	51.78	14.10	71.90
其它转移性支出	79.01	56.09	90.85	91.93	146.61
社会保障支出	882.00	1503.49	1817.87	1408.99	1190.87
个人交纳的养老基金	384.37	674.98	740.24	690.88	486.90
个人交纳的住房公积金	312.73	522.89	720.45	435.35	449.01
个人交纳的医疗基金	136.53	235.91	290.53	224.25	192.65
个人交纳的失业基金	42.98	66.56	66.59	58.51	49.60
其它社会保障支出	5.40	3.15	0.05		12.72
购房与建房支出		507.29	17.77		
购房		477.07	12.44		
借贷支出	298.29	637.69	1688.51	2404.09	2749.16
存入储蓄款	66.50	341.82	1288.64	1979.57	2171.62
借出款					27.21
归还借款	12.03			1.74	29.54
储蓄性保险支出	13.35	27.07	57.61	10.72	12.97
购买有价证券	1.11	11.13			
其它投资支出		5.72			
归还住房贷款	205.30	251.94	329.87	410.33	507.82
归还汽车贷款			12.39		
其它借贷支出				1.74	

5-11 全市按相对收入分的城镇居民家庭年人均消费情况

(2013 年)

指　　标	单位	低收入户	中低收入户	中等收入户	中高收入户	高收入户
消费支出	**元**	**12137.07**	**13796.06**	**19165.94**	**19880.08**	**28863.98**
食品	**元**	**3826.64**	**4686.58**	**5781.04**	**6114.83**	**7799.48**
粮油类	元	663.40	674.17	794.86	817.93	1049.86
粮食	元	394.53	404.33	491.94	497.13	603.28
淀粉及薯类	元	62.19	50.95	50.90	50.12	77.75
干豆类及豆制品	元	46.64	59.05	47.94	58.64	80.12
油脂类	元	160.04	159.84	204.08	212.04	288.71
肉禽蛋水产品类	元	832.58	1025.69	1176.00	1279.91	1625.65
肉类	元	540.71	674.61	747.88	805.59	1021.30
禽类	元	102.80	126.07	146.57	159.79	189.62
蛋类	元	100.66	109.24	122.98	139.21	191.39
水产品类	元	88.41	115.76	158.57	175.33	223.34
蔬菜类	元	377.86	477.40	537.95	532.48	736.38
鲜菜	元/千克	3.87	4.13	4.10	3.95	4.19
数量	千克	90.22	106.23	116.75	118.95	156.51
金额	元	349.19	439.18	478.26	470.03	656.32
干菜	元	20.06	27.14	42.88	44.84	59.31
菜制品	元	8.60	11.07	16.81	17.60	20.75
调味品	元	54.01	62.71	76.41	88.10	130.31
糖烟酒饮料类	元	403.97	494.59	692.62	883.92	1201.29
糖类	元	20.22	40.75	38.87	41.69	54.93
烟草类	元	112.82	172.28	208.88	314.54	400.33
酒类	元	124.34	135.23	291.75	319.18	481.10
饮料	元	146.58	146.32	153.12	208.51	264.92
干鲜瓜果类	元	340.53	477.35	520.12	543.21	688.59
鲜果	元/千克	4.35	5.04	5.05	5.30	4.91
数量	千克	50.35	60.50	64.29	62.01	82.05
金额	元	218.79	305.12	324.52	328.40	403.06
鲜瓜	元/千克	4.35	5.04	5.05	5.30	4.91
数量	千克	8.89	10.68	11.35	10.94	14.48
金额	元	38.61	53.84	57.27	57.95	71.13
其它干鲜瓜果类及制品	元	83.13	118.39	138.33	156.86	214.40

5-11 续表 1　　　　　　　　　　　　(2013 年)

指　　标	单位	低收入户	中低收入户	中等收入户	中高收入户	高收入户
糕点、奶及奶制品	元	235.17	372.39	445.54	413.98	531.16
糕点	元/千克	18.27	18.94	18.23	17.06	17.76
数量	千克	4.67	6.02	6.87	6.71	8.64
金额	元	85.25	114.07	125.34	114.42	153.51
奶及奶制品	元	149.92	258.31	320.20	299.56	377.66
其它食品	元	112.92	127.05	109.81	114.79	186.10
饮食服务	元	806.20	975.25	1427.73	1440.49	1650.14
食品加工服务费	元	1.49	4.13	0.70	3.08	7.14
在外饮食	元	804.71	971.13	1427.03	1437.41	1643.00
衣着	**元**	**1699.60**	**1943.37**	**2777.40**	**2851.97**	**3409.81**
服装						
金额	元	1229.21	1406.13	2000.46	1996.16	2418.32
衣着材料	元	9.44	6.39	12.57	12.13	15.33
鞋类	元/双	149.18	146.98	190.00	193.41	188.81
数量	双	2.81	3.25	3.56	3.79	4.65
金额	元	419.71	478.04	676.72	733.31	877.71
其它衣着用品	元	37.57	45.15	83.92	103.14	93.17
衣着加工服务费	元	3.66	7.67	3.74	7.23	5.29
居住	**元**	**1200.07**	**1284.58**	**2044.82**	**1783.21**	**3304.31**
住房	元	484.41	408.57	916.53	627.90	1508.63
租赁房房租	元	236.73	157.30	260.90	275.63	561.89
住房装潢支出	元	223.14	243.10	599.23	336.52	526.94
维修用建筑材料	元	24.12	6.35	55.31	11.07	406.36
其它住房支出	元	0.42	1.82	1.08	4.68	13.44
水电燃料及其它	元	672.60	813.92	1019.70	1041.73	1531.21
水	元/吨	2.13	2.31	2.35	2.18	2.25
数量	吨	30.40	31.83	44.75	46.47	56.12
金额	元	64.75	73.45	105.09	101.16	126.28
电	元/度	0.58	0.57	0.57	0.58	0.59
数量	度	590.57	635.49	747.15	729.95	903.39
金额	元	342.57	362.40	427.50	425.29	535.17
燃料	元	194.44	191.36	269.65	254.45	424.79
煤炭	元/千克	0.78	0.88	0.87	0.64	0.65

5-11 续表2 （2013年）

指　　标	单位	低收入户	中低收入户	中等收入户	中高收入户	高收入户
数量	千克	27.29	5.09	3.89	8.29	4.54
金额	元	21.23	4.48	3.39	5.27	2.95
罐装液化石油气	元/千克	7.16	5.34	5.18	6.59	5.32
数量	千克	9.90	8.18	10.11	8.06	13.60
金额	元	70.86	43.71	52.35	53.15	72.37
管道天然气	元/立方米	4.00				4.18
数量	立方米	0.06				0.45
金额	元	0.22				1.89
其它燃料	元	13.92	37.64	86.74	51.97	142.93
取暖费	元	69.87	163.69	204.34	227.59	438.91
其它相关支出	元	0.97	23.01	13.12	33.24	6.05
居住服务费	元	43.06	62.09	108.58	113.58	264.47
物业管理费	元	36.61	58.69	93.67	106.13	149.44
维修服务费	元	6.03	1.59	13.83	2.77	101.59
其它居住服务费	元	0.42	1.82	1.08	4.68	13.44
家庭设备用品及服务	**元**	**1051.52**	**1249.95**	**1535.27**	**2110.80**	**2556.10**
耐用消费品	元	478.16	630.55	686.96	1170.70	1351.36
家具	元	141.25	194.83	194.97	356.75	560.70
家庭设备	元	336.91	435.72	491.99	813.95	790.67
洗衣机	元/台	2553.84	2268.55	3448.00	2124.47	2319.81
数量	台	0.03	0.02	0.03	0.06	0.06
金额	元	72.98	52.61	90.32	125.69	140.71
电冰箱	元/台	2649.75	2334.30	1820.00	3266.67	2874.75
数量	台	0.01	0.01	0.01	0.03	0.02
金额	元	29.43	14.23	17.88	102.32	52.15
微波炉	元/台	613.75	989.83	446.67	592.13	791.14
数量	台	0.01	0.01	0.01	0.03	0.03
金额	元	6.82	9.18	4.39	16.49	25.12
空调器	元/台	3439.08	4193.92	3572.12	3808.63	3382.35
数量	台	0.04	0.04	0.04	0.06	0.06
金额	元	124.13	160.06	139.38	212.08	213.47
淋浴热水器	元/台	3040.00	2500.00	2268.00	1878.00	1638.25
数量	台	0.01		0.02	0.04	0.04

（2013 年）

指　　标	单位	低收入户	中低收入户	中等收入户	中高收入户	高收入户
金额	元	16.88	7.95	37.13	71.90	59.44
消毒碗柜	元					1.90
室内装饰品	元	13.32	16.99	16.78	73.56	41.14
床上用品	元	115.68	151.04	183.45	219.15	199.78
家庭日用杂品	元	341.85	423.58	590.75	592.20	765.19
家具材料	元	58.36	0.35	5.34	4.52	58.79
家庭服务	元	44.14	27.45	51.98	50.68	139.84
家政服务	元	15.24	5.86	30.40	19.07	105.07
加工维修服务费	元	28.90	21.59	21.58	31.61	34.77
医疗保健	**元**	**935.17**	**576.12**	**1313.90**	**1024.00**	**1934.90**
医疗器具	元	4.71	4.27	9.97	10.69	14.83
保健器具	元	26.56	69.31	28.91	44.38	46.78
药品费	元	297.96	238.99	271.85	362.10	691.14
滋补保健品	元	41.10	31.87	125.12	140.41	225.03
医疗费	元	646.77	243.39	933.01	570.04	1040.53
交通和通讯	**元**	**1733.96**	**1609.81**	**2074.47**	**2348.37**	**5455.02**
交通	元	1074.33	756.20	1190.22	1068.75	4202.88
家庭交通工具	元	669.16	262.61	436.80	543.15	3207.93
车辆用燃料及零配件	元	269.37	295.64	444.29	318.90	497.08
交通工具服务支出	元	68.39	81.42	137.58	61.46	307.68
交通费	元	67.41	116.53	171.55	145.24	190.19
通信	元	659.63	853.61	884.25	1279.62	1252.13
通信工具	元	184.65	266.27	254.53	542.85	410.04
通信服务	元	474.98	587.34	629.72	736.77	842.09
教育文化娱乐服务	**元**	**1260.22**	**1808.27**	**2571.43**	**2539.10**	**2825.94**
文化娱乐用品	元	245.87	314.27	577.86	581.60	851.31
彩色电视机	元/台	3842.00	3500.00	4418.43	4202.60	5610.47
数量	台	0.01	0.01	0.02	0.04	0.04
金额	元	42.67	22.26	101.27	159.67	216.28
计算机	元	41.65	85.61	122.13	122.72	121.85
照相机	元/架	2650.00	2200.00	4742.00	3924.75	2045.00
数量	架	0.01	0.01	0.02	0.01	0.02
金额	元	29.43	13.99	77.63	54.64	37.10

5-11 续表4 (2013年)

指　　标	单位	低收入户	中低收入户	中等收入户	中高收入户	高收入户
其它中高档乐器	元					73.47
健身器材	元	0.11	0.20	22.11	4.18	24.30
音像制品及软件	元	3.04	6.09	4.78	5.50	10.45
体育用品	元	6.17	7.88	16.89	22.55	21.50
书报杂志	元	27.32	54.82	42.98	49.53	94.03
纸张文具	元	21.02	24.33	42.10	34.83	33.23
其它文娱用品	元	74.04	59.04	147.96	120.77	154.22
文化娱乐服务	元	240.96	610.45	987.91	850.91	1328.43
参观游览	元	30.32	35.55	61.76	63.56	73.60
健身活动	元	4.82	8.16	14.27	29.19	28.82
团体旅游	元	119.29	461.15	760.25	559.89	939.79
其它文娱活动	元	84.65	96.46	144.41	185.45	265.58
文娱用品修理服务费	元	1.88	9.13	7.21	12.83	20.63
教育	元	773.39	883.55	1005.65	1106.59	646.21
教材	元	39.10	55.33	46.91	67.24	35.67
教育费用	元	734.30	828.22	958.74	1039.35	610.53
非义务教育学杂费	元	168.17	223.83	127.02	118.16	166.58
义务教育学杂费	元	74.74	57.96	36.13	69.43	37.15
托幼费	元	171.46	150.08	213.75	226.78	123.50
成人教育费	元	43.01	13.03	52.28	70.68	75.68
培训班	元	66.86	261.73	270.86	314.42	110.09
其它教育费用	元	210.06	121.61	258.69	239.88	97.54
其它商品和服务	**元**	**429.90**	**637.38**	**1067.62**	**1107.80**	**1578.42**
其它商品	元	317.25	517.93	819.05	892.82	1263.64
金银珠宝饰品	元	156.35	245.10	419.01	471.00	777.63
手表	元	27.59	43.25	73.94	83.12	137.23
化妆品	元	99.33	145.62	241.41	266.86	272.12
其它杂品	元	33.98	83.96	84.67	71.84	76.65
服务	元	112.64	119.45	248.57	214.98	314.78
旅馆住宿费	元	6.57	14.29	58.07	9.83	25.12
理发洗澡费	元	44.11	47.18	84.59	93.61	95.78
美容费	元	29.41	31.45	56.39	62.41	63.85
其它服务	元	32.55	26.52	49.52	49.13	130.03

5-12　农村居民

（2013 年）

指　　标	单位	全市	中原区	二七区	管城区	金水区
调查户数	户	578	19	30	15	20
常住人口	人	2184	71	97	57	73
#整半劳动力	人	1496	46	66	37	48
男劳动力人数	人	824	24	38	19	25
就业劳动力数	人	1369	38	53	34	38
就业劳动力文化程度						
文盲半文盲	人	39				
小学程度	人	159	2	9	4	9
初中程度	人	796	23	41	22	17
高中程度	人	269	9	2	8	9
大专以上程度	人	106	4	1		3
劳动力就业情况						
一产业就业劳动力	人	517	16		32	12
二产业就业劳动力	人	371	16		1	13
#采矿业	人	30				
制造业	人	191	10			
建筑业	人	121	5		1	9
三产业就业劳动力	人	481	6	53	1	13
#交通运输、仓储和邮政业	人	67		2		3
计算机服务和软件业	人	11	2			
批发和零售业	人	95	2	2	1	5
住宿和餐饮业	人	47				3
租赁和商务服务业	人	26		3		
居民服务和其他服务业	人	160	1	46		1
卫生、社会保障和社会福利业	人	12				
文化、体育和娱乐业	人	11				
公共管理和社会组织	人	22				
年末人均拥有住房面积	平方米	58.17	57.91	245.37	56.84	57.49
#出租住房面积	平方米	5.19		196.37		
年末人均居住住房面积	平方米	52.57	57.91	45.67	56.84	57.49

上街区	惠济区	中牟县	巩义市	荥阳市	新密市	新郑市	登封市
38	41	65	69	70	70	70	71
131	164	254	247	271	277	281	261
85	109	170	162	185	206	195	187
46	57	94	92	102	114	108	105
68	94	161	141	173	204	184	181
1		4		5	4	4	21
3	5	23	3	22	25	9	45
33	37	112	74	99	125	128	85
24	34	21	42	31	38	30	21
7	18	1	22	16	12	13	9
	26	120	72	36	33	67	103
21	11	20	32	82	83	49	43
	2		2	6	12	2	6
16	6	7	16	50	61	17	8
4	1	13	13	19	10	21	25
47	57	21	37	55	88	68	35
5	11	2	2	6	15	16	5
2			1		1		5
15	13	7	12	11	18	7	2
2		1	8	4	18	6	5
	6		2	3		11	1
17	14	1	10	15	26	19	10
	3	2	2	1	3		1
	6	3			1	1	
2		4		12	1		3
41.50	84.48	50.59	48.94	47.17	62.21	60.44	46.68
	32.72		0.45				
41.09	51.75	50.59	46.30	46.62	62.21	60.44	46.68

5-13 农民人均

（2013 年）

指　　标	全　市	中原区	二七区	管城区	金水区
总收入	**17938.69**	**18124.92**	**18991.58**	**19981.43**	**19556.28**
工资性收入	**8070.11**	**11931.36**	**12898.67**	**8265.06**	**8355.03**
家庭经营收入	**8266.65**	**4589.62**	**4849.48**	**6707.78**	**6452.70**
#农业收入	2184.56	260.33	0.22	1920.95	626.41
林业收入	60.63	290.22		146.84	75.98
牧业收入	1312.49				
渔业收入	218.79				
工业收入	637.62	137.88			
建筑业收入	520.44	1223.70	1556.96	4640.00	5065.77
交通、运输、邮电业收入	963.64	644.59	691.20		279.63
批发、零售贸易、餐饮业收入	2047.89	1705.43	2601.10		
社会服务业收入	295.12	241.29			404.91
其他家庭经营收入	25.47	86.18			
财产性收入	**839.28**	**891.34**	**675.43**	**4130.44**	**4556.62**
#租金收入（包括农业机械）	618.38	0.23	590.15	4046.05	3935.91
转移性收入	**762.65**	**712.59**	**568.00**	**878.14**	**191.94**
#城市亲友赠送	4.19				
农村亲友赠送	95.98	89.62	5.22	218.06	
离退休金、养老金	280.53	379.26	303.44	623.63	186.61
城市亲友支付赡养费	139.78		95.11		
救济金、抚恤金、救灾款	8.12				
退耕还林还草补贴	35.70		131.90		
各项补贴收入	179.29	185.79		32.91	5.33
纯收入	**14009.00**	**14886.29**	**15857.01**	**16919.01**	**16946.99**

总收入纯收入

单位:元

上街区	惠济区	中牟县	巩义市	荥阳市	新密市	新郑市	登封市
15659.24	**19064.03**	**18726.40**	**17261.63**	**16729.87**	**17151.48**	**18048.98**	**16473.35**
10418.83	**8115.01**	**5900.63**	**9215.66**	**7972.09**	**8814.90**	**7427.97**	**8111.68**
2704.24	**4232.69**	**12034.78**	**7425.39**	**7085.25**	**7323.96**	**9666.21**	**7288.75**
	1638.29	5360.34	769.00	1893.00	682.40	1931.35	1347.53
	21.02	81.47	1.45	106.19	91.89	23.66	3.03
	920.77	1578.91	27.81	706.51	2298.16	2071.19	2302.57
	0.49	1267.00					
1967.23		543.34	1355.90	1693.35	807.69	46.83	
				141.66		1203.43	
	1092.72	143.89	927.45	1621.40	1156.94	1669.80	975.68
737.01	407.44	3057.25	2994.69	415.64	1921.21	2719.96	2659.94
			1349.08	398.77	365.66		
	151.97	2.58		108.74			
1307.59	**5736.13**	**280.00**	**21.01**	**473.46**	**115.52**	**554.38**	**37.87**
230.73	5735.60	187.59	2.71	3.18		34.65	
1228.59	**980.19**	**510.98**	**599.56**	**1199.07**	**897.10**	**400.42**	**1035.04**
3.12	27.12				17.50		
7.83	49.37	27.29	16.24	293.71	167.90	93.55	
798.82	458.65	39.51	171.04	218.40	191.09	124.56	870.14
368.95	98.15	44.07	278.63	302.30	225.76	1.05	105.68
		23.77	2.30	4.34	1.83	4.56	19.22
1.49		50.35	0.74	58.54	107.54		9.65
17.23	206.14	325.99	118.95	274.93	180.48	176.27	28.80
14631.94	**16464.00**	**12544.94**	**13951.22**	**13323.02**	**13310.28**	**13894.00**	**11982.53**

5-14 农民人均

（2013 年）

指　　标	全市	中原区	二七区	管城区	金水区
总支出	**15387.76**	**15078.15**	**11296.08**	**14251.18**	**16775.22**
家庭经营费用支出	**3483.98**	**3147.05**	**2981.93**	**2548.07**	**2195.30**
农业生产支出	516.91	207.60	0.22	580.32	75.45
林业生产支出	46.16	799.71		101.27	
牧业生产支出	828.73			1.50	1.33
渔业生产支出	201.40				
工业生产支出	301.92	265.42			
建筑业支出	195.37	568.76	784.76	1696.20	2071.73
交通、运输和邮电业支出	430.42	418.81			
批发、零售贸易、餐饮	861.73	886.75	2196.95	168.78	
社会服务业支出	94.76				46.78
其他家庭经营支出	6.31				
购置生产用固定资产支出	**976.00**	**430.88**		**50.63**	
生活消费支出	**10242.29**	**10692.90**	**7554.97**	**11523.70**	**14340.29**
财产性支出	**0.56**				
转移性支出	**684.93**	**807.32**	**759.18**	**128.78**	**239.64**
#给大中专学生生活费和学杂费	178.21	137.54	243.63	43.71	26.68
交纳医疗保险	67.69	48.74	21.35	85.06	49.98
交纳社会保障基金	91.59	438.99			50.92
购买非储蓄性保险	34.32	168.90	201.57		23.67
赡养费	10.65				
其他直接税	2.18				
捐赠	291.73		242.75		88.38
罚款.赔款	2.05				

总支出

单位:元

上街区	惠济区	中牟县	巩义市	荥阳市	新密市	新郑市	登封市
11629.85	**18258.85**	**14331.11**	**10891.16**	**13931.76**	**13867.88**	**17963.52**	**22084.73**
591.43	**2060.75**	**5247.03**	**2822.45**	**2710.83**	**3430.71**	**3365.42**	**4287.08**
	729.67	1296.49	189.46	559.13	173.37	388.56	399.59
	35.71	32.27	1.44	29.35	24.13	4.39	62.28
0.31	700.86	856.19	0.81	160.26	1853.38	1295.34	1443.72
	0.31	1166.15					0.30
497.44		216.21	690.30	842.32	367.70		
				60.35		386.05	
	411.34	35.38	558.69	675.84	248.29	653.87	893.93
93.68	129.92	1629.19	1096.88	116.01	609.80	636.56	1487.09
		15.14	284.79	241.66	153.88		
	52.43			25.18			
		1371.05	**2.78**	**1850.07**	**38.64**	**2817.01**	**848.95**
10704.13	**15284.41**	**7245.81**	**7497.22**	**7942.27**	**9197.80**	**11405.00**	**16791.90**
	0.92			**1.59**	**0.26**		**2.23**
334.29	**912.77**	**467.21**	**568.71**	**1427.01**	**1200.47**	**376.10**	**154.56**
126.98	396.16	185.10	248.60	229.43	226.69	83.26	49.15
18.89	58.71	68.76	66.41	77.69	69.37	88.34	47.09
69.88	288.35	64.44	77.51	92.86	73.83	104.48	37.08
14.15	41.97	32.65	53.14	5.46	60.91	11.96	
16.85	60.30		5.88	28.15	13.90	1.11	3.16
			0.53	4.99		10.82	
84.86	65.15	116.25	109.15	977.54	724.46	75.02	17.28
			6.87	8.31			0.71

5-15 农民人均

（2013 年）

指　标	全市	中原区	二七区	管城区	金水区
生活消费支出	10242.29	10692.90	7554.97	11523.70	14340.29
#货币性消费	10062.68	10448.88	7522.43	11447.37	14316.93
服务性消费支出	2618.12	2380.77	2814.41	2997.53	3177.58
食品性消费	2454.76	4033.95	3178.90	2176.46	2833.64
#货币性消费	2290.20	3800.27	3146.35	2100.13	2810.28
食品消费服务性支出	455.87	518.75	991.98	314.74	454.08
衣着消费支出	873.04	866.69	1516.71	933.83	1088.91
#货币性消费	872.82	866.69	1516.71	933.83	1088.91
衣着消费服务性支出	5.06	0.19			
居住消费支出	2944.36	476.40	889.35	5100.22	2255.36
#货币性消费	2931.29	476.40	889.35	5100.22	2255.36
居住消费服务性支出	589.28	372.40	754.55	1230.55	1054.55
家庭设备用品及服务	690.89	608.64	106.52	666.21	659.41
#货币性消费	689.74	608.64	106.52	666.21	659.41
家庭用品消费服务性支出	30.28	0.70	2.18	28.88	4.79
交通和通讯消费支出	1501.97	3268.05	1051.15	841.11	5611.97
#货币性消费	1501.97	3268.05	1051.15	841.11	5611.97
交通和通讯服务消费支出	369.80	462.40	421.52	333.50	471.39
文教娱乐用品及服务支出	741.54	880.99	723.71	481.59	865.34
#货币性消费	741.29	870.65	723.71	481.59	865.34
教育服务消费支出	374.06	504.19	404.39	230.65	41.51
文化娱乐服务消费支出	186.21	274.48	198.96	211.48	585.41
医疗保健消费支出	718.65	255.63	19.25	1029.51	575.79
#货币性消费	718.65	255.63	19.25	1029.51	575.79
医疗保健服务消费支出	507.63	83.35	4.20	635.91	465.06
其他商品和服务消费总支出	317.09	302.55	69.39	294.75	449.86
#货币性消费	316.71	302.55	69.39	294.75	449.86
其他消费服务支出	99.92	164.31	36.64	11.81	100.79

生活费支出

单位:元

上街区	惠济区	中牟县	巩义市	荥阳市	新密市	新郑市	登封市
10704.13	15284.41	7245.81	7497.22	7942.27	9197.80	11405.00	16791.90
10669.76	15101.16	7102.52	7280.81	7733.86	8917.27	11225.73	16678.89
2778.14	4958.24	1880.88	2076.55	2971.35	2706.81	2841.15	2172.07
3506.64	3638.98	1753.79	1948.46	2411.94	2795.35	2250.19	2822.04
3472.26	3459.09	1610.50	1818.98	2219.34	2514.82	2071.01	2720.17
482.36	879.90	218.17	396.65	580.49	639.48	284.18	444.11
1393.31	1784.22	588.71	680.03	1030.80	925.99	756.64	757.42
1393.31	1784.22	588.71	679.50	1029.62	925.99	756.64	757.42
9.37	4.48		0.59	1.66	1.04	0.08	36.10
994.47	2371.55	2173.30	1809.54	1028.57	1332.96	4899.13	7901.06
994.47	2370.29	2173.30	1723.19	1024.02	1332.96	4899.13	7890.47
637.06	1346.97	621.21	314.06	489.40	321.84	983.22	196.20
840.71	726.43	585.18	553.70	499.95	838.28	575.06	1238.06
840.71	725.94	585.18	553.65	491.54	838.28	574.97	1238.06
10.29	25.16	12.11	13.31	6.48	13.85	10.11	164.93
2268.71	3948.37	1050.24	878.44	1003.88	1164.58	1299.10	1951.69
2268.71	3948.37	1050.24	878.44	1003.88	1164.58	1299.10	1951.69
727.69	642.59	219.80	299.38	402.95	372.19	403.05	393.78
651.72	1534.28	518.08	732.31	647.31	799.90	702.60	807.64
651.72	1534.28	518.08	732.31	647.31	799.90	702.60	807.64
197.74	972.12	437.75	233.19	385.10	463.18	214.58	290.71
222.14	470.65	13.05	241.39	112.77	144.47	320.31	116.10
727.27	669.94	425.30	648.97	1124.61	963.35	716.62	612.70
727.27	669.94	425.30	648.97	1124.61	963.35	716.62	612.70
389.85	430.97	326.96	481.53	933.01	649.07	604.16	212.41
321.32	610.64	151.22	245.77	195.22	377.39	205.66	701.30
321.32	609.03	151.22	245.77	193.55	377.39	205.66	700.73
101.63	185.41	31.82	96.43	59.47	101.69	21.44	317.73

5-16 农民人均消费品消费量

（2013 年）

单位：公斤

指　　标	全市	中原区	二七区	管城区	金水区	上街区
粮食消费量	122.05	132.76	85.30	135.06	145.91	152.65
#小麦	89.23	81.08	62.00	112.03	107.22	73.33
稻谷	18.55	21.30	14.50	16.84	30.89	42.30
玉米	3.85	12.40			0.35	0.32
油脂类消费量	8.86	7.93	6.05	8.09	7.31	12.62
#植物油	8.59	7.93	6.05	8.03	7.31	12.57
动物油	0.27			0.07		0.05
蔬菜及菜制品消费量	73.34	87.44	143.26	62.24	67.52	117.94
瓜类	37.03	49.74	59.58	32.83	41.85	57.35
水果类	37.58	50.25	59.58	32.83	42.15	59.20
肉禽及其制品	12.79	26.63	12.73	13.95	23.79	19.75
#猪肉	8.89	17.99	5.97	9.18	17.14	12.87
牛肉	0.58	2.07	0.49	0.40	1.16	1.80
羊肉	0.30	1.38	0.01	0.10	0.45	0.57
家禽	1.72	4.11	0.86	3.40	3.20	2.47
其他肉禽及制品	1.30	1.07	0.40	0.86	1.84	2.04
蛋类及蛋制品	8.57	12.90	8.31	9.69	14.10	15.00
奶和奶制品	7.04	27.62	0.55	5.56	2.95	9.84
水产品	1.88	5.03	3.33	3.62	3.62	4.07
食糖	0.62	0.07	0.18	0.61	1.33	1.89
酒	4.87	19.92	4.44	8.17	5.96	3.55

5-16 续表

（2013 年）

单位：公斤

指　　标	惠济区	中牟县	巩义市	荥阳市	新密市	新郑市	登封市
粮食消费量	116.26	120.44	97.49	101.23	103.61	148.85	161.74
#小麦	89.09	112.98	73.57	53.59	68.77	107.27	112.42
稻谷	15.09	7.09	11.61	33.15	18.47	18.94	24.49
玉米	0.99		2.18	2.32	5.27	8.87	7.85
油脂类消费量	7.02	4.71	7.22	8.56	12.16	8.24	15.34
#植物油	6.91	4.71	7.22	8.40	12.16	8.19	13.39
动物油	0.11			0.17		0.05	1.95
蔬菜及菜制品消费量	80.31	78.96	61.54	91.01	68.60	76.83	62.79
瓜类	56.66	29.35	26.76	36.93	44.05	48.66	20.96
水果类	58.01	29.35	27.29	37.37	44.16	50.12	21.83
肉禽及其制品	24.36	11.09	9.89	11.52	11.12	14.13	9.75
#猪肉	13.15	9.11	7.02	8.09	6.97	10.16	7.00
牛肉	0.66	0.23	0.31	0.31	0.98	0.43	0.87
羊肉	0.73	0.03	0.21	0.14	0.14	0.16	0.97
家禽	5.66	1.30	0.98	1.62	1.20	1.90	0.58
其他肉禽及制品	4.16	0.42	1.38	1.36	1.83	1.47	0.34
蛋类及蛋制品	10.44	6.35	8.36	9.00	8.26	6.83	10.27
奶和奶制品	14.18	0.74	4.63	11.47	6.93	6.25	9.31
水产品	6.25	1.28	1.23	1.54	1.28	1.93	0.53
食糖	0.62	0.14	0.59	0.40	0.92	0.85	0.93
酒	4.36	5.16	2.38	4.64	3.11	5.09	5.52

5-17　农民百户耐用消费品拥有量

（2013 年）

指　　标	单位	全市总计	中原区	二七区	管城区	金水区	上街区
洗衣机	台	100	107	120	110	110	100
电冰箱	台	87	107	100	100	90	86
空调机	台	89	60	174	75	114	90
抽油烟机	台	25	40	10	55	40	84
微波炉	台	24	20	36	50	10	12
热水器	台	69	100	70	85	70	78
自行车	辆	58	133		175	122	68
摩托车	辆	68	7		15	15	25
汽车（生活用）	辆	21	13	13	40	30	4
电话机	部	26		10	25	25	54
移动电话	部	223	267	198	280	251	179
彩色电视机	台	120	120	154	150	110	99
#接入有线电视网	台	53	120	134	120	70	81
摄像机	台	4			5		
照相机	架	11	7	44	5	34	5
家用计算机	台	39	67	80	5	70	16
#接入互联网	台	32	60	67	5	70	9
中高档乐器	件	1					

5-17　续表　　（2013 年）

指　　标	单位	惠济区	中牟县	巩义市	荥阳市	新密市	新郑市	登封市
洗衣机	台	103	90	95	100	105	101	100
电冰箱	台	100	77	69	92	92	94	88
空调机	台	142	29	102	96	111	83	97
抽油烟机	台	81	7	18	20	35	8	31
微波炉	台	72	6	20	18	20	41	20
热水器	台	101	52	61	71	70	89	44
自行车	辆	90	58	27	79	34	73	13
摩托车	辆	14	72	76	64	71	70	130
汽车（生活用）	辆	43	21	15	16	26	21	12
电话机	部	20	6	34	26	26	27	53
移动电话	部	227	174	191	267	292	212	188
彩色电视机	台	114	109	123	111	145	116	108
#接入有线电视网	台	103	8	87	22	75	6	68
摄像机	台	9		3	1	2		22
照相机	架	34		5	9	8	6	32
家用计算机	台	89	18	28	57	64	26	16
#接入互联网	台	62	16	24	47	52	19	13
中高档乐器	件			1		2		1

主要统计指标解释

城镇居民家庭就业人口 指城镇居民从事社会劳动并取得劳动报酬或经营收入的人口。就业人口包括通过国家统筹规划和指导由劳动部门介绍就业,自愿组织起来就业和自谋职业等方式,在国有制、集体所有制、中外合资、中外合、外资在华独资的企事业单位和私营企业单位工作或从事个体劳动的有固定性职业或临时性职业的人口。被聘用和留用的离退休人员也计入就业人口。

城镇居民家庭可支配收入 指被调查城镇居民家庭在支付个人所得税和社会保障支出之后,所余下的收入。

城镇居民家庭生活费收入 指调查户可用于最终消费支出和其他非义务性支出以及储蓄的总和,即居民家庭可用来自由支配的收入。它是家庭总收入扣除缴纳的所得税、个人交纳的社会保障费以及调查户的记帐补贴后收入。

城镇居民家庭消费性支出 指被调查的城镇居民家庭用于日常生活的全部支出,包括购买商品支出和文化生活、服务等非商品性支出。共分八类:食品、衣着、设备用品及服务、医疗保健、交通和通讯、娱乐文教服务、居住、杂项商品和服务。不论自用的或赠送亲友的都包括在内。不包括罚没、丢失款和缴纳的各种税款(如个人所得税、牌照税、房产税等),也不包括个体劳动者生产经营过程中发生的各项费用。

农村居民家庭常住人口 指全年经常在家或在家居住6个月以上,而且经济和生活与本户连成一体的人口。外出从业人员在外居住时间虽然在6个月以上,但收入主要带回家中,经济与本户连成一体,仍视为家庭常住人口;在家居住,生活和本户连成一体的国家职工、退休人员也为家庭常住人口。但是现役军人、中专及以上(走读生除外)的在校学生,以及常年在外(不包括探亲、看病等)且已有稳定的职业与居住场所的外出从业人员,不应当作家庭常住人口。

农民总收入 指农村住户年内从各种来源得到的全部实际收入(包括现金收入和实物收入)。由工资性收入、家庭经营收入、财产性收入和转移性收入四部分组成。

(一)工资性收入:指受雇于单位或个人,出卖劳动而得到的收入。包括在乡村组织中等非企业组织中劳动得到的收入、在企业劳动得到的收入、常住人口外出务工收入和其他单位劳动得到的收入。

(二)家庭经营收入:指农村住户从事各项生产的收入,包括种植业收入、林业收入、牧业收入、渔业收入、工业收入、建筑业收入、交通运输业收入、批发和零售贸易餐饮业收入、社会服务业收入和文教卫生业和其他家庭经营收入。

(三)财产性收入:指金融资产或有形非生产性资产的所有者向其他机构单位提供资金或将有形非生产性资产供其支配,作为回报而从中获得的收入。

(四)转移性收入:指农村住户和住户成员无须付出任何对应物而获得的货物、服务、资金或资产所有权等,不包括无偿提供的用于固定资本形成的资金。一般情况下,指农村住户在二次分配中的所有收入。

农民纯收入 指农村住户当年从各个来源得到的总收入相应地扣除所发生的费用后的收入总和。计算方法:

纯收入=总收入-家庭经营费用支出-税费支出-生产性固定资产折旧-赠送农村内部亲友。

农民总支出 指农村住户全年用于生产、生活和再分配的全部支出。包括家庭经营费用支出、购置生产用固定资产支出、生产性固定资产折旧、税费支出、生活消费支出、财产性支出和转移性支出。

农民生活消费支出 指农民家庭年内用于物质生活和精神生活方面的消费支出。它直接反映农民的生活水平,是研究农民消费结构变化的基本指标。

它包括食品、衣着、居住、家庭设备用品及服务、医疗保健、交通和通讯、文化教育娱乐用品及服务、其他商品和服务等八大类支出。

六、城市公用事业和环保

6-1 城市设施水平

指　标	单位	2012 年	2013 年
人口密度	人/平方公里	13475	13347
人均日生活用水量	升	86.6	87.3
用水普及率	%	100	100
每万人拥有公共交通车辆	标台	16	16
燃气普及率	%	90.1	90.1
人均拥有道路面积	平方米	6.0	6.6
排水管道密度	公里/平方公里	8.6	8.8
污水处理率	%	95.8	95.9
人均公园绿地面积	平方米	6.0	6.7
建成区绿地率	%	32.2	33.1
建成区绿化覆盖率	%	36.1	38.0
垃圾粪便无害化处理率	%	89.8	89.7

6-2 城市建设用地情况

指　标	单位	2012 年	2013 年
城市市区面积	平方公里	1010.3	1010.3
建成区面积	平方公里	373.0	382.7
#城市建设用地面积	平方公里	335.4	343.8
#工业	平方公里	30.3	31.7
物流仓储	平方公里	13.7	13.8
交通设施	平方公里	59.5	61.7
居住	平方公里	86.5	88.0
公共设施	平方公里	50.4	51.1
市政公共设施	平方公里	13.6	13.8
绿地	平方公里	69.2	71.0
商业服务业设施	平方公里	12.2	12.7
本年征用土地面积	平方公里	9.5	7.8

6-3 城市供水、供电情况

指　标	单位	2012年	2013年
供　水			
水厂数	个	5	4
自来水综合生产能力	万立方米/日	109	109
#地下水	万立方米/日	42	42
供水管道长度	公里	2838	2902
全年供水总量	万立方米	35825	35413
#生产用水	万立方米	9717	9378
生活用水	万立方米	22498	22440
#家庭用量	万立方米	12414	12411
用水人口	万人	592	586
节约用水			
取水量	万立方米	11403	11802
生产用水重复利用量	万立方米	126139	123699
节约用水量	万立方米	4500	4825
供　电			
公用配电线路长度	公里	32170	33321
全年销售总量	亿千瓦时	395	400
#生活用电	亿千瓦时	44	45
售给居民每千度电售价	元	520.5	559.4

6-4 城市燃气及供热

指　　标	单位	2012 年	2013 年
液化石油气			
储气能力	吨	970	970
外购气量	吨	67200	63024
供气总量	吨	67200	62400
#家庭用量	吨	48410	45513
用气家庭户数	户	361500	334200
用气人口数	万人	110	101
天然气			
储气能力	万立方米	240	240
供气总量	万立方米	75742	86524
#家庭用量	万立方米	21190	30580
用气家庭户数	户	1249385	1392692
用气人口数	万人	423	427
输送管道长度	公里	4540	4844
供热能力			
蒸汽	吨/小时	868	550
热水	兆瓦	1296	1907
供热总量			
蒸汽	万吉焦	173	180
热水	万吉焦	1043	1133
管道长度			
蒸汽	公里	199	199
热水	公里	1045	1125
集中供热面积	万平方米	3349	3815
#住宅	万平方米	2717	3156

6-5 市政设施及公共交通

指　标	单位	2012 年	2013 年
实有铺装道路长度	公里	1446	1520
实有铺装道路面积	万平方米	3564	3836
人行道面积	万平方米	764	816
实有桥梁数	座	194	195
#立交桥	座	48	48
路灯盏数	盏	71455	75251
排水管道长度	公里	3204	3377
污水年排放量	万立方米	32120	31877
污水处理厂	座	4	4
处理能力	万立方米/日	96	99
污水年处理量	万立方米	30776	41480
防洪堤长度	公里	58	58
公共汽、电车运营车数	辆	5548	5745
标准运营车数	标台	7195	7495
运营线路网长度	公里	1043	1206
全年客运总量	万人次	98474	103233
实有出租汽车数	辆	10607	10608

6-6 园林绿化及环境卫生

名　称	单位	2012 年	2013 年
绿化覆盖面积	公顷	14836	15920
#建成区	公顷	13456	14540
园林绿地面积	公顷	12778	13444
#建成区	公顷	12011	12677
公园绿地面积	公顷	3565	3895
公园个数	个	61	68
公园面积	公顷	1893	2082
实际清扫面积	万平方米	3652	3838
生活垃圾清运量	万吨	173	180
垃圾无害化处理厂(场)	座	2	2
无害化处理能力	吨/日	4700	4700
公厕数量	座	959	963
市容环卫专用车辆总数	台	845	900

6-7 房产市场交易

名　称	单位	2012 年	2013 年
房产买卖			
成交面积	万平方米	987.1	1135.9
#住宅	万平方米	850.1	884.7
办公用房	万平方米	81.0	174.3
商服用房	万平方米	56.0	70.3
成交金额	万元	7525413	9650968
#住宅	万元	5564962	6552403
办公用房	万元	1055700	1886730
商服用房	万元	899978	1168910
房产租赁			
出租面积	万平方米	819.8	921.5
#住宅	万平方米	407	488
办公用房	万平方米	82	94
商服用房	万平方米	330.8	338.8
租金收入	万元	744360	801182
#住宅	万元	197360	236832
办公用房	万元	109000	125350
商服用房	万元	438000	439000
向个人出售住宅			
新建住宅出售			
面积	万平方米	840.7	880.2
销售额	万元	5503849	6514193
旧住宅出售			
面积	万平方米	227.2	425.6
销售额	万元	1231928	2674820

6-8　全市工业污染排放及处理利用情况

（2013 年）

指　　标	单位	数量
工业废水		
废水治理设施数	套	314
废水治理处理能力	万吨/日	99.9
废水治理设施运行费用	万元	12153.2
工业废水处理量	万吨	12162.9
工业废水排放量	万吨	11837.0
化学需氧量产生量	吨	54412.0
化学需氧量排放量	吨	11977.7
氨氮产生量	吨	1680.0
氨氮排放量	吨	561.8
工业废气		
工业废气排放量	亿立方米	3452.1
废气治理设施数	套	1198.0
废气治理设施处理能力	万立方米/时	7678.8
废气治理设施运行费用	万元	74757.8
二氧化硫产生量	吨	307882.9
二氧化硫排放量	吨	106122.5
烟（粉）尘产生量	吨	6357651.8
烟（粉）尘排放量	吨	33822.6
工业固体废物		
一般工业固体废物产生量	万吨	1549.4
一般工业固体废物综合利用量	万吨	1139.8
一般工业固体废物处置量	万吨	377.5
危险废物产生量	万吨	1.3
危险废物综合利用量	万吨	0.9
危险废物处置量	万吨	0.4
企业基本情况		
工业企业数	个	619
工业企业工业总产值	万元	18274821.2
工业锅炉	台/蒸吨	439/29517.8
工业炉窑数	座	628

6-9　全市工业污染防治投资情况

（2013 年）

指　　标	单位	数量	指　　标	单位	数量
工业企业数	**个**	**27**	政府其他补助	万元	41.0
施工项目总数	**个**	**20**	企业自筹	万元	38619.4
废水治理项目	个	1	#银行贷款	万元	40.0
废气治理项目	个	17	**竣工项目数**	个	30
固体废物治理项目	个	1	废水治理项目	个	3
其他治理项目	个	1	废气治理项目	个	24
施工项目本年完成投资	**万元**	**38660.4**	固体废物治理项目	个	1
废水治理项目	万元	342.0	其他治理项目	个	2
废气治理项目	万元	37530.7	**竣工项目新增设计处理能力**		
固体废物治理项目	万元	660.0	治理废水	吨/日	1950.0
其他治理项目	万元	127.7	治理废气	万标立方米/时	858.6
施工项目本年投资来源					

6-10　城镇生活污染排放情况及污水处理厂运行情况

（2013 年）

指　　标	单位	数值	指　　标	单位	数值
污染排放			烟尘排放量	吨	197400.0
城镇生活污水排放系数	升/人·日	220.0	**污水处理厂运行情况**		
城镇生活污水排放量	万吨	48645.7	污水处理厂数	个	20
生活化学需氧量产生量	吨	129385.2	本年运行费用	万元	32828.6
生活化学需氧量排放量	吨	26947.3	污水设计处理能力	万吨/日	149.5
生活氨氮产生量	吨	16604.4	污水实际处理量	万吨	49660.9
生活氨氮排放量	吨	8477.0	生活污水处理量	万吨	46458.1
二氧化硫排放量	吨	11975.1	工业废水处理量	万吨	3202.8

主要统计指标解释

供水综合生产能力　指按供水设施取水、净化、送水、出厂输水干管等环节设计能力计算的综合生产能力。包括在原设计能力的基础上，经挖、革、改增加的生产能力。计算时，以四个环节中最薄弱的环节为主确定能力。原则上按设计能力填报，对于经过更新改造后，实际生产能力与设计能力相差很大的，按实际能力填报。

年底供水管道长度　指从送水泵至用户水表之间所有管道的长度。不包括新安装尚未使用、水厂内以及用户建筑物内的管道。在同一条街道埋设两条或两条以上管道时，应按每条管道的长度计算。

供水总量　指各种水源为用水户提供的包括输水损失在内的毛水量。

生活用水　包括城镇生活用水和农村生活用水。城镇生活用水由居民用水和公共用水（含第三产业及建筑业等用水）组成；农村生活用水指居民生活用水。

城市人口用水普及率　指报告期末城市用水人口数与城区人口总数的比率。计算公式：

$$用水普及率=\frac{城区用水人口（含暂住人口）}{城区人口+城区暂住人口}\times 100\%$$

全年供气总量　指报告期燃气企业（单位）向用户供应的燃气数量。包括销售量和损失量。

城市供热管道长度　指从各类热源到热用户建筑物接入口之间的全部蒸汽和热水的管道长度。不包括各类热源厂内部的管道长度。可按管沟敷设方式（管沟、直埋、架空等）分类统计。

道路长度　指道路长度和与道路相通的桥梁、隧道的长度，按车行道中心线计算。

桥梁　指为跨越天然或人工障碍物而修建的构筑物。包括跨河桥、立交桥、人行天桥以及人行地下通道等。

排水管道长度　指所有排水总管、干管、支管、检查井及连接井进出口等长度之和。计算时应按单管计算，即在同一条街道上如有两条或两条以上并排的排水管道时，应按每条排水管道的长度相加计算。

无营运线路长度　指设置的固定营运线路长度，包括郊区营运线路长度。不包括临时行驶的线路长度。

绿地面积　指报告期末用作园林和绿化的各种绿地面积。包括公园绿地、生产绿地、防护绿地、附属绿地和其他绿地的面积。

公园绿地　城市中向公众开放的、以游憩为主要功能，有一定的游憩设施和服务设施，同时兼有健全生态、美化景观、防灾减灾等综合作用的绿化用地。

工业废气排放量　指报告期内企业厂区内燃料燃烧和生产工艺过程中产生的各种排入空气中含有污染物的气体的总量，以标准状态（273K，101325Pa）计算。

工业固体废物产生量　指未被列入《国家危险废物名录》或者根据国家规定的危险废物鉴别标准（GB5085）、固体废物浸出毒性浸出方法（GB5086）及固体废物浸出毒性测定方法（GB/T 15555）鉴别方法判定不具有危险特性的工业固体废物。计算公式是：

一般工业固体废物产生量=（一般工业固体废物综合利用量-其中：综合利用往年贮存量）+一般工业固体废物贮存量+（一般工业固体废物处置量-其中：处置往年贮存量）+一般工业固体废物倾倒丢弃量

工业固体废物处置量　指报告期内企业将工业固体废物焚烧和用其他改变工业固体废物的物理、化学、生物特性的方法，达到减少或者消除其危险成分的活动，或者将工业固体废物最终置于符合环境保护规定要求的填埋场的活动中，所消纳固体废物的量。

工业废水排放量　指报告期内经过企业厂区所有排放口排到企业外部的工业废水量。包括生产废水、外排的直接冷却水、废气治理设施废水、超标排放的矿井地下水和与工业废水混排的厂区生活污水，不包括独立外排的间接冷却水（清浊不分流的间接冷却水应计算在内）。

七、农　业

7-1　农村基本情况及从业人员

（2013 年）

指　　标	单位	总计	中原区	二七区	管城区	金水区	上街区	惠济区	中牟县
农村基层组织情况									
乡镇个数	个	86		2	2		1	2	13
#镇个数	个	71		1	1		1	2	12
村民委员会个数	个	2175	32	14	26	16	27	54	312
乡村人口从业人员									
乡村户数	万户	102.82	2.23	0.64	1.62	0.84	1.34	4.30	10.55
乡村人口数	万人	403.51	7.40	2.98	6.27	3.23	4.52	15.59	44.41
乡村从业人员数	万人	232.81	3.31	1.97	3.16	1.39	2.12	8.43	27.80
按性别分									
#男劳动力	万人	125.94	1.65	1.06	1.68	0.75	1.19	4.58	14.87
女劳动力	万人	106.87	1.67	0.91	1.48	0.64	0.93	3.85	12.93
按行业分									
农业从业人员	万人	94.27	0.27	0.63	1.40	0.76	0.56	4.37	17.78

注：乡镇数不包括县（市）所在地的城关镇。

7-1　续表

指　　标	单位	巩义市	荥阳市	新密市	新郑市	登封市	经济开发区	高新开发区	郑东新区	航空港实验区
农村基层组织情况										
乡镇个数	个	15	12	12	12	13			2	
#镇个数	个	15	9	11	9	9			1	
村民委员会个数	个	288	288	303	294	303	41	39	50	88
乡村人口从业人员										
乡村户数	万户	15.40	13.46	15.79	12.39	14.26	2.03	2.15	2.19	3.65
乡村人口数	万人	62.35	50.31	60.05	46.82	57.70	7.78	8.62	9.60	15.88
乡村从业人员数	万人	32.70	32.06	33.51	29.47	33.84	4.10	3.66	5.71	9.57
按性别分										
#男劳动力	万人	18.31	17.01	18.25	15.51	18.28	2.34	1.90	3.25	5.33
女劳动力	万人	14.39	15.06	15.26	13.96	15.56	1.76	1.77	2.47	4.24
按行业分										
农业从业人员	万人	8.50	11.57	8.36	14.54	14.35	2.03	1.72	2.59	4.84

注：乡镇数不包括县（市）所在地的城关镇。

7-2　农业机械、电气、化学、水利情况

（2013 年）

指　　标	单位	合计	中原区	二七区	管城区	金水区	上街区	惠济区	中牟县
农业机械化情况									
实际机耕面积	千公顷	267.35	3.30	0.78	1.93	1.50	1.19	8.67	68.97
当年机播面积	千公顷	364.09	4.05	0.80	2.40	2.20	2.36	5.55	56.24
当年机收面积	千公顷	348.28	3.35	0.85	2.39	2.17	2.22	5.60	67.55
农村用电量	**万千瓦时**	**377006**	**11450**	**1121**	**6277**	**4833**	**3757**	**7817**	**17210**
农用化肥施用量									
按折纯量计算	吨	234324	1356	1288	1483	1854	1747	4477	44170
氮肥	吨	75698	160	429	395	736	454	1446	14002
磷肥	吨	41678	75	304	278	196	77	633	9471
钾肥	吨	19893	11	198	24	34	128	389	5958
复合肥	吨	97055	1110	357	786	888	1088	2009	14739
农田水利化情况									
有效灌溉面积	千公顷	188.09	5.64	1.2	5.58	2.18	1.04	8.52	58.72
机电井数量	眼	57575	1409	638	3578	2331	387	4682	19993

7-2　续表

指　　标	单位	巩义市	荥阳市	新密市	新郑市	登封市	经济开发区	高新开发区	郑东新区	航空港实验区
农业机械化情况										
实际机耕面积	千公顷	28.02	34.13	19.98	38.07	26.22	6.19	3.10	9.57	15.74
当年机播面积	千公顷	39.35	56.89	53.82	61.61	42.38	6.99	5.81	8.60	15.05
当年机收面积	千公顷	35.97	52.08	45.29	56.22	39.81	6.51	5.54	8.40	14.33
农村用电量	**万千瓦时**	**138213**	**32760**	**42686**	**45077**	**45703**	**3695**	**6590**	**5005**	**4813**
农用化肥施用量										
按折纯量计算	吨	36660	30182	27395	37683	22121	3953	5789	5499	8667
氮肥	吨	13001	12006	7558	14273	5859	608	1652	1898	1221
磷肥	吨	5889	7298	5536	4234	4772	643	620	818	834
钾肥	吨	1749	1735	1126	3887	3094	161	302	458	639
复合肥	吨	16021	9143	13175	15289	8396	2541	3215	2325	5973
农田水利化情况										
有效灌溉面积	千公顷	16.22	29.83	14.09	34.23	10.84				
机电井数量	眼	1973	5696	2219	12323	2346				

7-3 水果产量

（2013 年）

单位：吨

指　　标	总计	中原区	二七区	管城区	金水区	上街区	惠济区	中牟县
水果产量	**298583**	**515**	**10283**	**1283**	**717**	**1701**	**2468**	**28089**
苹果	60982		143	66	85	263	274	10224
#红富士	35041		125	51	50		273	5287
国光	3146		18	15				912
梨	20513		527	149	168	1258	625	3664
#雪花梨	5372		300	58	60			917
鸭梨	3172		227	90	108		625	
其它	217088	515	9613	1068	464	180	1569	14201
#桃子	46977	500	445	636	290	76	124	6515
猕猴桃	518		10					
葡萄	36545	15	7441	15	35	104	1000	2663
红枣	69068			417			70	3642
柿子	18386		14		17		351	1381

7-3　续表　（2013 年）　单位：吨

指　　标	巩义市	荥阳市	新密市	新郑市	登封市	经济开发区	郑东新区	航空港实验区
水果产量	**27816**	**41825**	**19673**	**92542**	**24267**	**17833**	**8885**	**20686**
苹果	15653	6705	6099	7958	10129	1540	91	1752
#红富士	13646	3207	1057	3023	6392	1340	46	544
国光	560	648	559	87	245	50	45	7
梨	1824	2960	1909	1592	2051	315	608	2863
#雪花梨	750	39	173	196	698	120	598	1463
鸭梨	219	86	677	29	1101		10	
其它	10339	32160	11665	82992	12087	15978	8186	16071
#桃子	3012	5241	2725	8963	2059	6872	6946	2573
猕猴桃		238			270			
葡萄	3122	1340	6041	12227	1435		154	953
红枣	120	150	152	47469	230	5456	3	11359
柿子	2550	11335	436	85	668	450	1083	16

7-4 农业机械主要

（2013 年）

指　　标	单位	总计	中原区	二七区	管城区	金水区	上街区	惠济区	中牟县
农业机械总动力	**千瓦**	**5614799**	**25797**	**88384**	**67863**	**52050**	**39352**	**124190**	**701718**
拖拉机及配套机械									
拖拉机	台	130159	131	442	471	146	775	412	35646
	千瓦	1728106	4807	8040	9499	3207	16176	15168	399371
大中型拖拉机	台	12890	126	92	154	66	271	292	2304
	千瓦	597555	4745	3918	6012	2647	10434	14118	98796
小型拖拉机	台	117269	5	350	317	80	504	120	33342
	千瓦	1130551	62	4122	3487	560	5742	1050	300575
拖拉机配套农具	部	204440	327	1635	878	150	1299	1265	50382
种植业机械									
耕整地及种植业机械									
机引犁	台	81922	80	1018	350	25	148	282	26087
机引耙	台	71700	50	236	220	40	140		25837
播种机	台	27952	28	98	120	110	313	93	1054
化肥深施机	台	2445		66					925
秸杆粉碎还田机	台	9225	89	43	62	60	110	180	902
农用排灌动力机械									
排灌动力机械	台	96348	369	684	2745	1600	500	2910	8578
	千瓦	768208	6051	12226	16418	9440	7898	12900	49339
#柴油机	台	18398		69	330	400	100		4253
	千瓦	144584		850	3135	3600	998		34202
电动机	台	77950	369	615	2415	1200	400	2910	4325
	千瓦	623624	6051	11376	13283	5840	6900	12900	15137
农用水泵	台	100390	369	760	2650	2100	400	2850	31716
节水喷灌机械	套	11998	4	130			100	30	736
植保机械									
机动喷雾（粉）机	台	11290	12	244	84	50	100	130	275

生产情况

巩义市	荥阳市	新密市	新郑市	登封市	经济开发区	高新开发区	郑东新区	航空港实验区
583372	**799280**	**988093**	**991391**	**635005**	**89324**	**27681**	**154986**	**246313**
15584	4762	9167	18302	23924	4548	136	6133	9580
181839	102157	205264	253253	300809	50888	4846	69807	102975
1686	1654	1838	2167	871	280	126	419	544
67134	62018	111639	110931	45390	12376	4745	18393	24259
13898	3108	7329	16135	23053	4268	10	5714	9036
114705	40139	93625	142322	255419	38512	101	51414	78716
20138	11351	9519	32456	46289	6414	329	8797	13211
8564	4538	2412	8555	15193	3310	80	4866	6414
4293	4303	2042	6700	13917	3285	50	4379	6208
3550	2520	2439	4477	12058	117	28	295	652
164	66	52	350	350	112		148	212
612	1580	1623	2471	734	108	89	201	361
4387	7583	11914	18017	27235	1223	483	3106	5014
48763	105840	178263	117647	153559	11240	7954	17881	12789
73	892	726	5760	3134	551		1103	1007
638	9366	7248	20709	41768	4520		9335	8215
4314	6691	11188	12257	24101	672	483	2003	4007
48125	96474	171015	96938	111791	6720	7954	8546	4574
4399	6100	4805	12227	12809	672	483	7365	10685
116	1165	380	6285	3046	2	4		
469	784	897	7182	680	41	12	97	233

7-4 续表

指　　标	单位	总计	中原区	二七区	管城区	金水区	上街区	惠济区	中牟县
	千瓦	33423	34	2139	336	50	100	345	552
收获机械									
联合收获机	台	7759	78	50	58	71	66	152	661
	千瓦	456470	4107	2449	3770	3875	3584	9810	40820
机动脱粒机	台	32921	75	376	50	150	100	22	780
农副产品加工机械									
动力机械	台	47115	104	400	617		400	227	6113
	千瓦	373772	377	4000	5294		2500	1981	23280
#柴油机	台	785							
	千瓦	10139							
电动机	台	46330	104	400	617		400	227	6113
	千瓦	362633	377	4000	5294		2500	1981	23280
加工作业机械									
粮食加工机械	台	22341	70	263	617		300	130	2111
棉花加工机械	台	2043	7	3			200	16	186
油料加工机械	台	3738	29	132			100	30	331
运输机械									
农用运输车	辆	118332	563	2773	2612	1000	500	3760	15072
	千瓦	1675039	7364	39471	28732	11000	7700	52272	161270
#三轮运输车	辆	98267	500	1365	2432	700	300	3080	15072
	千瓦	1145695	6500	14719	26752	7700	3700	35129	161270
低速载货汽车	辆	20065	63	1408	180	300	200	680	
	千瓦	529294	864	24752	1980	3300	4000	17143	

（2013 年底）

巩义市	荥阳市	新密市	新郑市	登封市	经济 开发区	高新 开发区	郑东 新区	航空港 实验区
607	2352	1354	19305	5374	103	34	163	575
744	1190	1718	1673	771	71	86	159	211
29977	70710	128189	91165	42643	3513	3501	7189	11168
10585	3094	4336	1155	11406	109	75	334	274
10467	8033	10005	3674	3950	396	104	1032	1593
59177	54496	150550	28474	28274	3275	377	4922	6795
9	501	275						
80	4559	5500						
10458	7532	9730	3674	3950	396	104	1032	1593
59097	49937	145050	28474	28274	3275	377	3922	6795
3336	3265	5136	2840	2650	302	70	684	567
146	369	411	164	400	31		65	45
131	462	688	554	900	62	29	159	131
5467	28902	12534	28956	4800	1924	636	3992	4841
108849	439491	228510	399846	57300	20608	8306	43232	61088
3475	26098	8484	24281	2000	1924	573	3542	4441
38274	310789	127260	277612	18700	20608	7442	38232	51008
1992	2804	4050	4675	2800		63	450	400
70575	128702	101250	122234	38600		864	4950	10080

7-5 果园面积

（2013 年）　　单位：千公顷

指　标	总　计	中原区	二七区	管城区	金水区	上街区	惠济区	中牟县
果园面积	**23.96**	**0.03**	**0.48**	**0.50**	**0.13**	**0.06**	**0.24**	**2.16**
苹果园	4.03		0.02	0.01	0.01	0.02	0.03	0.71
梨园	1.37		0.03	0.02	0.03	0.03	0.03	0.29
桃园	3.10	0.03	0.03	0.23	0.08	0.01	0.01	0.43
猕猴桃园	0.02							
葡萄园	1.94		0.27			0.01	0.11	0.11
枣园	9.44			0.24			0.02	0.55
柿园	1.14		0.02				0.04	0.08

7-5 续表　　（2013 年）　　单位：千公顷

指　标	巩义市	荥阳市	新密市	新郑市	登封市	经济开发区	郑东新区	航空港实验区
果园面积	**2.09**	**2.32**	**1.38**	**7.98**	**2.54**	**1.16**	**0.46**	**2.44**
苹果园	1.30	0.37	0.56	0.32	0.58	0.05	0.01	0.06
梨园	0.18	0.11	0.14	0.07	0.16	0.01	0.05	0.23
桃园	0.24	0.35	0.19	0.39	0.27	0.42	0.32	0.12
猕猴桃园		0.01			0.01			
葡萄园	0.10	0.06	0.36	0.56	0.28		0.03	0.04
枣园	0.03	0.01	0.03	5.88	0.19	0.54		1.95
柿园	0.20	0.27	0.03	0.01	0.30	0.15	0.05	

7-6 林业生产情况

（2013 年）

单位：公顷

县(市)区	当年造林面积	用材林	经济林	四旁植树(万株)	育苗面积	幼林抚育实际面积
总计	**7868**	**1029**	**3487**	**4955**	**889**	**38865**
中原区	27					
二七区	59		59			
管城区	71					
上街区	21		21		3	
惠济区	102		102		53	40
中牟县	1522		722		370	35846
巩义市	831	21	620		87	400
荥阳市	1405	560	845	633	75	338
新密市	1764		438	1300	171	1467
新郑市	539	448		340	130	
登封市	1392		680	2682		774
经济开发区	135					

7-7 渔业生产情况

（2013 年）

指　　标	单位	合计	二七区	管城区	金水区	惠济区	中牟县	巩义市	荥阳市	新密市	新郑市	登封市	郑东新区
水产品总产量	**吨**	**155165**	**189**	**90**	**15800**	**25642**	**74271**	**4394**	**18354**	**825**	**767**	**2457**	**12376**
#鱼类产量	吨	154728	189	90	15800	25642	73959	4379	18244	825	767	2457	12376
虾蟹类产量	吨	45					45						
#养殖产量	吨	155160	189	90	15800	25642	74271	4394	18349	825	767	2457	12376
天然捕捞产量	吨	5							5				
养殖面积	**公顷**	**10028**	**14**	**29**	**503**	**1148**	**3770**	**323**	**1767**	**460**	**240**	**1324**	**450**
池塘	公顷	7723	14		503	1148	3770	169	1496	130	40	3	450
水库	公顷	2304		29				154	271	329	200	1321	
河沟	公顷	1								1			

7-8 牧业主要产品产量

（2013 年）

指　　标	单位	合计	中原区	二七区	管城区	金水区	上街区	惠济区	中牟县
猪当年出栏头数	万头	233.78	2.21	1.36	1.71	0.81	0.64	4.52	39.58
牛当年出栏头数	万头	13.68	0.05	0.05	0.06	0.06	0.02	0.35	4.01
羊当年出栏只数	万只	53.85	0.10	0.08	0.26	0.14	0.02	0.28	22.45
禽当年出栏只数	万只	4322.52	38.00	42.00	20.68	2.01	9.41	281.56	495.85
肉类总产量	吨	262314	2058	1770	1609	799	602	7111	51044
#猪肉产量	吨	177000	1600	1130	1258	629	450	3210	32746
牛肉产量	吨	20665	65	60	70	127	27	484	6614
羊肉产量	吨	6941	13	11	30	16	4	34	3014
禽肉产量	吨	52435	380	569	251	27	121	3348	6545
兔肉产量	吨	1476						5	42
奶类总产量	吨	499464	5100	1429	1075	13961	700	37508	144681
#生牛奶产量	吨	487150	5100	1205	1075	13961	700	37402	144681
山羊毛产量	公斤	80254		167					
绵羊毛产量	公斤	234891							
蜂蜜产量	公斤	341136							
禽蛋产量	吨	225300	720	5600	349	41	4379	6204	23123

7-8　续表　　（2013 年）

指　　标	单位	巩义市	荥阳市	新密市	新郑市	登封市	经济开发区	高新开发区	郑东新区	航空港实验区
猪当年出栏头数	万头	26.80	42.29	19.85	52.15	21.58	4.00	0.70	3.77	11.83
牛当年出栏头数	万头	0.63	2.58	0.94	0.69	2.46	0.48	0.01	0.19	1.10
羊当年出栏只数	万只	2.22	4.59	2.51	5.64	5.83	1.89	0.03	2.28	5.53
禽当年出栏只数	万只	184.33	851.90	480.92	1399.13	274.00	43.53	10.80	40.66	147.74
肉类总产量	吨	25161	47728	21686	52793	25758	5908	689	5232	12366
#猪肉产量	吨	21100	33157	13602	34154	17503	4305	536	3660	7960
牛肉产量	吨	878	3638	1100	985	3687	690	9	642	1589
羊肉产量	吨	301	665	270	665	697	285	4	240	692
禽肉产量	吨	2285	9782	5322	16856	3405	628	140	690	2086
兔肉产量	吨	145	109	904	92	140				39
奶类总产量	吨	5152	109444	32420	50237	4800	22358	1150	35266	34183
#生牛奶产量	吨	5152	101530	28350	50237	4800	22358	1150	35266	34183
山羊毛产量	公斤	8647	160	49702	763	20815				
绵羊毛产量	公斤	2885	160	168560	7780	55506				
蜂蜜产量	公斤	51819	200	284550	2034	2533				
禽蛋产量	吨	9960	73730	27846	43408	21480	1920	62	2400	4078

7-9　全市粮经比

单位:%

县(市)区	1995 年	2000 年	2005 年	2010 年	2011 年	2012 年	2013 年
全　市	**79.8:20.2**	**74.9:25.1**	**69.0:31.0**	**70.9:29.1**	**71.2:28.8**	**71.5:28.5**	**72.1:27.9**
中原区		59.0:41.0	51.3:48.7	53.8:46.2	55.0:45.0	55.1:44.9	56.3:43.7
二七区		73.4:26.6	59.9:40.1	63.0:37.0	69.9:30.1	73.1:26.9	77.5:22.5
管城区	79.0:21.0	76.4:23.6	55.2:44.8	60.9:39.1	62.2:37.8	62.0:38.0	58.7:41.3
金水区		87.9:12.1	83.5:16.5	94.1:5.9	89.1:10.9	91.4:8.6	92.7:7.3
上街区	46.1:53.9	66.7:33.3	86.8:13.2	91.2:8.8	91.1:8.9	90.5:9.5	90.6:9.4
惠济区		48.8:51.2	36.9:63.1	37.4:62.6	37.8:62.2	38.7:61.3	38.8:61.2
中牟县	65.9:34.1	56.6:43.4	47.3:52.7	46.4:53.6	46.0:54.0	45.8:54.2	45.1:54.9
巩义市	89.0:11.0	90.0:10.0	86.6;13.4	88.4:11.6	88.4:11.6	88.7:11.3	88.4:11.6
荥阳市	84.9:15.1	82.3:17.7	74.8:25.2	79.0:21.0	79.4:20.6	80.1:19.9	80.0:20.0
新密市	88.7:11.3	86.6:13.4	86.2:13.8	85.1:14.9	84.9:15.1	84.4:15.6	84.4:15.6
新郑市	78.6:21.4	71.8:28.2	71.0:29.0	72.2:27.8	73.8:26.2	74.4:25.6	74.9:25.1
登封市	86.1:13.9	84.8:15.2	81.4:18.6	86.5:13.5	86.7:13.3	87.4:12.6	87.4:12.6
经济开发区			64.2:35.8	72.8:27.2	74.0:26.0	78.7:21.3	65.0:35.0
高新开发区			76.2:23.8	86.2:13.8	86.9:13.1	89.6:10.4	89.5:10.5
郑东新区					93.4:6.6	98.9:1.1	73.6:26.4
航空港实验区					67.0:33.0	69.3:30.7	49.2:50.8

7-10 农作物主要

(2013 年)

指　　标	总计	中原区	二七区	管城区	金水区	上街区	惠济区	中牟县
农作物总播种面积	**503.51**	**5.58**	**0.96**	**2.85**	**2.80**	**2.70**	**12.16**	**89.76**
粮食作物播种面积	**363.42**	**3.14**	**0.74**	**1.67**	**2.59**	**2.45**	**4.72**	**40.49**
总产量	1682659	14688	2385	8118	13201	12651	27131	240671
夏收粮食播种面积	175.79	1.69	0.38	1.05	1.34	1.22	2.45	15.86
总产量	804551	7886	1298	4908	6797	6457	14650	93006
秋收粮食播种面积	187.63	1.45	0.36	0.62	1.25	1.22	2.27	24.63
总产量	878108	6802	1087	3210	6404	6194	12481	147665
谷物合计播种面积	337.17	3.11	0.68	1.65	2.55	2.44	4.66	36.99
总产量	1570715	14616	2323	8003	13089	12563	26981	220896
稻谷播种面积	0.65						0.14	0.34
总产量	5171						906	2406
小麦播种面积	175.79	1.69	0.38	1.05	1.34	1.22	2.45	15.86
总产量	804551	7886	1298	4908	6797	6457	14650	93006
玉米播种面积	159.20	1.42	0.31	0.60	1.21	1.21	2.08	20.78
总产量	757479	6730	1025	3095	6292	6093	11425	125484
谷子播种面积	1.51					0.01		
总产量	3054					13		
其它谷物播种面积	0.03							
总产量	460							
豆类合计播种面积	12.63	0.02	0.05		0.04		0.06	1.44
总产量	23344	43	54		112		150	3674

产品生产情况

单位:千公顷、吨

巩义市	荥阳市	新密市	新郑市	登封市	经济开发区	高新开发区	郑东新区	航空港实验区
50.89	**77.79**	**65.81**	**75.83**	**58.02**	**10.72**	**7.08**	**14.66**	**25.92**
45.06	**62.26**	**55.72**	**56.97**	**50.79**	**6.97**	**6.33**	**10.78**	**12.76**
153133	335708	207300	288966	174654	39394	32336	58278	74045
22.72	31.32	27.46	28.68	23.84	3.47	3.35	4.86	6.11
77236	171110	106086	142550	73357	19444	17702	27873	34191
22.34	30.94	28.26	28.29	26.95	3.50	2.98	5.92	6.65
75897	164598	101214	146416	101297	19950	14634	30405	39854
42.61	58.77	51.21	54.41	45.08	6.12	6.33	9.62	10.94
147549	320877	198051	278269	144794	35147	32336	54564	60657
					0.06		0.115	
					795		1064	
22.72	31.32	27.46	28.68	23.84	3.47	3.35	4.86	6.11
77236	171110	106086	142550	73357	19444	17702	27873	34191
19.20	26.84	23.67	25.68	21.16	2.59	2.98	4.65	4.84
69223	148207	91867	135505	70898	14908	14634	25627	26466
0.70	0.61	0.08	0.05	0.05				
1090	1560	98	214	79				
				0.03				
				460				
1.34	1.54	2.49	1.04	3.04	0.15		1.02	0.40
1510	2079	3072	2544	6546	257		2529	774

7-10 续表 (2013 年)

指　　标	总计	中原区	二七区	管城区	金水区	上街区	惠济区	中牟县
大豆播种面积	9.57	0.01	0.04		0.04		0.06	1.44
总产量	18238	27	44		112		150	3674
绿豆播种面积	2.25	0.01	0.01					
总产量	2633	16	10					
红小豆播种面积	0.02							
总产量	18							
红薯播种面积	13.61	0.01		0.02		0.01		2.06
总产量	88600	29	8	115		88		16101
油料合计播种面积	**50.26**	**0.83**	**0.16**	**0.46**	**0.04**	**0.18**	**0.38**	**12.16**
总产量	173890	1653	213	1213	67	243	1200	58347
花生播种面积	39.91	0.45	0.11	0.37	0.02	0.11	0.34	11.12
总产量	158358	1150	162	1094	54	168	1145	55846
油菜籽播种面积	8.89	0.38	0.05	0.09	0.02	0.04	0.02	1.04
总产量	13818	503	48	119	13	22	18	2501
芝麻播种面积	1.46					0.03	0.02	
总产量	1692		3			53	15	
向日葵播种面积	0.01						0.01	
总产量	22						22	
棉花播种面积	**2.08**						**0.10**	**1.08**
总产量	2040						58	1099
烟叶播种面积	**0.85**							
总产量	2365							
药材播种面积	**0.43**						**0.06**	
蔬菜(含菜用瓜)播种面积	**74.40**	**1.35**	**0.05**	**0.49**	**0.17**	**0.07**	**6.65**	**29.94**
总产量	3012257	52215	883	24801	4050	3870	262646	1185410
瓜类(果用瓜)播种面积	**10.53**	**0.09**		**0.23**			**0.07**	**6.02**
总产量	393715	1450		3456			2250	260927
#西瓜播种面积	9.56	0.08		0.03			0.06	5.76
总产量	370220	1300		401			2130	252508
其他作物播种面积	**1.53**	**0.18**					**0.18**	**0.07**

单位:千公顷、吨

巩义市	荥阳市	新密市	新郑市	登封市	经济开发区	高新开发区	郑东新区	航空港实验区
0.72	1.02	1.96	0.93	2.25	0.07		1.02	
780	1515	2665	2329	4228	185		2529	
0.62	0.52	0.52	0.11	0.45	0.01			
730	564	404	215	682	12			
				0.02				
				18				
1.10	1.95	2.03	1.51	2.67	0.70		0.14	1.41
4074	12752	6177	8153	23314	3990		1185	12614
3.69	**4.87**	**3.65**	**10.44**	**3.45**	**2.11**	**0.17**	**0.45**	**7.22**
5427	12901	10919	40246	4474	8150	401	1567	26869
2.35	3.10	2.04	9.04	1.55	1.73	0.15	0.36	7.08
4432	9506	8162	38135	2962	7270	370	1378	26524
0.84	1.36	1.38	1.30	1.75	0.38	0.02	0.08	0.14
615	2818	2413	1945	1374	870	31	183	345
0.50	0.41	0.23	0.11	0.15	0.01		0.01	
380	577	344	166	138	10		6	
0.30	**0.19**	**0.03**	**0.02**	**0.26**	**0.01**		**0.11**	
269	245	21	20	216	5		107	
				0.85				
				2365				
0.02	**0.11**	**0.24**						
1.36	**9.85**	**5.47**	**7.64**	**2.12**	**1.03**	**0.58**	**2.77**	**4.89**
51992	410888	258174	319596	96195	36708	15215	93431	196183
0.42	**0.12**	**0.34**	**0.59**	**0.48**	**0.59**		**0.55**	**1.05**
7850	4063	7658	20649	11720	20065		18548	35079
0.41	0.12	0.26	0.50	0.43	0.43		0.49	1.00
7653	4062	5977	18083	10443	16592		17500	33571
0.06	**0.39**	**0.37**	**0.17**	**0.07**	**0.01**		**0.01**	**0.018**

7-11 农林牧

（2013 年）

指　　标	全市	中原区	二七区	管城区	金水区	上街区	惠济区	中牟县
农林牧渔业总产值	**2633497**	**20155**	**13033**	**12777**	**19512**	**8823**	**112295**	**461492**
农业	**1316730**	**14725**	**6059**	**7911**	**3745**	**4307**	**47506**	**262190**
谷物及其他作物	525495	4378	700	2638	3127	3306	7251	86927
谷物	342263	3184	506	1749	2859	2952	5908	42768
#小麦	178610	1751	288	1090	1509	1499	3252	18583
稻谷	1267						222	589
玉米	161343	1433	218	659	1350	1453	2434	23596
薯类	28352	9	3	37		3		4637
油料	106596	954	128	732	58	182	743	32067
#花生	97549	708	100	674	33	103	705	30961
油菜籽	6771	246	24	58	25	8	9	1106
豆类	11532	28	30		44		71	1561
棉花	5750						163	2793
烟草	8570							
其他农作物	22432	203	33	120	166	169	366	3101
蔬菜园艺作物	598248	9861	173	4089	386	569	38910	137574
蔬菜(含菜用瓜)	583485	9861	172	4047	386	498	38877	137384
花卉	3600			32			33	
水果、坚果、饮料和香料作物	191617	486	5186	1184	232	432	1319	37689
水果(含果用瓜)	155136	486	5186	1184	232	432	1319	37689
#苹果	15367	18	36	17	21	66	69	2092
梨	6051		155	44	50	271	184	973
坚果	36161							
香料作物	320							
中草药材	1370						26	
林业	**41313**	**822**	**372**	**276**	**1170**	**439**	**4568**	**4925**
林木的培育和种植	29114	787	214	152	1170	421	4077	3949
竹木采运	8091	35	158	124		18	491	976
牧业	**1076310**	**3964**	**5850**	**4272**	**7664**	**4077**	**32896**	**150823**
牲畜饲养	392369	1252	435	1050	6284	347	17928	90020
牛的饲养	141176	278	70	480	867	70	3442	38172
羊的饲养	53256	40	15	163	126	12	270	18721
其他牲畜饲养	4110							62
奶产品	193827	934	350	407	5291	265	14216	33065
猪的饲养	367401	2193	1149	2612	1306	554	6663	43087
家禽饲养	253076	519	4266	610	74	3176	8298	17716
肉禽	71063	103	438	343	40	124	3203	6676
禽蛋	177013	416	3828	267	34	3052	5095	11040
狩猎和捕捉动物	10108							
其他畜牧业	53356						7	
渔业	**165217**	**131**	**172**	**163**	**6933**		**26875**	**38909**
鱼类	163734	131	172	163	6933		26875	38285
虾蟹类	196							120
其他	1282							504
农林牧渔服务业	**33927**	**513**	**580**	**155**			**450**	**4645**

渔业总产值

单位:万元

巩义市	荥阳市	新密市	新郑市	登封市	经济开发区	高新开发区	郑东新区	航空港实验区
191297	**483504**	**312125**	**332975**	**218040**	**95301**	**8203**	**121905**	**221732**
78411	**252698**	**130778**	**174099**	**125666**	**28422**	**6970**	**36212**	**120550**
43448	91440	62194	78711	50210	14292	6575	14385	56471
32220	70022	43148	46867	30175	7563	5996	10439	23915
17146	37986	23551	24802	16285	3505	2879	5456	12030
					130		261	
14744	31568	19568	22001	13866	3928	3117	3944	
1304	4081	1977	2609	7460	1251		360	6276
3541	8010	6671	24666	2683	4735	243	1011	24394
2730	5856	5028	23491	1825	4231	228	1005	24304
301	1381	1182	953	673	413	15	3	90
1036	1232	1630	1299	2954	99		924	
758	192	96	56	609	121		939	
				4285				
4589	7903	8672	3214	2009	523	336	712	1886
13342	94209	40010	55049	44939	4395	395	17896	58477
9427	90718	35719	54939	17415	4395	14	17896	58477
706	541	1398		25427				
20872	36444	18605	40339	30517	9735		3931	5602
10402	10203	9165	39842	7748	9735		3931	5602
3945	1690	1537	2005	2254	388		23	
538	873	563	470	605	93		179	
10232	5765	9254	497	19810				
238	20476	186		2959				
749	30605	9969						
9387	**3293**	**26152**	**5277**	**17033**	**20008**		**17820**	**19460**
5033	3140	23060	4519	16908	20008			
946	153	2103	758	125				
92672	**210502**	**138454**	**149436**	**60964**	**26640**	**1233**	**29133**	**70321**
14246	71484	43858	30966	13564	15376	403	19592	37967
5999	24854	11363	6729	9571	4714	23	4385	13588
2311	5104	3609	5104	2139	2188	9	1841	9529
83	47	7637	93					
1953	41479	12287	19040	1854	8474	371	13366	14850
43798	68824	42320	60788	25432	8936	663	7598	24826
10810	69225	32701	57631	21867	2328	167	1943	7472
3116	13351	11212	23061	3650	859	134	949	3664
7693	55874	21489	34570	18217	1469	33	994	3808
		8167						
23819	969	11408	51	101				56
2971	**12655**	**1872**	**770**	**4562**	**5106**		**33540**	
2899	12463	1214	770	2813	5106		33540	
				1000				
72	192	658		749				
7856	**4356**	**14869**	**3393**	**9815**	**15125**		**5200**	**11401**

7-12 农林牧

（2013 年）

指　　标	全市	中原区	二七区	管城区	金水区	上街区	惠济区
合计							
农林牧渔业总产值	2633497	20155	13033	12777	19512	8823	112295
中间消耗	1163879	8303	6507	5865	8584	3877	54473
增加值	1469618	11854	6526	6912	10927	4939	57822
农业							
总产值	1316730	14725	6059	7911	3745	4307	47506
中间消耗	546992	5892	2811	3632	2603	1895	23270
中间物质消耗	468196	5892	2811	3109	2485	1623	22372
生产服务支出	78796			523	118	272	898
增加值	769742	8833	3030	4279	1142	2412	24236
林业							
总产值	41313	822	372	276	1170	439	4568
中间消耗	14210	286	197	126	273	192	1961
中间物质消耗	12482	286	197	111	257	168	1921
生产服务支出	1728			15	16	24	40
增加值	27102	537	190	150	896	245	2607
牧业							
总产值	1076310	3964	5850	4272	7664	4077	32896
中间消耗	506202	1854	3100	1962	3302	1790	16018
中间物质消耗	444351	1758	3100	1722	2747	1570	14950
生产服务支出	61851	96		240	555	220	1068
增加值	570106	2110	2930	2310	4363	2282	16878
渔业							
总产值	165217	131	172	163	6933		26875
中间消耗	83614	78	91	76	2406		13005
中间物质消耗	75899	78	91	70	2282		12455
生产服务支出	7715			6	124		550
增加值	81602	54	86	87	4526		13870
农林牧渔服务业							
总产值	33927	513	580	155			450
中间消耗	12861	193	308	69			219
增加值	21066	320	290	86			231

渔业增加值

单位:万元

中牟县	巩义市	荥阳市	新密市	新郑市	登封市	经济开发区	高新开发区	郑东新区	航空港实验区
461492	191297	483504	312125	332975	218040	95301	8203	121905	221732
208230	80535	225494	144362	151044	110200	36290	20497	48895	88849
253262	110762	258010	167764	181931	130571	57071	4913	73000	132779
262190	78411	252698	130778	174099	125666	28422	6970	36212	120550
124485	33215	110657	45740	75356	48765	11329	2745	12072	37605
74725	30899	106954	41400	57671	42040	9691	2350	10333	32858
49760	2316	3703	4340	17685	6725	1638	395	1739	4747
143511	45196	142041	85040	98743	78981	17055	4223	24139	82845
4925	9387	3293	26152	5277	17033	20008		17820	19460
2566	3420	1638	9813	1693	6599	8002	17212	6656	15891
2158	2854	1425	6826	1539	5812	7030	15120	5847	9612
408	566	213	2987	154	787	972	2092	809	6279
2087	5967	1655	16339	3584	10561	12004		11161	3567
150823	92672	210502	138454	149436	60964	26640	1233	29133	70321
61809	40015	104735	80235	72245	47798	8865	540	13374	26010
47572	37739	83563	75597	70340	44373	7563	475	11741	22886
14237	2276	21172	4638	1905	3425	1302	65	1633	3124
83480	52656	105767	58218	77191	32921	15983	690	15755	44309
38909	2971	12655	1872	770	4562	5106		33540	
17476	1020	6296	782	390	3288	2042		14822	
14379	891	5745	678	288	3089	1853		13456	
3097	129	551	104	102	199	189		1366	
21433	1951	6359	1090	380	2416	3064		18716	
4645	7856	4356	14869	3393	9815	15125		5200	11401
1894	2864	2168	7792	1360	3750	6052		1971	9343
2751	4992	2188	7077	2033	5692	8965		3229	2058

7-13　主要牲畜

（2013 年）

指　　标	合计	中原区	二七区	管城区	金水区	上街区	惠济区	中牟县
大牲畜年末总头数	**24.86**	**0.17**	**0.04**	**0.09**	**0.28**		**0.93**	**7.22**
牛年末总头数	24.54	0.17	0.04	0.09	0.28		0.93	7.18
肉牛年末总头数	12.82	0.05	0.01	0.02			0.01	3.99
奶牛年末总头数	10.28	0.13	0.03	0.06	0.28		0.91	3.19
役用牛年末总头数	1.44							
马年末存栏数	0.12							0.01
驴年末存栏数	0.16							0.03
骡年末存栏数	0.04							
猪年末总头数	177.00	0.85	1.10	0.95	0.47	0.46	2.20	30.04
能繁殖母猪	20.45	0.02	0.17	0.06	0.03	0.04	0.23	2.99
羊年末总只数	48.41	0.03	0.11	0.08	0.12	0.01	0.19	15.18
山羊年末总只数	43.22	0.03	0.11	0.08	0.07	0.01	0.12	14.93
绵羊年末总只数	5.20				0.05		0.07	0.25
家禽期末存栏数	**3131.81**	**6.84**	**45.64**	**9.12**	**2.24**	**15.95**	**120.02**	**366.25**
兔期末总只数	**72.14**						**0.07**	**0.98**

年末存栏情况

单位:万头(只)

巩义市	荥阳市	新密市	新郑市	登封市	经济开发区	高新开发区	郑东新区	航空港实验区
0.75	**2.55**	**1.87**	**2.82**	**3.37**	**0.98**	**0.10**	**0.86**	**2.84**
0.72	2.52	1.79	2.80	3.25	0.98	0.10	0.86	2.84
0.37	0.66	0.96	1.71	2.24	0.55	0.01	0.33	1.92
0.14	1.57	0.46	0.84	0.72	0.41	0.09	0.53	0.92
0.21	0.28	0.38	0.25	0.29	0.02			
0.01	0.01	0.02		0.07				
0.01	0.01	0.05	0.02	0.04				
0.01	0.01	0.01		0.01				
19.40	27.11	19.97	38.34	20.66	2.57	0.47	2.01	10.38
2.10	3.39	2.30	4.14	2.45	0.19	0.07	0.20	2.08
2.86	7.57	2.89	3.07	3.65	1.60	0.02	1.24	9.79
1.82	6.62	2.06	2.25	2.67	1.57	0.02	1.24	9.62
1.04	0.94	0.84	0.82	0.98	0.02		0.01	0.17
129.24	**548.54**	**509.13**	**823.66**	**352.51**	**19.96**	**4.13**	**10.36**	**168.23**
5.40	**4.58**	**28.56**	**1.80**	**29.63**				**1.10**

主要统计指标解释

农林牧渔业总产值 是以货币表现的农林牧渔业全部产品的总量和对农林牧渔业生产活动进行的各种支持性服务活动的价值,它反映一定时期内农业生产的总规模和总成果。

农林牧渔五业统计范围是:1. 种植业:包括粮、棉、油、糖料、麻类、烟叶、蔬菜、药材、瓜类、采集野生植物和其他农作物的种植以及茶园、桑园、果园的生产经营。

2. 林业:包括林木的栽培、林产品的采集和竹木采伐。

3. 牧业:包括除渔业以外的一切动物饲养和放牧及捕猎野兽。

4. 渔业:包括水生动物和海藻类植物养殖和捕捞。

5. 农林牧渔服务业:包括农林牧渔服务业营业收入。

农业总产值的计算方法通常是以农林牧渔业产品的产量乘以该项单位价格而得该项产品产值。少数生产周期较长,当年没有产品或产品不易统计的则采用间接方法匡算产值。五业产品产值之和即为农业总产值。

农业增加值 指各单位生产经营或劳务活动提供最终产品的货币表现,即本单位或本行业对社会所做的贡献。农业增加值是社会各经济单位,即企业、事业单位和行政单位及个体经营户在报告期内生产经营和业务活动最终成果的货币表现。

农业增加值主要采用生产法和分配法(收入法)两种方法计算。

农作物种植业 包括谷物、豆类、薯类、棉、油料、糖料、麻类、烟叶、蔬菜、药材、瓜类和其他农作物的种植,以及茶园、桑园、果园的生产经营。

其他农业 包括采集野生植物的果实、纤维、树胶、树脂、油料以及柴草、野生药材、菌类等。

粮食产量 指全社会的产量。包括国有经济经营的、集体统一经营的和农民家庭经营的粮食产量,还包括工矿企业家属办的农场和其他生产单位的产量。粮食除包括稻谷、小麦、玉米、高粱、谷子及其他杂粮外,还包括薯类和大豆。其产量计算方法,豆类按去豆荚后的干豆计算;薯类(包括甘薯和马铃薯,不包括芋头和木薯)1963 年以前按每 4 公斤鲜薯折 1 公斤粮食计算,从 1964 年开始及以后改为按 5 公斤鲜薯折 1 公斤粮食计算。郑州辖区作为蔬菜的薯类(如:马铃薯等)按鲜品计算,并且不做为粮食统计。其他粮食一律按脱粒后的原粮计算。

油料产量 指全部油料作物的生产量。包括花生、油菜籽、芝麻、向日葵籽、胡麻籽(亚麻籽)和其他油料。不包括大豆,也不包括木本油料和野生油料。花生以带壳干花生计算。

水产品产量 指人工养殖的水产品和天然生长的水产品的捕捞量。包括海水的鱼类、虾蟹类、贝类和藻类以及内陆水域的鱼类、虾蟹类和贝类,不包括淡水生植物。

猪、牛、羊肉产量 指当年出栏并已屠宰后除去头蹄下水　后带骨肉(即胴体重)的重量。

耕地面积 指年初可以用来种植农作物、经常进行耕锄的田地,除包括熟地、当年新开荒地、连续撩荒未满三年的耕地和当年的休闲地(轮歇地)外,还包括以种植农作物为主并附带种植桑树、茶树、果树和其他林木的土地,以及沿海、沿湖地区已围垦利用的"海涂"、"湖田"等面积。但不包括属于专业性的桑园、茶园、果园、果木苗圃、林地、芦苇地、天然或人工草地面积。

农作物播种面积 指实际播种或移植有农作物的面积,凡是实际种植有农作物的面积,不论种植在耕地上还是种植在非耕地上,均包括在农作物播种面积中,同时还包括因遭灾而重新改种和补种的农作物面积,种一公顷算一公顷。

农用化肥施用量 指本年内实际用于农业生产的化肥数量。包括氮肥、磷肥、钾肥和复合肥。化肥施用量要求按折纯量计算数量。折纯法化肥施用量是把氮肥、磷肥和钾肥分别按含氮、含五氧化二磷、含氧化钾的百分之百有效成份计算。复合肥按其所含主要成分折算。

农业机械总动力 指主要用于农、林、牧、渔业的各种动力机械的动力总和。包括耕作机械、排灌机械、收获机械、农产品加工机械、运输机械、植物保护机械、牧业机械、林业机械、渔业机械和其他农业机械〔内燃机按引擎马力折成瓦(特)计算,电动机按功率折成瓦(特)计算〕。不包括专门用于乡、镇、村、组办工业、基本建设、非农业运输、科学试验和教学等非农业生产方面用的动力机械与作业机械。

八、工　业

8-1 历年工业总产值

单位:万元

年份	总产值	国有企业	集体企业	城乡个体	其他各种经济类型	轻工业	重工业
1949	2391					1442	949
1952	9245					5920	3325
1957	39610					31164	8446
1962	52525					36771	15754
1965	106270					78153	28117
1970	183222					100343	82879
1975	246211					129373	116838
1978	320288					172370	147918
1979	370045					202538	167507
1980	402306					237482	164823
1981	437552					267258	170294
1982	461194					269036	192158
1983	505017					284771	220246
1984	582897					307364	275533
1985	701472	451080	188981	61320	91	352272	349200
1986	776624	471644	201654	103104	222	376233	400391
1987	962439	572500	255739	133200	1000	455922	506517
1988	1296981	718879	378715	196431	2956	583835	713146
1989	1599014	879788	486687	228480	4059	654211	944803
1990	1744453	936757	532972	265956	8768	713715	1030738
1991	2063844	1025336	687014	340414	11080	823051	1240793
1992	2672758	1208014	932739	488193	43812	1016999	1655759
1993	3693136	1419814	1378271	747666	147385	1278879	2414257
1994	4803181	1459319	1755649	1061093	527120	1747437	3055774
1995	6479164	1799927	2188574	1711875	778788	2127630	4351534
1995	[6058858]	[1602463]	[2054439]	[1711875]	[690081]	[1940774]	[4118084]
1996	7919258	1832055	2738886	2019137	1329180	2362282	5556976
1997	8886488	1765398	3026673	2429311	1665106	2668548	6217940
1998	8777675	1260921	2462846	2478534	2575374	2753908	6023767
1999	8872394	1881049	2474148	2470286	2046911	2508519	6363875
2000	10052967	2066754	2686440	2885928	2413845	2900651	7152316
2001	11127574	2245286	2905406	3158835	2818047	3255391	7872183
2002	12122694	2265787	2660012	3346219	3850676	3355980	8766694
2003	14808572	3481702	2565446	3720254	5041170	3615378	11193194
2004	18788506	3324293	2779359	4199844	8485010	4355337	14433169
2005	24115175	4477743	3675587	4333800	11628045	5446798	18668377
2006	30724463	5594102	3176892	4936300	17017169	6717501	24006962
2007	39449890	6039166	2668328	5558403	25183993	8386083	31063808
2008	49300297	7226804	3714302	6024272	32334919	10485343	38814954
2009	53508157	8274604	1016578	7031736	37185239	12289258	41218899
2010	67943895	11977551	1204497	6351282	48410565	13954697	53989198
2011	83405843	14182794	1114569	6620508	61487972	15592453	67813391
2012	104690588	15197912	1410642	6909322	81172712	17742488	86948098
2013	118089652	13886977	1283564	6459288	96459823	18757097	99332555

注:1. 本表按当年价格计算。

2. 1995 年以前为原规定,括号内及 1996 年始为新规定。

3. 1999 年及以后国有企业为国有及国有控股企业。

8-2 历年工业总产值指数

（以 1952 年为 100）

年份	总产值	国有企业	集体企业	城乡个体	其他各种经济类型	轻工业	重工业
1949	25.9					24.4	28.5
1952	100.0					100.0	100.0
1957	499.8					614.0	2963.3
1962	660.5					722.0	550.7
1965	1333.5					1531.4	980.9
1970	2291.5					1959.6	2881.7
1975	3054.8					2506.4	4030.2
1978	3955.3					3321.2	5082.9
1979	4562.8					3895.5	5749.6
1980	4954.7					4661.3	5865.4
1981	5369.9					5121.7	5810.4
1982	5655.5					5151.6	6551.1
1983	6193.0					5453.0	7508.9
1984	6937.8					5712.4	9117.4
1985	8097.0	100.0	100.0	100.0		6349.4	11206.1
1986	8891.7	104.6	106.7	163.5		6724.0	12748.6
1987	10068.7	116.7	135.3	172.8		7776.1	14147.7
1988	12274.4	130.7	200.4	243.0		8924.8	18234.7
1989	13415.9	135.8	257.5	268.3		9299.6	20933.4
1990	14636.7	140.1	281.9	308.0	100.0	10145.9	22838.4
1991	17081.1	149.4	363.4	395.7	127.6	11272.1	27862.8
1992	20804.8	166.3	493.5	550.1	501.7	13098.1	35246.5
1993	26713.3	174.1	729.4	767.9	1588.5	15901.1	47195.0
1994	30399.7	152.2	920.3	926.8	4848.0	17888.8	54179.9
1995	35506.9	164.7	1238.7	1254.0	6442.9	19767.1	65666.0
1996	42324.2	171.6	1651.2	1432.1	6713.6	21506.6	82148.2
1997	48588.2	165.8	1824.6	1722.8	8163.7	24367.0	92170.3
1998	50240.2	124.0	1554.6	1827.9	13225.2	26413.8	93737.2
1999	53321.5	194.2	1640.1	1913.8	11043.0	25263.2	103981.2
2000	58760.3	209.3	1736.9	2149.2	12710.5	27001.3	116084.6
2001	63913.5	222.6	1795.6	2329.1	14971.7	28575.5	127739.5
2002	70304.9	245.8	1788.4	2466.5	18385.2	29575.6	144090.2
2003	83142.6	299.6	2152.2	2606.6	23047.7	31104.7	177562.4
2004	98357.7	331.4	2490.1	2783.8	29915.9	35023.9	213252.4
2005	117153.9	351.9	3091.7	3323.9	36850.4	41027.0	255284.4
2006	140467.5	397.8	3765.4	3583.2	46486.8	50081.7	304120.3
2007	171595.1	442.2	3934.8	3945.1	60795.4	58996.2	375497.3
2008	199805.3	483.6	4333.0	4201.5	73635.4	70081.6	434976.1
2009	219586.0	464.3	4324.3	4655.3	83649.8	74847.1	481953.5
2010	255917.4	559.6	4537.0	4799.6	98584.9	82895.5	569451.1
2011	302929.5	691.2	4555.1	5025.2	117601.9	87421.6	693933.1
2012	362788.3	724.4	5537.2	5120.7	146931.9	92631.9	852982.5
2013	407737.8	755.5	5606.4	5289.7	168323.7	97235.7	971547.1

8-3 规模以上工业总产值、增加值及销售产值

（2013年）　　单位：万元

项　　目	工业总产值	工业增加值	工业销售产值
总　　计	**121535229**	**28577205**	**119774955**
按轻重工业分			
轻工业	19064857	7028541	18982238
重工业	102470372	21548665	100792717
按登记注册类型分			
国有控股企业	26241630	7932541	26125478
国有企业	20931239	6742593	20824862
集体企业	1217081	309905	1196817
股份合作企业	262513	66000	261157
股份制企业	53451642	12493557	52364102
外商和港澳台商投资企业	26494333	4473542	26385114
其他	19178421	4491607	18742903
按所有制类型分			
公有制	28220238	8426568	28074260
非公有制	93314991	20150638	91700695
按企业规模分			
大型企业	49046220	9123076	48507524
中型企业	32610462	10103699	32057353
小型企业	39432731	9281726	38778023
微型企业	445816	68704	432055

注：本表工业增加值、总产值、销售产值包含河南中烟工业公司和河南电力公司的全口径统计数据。

8-4 规模以上工业企业分行业总产值、增加值及销售产值

(2013 年)

行　　业	工　业 总产值 (万元)	工　业 增加值 (万元)	工　业 销售产值 (万元)
总　计	**121535229**	**28577205**	**119774955**
煤炭开采和洗选业	2317309	1120419	2219344
黑色金属矿采选业	17899	4872	17449
有色金属矿采选业	350266	87637	346007
非金属矿采选业	979440	255694	936495
农副食品加工业	2894198	594917	2823782
食品制造业	2609146	642699	2890455
饮料制造业	1135610	298176	1001705
烟草制品业	4455300	3522448	4405674
纺织业	590309	141120	547591
纺织服装、鞋、帽制造业	1141898	277291	1129085
皮革、毛皮、羽毛(绒)及其制品业	45567	11878	34815
木材加工及木、竹、藤、棕、草制品业	297901	79033	293676
家具制造业	405370	106059	401763
造纸及纸制品业	2231059	547574	2212310
印刷业和记录媒介的复制	579923	151892	584239
文教体育用品制造业	614041	139501	600866
石油加工、炼焦及核燃料加工业	191785	26864	187654
化学原料及化学制品制造业	3864632	858918	3760090
医药制造业	995547	247801	965368
化学纤维制造业	17345	2569	20249
橡胶和塑料制品业	1624761	371739	1637384
非金属矿物制品业	24938187	6524230	23966035
黑色金属冶炼及压延加工业	2982305	630106	2874821
有色金属冶炼及压延加工业	8872010	1226788	8713668
金属制品业	1927786	445074	1850272
通用设备制造业	5019083	1161722	4932269
专用设备制造业	6854069	1540811	6658814
汽车制造业	7537245	1706800	7370083
铁路、船舶、航空航天和其他运输设备制造业	357827	101987	450919
电气机械及器材制造业	2021717	441839	1952370
通信设备、计算机及其他电子设备制造业	18139200	2661658	18045364
仪器仪表及文化、办公用机械制造业	380277	104197	232523
工艺品及其他制造业	30774	8730	39986
金属制品、机械和设备修理业	1121	398	
电力、热力的生产和供应业	14724011	2429614	15281550
燃气生产和供应业	315980	69990	317437
水的生产和供应业	74332	34160	72846

注:本表工业增加值、总产值、销售产值包含河南中烟工业公司和河南电力公司的全口径统计数据。

8-5 各县(市)、区工业增加值

(2013 年)

县(市)区	全部工业增加值(万元)	规模以上增加值(万元)	规模以下增加值(万元)
全　市	**27173005**	**24733005**	**2440000**
中原区	599837	571908	27930
二七区	502748	474188	28560
管城区	993666	978088	15578
金水区	169294	154462	14832
上街区	712639	690137	22502
惠济区	252589	233518	19071
中牟县	1079981	907056	172926
巩义市	3879136	3446136	433000
荥阳市	3442950	3096055	346895
新密市	3533934	3104880	429054
新郑市	3496510	3099094	397416
登封市	3034834	2769968	264866
经济开发区	1750238	1665471	84768
高新开发区	832497	788027	44470
郑东新区	143047	107041	36006
航空港实验区	2704797	2614030	90766

注:1. 本表按当年价格计算。2. 规模以上工业是指全部年主营业务收入2000万元及以上的法人工业企业。3. 规模以下工业是指年主营业务收入2000万元以下的工业企业。

8-6 规模以上工业企业单位数、总产值、增加值及销售产值

(2013 年)

项　目	单位数(个)	工业总产值(万元)	工业总产值指数(上年=100)	工业增加值(万元)	工业销售产值(万元)
总　计	**2736**	**109133629**	**113.2**	**24733005**	**107373355**
#国有及国有控股企业	107	13840030	104.3	4088341	13723878
集体企业	35	1217081	98.5	309905	1196817
港澳台商投资企业	55	19865144	137.1	3044748	19731219
外商投资企业	58	6629190	104.7	1428794	6653895
按轻重工业分					
轻工业	633	16164257	105.2	4726341	16081638
重工业	2103	92969372	114.7	20006665	91291717
按企业规模分					
大型工业	81	39545220	119.5	7581076	39006524
中型工业	537	29709862	110.9	7801499	29156753
小型企业	1961	39432731	109.6	9281726	38778023
微型企业	157	445816	82.9	68704	432055

注:本表工业总产值、增加值、销售产值按当年价格计算,指数按可比价计算。

8-7 各县(市)、区规模以上工业企业单位数

(2013 年底)

单位:个

县(市)区	合计	#国有及国有控股	#集体	#港澳台投资	#外商投资	轻工业	重工业	#大型	#中型
全 市	**2736**	**107**	**35**	**55**	**58**	**633**	**2103**	**81**	**537**
中原区	47	9		2	2	12	35	3	17
二七区	101	2	1	1	4	43	58	4	11
管城区	22	3	2	3		14	8	3	6
金水区	25	4	2	1	2	16	9	2	5
上街区	89	7	1	1	3	4	85	3	10
惠济区	24	2			3	12	12	3	4
中牟县	119	4	1	2	3	52	67	2	23
巩义市	434	6	7	2	4	18	416	9	58
荥阳市	375	5	6	1	4	52	323	8	140
新密市	552	15	8	3	2	111	441	7	52
新郑市	302	9	3	8	7	132	170	8	80
登封市	295	6	4	3	1	31	264	10	73
经济开发区	140	13		15	14	58	82	5	23
高新开发区	119	15		10	7	30	89	8	27
郑东新区	20	1		1		7	13	1	1
航空港实验区	68	2		2	2	41	27	2	6

8-8 各县(市)、区规模以上工业总产值

(2013 年)

单位:万元

县(市)区	合计	#国有及国有控股	#集体	#港澳台投资	#外商投资	轻工业	重工业	#大型	#中型
全 市	**109133629**	**13840030**	**1217081**	**19865144**	**6629190**	**16164257**	**92969372**	**39545220**	**29709862**
中原区	2966948	1961906		375644	46662	211276	2755673	2215150	379847
二七区	1992361	516948	2700	11700	370662	690807	1301554	989990	258807
管城区	2420296	792670	36579	51798		981106	1439190	1444577	894035
金水区	658315	104284	7855	9112	268459	583927	74388	345844	152792
上街区	3369402	1110347	12412	3683	142038	41766	3327636	1164793	680286
惠济区	974660	54205			526429	748192	226468	515756	150160
中牟县	3943201	1202533	12156	4093	1089262	1088875	2854326	1096250	1226258
巩义市	16831360	356988	219908	529090	993211	511514	16319845	3598785	4920327
荥阳市	13111294	375634	382904	91020	275296	1551650	11559643	985674	8203189
新密市	11767431	730067	171231	61083	9668	2542569	9224863	1451975	2077870
新郑市	10938191	1189910	115148	105573	176086	4398340	6539850	652629	4281677
登封市	10531378	2186916	246982	200319	25249	486261	10045117	2414356	3126529
经济开发区	7219443	2599236		762363	2355981	1350486	5868957	3810442	1208624
高新开发区	3805077	527210		185804	349079	477991	3327086	1254772	1720093
郑东新区	465907	16894		109855		110418	355489	109855	16894
航空港实验区	17994956	1298		17367131	2469	423979	17570977	17367131	239446

注:本表按当年价格计算。

8-9 各县(市)、区规模以上工业销售产值

(2013 年)

单位:万元

县(市)区	合计	#国有及国有控股	#集体	#港澳台投　资	#外商投资	轻工业	重工业	#大型	#中型
全　市	**107373355**	**13723878**	**1196817**	**19731219**	**6653895**	**16081638**	**91291717**	**39006524**	**29156753**
中原区	2912793	1951375		375644	44877	197229	2715564	2215878	358395
二七区	1971227	516211	2790	11700	360606	674464	1296764	977163	255477
管城区	2337721	769509	37638	49982		959799	1377922	1388358	867730
金水区	654901	103861	7852	8318	262720	575825	79075	342250	155568
上街区	3337140	1111635	12303	3683	138286	41671	3295469	1151676	669724
惠济区	917579	43822			486377	705139	212440	475704	138808
中牟县	4010968	1207561	12068	4037	1097731	1137141	2873828	1106858	1211746
巩义市	16420639	339308	212110	518776	1023996	540021	15880618	3542602	4798078
荥阳市	12956292	374493	374327	88982	306745	1531976	11424316	1013376	8133336
新密市	11654120	728261	170732	61000	9678	2531007	9123113	1440691	2076999
新郑市	10712852	1172172	113964	101467	175639	4337657	6375195	608537	4158246
登封市	10302373	2153625	244101	196250	21122	482549	9819824	2382635	3084276
经济开发区	7080156	2599042		745596	2377335	1383981	5696175	3687958	1163865
高新开发区	3600768	513871		178624	347981	439115	3161654	1155115	1646724
郑东新区	458712	24012		110133		125212	333500	110133	24012
航空港实验区	17900461	1249		17280090	2469	455068	17445393	17280090	239940

注:本表按当年价格计算。

8-10 各县(市)、区规模以上工业增加值

(2013 年)

单位:万元

县(市)区	合计	#国有及国有控股	#集体	#港澳台投　资	#外商投资	轻工业	重工业	#大型	#中型
全　市	**24733005**	**4088341**	**309905**	**3044748**	**1428794**	**4726341**	**20006665**	**7581076**	**7801499**
中原区	571908	353877		74902	11236	61447	510461	399875	88379
二七区	474188	117987	578	2737	97386	172728	301460	242260	60894
管城区	978088	607720	10103	10413		651830	326258	328693	631587
金水区	154462	22709	2053	2257	65237	136258	18204	82291	32888
上街区	690137	179194	2819	965	24569	10366	679771	206625	148055
惠济区	233518	12138			133222	183602	49915	128062	36354
中牟县	907056	264613	2964	907	248501	259292	647763	249561	278602
巩义市	3446136	94735	59321	138729	153741	116028	3330108	642881	1043994
荥阳市	3096055	75533	93617	11790	53245	361712	2734343	214370	1982562
新密市	3104880	290613	43290	12906	2536	621542	2483339	470762	508786
新郑市	3099094	749525	30533	27716	41879	1499965	1599128	218952	1444060
登封市	2769968	598719	62482	31016	6247	116828	2653140	737135	831863
经济开发区	1665471	584238		183092	531966	317632	1347839	868944	273594
高新开发区	788027	108318		45885	58970	106648	681379	254596	347301
郑东新区	107041	4044		27486		24551	82490	27486	4044
航空港实验区	2614030	273		2474904	547	100531	2513499	2474904	50779

注:本表按当年价格计算。

8-11　历年主要

（2013 年）

产品名称	单位	1978 年	1980 年	1985 年	1990 年	1995 年	1998 年	1999 年	2000 年	2001 年
原煤	万吨	868	897	1352	1628	2220	2613	1724	1830	2039
饲料	万吨		0.5	3.3	5.3	6.6	11.5	16.3	21.6	27.3
速冻米面食品	万吨									
方便面	万吨							5.5	6.9	14.7
啤酒	万千升			0.7	6.9	14.2	34.4	36.7	38.1	37.2
软饮料	万吨		0.2	1.4	1.6	4.5	2.0	6.8	6.4	8.2
卷烟	亿支	243.0	350.4	443.2	456.1	476.3	412.2	423.0	428.7	393.1
纱	万吨	7.7	8.5	7.9	8.8	8.8	7.6	8.4	6.9	7.3
布	万米	41876	44804	38904	40510	40981	32762	30530	23391	21735
印染布	万米	15086	19188	13210	8758	20321	10321	9884	14620	14833
服装	万件		1529	1730	2260	1619	939	912	1132	1240
人造板	立方米		1548	5622	3788	196849	46744	75312	51276	47750
家具	万件		23.2	66.0	72.1	49.4	8.6	8.2	9.9	6.0
机制纸机制纸板	万吨	2.7	3.6	9.2	6.7	35.4	59.9	90.9	92.3	101.3
硫酸	万吨	0.5	0.9	1.3	2.8	13.3	11.5	9.7	9.4	7.3
化学农药原药	吨			435	768	1976	3264	4772	2684	5390
中成药	吨	422	895	1851	1322	1763	2774	2634	3276	4618
化学肥料	万吨	8.9	3.8	3.4	8.0	11.7	18.2	15.9	15.7	15.1
塑料制品	万吨			1.5	1.9	5.6	4.2	5.0	5.8	6.3
水泥	万吨	38	55	119	227	737	881	966	932	1006
工业陶瓷	万件									
耐火材料制品	万吨									
日用玻璃制品	万吨		1.7	3.2	2.6	7.3	4.3	3.5	2.1	1.1
石墨及炭素制品	万吨									
磨具	万吨	1.3	1.6	1.8	1.9	4.2	9.4	7.1	5.2	4.1
粗钢	万吨	2.2	3.7	4.5	5.9	13.0	16.3	11.8	1.6	1.1
钢材	万吨		1.9	4.5	7.4	15.5	25.1	27.6	14.1	14.7
原铝（电解铝）	万吨	1.8	2.9	3.4	4.0	5.9	13.0	15.5	15.8	26.5
氧化铝	万吨	40.0	40.6	53.3	60.1	66.6	73.1	87.5	96.6	107.1
阀门	万吨		0.1	0.2	1.0	3.9	3.5	3.0	3.2	3.7
小型拖拉机	台	8623	13954	34090	59661	41916	17898	13420	15048	8450
汽车	辆	695	1577	1625	1043	16187	10118	7698	7689	9129
变压器	万千伏安	54.9	36.9	62.5	50.1	94.2	98.3	128.7	169.9	168.4
电力电缆	千米	2513	3533	6318	7853	5732	4633	11810	7801	6970
移动通信手持机(手机)	万台									
发电量	亿千瓦小时	13.3	11.1	10.6	18.3	65.7	87.8	77.0	85.1	95.1
供热量	万百万千焦		451	468	464	1901	2297	2040	2862	1166
自来水生产量	万立方米		13127	17570	19435	30119	26427	27766	26079	25465

注：2010 年始卷烟产量含河南中烟工业有限责任公司。2010 年郑州地区卷烟产量为 572.4 亿支；2011 年郑州地区卷烟

工业产品产量

2002 年	2003 年	2004 年	2005 年	2006 年	2007 年	2008 年	2009 年	2010 年	2011 年	2012 年	2013 年
2581	3297	4096	6217	6699	6707	6629	6660	5963	6914	4568	
38.8	57.4	62.8	65.1	114.1	126.5	150.8	106.2	148.1	178.4	210.7	266.5
	21.5	23.8	32.3	59.6	70.2	87.1	90.9	100.6	125.3	100.6	109.5
18.7	22.3	17.9	20.5	25.5	32.8	24.0	30.4	44.5	28.2	26.4	29.0
36.0	32.0	39.1	41.6	25.1	28.7	45.3	49.0	56.0	48.4	58.6	63.6
21.1	19.2	22.1	25.5	46.0	70.2	108.1	163.4	216.6	236.3	251.1	344.7
403.7	404.6	419.0	408.4	436.7	477.1	487.6	559.6	1650.4	1676.1	1691.0	1713.0
7.4	7.5	7.7	8.4	7.8	11.1	11.4	3.3	4.1	4.5	6.7	5.3
21239	20442	24063	24647	22513	26034	27388	86063	81715	75968	87995	96156
16258	23138	22574	23949	36615	59217	67429	67446	62277	53171	60895	66909
1306	1483	1784	2974	4804	5681	7377	10117	10950	11708	12987	15590
34895	46920	99406	104698	111770	101649	76398	118077	155128	170786	200844	259772
4.7	5.4	5.5	7.2	26.2	97.1	81.9	249.6	196.6	233.5	284.7	223.4
101.9	123.3	143.2	183.4	237.5	273.4	280.8	266.9	260.2	275.1	209.4	218.3
6.2	8.8	8.5	9.0	10.2	10.3	10.7	10.0	17.1	29.4	33.4	41.6
5126	2770	3861	5016	4615	12361	3097	18255	14048	20244	22171	13881
2822	3664	2208	3972	11334	13973	65055	106412	3941	3290	5957	7772
13.8	13.4	13.8	13.8	13.4	18.7	40.3	25.6	8.3	1.5	5.8	10.6
6.4	5.9	5.7	7.5	8.0	11.7	14.3	16.6	112.6	17.6	20.7	20.8
1030	1134	1278	1538	1592	2109	1898	2198	2096	2153	2322	2518
		7397	8844	10100	11211	42277	37670	47209	36348	49585	192593
	265	406	544	810	1268	1368	1533	1808	2081	2417	2898
0.8	1.1	1.0	0.6	0.0	0.0	4.3	3.2	3.6	4.3		
							280.5	311.6	439.7	514.2	581.4
3.8	3.7	4.8	4.8	4.4	6.1	8.0	20.4	9.4	14.6	45.4	69.4
1.2	1.3	7.6	9.8	13.0	12.2	24.1	19.5	17.3	4.8	4.8	2.2
17.6	46.1	103.8	159.7	215.8	326.1	358.7	339.7	377.0	424.7	481.1	525.6
35.5	37.3	42.2	49.3	49.1	67.0	66.4	60.1	58.4	56.8	69.7	65.2
127.1	138.3	148.1	171.4	234.3	237.8	219.7	167.3	221.8	246.0	253.0	264.9
3.9	5.6	7.4	9.9	18.3	29.0	52.4	65.3	79.9	102.5	126.7	144.4
5518	2525	2479	3732	9811	16280	4081	5861	3569			
15650	27327	29806	35855	47688	62261	74044	112874	225196	354985	367597	461479
177.1	174.7	112.4	126.3	202.2	168.9	138.9	218.9	247.3	357.9	377.9	350.6
5823	9062	3103	5758	6855	41031	60818	91775	83450	296201	321919	401496
									2445	6846	9645
108.0	119.0	159.8	204.6	206.1	254.3	285.2	266.8	292.8	386.3	447.4	518.0
3060	3440	3369	3355	3186	3050	2982	2229	2851	3464	4015	3928
31013	31622	32772	24936	25754	26044	27595	27744	29368	26900	29265	44281

产量为 581.3 亿支;2012 年郑州地区卷烟产量为 586.4 亿支;2013 年郑州地区卷烟产量为 594.1 亿支。

8-12　各县(市)、区

(2013 年)

产　品　名　称	单位	全　市	市　直	中原区	二七区	管城区	金水区	上街区	惠济区
小麦粉	吨	2301205			22460	136650	295851		
饲料	吨	2665401			67625	83418	21978		241164
精制食用植物油	吨	411844					3194		26228
速冻米面食品	吨	1094750			21022		257934		573103
方便面	吨	290150			56557				
饮料酒	千升	641793				324148	108143		
白酒	千升	6062							
啤酒	千升	635731				324148	108143		
软饮料	吨	3446867			747710				
卷烟	万支	5940543				2905179			
纱	吨	52782							
布	万米	96156		1218					
印染布	万米	66909		2972					
服装	万件	15590		1267	67	44			
人造板	立方米	259772							
家具	件	2233591				62770			
机制纸及机制纸板	吨	2182802							
硫酸(折 100%)	吨	415574							
合成氨	吨	107730							
农用氮、磷、钾化学肥料总计	吨	106311							
氮肥(折含 N100%)	吨	81226							
化学农药原药	吨	13881				3594			
涂料	吨	80844		6538	27620				1846
中成药	吨	7772							
化学纤维	吨	3408							
塑料制品	吨	207565		6578	5287			37	8851

主要工业产品产量

中牟县	巩义市	荥阳市	新密市	新郑市	登封市	经济开发区	高新开发区	郑东新区	航空港实验区
		413556	109945	563739	104327	556606		7135	90936
171581		31186		1060880		396482	326358	161104	103624
43242		97501		215530					26149
46067				194622					2002
45534			6737	107777		49018			24527
2273		39002	3092	164438				697	
2273			3092					697	
		39002		164438					
382159	225309	163715		746203	374248	125749	348700		333074
				3035364					
6407				31910		9766		4699	
		93367						1571	
5320		56325					2292		
420	43	6228	5851	1231		237	203		
15999	114112				66454				63207
362998					3228	1712217		41965	50413
301457			1881345						
		397106	18468						
		107730							
		106311							
		81226							
					10287				
		17817				27023			
		846	632	843			5451		
	3408								
13906	17174	6035		128669		14247	6782		

8-12 续表 (2013 年)

产品名称	单位	全市	市直	中原区	二七区	管城区	金水区	上街区	惠济区
水泥	万吨	2518	5		3			88	
工业陶瓷	万件	192593					22427	11400	
耐火材料制品	吨	28975766		15710	96622			132327	
磨具	吨	694458		203837	2535				
钢材	吨	5256089		265428	194273				63815
焊接钢管	吨	776049		132079	194273				63815
铁合金	吨	483550							
氧化铝	吨	2648830						2213439	
原铝(电解铝)	吨	651647							
铝材	吨	3753078						134491	
工业锅炉	蒸发量吨	6340							
泵	台	196800				208		54665	
阀门	吨	1443569						306584	
矿山专用设备	吨	899929	80446	190198	212			47305	
水泥专用设备	吨	56040					3892		
汽车	辆	461479				35671			
基本型乘用车(轿车)	辆	47203							
客车	辆	124446				35671			
载货汽车	辆	62054							
改装汽车	辆	22153							1627
电动自行车	辆	74343							
变压器	千伏安	3505799		786240					
通信及电子网络用电缆	对千米	956528							
电力电缆	千米	401496			147806			169460	
电线	公里	658642							
太阳能电池	千瓦	22567							
移动通信手持机(手机)	台	96449715							
发电量	万千瓦小时	5179603	1013	428349	606			90481	
供电量	万千瓦小时	5859558	2482	3121757	1484			878444	
供热量	万百万千焦	3928		870	1041			690	
自来水生产量	万立方米	44281		30288					9716

中牟县	巩义市	荥阳市	新密市	新郑市	登封市	经济 开发区	高新 开发区	郑东新区	航空港 实验区
	461	528	229	283	765			155	
	28240				129899		627		
	14084621	163832	11771683	36646	2674325				
	172115	37054	278917						
956316	572554	312242		2265605		211835			414022
				385882					
	385359				98191				
					435391				
	466640	9588			175419				
	2871480	147213		12901	246248	33145	305638		1962
						3822	2518		
		141927							
		1133945				88	2952		
	1148	313424	13513	22569	15458	162327	53329		
691	51457								
131020		2703				292085			
						47203			
62903		2703				23169			
62054									
4946		10948		4632					
							74343		
			225185	1930627		202300	361447		
	703906	252622							
	4288					1830	78113		
	509970			26247			122425		
					22567				
									96449715
	675566	627867	1315494	7367	1486685		350713	195464	
166063	350854	213089	259661	292499	573226				
	7	51			464		337	468	
			1240		1915	1122			

8-13　规模以上工业

（2013 年）

指　　标	合　计	#国有及国有控股	#集体	#股份制工　业
企业单位数（个）	2736	107	35	2346
#亏损企业	170	26	1	136
资产总计	85286098	17500644	536977	57387206
应收帐款	10698156	1290862	160651	5772641
存货	7519764	2194018	39375	4241195
#产成品	1983216	373821	16578	1662207
负债合计	45971685	11620045	287367	25867173
主营业务收入	110162741	13968349	845257	73728173
主营业务成本	93159023	11654766	674409	61196246
营业费用	2513133	257368	24911	1887062
主营业务税金及附加	1182318	792631	5298	390760
管理费用	2853582	660055	26958	1997453
财务费用	881031	303197	3659	675711
#利息支出	977408	324509	3126	682410
利润总额	9769002	528895	109463	7983980
亏损企业亏损额	472132	172046	166	244539
利税总额	15292469	1908329	151432	10822135
本年应交增值税	4320964	577286	36587	2430074
全部从业人员年平均人数（人）	1055507	154102	8381	656213

企业主要经济指标

单位:万元

#外商及港澳台投资	按轻重工业分		按企业规模分			
	轻工业	重工业	大型企业	中型企业	小型企业	微型企业
113	633	2103	81	537	1961	157
25	54	116	10	44	107	9
19728699	12315632	72970466	38353700	23995998	22305621	630779
4363032	1142128	9556028	5987681	2519349	2152762	38364
2346908	1592202	5927563	4571952	1466984	1457495	23333
197821	374482	1608734	691518	574392	707503	9803
15933216	5399089	40572596	27010221	10706103	8049716	205645
24542774	16863149	93299591	44195123	29702791	35910760	354067
22533183	13075605	80083418	38529910	24677535	29654436	297141
387426	574762	1938371	991127	675264	837062	9681
49655	774001	408317	875055	149635	156551	1078
572840	467452	2386129	1414400	757216	666945	15021
120890	105965	775067	382869	291273	205062	1828
214356	104237	873171	505680	285816	184307	1605
590688	1898572	7870430	1910688	3379223	4449843	29248
223226	58883	413249	294741	110038	61677	5676
2045593	3360330	11932139	4844570	4626949	5774047	46903
1404995	686100	3634864	2050240	1092081	1162090	16553
327379	182221	873286	509813	279039	261339	5316

8-14 规模以上工业企业

（2013 年）

项　　目	企　业 单位数 （个）	资产总计	应收帐款	存货	#产成品
总　　计	**2736**	**85286098**	**10698156**	**7519764**	**1983216**
按轻重工业分					
轻工业	633	12315632	1142128	1592202	374482
重工业	2103	72970466	9556028	5927563	1608734
按企业规模分					
大型企业	81	38353700	5987681	4571952	691518
中型企业	537	23995998	2519349	1466984	574392
小型企业	1961	22305621	2152762	1457495	707503
微型企业	157	630779	38364	23333	9803
按行业分					
煤炭开采和洗选业	123	5815390	295287	491371	106295
黑色金属矿采选业	2	19766	1530	1318	1250
有色金属矿采选业	11	239830	31783	6687	5996
非金属矿采选业	43	652933	19032	12871	9398
农副食品加工业	85	1479547	71340	144248	57951
食品制造业	83	2484054	294190	297703	71324
酒、饮料和精制茶制造业	24	562124	92271	39552	16874
烟草制品业	3	1114828	21922	602980	14438
纺织业	28	803467	81892	83907	21910
纺织服装、服饰业	56	777321	56340	54068	19947
皮革、毛皮、羽毛及其制品和制鞋业	3	27221	753	15989	8287

分行业主要经济指标

单位:万元

负债合计	主营业务收　入	营业费用	主营业务税金及附加	利润总额	利税总额	全部从业人员年平均人数(人)
45971685	**110162741**	**2513133**	**1182318**	**9769002**	**15292469**	**1055507**
5399089	16863149	574762	774001	1898572	3360330	182221
40572596	93299591	1938371	408317	7870430	11932139	873286
27010221	44195123	991127	875055	1910688	4844570	509813
10706103	29702791	675264	149635	3379223	4626949	279039
8049716	35910760	837062	156551	4449843	5774047	261339
205645	354067	9681	1078	29248	46903	5316
3889345	3999905	47859	45845	195918	418892	99851
9339	17602	192	211	2735	3735	225
94621	331430	3729	3072	80686	93005	2162
262090	968829	10282	3688	153907	199500	7856
691400	2816192	41752	5840	225787	285562	17354
1242812	2887093	147083	10795	242790	357815	41130
288019	1139541	106918	16150	91850	146854	15569
352699	1508335	35973	701453	267353	1139781	5689
514095	581116	6641	3157	4862	19742	9473
318626	1172705	30621	7509	106183	148208	22487
19058	28278	1011	80	1578	2408	942

项目	企业单位数(个)	资产总计	应收帐款	存货	#产成品
木材加工和木、竹、藤、棕、草制品业	16	173365	12861	11763	4695
家具制造业	26	200757	16373	23864	12033
造纸和纸制品业	101	1279111	73438	74123	37915
印刷和记录媒介复制业	52	600972	46664	63859	27548
文教、工美、体育和娱乐用品制造业	24	333171	19358	18433	9064
石油加工、炼焦和核燃料加工业	6	115659	8801	21017	8407
化学原料和化学制品制造业	165	2593604	184102	147877	69509
医药制造业	40	884271	210344	72907	34309
化学纤维制造业	3	43582	2273	6946	1111
橡胶和塑料制品业	72	1158173	94155	45024	26907
非金属矿物制品业	879	14691138	1566982	692902	369939
黑色金属冶炼和压延加工业	54	2148001	63326	153862	61023
有色金属冶炼和压延加工业	123	6659846	397308	585597	122645
金属制品业	85	1718684	202361	178805	88328
通用设备制造业	124	3520066	478814	485625	262147
专用设备制造业	221	6094211	890897	639330	186787
汽车制造业	72	5965520	882373	342652	157620
铁路、船舶、航空航天和其他运输设备制造业	13	662416	164871	103276	21478
电气机械和器材制造业	100	1680776	283235	183736	73117
计算机、通信和其他电子设备制造业	29	12147911	3597562	1651427	22533
仪器仪表制造业	23	508685	144735	55748	22986
其他制造业	3	14169	1386	754	
废弃资源综合利用业	1	4133	732	241	102
电力、热力生产和供应业	23	7049694	352113	195647	27950
燃气生产和供应业	14	641228	25456	12829	815
水的生产和供应业	6	420475	11297	825	581

单位:万元

负债合计	主营业务收入	营业费用	主营业务税金及附加	利润总额	利税总额	全部从业人员年平均人数(人)
63246	297595	8747	1748	41053	54355	2387
65054	362274	6480	1809	45764	58075	3409
374482	2268501	46025	7012	340030	444898	19582
239237	696090	15653	3348	74342	107170	9140
84785	678455	42473	2581	94597	123852	5558
51759	257233	5567	657	10448	19067	804
933180	3732077	68864	18953	490542	619501	30133
422523	936456	40011	5298	147726	196103	10995
28722	20165	103	85	2878	3661	304
433667	1626913	22711	9281	227547	291470	12411
4688740	24632699	800919	152479	3395683	4627857	190161
948488	2957864	27914	7561	263684	352058	13873
4287514	8570717	84416	13598	260506	424111	48057
865297	1841925	36865	6863	145015	199040	19478
1467216	5049349	75139	18977	436363	584824	36986
1950481	6638046	150479	28694	648905	884252	58627
3119658	7246358	454637	75438	774475	1033913	37958
400129	388739	9993	1634	31188	41270	7415
775438	2010566	36229	5980	181100	228169	16256
10649733	17972586	62214	2152	456109	1655006	268622
170211	302065	26716	2836	71919	94011	5086
5068	21176	85	295	2534	3126	250
3503	3015	31	57	317	573	38
5656837	5764454	15843	14207	187486	347399	28275
340628	360321	35077	2502	62364	75350	2853
263985	76080	7884	474	2781	7855	4111

8-15 国有及国有控股

（2013年）

项　　目	企业单位数（个）	资产总计	应收帐款	存货	#产成品
总　　计	**107**	**17500644**	**1290862**	**2194018**	**373821**
按轻重工业分					
轻工业	20	2128326	58620	654629	36436
重工业	87	15372318	1232242	1539390	337386
按企业规模分					
大型企业	20	13869761	893771	1805979	253069
中型企业	42	2859450	307483	284892	73886
小型企业	34	744929	82329	97837	44553
微型企业	11	26505	7280	5310	2314
按行业分					
煤炭开采和洗选业	22	4520375	101706	454538	86914
农副食品加工业	1	57218		5343	3514
食品制造业	3	81650	2926	8429	1729
烟草制品业	2	1101896	18354	599847	12488
纺织业	2	185468	1337	16488	5051
纺织服装、服饰业	1	3486	228		
印刷和记录媒介复制业	4	86360	4161	14050	6882

工业企业主要经济指标

单位:万元

负债合计	主营业务收　入	营业费用	主营业务税金及附加	利润总额	利税总额	全部从业人员年平均人数(人)
11620045	**13968349**	**257368**	**792631**	**528895**	**1908329**	**154102**
998205	1925344	59279	703363	268284	1158560	15646
10621840	12043004	198090	89267	260612	749769	138456
9127564	11227597	205850	781767	468865	1749079	118615
1964112	1934251	34549	7329	33802	104638	30336
515693	785471	16193	3519	24820	53064	4696
12676	21030	777	16	1409	1548	455
3330869	3201132	23983	35729	-2459	171006	66550
55429	94451	716	1	-3393	-3391	215
45502	88304	6515	415	6546	9401	1289
345214	1491534	35973	701315	266288	1137444	5077
183416	43418	667	120	-15269	-13965	1442
1855	3288		66	38	648	365
16121	61179	2113	477	4207	9032	1590

8-15 续表 (2013年)

项目	企业单位数（个）	资产总计	应收帐款	存货	#产成品
石油加工、炼焦和核燃料加工业	2	41097	3156	13004	4546
化学原料和化学制品制造业	1	51003	686	6687	
医药制造业	2	167996	6644	4877	1977
橡胶和塑料制品业	2	19993	3446	2691	1217
非金属矿物制品业	9	436239	33979	80068	18400
黑色金属冶炼和压延加工业	1	72870	2153	21934	10067
有色金属冶炼和压延加工业	3	892622	44835	156989	19989
金属制品业	1	43866	8493	6073	2641
通用设备制造业	6	186248	79021	26894	12111
专用设备制造业	7	2005602	490046	360174	69507
汽车制造业	7	981880	46470	101779	42785
铁路、船舶、航空航天和其他运输设备制造业	3	421034	112326	82357	17817
电气机械和器材制造业	4	140757	37939	37039	16925
计算机、通信和其他电子设备制造业	3	474338	18232	19906	11325
仪器仪表制造业	1	12102	9910	306	
电力、热力生产和供应业	14	5089396	254578	174351	27936
燃气生产和供应业	2	11127	46	7	1
水的生产和供应业	4	416023	10191	187	

单位:万元

负债合计	主营业务收入	营业费用	主营业务税金及附加	利润总额	利税总额	全部从业人员年平均人数(人)
19613	181273	4318	588	3353	9992	378
51003	20166	1608	20	-782	-471	702
70457	40955	4393	370	5201	8664	1135
8500	12552	493	79	864	1522	309
244823	235390	6948	882	6714	15724	4478
58477	104662	1023	2	3174	3176	90
741945	573100	14394	1995	-85315	-66801	11636
34208	30686	1458	336	1569	2013	766
94462	154719	5174	803	13257	20229	1769
783659	1066200	34562	5500	118321	166915	11283
621077	1104144	78445	30780	64851	138321	6938
322161	273103	4914	826	11850	15386	5399
97326	87923	3272	119	2260	3236	2637
271160	64548	3648	284	12960	15647	1435
8647	8372	594	101	1801	2743	89
3945911	4950239	14638	11354	111816	255850	24495
6619	13862	26	17	245	507	104
261591	63149	7491	453	797	5505	3931

8-16 规模以上集体工业

（2013 年）

项目	企业单位数（个）	资产总计	应收帐款	存货	#产成品
总计	**35**	**536977**	**160651**	**39375**	**16578**
按轻重工业分					
轻工业	9	165607	86351	12567	7174
重工业	26	371371	74301	26808	9404
按企业规模分					
中型企业	10	358540	137293	26950	10510
小型企业	24	178438	23358	12426	6069
微型企业	1				
按行业分					
煤炭开采和洗选业	1	38368	58	2526	218
非金属矿采选业	1	12598	2357	2099	1057
烟草制品业	1	12932	3568	3133	1950
造纸和纸制品业	2	3486	613	560	250
印刷和记录媒介复制业	3	40500	7266	6512	3902

企业主要经济指标

单位:万元

负债合计	主营业务收　入	营业费用	主营业务税金及附加	利润总额	利税总额	全部从业人员年平均人数(人)
287367	**845257**	**24911**	**5298**	**109463**	**151432**	**8381**
101431	174030	3788	934	25164	34976	2429
185935	671226	21122	4365	84299	116456	5952
222728	515377	17544	4421	71231	98844	5598
64638	329880	7367	877	38232	52588	2778
						5
9455	2635	69	65	326	781	98
4903	34144	2390	78	6829	8614	262
7485	16800		137	1065	2337	612
1238	3928	232	16	647	860	39
19756	43017	438	363	5875	9119	747

项目	企业单位数（个）	资产总计	应收帐款	存货	#产成品
化学原料和化学制品制造业	2	26047	9912	3333	982
医药制造业	1	89312	74407	1964	1061
橡胶和塑料制品业	1	29905	898	127	87
非金属矿物制品业	11	107615	38073	3010	1581
有色金属冶炼和压延加工业	1	11756	870	412	270
金属制品业	1	1704	355	81	68
通用设备制造业	4	135425	15179	12902	2872
专用设备制造业	2	11602	5317	1951	1936
汽车制造业	1	8043	254	77	40
铁路、船舶、航空航天和其他运输设备制造业	1	1123	451	178	178
电气机械和器材制造业	1	1491	617	154	126
其他制造业	1	5073	457	358	

单位:万元

负债合计	主营业务收入	营业费用	主营业务税金及附加	利润总额	利税总额	全部从业人员年平均人数(人)
21315	35432	1027	97	2191	3275	1226
65099	74282	2853	266	11818	15207	623
9755	54661	392	219	7106	9511	125
51022	239204	4079	1909	36525	47947	2024
579	42060	88	29	2608	2932	160
1574	7715	165	15	1011	1419	150
80345	257372	12250	1978	30069	44691	1707
5708	16372	756	67	1787	2557	163
6246	1010	8	5	169	196	20
912	1758		24	32	246	235
844	2734	91	8	82	154	90
1131	12133	74	21	1325	1588	100

8-17 各县(市)、区规模以上工业企业主要经济指标

(2013 年) 单位:万元

县(市)区	企业单位数(个)	资产总计	应收帐款	存货	#产成品	负债合计
全市	**2736**	**85286098**	**10698156**	**7519764**	**1983216**	**45971685**
中原区	47	4105511	486075	267995	77575	2344942
二七区	101	1831124	268941	184776	31246	1227757
管城区	22	2535143	451196	485039	96121	1154587
金水区	25	666753	125255	127032	21510	392670
上街区	89	2157163	177517	292151	52693	1456456
惠济区	24	686569	172242	99921	19880	436091
中牟县	119	2095705	142916	171789	85175	974749
巩义市	434	9876670	674619	726898	283052	5367957
荥阳市	375	11701301	1055952	633384	263226	3404201
新密市	552	8949927	586546	519509	187659	4255862
新郑市	302	10929812	310382	681772	161886	4793981
登封市	295	8075767	1251070	413207	142668	3792977
经济开发区	140	4143484	837819	484132	150254	2162690
高新开发区	119	5328506	690052	754287	362018	3157327
郑东新区	20	559107	37798	23122	4486	491106
航空港实验区	68	11612560	3429107	1651062	43157	10534245

8-17 续表 (2013 年) 单位:万元

县(市)区	主营业务收入	营业费用	主营业务税金及附加	利润总额	利税总额	全部从业人员年平均人数(人)
全市	**110162741**	**2513133**	**1182318**	**9769002**	**15292469**	**1055507**
中原区	3291333	93324	12132	194856	302524	27339
二七区	1948561	54244	3519	59465	88151	22810
管城区	3139248	148472	367338	345710	859697	22839
金水区	648555	48629	4648	22443	48470	13974
上街区	3506882	42842	6151	63371	145568	28185
惠济区	797456	40535	2356	17745	36275	11478
中牟县	3729411	98629	42731	381989	569754	24105
巩义市	16354995	485177	57271	1104231	1643264	102784
荥阳市	13638374	162787	63109	1178654	1704995	120741
新密市	12649279	342416	59246	1743573	2296688	120165
新郑市	11714303	190706	413757	1604787	2599292	98305
登封市	10753244	206141	91020	1606067	2032189	109033
经济开发区	5879050	323935	36554	702669	871977	51900
高新开发区	3853451	170258	18356	382426	516163	43992
郑东新区	434110	8548	1169	6723	12744	10640
航空港实验区	17799684	96334	2703	354243	1557746	246796

8-18 各县(市)、区国有及国有控股工业企业主要经济指标

(2013 年)

单位:万元

县(市)区	企业单位数(个)	资产总计	应收帐款	存货	#产成品	负债合计
全　市	**107**	**17500644**	**1290862**	**2194018**	**373821**	**11620045**
中原区	9	3051681	399919	217270	61486	1696103
二七区	2	1088540	98420	82265	6589	845588
管城区	3	625344	24809	309602	11574	248129
金水区	4	151695	24662	18058	6271	55206
上街区	7	1468806	53374	205154	21185	1158583
惠济区	2	36713	2973	5358		13010
中牟县	4	904725	33843	85108	36592	578573
巩义市	6	751416	13581	39598	20623	576928
荥阳市	5	736846	101684	58349	23024	527895
新密市	15	2084749	44286	238855	39499	1597654
新郑市	9	1633277	49292	420172	33160	1019397
登封市	6	2905838	208348	233422	42483	1975424
经济开发区	13	867803	102405	144270	30456	569459
高新开发区	15	1052535	131535	126232	36885	669089
郑东新区	1	75530	240	3415	2263	49062
航空港实验区	2	34151	822	3203	1119	15858

8-18　续表

(2013 年)

单位:万元

县(市)区	主营业务收入	营业费用	主营业务税金及附加	利润总额	利税总额	全部从业人员年平均人数(人)
全　市	**13968349**	**257368**	**792631**	**528895**	**1908329**	**154102**
中原区	2381065	35865	7960	112635	192795	14658
二七区	488195	2910	1284	7318	14314	7243
管城区	773693	20758	343153	130126	557969	3593
金水区	133834	8214	704	7681	14696	2471
上街区	1214447	16429	2951	-80740	-44534	14625
惠济区	29828	704	129	25	1226	826
中牟县	1081551	75518	30446	64713	135323	5614
巩义市	385900	5758	3363	-43074	-20055	10060
荥阳市	509042	7730	1613	19162	41203	4191
新密市	1737291	10931	17050	3421	79291	29094
新郑市	1666448	25558	365604	130921	612570	15898
登封市	2504476	17417	12747	110792	213330	30994
经济开发区	415349	9826	1183	45323	55899	3891
高新开发区	594543	19128	4119	25102	51336	9535
郑东新区	26406	389	46	-2635	-2148	818
航空港实验区	1474	77	22	-1922	-1856	170

8-19 各县(市)、区规模以上集体工业企业主要经济指标

(2013年)

单位:万元

县(市)区	企业单位数(个)	资产总计	应收帐款	存货	#产成品	负债合计
全市	**35**	**536977**	**160651**	**39375**	**16578**	**287367**
二七区	1	1491	617	154	126	844
管城区	2	37243	7021	5556	3902	18113
金水区	2	4380	696	1135	178	2555
上街区	1	23192	8390	2611	372	19194
中牟县	1	5073	457	358		1131
巩义市	7	29011	8492	2193	1622	11807
荥阳市	6	234597	94728	16297	5350	150555
新密市	8	72387	3476	4635	1487	17692
新郑市	3	57141	4505	3300	2048	23962
登封市	4	72464	32270	3137	1493	41512

8-19 续表

(2013年)

单位:万元

县(市)区	主营业务收入	营业费用	主营业务税金及附加	利润总额	利税总额	全部从业人员年平均人数(人)
全市	**845257**	**24911**	**5298**	**109463**	**151432**	**8381**
二七区	2734	91	8	82	154	90
管城区	38385	427	339	5817	8830	603
金水区	6390	12	49	91	535	379
上街区	11933	973	92	-166	352	1086
中牟县	12133	74	21	1325	1588	100
巩义市	97766	1148	119	6862	10326	773
荥阳市	344769	15759	2309	43002	61735	2440
新密市	100704	2166	249	14022	18926	813
新郑市	95331	583	486	12606	17713	1045
登封市	135110	3679	1627	25824	31274	1052

8-20 规模以上工业企业主要经济效益指标

(2013 年)

单位:%

项目	总资产贡献率	成本费用利润率	资产负债率	产品销售率
总计	**18.87**	**9.52**	**53.90**	**98.43**
按轻重工业分				
轻工业	28.07	13.06	43.84	98.36
重工业	17.32	8.94	55.60	98.45
按企业规模分				
大型企业	13.62	4.33	70.42	99.03
中型企业	20.30	12.64	44.62	98.38
小型企业	26.68	14.15	36.09	97.75
微型企业	7.66	9.02	32.60	101.22
按行业分				
煤炭开采和洗选业	9.15	5.02	66.88	98.05
黑色金属矿采选业	19.58	18.44	47.25	97.48
有色金属矿采选业	39.97	34.65	39.45	98.73
非金属矿采选业	31.02	19.26	40.14	98.60
农副食品加工业	20.14	8.77	46.73	99.70
食品制造业	14.99	9.04	50.03	98.27
酒、饮料和精制茶制造业	26.84	8.72	51.24	96.74
烟草制品业	102.31	48.39	31.64	97.54
纺织业	4.90	0.61	63.98	99.84
纺织服装、服饰业	20.53	9.99	40.99	98.85
皮革、毛皮、羽毛及其制品和制鞋业	10.20	6.06	70.01	81.87
木材加工和木、竹、藤、棕、草制品业	32.01	16.57	36.48	99.01
家具制造业	29.56	14.52	32.40	99.17
造纸和纸制品业	35.19	17.77	29.28	98.88
印刷和记录媒介复制业	18.44	11.84	39.81	98.76
文教、工美、体育和娱乐用品制造业	38.10	15.73	25.45	93.28
石油加工、炼焦和核燃料加工业	17.15	4.28	44.75	100.47
化学原料和化学制品制造业	24.41	15.07	35.98	98.05
医药制造业	23.09	18.73	47.78	98.38
化学纤维制造业	8.88	16.67	65.90	101.05
橡胶和塑料制品业	25.69	16.40	37.44	98.81
非金属矿物制品业	32.34	16.05	31.92	97.94
黑色金属冶炼和压延加工业	17.00	9.67	44.16	97.34
有色金属冶炼和压延加工业	8.65	3.10	64.38	99.50
金属制品业	12.85	8.37	50.35	98.61
通用设备制造业	17.17	9.14	41.68	97.62
专用设备制造业	15.01	10.78	32.01	99.00
汽车制造业	17.48	11.08	52.29	97.69
铁路、船舶、航空航天和其他运输设备制造业	7.83	6.88	60.40	97.39
电气机械和器材制造业	14.49	9.75	46.14	95.98
计算机、通信和其他电子设备制造业	13.47	2.44	87.67	99.34
仪器仪表制造业	18.74	28.72	33.46	95.35
其他制造业	22.92	13.81	35.77	99.59
废弃资源综合利用业	14.40	13.53	84.75	95.00
电力、热力生产和供应业	7.73	3.09	80.24	99.54
燃气生产和供应业	11.45	20.05	53.12	92.45
水的生产和供应业	3.11	3.17	62.78	97.99

8-21 国有及国有控股工业企业主要经济效益指标

(2013 年)

单位:%

项目	总资产贡献率	成本费用利润率	资产负债率	产品销售率
总计	**12.55**	**3.79**	**66.40**	**99.00**
按轻重工业分				
轻工业	55.44	24.21	46.90	97.89
重工业	6.61	2.03	69.10	99.21
按企业规模分				
大型企业	14.25	4.24	65.81	99.33
中型企业	5.32	1.61	68.69	97.52
小型企业	8.69	3.23	69.23	98.94
微型企业	6.93	7.13	47.82	83.96
按行业分				
煤炭开采和洗选业	6.08	-0.08	73.69	97.49
农副食品加工业	-5.98	-3.76	96.87	100.70
食品制造业	13.64	7.78	55.73	92.90
烟草制品业	103.29	49.60	31.33	97.53
纺织业	-1.93	-8.50	98.89	124.40
纺织服装、服饰业	18.45	0.68	53.21	100.00
印刷和记录媒介复制业	10.32	6.60	18.67	97.50
石油加工、炼焦和核燃料加工业	24.96	1.90	47.72	101.62
化学原料和化学制品制造业	-0.74	-3.73	100.00	100.49
医药制造业	7.18	14.56	41.94	99.74
橡胶和塑料制品业	10.02	6.85	42.52	99.34
非金属矿物制品业	3.96	2.53	56.12	99.04
黑色金属冶炼和压延加工业	5.49	3.13	80.25	100.00
有色金属冶炼和压延加工业	-5.46	-12.49	83.12	100.19
金属制品业	5.85	4.59	77.98	96.02
通用设备制造业	11.11	8.69	50.72	92.50
专用设备制造业	8.16	11.92	39.07	98.91
汽车制造业	14.14	4.75	63.25	99.56
铁路、船舶、航空航天和其他运输设备制造业	6.00	3.44	76.52	98.69
电气机械和器材制造业	3.14	2.53	69.14	97.38
计算机、通信和其他电子设备制造业	3.12	26.25	57.17	94.09
仪器仪表制造业	22.67	27.86	71.45	98.28
电力、热力生产和供应业	7.63	2.11	77.53	99.81
燃气生产和供应业	4.56	1.78	59.48	100.00
水的生产和供应业	2.57	1.04	62.88	98.87

8-22 集体工业企业主要经济效益指标

（2013 年）

单位:%

项　　目	总资产贡献率	成本费用利润率	资　产负债率	产　品销售率
总　　计	**28.79**	**14.91**	**53.52**	**98.32**
按轻重工业分				
轻工业	21.52	16.85	61.25	99.67
重工业	32.04	14.41	50.07	98.02
按企业规模分				
中型企业	28.26	16.08	62.12	97.84
小型企业	29.87	13.12	36.22	99.03
按行业分				
煤炭开采和洗选业	2.03	12.35	24.64	72.59
非金属矿采选业	68.63	25.07	38.92	98.64
烟草制品业	18.39	6.81	57.88	99.09
造纸和纸制品业	24.71	19.81	35.52	99.55
印刷和记录媒介复制业	22.70	15.41	48.78	102.49
化学原料和化学制品制造业	12.54	6.73	81.83	98.23
医药制造业	17.43	19.00	72.89	97.54
橡胶和塑料制品业	32.14	15.01	32.62	98.09
非金属矿物制品业	45.92	18.18	47.41	99.13
有色金属冶炼和压延加工业	25.41	6.61	4.93	100.37
金属制品业	85.21	15.11	92.35	98.22
通用设备制造业	33.55	13.19	59.33	97.36
专用设备制造业	23.29	12.31	49.19	97.07
汽车制造业	2.50	20.29	77.66	100.00
铁路、船舶、航空航天和其他运输设备制造业	22.00	1.89	81.20	99.86
电气机械和器材制造业	10.89	3.13	56.64	103.33
其他制造业	33.47	12.27	22.30	99.28

8-23　各县(市)区规模以上工业企业主要经济效益指标

(2013 年)

单位:%

县(市)区	总资产 贡献率	成本费用 利润率	资　产 负债率	产　品 销售率
全　市	**18.87**	**9.52**	**53.90**	**98.43**
中原区	8.22	8.65	61.25	95.82
二七区	5.90	3.29	65.07	98.55
管城区	33.99	13.47	45.54	96.45
金水区	8.79	3.45	58.89	99.62
上街区	8.46	1.90	64.46	98.88
惠济区	5.42	2.25	63.52	94.24
中牟县	27.81	10.52	46.51	97.09
巩义市	18.76	7.22	54.20	97.60
荥阳市	15.40	9.49	28.99	98.83
新密市	33.15	18.76	38.86	99.33
新郑市	25.60	17.06	41.63	98.86
登封市	28.72	17.92	44.06	97.82
经济开发区	21.36	13.54	52.19	98.78
高新开发区	10.65	10.11	59.25	95.82
郑东新区	5.80	1.55	87.84	99.09
航空港实验区	13.29	1.90	90.71	99.48

8-24　各县(市)、区国有及国有控股工业企业主要经济效益指标

(2013 年)

单位:%

县(市)区	总资产 贡献率	成本费用 利润率	资　产 负债率	产　品 销售率
全　市	**12.55**	**3.79**	**66.40**	**99.00**
中原区	3.42	4.66	60.75	93.35
二七区	2.05	1.58	76.55	99.76
管城区	89.30	41.99	39.68	97.08
金水区	10.86	5.65	36.39	102.09
上街区	-3.48	-9.08	77.32	100.19
惠济区	4.18	0.08	35.44	80.85
中牟县	14.96	4.83	63.95	98.75
巩义市	-1.08	-11.65	76.70	95.58
荥阳市	8.50	2.72	78.95	100.57
新密市	6.81	0.18	50.41	99.46
新郑市	62.76	17.30	51.61	98.52
登封市	11.05	4.86	64.90	98.42
经济开发区	6.77	12.18	65.62	99.00
高新开发区	6.35	4.13	63.57	98.61
郑东新区	-1.05	-7.90	64.96	156.31
航空港实验区	-5.25	-70.02	46.43	98.43

8-25 各县(市)区集体工业企业主要经济效益指标

(2013 年)　　单位:%

县(市)区	总资产贡献率	成本费用利润率	资 产 负债率	产 品 销售率
全 市	**28.79**	**14.91**	**53.52**	**98.32**
二七区	10.89	3.13	56.64	103.33
管城区	23.91	17.58	48.64	102.89
金水区	12.19	1.35	58.32	99.97
上街区	1.47	-1.29	82.76	96.85
中牟县	33.47	12.27	22.30	99.28
巩义市	36.49	7.56	40.70	98.98
荥阳市	26.84	14.24	64.18	97.37
新密市	26.21	16.41	24.44	97.64
新郑市	31.37	15.32	41.94	98.73
登封市	44.86	23.97	57.29	98.99

8-26 规模以上工业企业全员劳动生产率

(2013 年)　　单位:元/人·年

项 目	合计	#国有及国有控股	#集体	#港澳台投 资	#外商投资
全 市	**234323**	**265301**	**369771**	**107222**	**329132**
按企业规模分					
大型企业	148703	200393		104492	416464
中型企业	279585	528295	316462	164246	144768
小型企业	355160	231561	456031	200691	275721
微型企业	129241				
按轻重工业分					
轻工业	259374	824414	209513	132547	210329
重工业	229096	202119	435173	106365	421497

8-27 各县(市)、区规模以上工业企业全员劳动生产率

(2013 年)

单位:元/人·年

县(市)区	合计	#国有及国有控股	#集体	#港澳台投资	#外商投资	轻工业	重工业	大型	中型	小型
全　市	**234323**	**265301**	**369771**	**107222**	**329132**	**259374**	**229096**	**148703**	**279585**	**355160**
中原区	209189	241418		178466	169477	71425	272445	271907	97109	228425
二七区	207883	162890	64256	1052500	310641	217679	202658	242091	108179	235842
管城区	428253	1691399	167541	124562		618258	265337	180789	2110919	106890
金水区	110535	91902	54169	395895	130317	111213	105714	99445	105919	149828
上街区	244860	122526	25959	119136	301087	175401	246348	143162	284721	393755
惠济区	203448	146944			214045	190498	271279	164625	245801	311269
中牟县	376294	471345	296350	44044	419128	420451	361112	433265	271489	473024
巩义市	335279	94167	767411	581430	226057	306384	336384	273622	294573	395476
荥阳市	256421	180220	383675	473474	144531	215215	263084	167697	258277	285785
新密市	258385	99888	532476	315543	97538	231797	266022	127378	202461	369114
新郑市	315251	471446	292183	125925	215872	371343	276129	78957	436325	387910
登封市	254049	193175	593933	140535	253931	190739	257818	177552	211417	472267
经济开发区	320900	1501511		92559	823859	239018	349082	364934	221785	340230
高新开发区	179130	113600		101809	288786	96944	206535	148608	220677	167126
郑东新区	100602	49441		36247		155682	91018	36247	49441	337253
航空港实验区	105919	16041		103448	26317	150069	104687	103448	195002	188901

8-28 规模以上工业企业分行业全员劳动生产率

（2013 年）

单位:元/人·年

行　　业	合计	#国有及国有控股	#集体	#港澳台投　资	#外商投资
全　　市	**234323**	**265301**	**369771**	**107222**	**329132**
煤炭开采和洗选业	112209	106460	552245		
黑色金属矿采选业	216538				
有色金属矿采选业	405350				
非金属矿采选业	325476		334756		
农副食品加工业	342813			363188	869087
食品制造业	156260	93242		58859	174507
酒、饮料和精制茶制造业	191519			199456	389920
烟草制品业	2144925	2386501	140864		
纺织业	148971	57270		69113	69271
纺织服装、服饰业	123312	19721		21736	212066
皮革、毛皮、羽毛及其制品和制鞋业	126094				
木材加工和木、竹、藤、棕、草制品业	331098				43865
家具制造业	311114				
造纸和纸制品业	279631		3408821	17091	
印刷和记录媒介复制业	166184	107191	106764	131374	
文教、工美、体育和娱乐用品制造业	250992				
石油加工、炼焦和核燃料加工业	334131	495225			
化学原料和化学制品制造业	285042	94618	95513	596325	
医药制造业	225376	95722	289926		94922
化学纤维制造业	84520			22420	
橡胶和塑料制品业	299524	96531	1419128	116613	273833
非金属矿物制品业	343090	253423	692192	411877	260461
黑色金属冶炼和压延加工业	454196	4051356			32016
有色金属冶炼和压延加工业	255278	129800	20188	183098	209568
金属制品业	228501	82009	128373		72457
通用设备制造业	311363	181374	375053		26321
专用设备制造业	262816	164209	453080	391818	56097
汽车制造业	449655	1063153	80400		839957
铁路、船舶、航空航天和其他运输设备制造业	137541	140628	19247		
电气机械和器材制造业	271800	28592	68500		
计算机、通信和其他电子设备制造业	99086	97795		98995	87498
仪器仪表制造业	204869	429798		94965	
其他制造业	349200				
电力、热力生产和供应业	313922	282124		141196	3970402
燃气生产和供应业	245319	285288		215975	
水的生产和供应业	83094	74654			

8-29 工业企业能源购进、消费与库存情况

（2013年）

行业	计量单位	年初库存量	购进量		消费量			年末库存量
			实物量	金额（千元）	合计	工业生产消费	非工业生产消费	
原煤	**吨**	**1713380**	**37019381**	**19592904**	**36786553**	**36760915**	**25639**	**1821660**
采矿业	吨	14153	1646051	838384	1666549	1648990	17559	13579
煤炭开采和洗选业	吨	14123	1644512	837285	1664950	1647450	17499	13579
黑色金属矿采选业	吨	10	12	9	22	12	10	
有色金属矿采选业	吨	20	762	598	812	762	50	
非金属矿采选业	吨		766	491	766	766		
制造业	吨	411596	10134767	6305509	10209197	10201848	7349	333323
农副食品加工业	吨	992	53581	38982	53575	53478	97	671
食品制造业	吨	10344	182297	120345	187279	187230	50	4386
饮料制造业	吨	3631	81024	62905	80158	79628	530	4697
烟草制品业	吨	40	1115	802	1115	1115		
纺织业	吨	810	9725	5425	10541	10541		94
纺织服装、鞋、帽制造业	吨		85951	59563	85875	85875		25
皮革、毛皮、羽毛(绒)等	吨		311	213	320	320		
木材加工及木、竹、藤等	吨	38	874	540	864	864		10
家具制造业	吨		106	38	106	106		
造纸及纸制品业	吨	4652	368876	279149	369629	369593	36	4231
印刷业和记录媒介的复制	吨	674	12024	8292	12038	11987	51	11
文教体育用品制造业	吨	91	1219	792	1229	1229		80
石油加工炼焦及核燃料加工业	吨	45	1331	852	1373	928	445	3
化学原料及化学制品制造业	吨	12882	703117	622888	705263	704794	469	10053
医药制造业	吨	4744	90386	61712	86509	86381	128	8588
化学纤维制造业	吨	29	147	73	147	147		
橡胶和塑料制品业	吨	81	41863	26176	41815	41791	25	124
非金属矿物制品业	吨	78434	3751867	2701616	3746051	3741068	4983	81962
黑色金属冶炼及压延加工业	吨	6319	209744	162209	206958	206958		12243
有色金属冶炼及压延加工业	吨	272912	4404102	2059736	4484646	4484646		191095
金属制品业	吨	13127	49749	30151	53985	53895	90	8876
通用设备制造业	吨	73	19849	14976	16838	16832	6	3069
专用设备制造业	吨	1193	23001	22785	22790	22730	60	1411
汽车制造业	吨	28	25987	15105	24652	24635	17	142
铁路、船舶、航空航天和其他运输设备制造业	吨	200	12060	6866	10843	10479	364	1417
电气机械和器材制造业	吨	254	4396	3260	4533	4533		134
计算机、通信和其他电子设备制造业	吨		24	14	24	24		
仪器仪表制造业	吨	3	38	42	38	38		3
电力、燃气及水的生产和供应业	吨	1287631	25238562	12449011	24910807	24910077	730	1474758
电力、热力的生产和供应业	吨	1287607	25233253	12445693	24905498	24904768	730	1474758

(2013 年)

行业	计量单位	年初库存量	购进量		消费量			年末库存量
			实物量	金额（千元）	合计	工业生产消费	非工业生产消费	
水的生产和供应业	吨	24	5309	3318	5309	5309		
洗精煤	**吨**	**2891**	**39215**	**33569**	**36834**	**36834**		**5273**
制造业	吨	34	14327	13490	13345	13345		1017
造纸及纸制品业	吨		645	618	645	645		
非金属矿物制品业	吨	34	13683	12872	12700	12700		1017
电力、燃气及水的生产和供应业	吨	2857	24888	20079	23489	23489		4256
电力、热力的生产和供应业	吨	2857	24888	20079	23489	23489		4256
煤制品	**吨**	**9**	**2728**	**2349**	**2728**	**2728**		**10**
制造业	吨	9	2728	2349	2728	2728		10
饮料制造业	吨		2498	2004	2498	2498		
专用设备制造业	吨	9	230	345	230	230		10
焦炭	**吨**	**11181**	**426213**	**499613**	**431456**	**431443**	**13**	**5631**
制造业	吨	11168	426213	499613	431443	431443		5631
食品制造业	吨		153	350	153	153		
纺织服装、服饰业	吨		148	141	141	141		
化学原料及化学制品制造业	吨	55	33065	43512	33088	33088		32
非金属矿物制品业	吨		21013	35250	21013	21013		
黑色金属冶炼和压延加工业	吨	10355	337793	361840	342926	342926		5222
有色金属冶炼和压延加工业	吨	687	12054	13784	12157	12157		312
通用设备制造业	吨	63	21005	42391	21003	21003		65
专用设备制造业	吨	8	981	2345	961	961		
电力、热力、燃气及水生产和供应业	吨	13			13		13	
水的生产和供应业	吨	13			13		13	
其他焦化产品	**吨**	**33**	**28706**	**32016**	**28710**	**28710**		**28**
制造业	吨		480	1008	480	480		
非金属矿物制品业	吨		480	1008	480	480		
电力、热力、燃气及水生产和供应业	吨	33	28226	31008	28230	28230		28
电力、热力生产和供应业	吨	33	28226	31008	28230	28230		28
转炉煤气	**万立方米**		**310**	**558**	**310**	**310**		
制造业	万立方米		310	558	310	310		
有色金属冶炼和压延加工业	万立方米		310	558	310	310		
发生炉煤气	**万立方米**		**554**	**1790**	**554**	**554**		
制造业	万立方米		554	1790	554	554		
非金属矿物制品业	万立方米		554	1790	554	554		
天然气	**万立方米**	**10**	**134360**	**2957838**	**124572**	**124197**	**375**	**23**
制造业	万立方米	10	92971	2125419	83184	82821	362	23
农副食品加工业	万立方米		440	9302	440	440		
食品制造业	万立方米		126	3450	118	118		8

8-29 续表 2 （2013 年）

行业	计量单位	年初库存量	购进量		消费量			年末库存量
			实物量	金额（千元）	合计	工业生产消费	非工业生产消费	
酒、饮料和精制茶制造业	万立方米		155	4565	155	153	2	
烟草制品业	万立方米		831	24396	831	829	2	
纺织业	万立方米		235	5460	235	235		
纺织服装、服饰业	万立方米		61	1744	61	61		
造纸及纸制品业	万立方米		43	1298	43	43		
印刷和记录媒介复制业	万立方米		10	289	10	9	1	
化学原料和化学制品制造业	万立方米		8	187	8	8		
医药制造业	万立方米		72	2163	295	295		13
橡胶和塑料制品业	万立方米		8	216	8	8		
非金属矿物制品业	万立方米		32643	863146	32641	32640		2
黑色金属冶炼和压延加工业	万立方米		16	432	16	16		
有色金属冶炼和压延加工业	万立方米		40649	795588	40649	40595	54	
金属制品业	万立方米		1847	41340	1847	1847		
通用设备制造业	万立方米	10	11917	259334	1917	1915	1	
专用设备制造业	万立方米		249	7246	249	244	5	
汽车制造业	万立方米		2749	76858	2749	2472	277	
铁路、船舶、航空航天和其他运输设备制造业	万立方米		8	262	8		8	
电气机械和器材制造业	万立方米		74	2105	74	74		
计算机、通信和其他电子设备制造业	万立方米		831	26040	831	819	12	
电力、热力、燃气及水生产和供应业	万立方米		41389	832419	41389	41376	13	
电力、热力生产和供应业	万立方米		41389	832419	41389	41376	13	
液化天然气	**吨**		**17114**	**60283**	**17114**	**17108**	**6**	
采矿业	吨		3	14	3	3		
煤炭开采和洗选业	吨		3	14	3	3		
制造业	吨		17111	60269	17111	17105	6	
酒、饮料和精制茶制造业	吨		1	8	1	1		
非金属矿物制品业	吨		4577	26423	4577	4577		
黑色金属冶炼和压延加工业	吨		3	20	3		3	
有色金属冶炼和压延加工业	吨		11304	28623	11304	11304		
金属制品业	吨		1035	3536	1035	1035		
通用设备制造业	吨		115	1150	115	115		
专用设备制造业	吨		23	196	23	23		
汽车制造业	吨		54	313	54	50	4	
煤层气	**万立方米**		**1910**	**12315**	**3121**			
制造业	万立方米		1910	12315	1910			
黑色金属冶炼和压延加工业	万立方米		271	8168	271			
有色金属冶炼和压延加工业	万立方米		1639	4147	1639			
电力、热力、燃气及水生产和供应业	万立方米				1211			

（2013 年）

行业	计量单位	年初库存量	购进量		消费量			年末库存量
			实物量	金额（千元）	合计	工业生产消费	非工业生产消费	
电力、热力生产和供应业	万立方米				1211			
原油	**吨**	**66**	**2457**	**11169**	**2462**	**2456**	**6**	**67**
制造业	吨	66	2457	11169	2462	2456	6	67
农副食品加工业	吨	65	2109	9055	2114	2114		60
纺织服装、服饰业	吨	1						
橡胶和塑料制品业	吨		9	66	9	9		
非金属矿物制品业	吨		6	47	6		6	6
专用设备制造业	吨		3	21	3	3		
电气机械和器材制造业	吨		330	1980	330	330		
汽油	**吨**	**288**	**56563**	**442325**	**57358**	**50212**	**7145**	**100**
采矿业	吨		2137	18213	2137	1498	639	
煤炭开采和洗选业	吨		1711	14883	1711	1148	563	
黑色金属矿采选业	吨		1	19	1	1		
有色金属矿采选业	吨		256	1891	256	256		
非金属矿采选业	吨		169	1420	169	93	76	
制造业	吨	287	51433	395335	52207	46401	5806	95
农副食品加工业	吨	1	1906	14450	1906	1887	19	
食品制造业	吨		9181	60496	9181	9009	172	
酒、饮料和精制茶制造业	吨		173	1327	173	135	38	
烟草制品业	吨		194	2047	194	113	81	
纺织业	吨		676	4816	676	674	2	
纺织服装、服饰业	吨	3	565	4641	764	708	56	3
皮革、毛皮、羽毛及其制品和制鞋业	吨		65	667	65	65		
木材加工和木、竹、藤、棕、草制品业	吨		12	87	12	12		
家具制造业	吨		349	2670	349	339	9	
造纸和纸制品业	吨	21	1733	13483	1762	1453	309	11
印刷和记录媒介复制业	吨	2	703	5629	705	585	120	
文教、工美、体育和娱乐用品制造业	吨		143	1078	143	74	69	1
石油加工、炼焦和核燃料加工业	吨		131	1081	131	129	2	
化学原料和化学制品制造业	吨	85	4884	38387	4951	4838	113	18
医药制造业	吨		5456	41373	5467	5336	131	
橡胶和塑料制品业	吨		3667	27625	3667	3627	40	
非金属矿物制品业	吨	22	7316	59192	7343	5195	2147	23
黑色金属冶炼和压延加工业	吨	4	2003	14836	2131	2048	84	
有色金属冶炼和压延加工业	吨	77	1451	11077	1482	1400	82	14
金属制品业	吨		855	7169	977	624	353	
通用设备制造业	吨	2	2025	18751	2057	1570	487	
专用设备制造业	吨	40	2895	25313	2988	2184	803	

8-29 续表4 （2013年）

行业	计量单位	年初库存量	购进量		消费量			年末库存量
			实物量	金额（千元）	合计	工业生产消费	非工业生产消费	
汽车制造业	吨	17	2664	19076	2644	2475	168	25
铁路、船舶、航空航天和其他运输设备制造业	吨	1	214	2162	214	214		
电气机械和器材制造业	吨		1334	10946	1387	1170	218	
计算机、通信和其他电子设备制造业	吨	12	552	4355	552	341	211	
仪器仪表制造业	吨		248	2298	248	156	93	
其他制造业	吨		39	302	39	39		
电力、热力、燃气及水生产和供应业	吨	2	2993	28777	3013	2313	700	5
电力、热力生产和供应业	吨		2294	22154	2318	1631	687	
燃气生产和供应业	吨		367	3568	367	354	13	
水的生产和供应业	吨	1	332	3055	328	328		5
煤油	**吨**	**18**	**670**	**5446**	**722**	**706**	**16**	**12**
采矿业	吨		2	15	2	2		
煤炭开采和洗选业	吨		1	8	1	1		
非金属矿采选业	吨		1	7	1	1		
制造业	吨	16	668	5431	720	704	16	12
农副食品加工业	吨		238	1907	238	238		
印刷和记录媒介复制业	吨		6	62	6		6	
化学原料和化学制品制造业	吨		22	189	22	22		
橡胶和塑料制品业	吨	10	10	100	20	10	10	10
非金属矿物制品业	吨		308	2343	308	308		
有色金属冶炼和压延加工业	吨				50	50		
专用设备制造业	吨	5	4	41	4	4		
汽车制造业	吨		74	735	66	66		
铁路、船舶、航空航天和其他运输设备制造业	吨	1	5	54	4	4		2
柴油	**吨**	**1642**	**53766**	**410038**	**54295**	**51066**	**3227**	**1170**
采矿业	吨	4	5240	46366	5180	4741	439	24
煤炭开采和洗选业	吨	4	4330	39086	4270	4238	32	24
有色金属矿采选业	吨		202	1611	202	188	14	
非金属矿采选业	吨		708	5669	708	315	393	
制造业	吨	381	42101	318236	42296	39573	2720	323
农副食品加工业	吨		628	4931	628	610	18	
食品制造业	吨	20	8923	58612	8940	8649	292	2
酒、饮料和精制茶制造业	吨	32	782	6280	814	814		
烟草制品业	吨		211	1835	211	194	15	
纺织业	吨		1356	11515	1356	1356		
纺织服装、服饰业	吨		120	894	120	107	13	
木材加工和木、竹、藤、棕、草制品业	吨		19	135	19		19	
家具制造业	吨		159	1089	159	151	8	

8-29 续表3 （2013年）

（2013 年）

行业	计量单位	年初库存量	购进量		消费量			年末库存量
			实物量	金额（千元）	合计	工业生产消费	非工业生产消费	
造纸和纸制品业	吨	11	500	3687	530	513	17	3
印刷和记录媒介复制业	吨		160	1290	160	146	14	
石油加工、炼焦和核燃料加工业	吨	83	130	988	173	127	46	45
化学原料和化学制品制造业	吨	1	623	5164	623	550	73	1
医药制造业	吨		647	4928	647	609	38	
橡胶和塑料制品业	吨	5	359	2637	364	346	19	5
非金属矿物制品业	吨	10	10134	81605	10141	9129	1011	67
黑色金属冶炼和压延加工业	吨	20	3122	26098	3148	3148		10
有色金属冶炼和压延加工业	吨	96	2481	17940	2484	1983	501	114
金属制品业	吨	17	473	3158	481	473	8	8
通用设备制造业	吨		323	2705	323	305	18	
专用设备制造业	吨	16	3421	25599	3414	2878	536	
汽车制造业	吨	64	6901	52443	6927	6926	1	59
铁路、船舶、航空航天和其他运输设备制造业	吨	2	26	231	28	28		
电气机械和器材制造业	吨	4	507	3776	507	470	37	10
计算机、通信和其他电子设备制造业	吨		39	246	39	9	31	
仪器仪表制造业	吨		59	450	59	52	6	
电力、热力、燃气及水生产和供应业	吨	1257	6425	45436	6819	6751	68	823
电力、热力生产和供应业	吨	1255	6113	42692	6507	6440	68	821
燃气生产和供应业	吨		133	1214	133	133		
水的生产和供应业	吨	1	179	1530	179	179		2
燃料油	**吨**	**12813**	**6183**	**24392**	**10571**	**10571**		**8406**
采矿业	吨		12	76	12	12		
非金属矿采选业	吨		12	76	12	12		
制造业	吨	10698	4802	19772	7461	7461		8019
非金属矿物制品业	吨	264	3868	13501	3772	3772		340
有色金属冶炼和压延加工业	吨	10435	933	6271	3689	3689		7679
电力、热力、燃气及水生产和供应业	吨	2115	1370	4544	3098	3098		387
电力、热力生产和供应业	吨	2115	1370	4544	3098	3098		387
液化石油气	**吨**	**6**	**4274**	**18713**	**4281**	**4280**	**1**	**6**
制造业	吨	6	4255	18591	4264	4262	1	6
造纸和纸制品业	吨		16	89	16	16		
印刷和记录媒介复制业	吨		7	34	7	7		
医药制造业	吨		19	140	19	19		
非金属矿物制品业	吨	6	1522	6810	1531	1531		5
金属制品业	吨		1007	7182	1007	1007		
专用设备制造业	吨		1577	3753	1576	1575	1	1
汽车制造业	吨		108	584	108	108		

行业	计量单位	年初库存量	购进量		消费量			年末库存量
			实物量	金额（千元）	合计	工业生产消费	非工业生产消费	
电力、热力、燃气及水生产和供应业	吨		19	122	17	17		
电力、热力生产和供应业	吨		19	122	17	17		
润滑油	**吨**		**34**	**539**	**34**	**34**		
制造业	吨		34	539	34	34		
黑色金属冶炼和压延加工业	吨		2	37	2	2		
汽车制造业	吨		32	501	32	32		
石油焦	**吨**	**28161**	**409746**	**473974**	**414345**	**414345**		**23562**
制造业	吨	23443	269132	298910	272884	272884		19691
非金属矿物制品业	吨	1900	152253	149490	151382	151382		2771
有色金属冶炼和压延加工业	吨	21543	116879	149420	121502	121502		16920
电力、热力、燃气及水生产和供应业	吨	4718	140614	175064	141461	141461		3871
电力、热力生产和供应业	吨	4718	140614	175064	141461	141461		3871
石油沥青	**吨**	**1267**	**28984**	**61202**	**30025**	**30025**		**225**
制造业	吨		8250	11648	8250	8250		
非金属矿物制品业	吨		8250	11648	8250	8250		
电力、热力、燃气及水生产和供应业	吨	1267	20734	49554	21775	21775		225
电力、热力生产和供应业	吨	1267	20734	49554	21775	21775		225
其他石油制品	**吨**	**114**	**11247**	**36635**	**11235**	**11235**		**125**
制造业	吨	14	10920	33296	10908	10908		25
非金属矿物制品业	吨		9438	18576	9438	9438		1
有色金属冶炼和压延加工业	吨	13	684	6254	684	684		13
通用设备制造业	吨		24	276	24	24		
专用设备制造业	吨		773	8190	762	762		11
电力、热力、燃气及水生产和供应业	吨	100	328	3339	328	328		100
电力、热力生产和供应业	吨	100	328	3339	328	328		100
热力	**百万千焦**		**5233756**	**273701**	**11878960**	**11852305**	**26656**	
制造业	百万千焦		1055583	106962	7700785	7674130	26656	
农副食品加工业	百万千焦		376043	24066	376043	376043		
食品制造业	百万千焦		27144	2098	27144	19714	7430	
酒、饮料和精制茶制造业	百万千焦		84557	41761	84557	84557		
纺织业	百万千焦		192709	12133	192709	192709		
纺织服装、服饰业	百万千焦		126734	10116	126734	126734		
造纸和纸制品业	百万千焦		3756	200	3756	3756		
印刷和记录媒介复制业	百万千焦		6865	363	6865	6865		
石油加工、炼焦和核燃料加工业	百万千焦		1907	114	1907	1907		
化学原料和化学制品制造业	百万千焦		12880	1044	12880	12880		
医药制造业	百万千焦		10846	820	10846	10846		
非金属矿物制品业	百万千焦		2839	215	2839		2839	

(2013年)

行业	计量单位	年初库存量	购进量		消费量			年末库存量
			实物量	金额(千元)	合计	工业生产消费	非工业生产消费	
有色金属冶炼和压延加工业	百万千焦				6645203	6645203		
通用设备制造业	百万千焦		778	39	778	778		
专用设备制造业	百万千焦		127806	7766	127806	123008	4798	
汽车制造业	百万千焦		56187	4754	56187	44599	11588	
铁路、船舶、航空航天和其他运输设备制造业	百万千焦		24532	1473	24532	24532		
电力、热力、燃气及水生产和供应业	百万千焦		4178174	166739	4178175	4178175		
电力、热力生产和供应业	百万千焦		4178174	166739	4178175	4178175		
电力	**万千瓦时**		**3228661**	**20160786**	**4135354**	**4111959**	**23395**	
采矿业	万千瓦时		206774	1454954	215799	206730	9069	
煤炭开采和洗选业	万千瓦时		185202	1294941	194227	185158	9069	
黑色金属矿采选业	万千瓦时		605	4639	605	605		
有色金属矿采选业	万千瓦时		3244	24576	3244	3244		
非金属矿采选业	万千瓦时		17723	130799	17723	17723		
制造业	万千瓦时		2419076	16203664	3154366	3144907	9459	
农副食品加工业	万千瓦时		45961	317274	45985	45922	62	
食品制造业	万千瓦时		47591	322420	47591	46950	641	
酒、饮料和精制茶制造业	万千瓦时		18044	133879	18050	17933	117	
烟草制品业	万千瓦时		5010	39550	5010	4998	12	
纺织业	万千瓦时		21707	155929	21707	21705	2	
纺织服装、服饰业	万千瓦时		13218	103191	13218	13196	22	
皮革、毛皮、羽毛及其制品和制鞋业	万千瓦时		368	2824	394	394		
木材加工和木、竹、藤、棕、草制品业	万千瓦时		3052	21702	3052	3039	14	
家具制造业	万千瓦时		5091	34416	5091	5084	6	
造纸和纸制品业	万千瓦时		63910	465950	64118	64099	19	
印刷和记录媒介复制业	万千瓦时		12244	88286	12244	11238	1007	
文教、工美、体育和娱乐用品制造业	万千瓦时		7993	51818	8266	8241	26	
石油加工、炼焦和核燃料加工业	万千瓦时		1752	12491	1752	1696	56	
化学原料和化学制品制造业	万千瓦时		222956	1305574	222965	222708	257	
医药制造业	万千瓦时		26435	188218	26496	26285	211	
化学纤维制造业	万千瓦时		576	4245	576	576		
橡胶和塑料制品业	万千瓦时		30528	219697	30528	30455	74	
非金属矿物制品业	万千瓦时		958629	6510621	964607	962952	1655	
黑色金属冶炼和压延加工业	万千瓦时		204591	1369500	204591	204227	364	
有色金属冶炼和压延加工业	万千瓦时		298785	1749629	1027168	1026298	870	
金属制品业	万千瓦时		62281	401105	62336	62284	53	
通用设备制造业	万千瓦时		62365	469292	62435	62334	101	
专用设备制造业	万千瓦时		107936	806980	107936	106162	1774	
汽车制造业	万千瓦时		50355	377088	50355	48933	1421	

行业	计量单位	年初库存量	购进量		消费量			年末库存量
			实物量	金额（千元）	合计	工业生产消费	非工业生产消费	
铁路、船舶、航空航天和其他运输设备制造业	万千瓦时		7924	61618	7924	7844	80	
电气机械和器材制造业	万千瓦时		25416	185149	25578	25335	243	
计算机、通信和其他电子设备制造业	万千瓦时		112993	794199	112993	112626	366	
仪器仪表制造业	万千瓦时		1095	9156	1129	1121	7	
其他制造业	万千瓦时		273	1865	273	273		
电力、热力、燃气及水生产和供应业	万千瓦时		602811	2502168	765190	760323	4867	
电力、热力生产和供应业	万千瓦时		585802	2373433	748181	744092	4089	
燃气生产和供应业	万千瓦时		3498	26742	3498	3497	1	
水的生产和供应业	万千瓦时		13511	101993	13511	12734	777	
城市生活垃圾用于燃烧	**吨**		**437797**	**50**	**437797**	**437797**		
电力、热力、燃气及水生产和供应业	吨		437797	50	437797	437797		
电力、热力生产和供应业	吨		437797	50	437797	437797		
其他工业废料用于燃烧	**吨**				**868**	**868**		
制造业	吨				868	868		
医药制造业	吨				868	868		
生物质废料用于燃烧	**吨**	**5600**	**68368**	**21984**	**66750**	**66746**	**4**	**7246**
制造业	吨		7802	4267	7829	7826	4	
农副食品加工业	吨		284	182	269	269		
医药制造业	吨		4370	2236	4370	4370		
非金属矿物制品业	吨		3148	1849	3148	3148		
计算机、通信和其他电子设备制造业	吨				43	39	4	
电力、热力、燃气及水生产和供应业	吨	5600	60566	17717	58921	58921		7246
电力、热力生产和供应业	吨	5600	60566	17717	58921	58921		7246
余热余压	**百万千焦**				**2640342**	**2640342**		
采矿业	百万千焦				569329	569329		
煤炭开采和洗选业	百万千焦				569329	569329		
制造业	百万千焦				2071014	2071014		
造纸和纸制品业	百万千焦				6	6		
非金属矿物制品业	百万千焦				2071008	2071008		
其它燃料	**吨标准煤**		**1234**	**1853**	**1377**	**1270**	**107**	
制造业	吨标准煤		1234	1853	1377	1270	107	
造纸和纸制品业	吨标准煤		233	199	233	233		
医药制造业	吨标准煤				25	25		
非金属矿物制品业	吨标准煤				118	109	9	
汽车制造业	吨标准煤		1001	1654	1001	903	98	

8-30 规模以上工业企业分行业能耗情况

行业	企业数	综合能源消费量（吨标准煤）	同比增速(%)
全 市	**2763**	**22648532**	**4.89**
轻工业	636	1147336	-1.43
重工业	2127	21501196	5.25
采矿业	183	912537	-13.40
煤炭开采和洗选业	127	883659	-13.33
黑色金属矿采选业	3	754	-58.11
有色金属矿采选业	12	5182	-50.41
非金属矿采选业	41	22942	4.95
制造业	2538	11987260	-0.35
农副食品加工业	95	120486	3.61
食品制造业	78	219687	0.40
酒、饮料和精制茶制造业	26	86542	-3.36
烟草制品业	3	18044	1.24
纺织业	29	46866	-1.84
纺织服装、服饰业	53	83991	14.10
皮革、毛皮、羽毛及其制品和制鞋业	5	808	-8.06
木材加工和木、竹、藤、棕、草制品业	19	4369	-22.89
家具制造业	31	7043	-9.01
造纸和纸制品业	104	347180	-4.06
印刷和记录媒介复制业	45	23811	-6.32
文教、工美、体育和娱乐用品制造业	20	11115	-33.59
石油加工、炼焦和核燃料加工业	6	3186	-52.92
化学原料和化学制品制造业	168	854958	14.71
医药制造业	45	84413	-0.13
化学纤维制造业	4	813	-50.16
橡胶和塑料制品业	80	73263	3.57
非金属矿物制品业	879	4544633	0.04
黑色金属冶炼和压延加工业	62	763505	28.54
有色金属冶炼和压延加工业	125	3913040	-9.69
金属制品业	85	138641	11.61
通用设备制造业	111	137541	38.81
专用设备制造业	231	167815	-0.32
汽车制造业	67	127014	10.49
铁路、船舶、航空航天和其他运输设备制造业	12	18324	0.58
电气机械和器材制造业	105	38202	8.41
计算机、通信和其他电子设备制造业	25	149867	41.21
仪器仪表制造业	21	1710	-7.98
其他制造业	4	395	8.41
电力、热力、燃气及水生产和供应业	42	9748735	14.55
电力、热力生产和供应业	23	9723537	14.57
燃气生产和供应业	13	5012	-30.37
水的生产和供应业	6	20186	23.83

主要统计指标解释

按照国家统计方法制度规定,1998 年独立核算工业统计范围由原乡及乡以上调整为全部国有及年销售收入 500 万元及以上非国有工业企业(即新口径)。2007 年起为规模以上工业企业,即年主营业务收入为 500 万元及以上的法人工业企业。2011 年起为年主营业务收入为 2000 万元及以上的法人工业企业。同时,统计分类中的原经济组织类型分组相应地调整为按企业登记注册类型分组。

工业 指从事自然资源的开采,对采掘品和农产品进行加工和再加工的物质生产部门。具体包括:1. 对自然资源的开采,如采矿、晒盐、森林采伐等(但不包括禽兽捕猎和水产捕捞);2. 对农副产品的加工、再加工,如粮油加工、食品加工、轧花、缫丝、纺织、制革等;3. 对采掘品的加工、再加工,如炼铁、炼钢、化工生产、石油加工、机器制造、木材加工等,以及电力、自来水、煤气的生产和供应等;4. 对工业品的修理、翻新,如机器设备的修理,交通运输工具(包括小卧车)的修理等。1984 年以前农村的村及村以下办工业归属农业,1984 年以后划归工业。

工业统计调查单位工业统计调查单位分为两类:独立核算法人工业企业和工业活动单位。

1. 独立核算法人工业企业是指从事工业生产经营活动的单位。独立核算法人工业企业应同时具备以下条件:(1)依法成立,有自己的名称、组织机构和场所,能够承担民事责任;(2)独立拥有和使用资产,承担负债,有权与其他单位签订合同;(3)独立核算盈亏,并能够编制资产负债表。

2. 工业活动单位是指在一个场所从事一种或主要从事一种工业生产活动的经济单位。它包括独立核算工业企业按主营业务活动(即工业生产活动)划分的主营业务活动单位和非工业企业所属的工业生产活动单位(即原非独立核算工业生产单位)。工业活动单位,一般应同时具备以下三个条件:(1)具有一个场所,从事一种或主要从事一种工业活动;(2)单独组织工业生产、经营或业务活动;(3)单独核算收入和支出。

轻工业 主要是指生产消费资料的工业部门。如:食品、纺织、皮革、造纸、日用化工、文教艺术体育用品工业等。

轻工业主要指提供生活消费品的工业部门,包括:①以农产品为原料的。如棉、毛、麻、丝的纺织及缝纫,皮革及其制品,纸浆及造纸,食品制造等工业;②以非农产品为原料的。如日用金属、日用化工、日用玻璃、日用陶瓷、化学纤维及其织品、火柴、生活用木制品等工业。轻工业产品大部门是生产消费品,一部分作为原料和半成品用于生产,如化学纤维、工业用布、纸张、盐等。

重工业 指为国民经济各部门提供物质技术基础的主要生产资料的工业。按其生产性质和产品用途,可以分为下列三类:1. 采掘(伐)工业,是指对自然资源的开采,包括石油开采、煤炭开采、金属矿开采、非金属矿开采和木材采伐等工业;2. 原材料工业,指向国民经济各部门提供基本材料、动力和燃料的工业。包括金属冶炼及加工、炼焦及焦炭化学、化工原料、水泥、人造板以及电力、石油和煤炭加工业等工业;3. 加工工业,是指对工业原材料进行再加工制造的工业。包括装备国民经济各部门的机械设备制造工业、金属结构、水泥制品等工业,以及为农业提供的生产资料如化肥、农药等工业。

根据上述划分原则,修理业中以重工业产品为修理作业对象的划为重工业,反之划为轻工业。

工业增加值 指工业行业在报告期内以货币表现的工业生产活动的最终成果。

成本费用利润率 指在一定时期内实现的利润与成本费用之比,是反映工业生产成本及费用投入的经济效益指标,同时也是反映降低成本的经济效益的指标。计算公式:工业成本费用

$$利润率(\%)=\frac{利润总额}{成本费用总额}\times100\%$$

全员劳动生产率 指根据产品的价值量指标计算的平均每个职工在单位时间内的产品生产量。是考核企业经济活动的重要指标,是企业生产技术水平、经营管理水平、职工技术熟练程度和劳动积极性的综合表现。目前我国的全员劳动生产率是将工业企业的工业增加值除以同一时期全部职工的平均人数来计算的。计算公式:

$$全员劳动生产率=\frac{工业增加值}{全部职工平均人数}\times100\%$$

总资产贡献率 该指标反映企业全部资产的获利能力,是企业经营业绩和管理水平的集中体现,是

评价和考核企业盈利能力的核心指标。计算公式为：

$$总资产贡献率=(利润总额+税金总额+利息支出)/平均资产总额\times\frac{12}{累计月数}$$

#税金总额为产品销售税金及附加与应交增值税之和；平均资产总额为期初期末资产总计的算术平均值。

资产负债率 该指标既反映企业经营风险的大小，也反映企业利用债权人提供的资金从事经营活动的能力。计算公式为：

资产负债率=负债总额/资产总额

产品销售率 该指标反映工业产品已实现销售的程度，是分析工业产销衔接情况、研究工业产品满足社会需求的指标。计算公式为：

产品销售率=工业销售产值/工业总产值(现价)

主营业务收入 指企业销售产品的销售收入和提供劳务等主要经营业务取得的业务收入总额。

主营业务成本 指企业销售产品和提供劳务等主要经营业务的实际成本。

营业费用 指企业在报告期内在产品销售和提供工业性劳务等主要经营业务过程中所发生的各项费用，包括运输费、装卸费、包装费、保险费、展览费、广告费，以及为销售本企业产品而专设的销售机构的职工工资、福利费、业务费等经常费用。

主营业务税金及附加指企业在报告期销售产品和提供工业性劳务等应负担的销售税金及附加，包括产品税、增值税、营业税、城市维护建设税、资源税和教育费附加。

利润总额 指企业在报告期内实现的利润，反映企业最终的财务成果。亏损以"—"表示，计算公式为：

利润总额=营业利润+投资收益+补贴收入+营业外收入-营业外支出+以前年度损益调整

利税总额 指企业产品销售税金及附加和利润总额之和。

总资产 指企业拥有或控制的全部资产。包括流动资产、长期投资、固定资产、无形及递延资产、其他资产等，即为企业资产负债表的资产总计项。

1. 流动资产指企业可以在一年内或者超过一年的一个生产周期内变现或耗用的资产合计。包括现金及各种存款、短期投资、应收及预付款项、存货等。

2. 固定资产指企业固定资产净值、固定资产清理、在建工程、待处理固定资产损失所占用的资金合计。

3. 无形资产指企业长期使用而没有实物形态的资产。包括专利权、非专利技术、商标权、著作权、土地使用权、商誉等。

总负债 指企业承担并需要偿还的全部债务。包括流动负债和长期负债等。即为企业资产负债表的负债合计项。

1. 流动负债指企业在一年内或者超过一年的一个营业周期内需要偿还的债务合计，其中包括短期借款、应付及预收款项、应付工资、应交税金和应交利润等。

2. 长期负债指企业在一年以上或者超过一年的一个生产周期以上需要偿还的债务合计，其中包括长期借款、应付债务、长期应付款项等。

所有者权益 指企业投资人对企业净资产的所有权。企业净资产等于企业全部资产减去全部负债后的余额，其中包括投资者对企业的最初投入，以及公积金、盈余公积金和未分配利润，对股份制企业即为股东权益。

从业人员平均人数 是指报告期内平均拥有的从业人员人数。

成本费用利润率 反映企业投入的生产成本及费用的经济效益，同时也反映企业降低成本所取得的经济效益。

流动资产周转次数 指一定时期内流动资产完成的周转次数，反映投入工业企业流动资金的周转速度。

应交增值税 指企业按税法规定，从事货物销售或提供加工、修理修配劳务等增加货物价值的活动本期应交纳的税金。计算公式为：

应交增值税=销项税额-(进项税额-进项税额转出)-出口抵减内销产品应纳税额-减免税款+出口退税

进项税额指工业企业在报告期内购入货物或接受应税劳务而支付的、准予从销项税额中抵扣的增值税额。

销项税额指工业企业在报告期内销售货物或提供应税劳务应收取的增值税额。

能源生产总量 指一定时期内，全国一次能源生产量的总和。该指标是观察全国能源生产水平、规模、构成和发展速度的总量指标。一次能源生产量包括原煤、原油、天然气、水电、核能及其他动力能（如风能、地热能等）发电量，不包括低热值燃料生产量、生物质能、太阳能等的利用和由一次能源加工转换而成的二次能源产量。

能源消费总量 指一定时期内，全国各行业和居民生活消费的各种能源的总和。该指标是观察能源消费水平、构成和增长速度的总量指标。能源消费总量包括原煤和原油及其制品、天然气、电力，不包括低热值燃料、生物质能和太阳能等的利用。能源消费总量分为终端能源消费量、能源加工转换损失量和能源损失量三部分。

九、建　筑　业

9-1 建筑业生产情况

（2013 年）

指　　标	合　计	内资企业			港、澳、台商投资企业	外商投资企业
			国有企业	集体企业		
建筑业企业个数（个）	1504	1495	18	21	5	4
签订的合同额（千元）	433702206	433045189	18523245	1519190	597587	59430
上年结转合同额	162164174	161547608	7339817	325059	587189	29377
本年新签合同额	271538032	271497581	11183428	1194131	10398	30053
承包工程完成情况（千元）						
直接从建设单位承揽工程完成的产值	225394852	225246144	9509063	1026642	89309	59399
自行完成施工产值	224390338	224241630	9303579	1026642	89309	59399
分包出去工程的产值	1004514	1004514	205484			
从建设单位以外承揽工程完成的产值	2136426	2136426	387671			
建筑业总产值（千元）	226526764	226378056	9691250	1026642	89309	59399
#装饰装修产值	12303798	12249564		16500	1379	52855
建筑工程产值	192892314	192752051	5581721	637359	82158	58105
安装工程产值	26090943	26083877	3957400	305845	5772	1294
其他产值	7543507	7542128	152129	83438	1379	
建筑业竣工产值（千元）	108296600	108237564	2329727	830760	5406	53630
从事主营业务活动的从业人员平均人数（人）	578974	578709	20605	6498	92	173
年末从业人数	513675	513222	18838	7049	265	188
#工程技术人员	108323	108164	3137	1128	110	49
全员劳动生产率按总产值计算（元/人）	391256	391178	470335	157994	970750	343347
房屋建筑施工面积（平方米）	142471710	141887203	162011	569759	584507	
#本年新开工面积	68235477	68235477	23488	379354		
#实行投标承包面积	123370419	123370419	162011	491043		
#本年新开工	61742828	61742828	23488	283938		
房屋建筑竣工面积（平方米）	40958243	40958243	56880	315133		
房屋竣工率（%）	28.75	28.87	35.11	55.31		
招投标率按房屋施工面积计算（%）	86.59	86.95	100.00	86.18		
年末自有施工机械设备（净值）（千元）	6944842	6943636	601772	61774		1206
年末自有施工机械设备（总台数）（台）	167636	167622	10299	1465		14
年末自有施工机械设备（总功率）（千瓦）	5200885	5200861	371060	24130		24
技术装备率（元/人）	11995	11998	29205	9507		6971
动力装备率（千瓦/人）	9.0	9.0	18.0	3.7		0.1

指标	合计	房屋建筑业	土木工程建筑业	建筑安装业	建筑装饰和其他建筑业		
						建筑装饰业	其他建筑业
建筑业企业个数(个)	1504	295	279	287	643	459	156
签订的合同额(千元)	433702206	246240903	137184263	29214696	21062344	12688254	5917023
上年结转合同额	162164174	94712577	55028295	8369414	4053888	1418396	1994335
本年新签合同额	271538032	151528326	82155968	20845282	17008456	11269858	3922688
承包工程完成情况(千元)							
直接从建设单位承揽工程完成的产值	225394852	126118736	62167312	19693407	17415397	11293718	4425576
自行完成施工产值	224390338	125727797	62035200	19448423	17178918	11212306	4274509
分包出去工程的产值	1004514	390939	132112	244984	236479	81412	151067
从建设单位以外承揽工程完成的产值	2136426	372281	1001877	372533	389735	162579	222426
建筑业总产值(千元)	226526764	126100078	63037077	19820956	17568653	11374885	4496935
#装饰装修产值	12303798	2024493	117327	959614	9202364	9090093	112271
建筑工程产值	192892314	116520984	56568377	7994119	11808834	7507171	2642149
安装工程产值	26090943	6621380	5367901	11445021	2656641	1331263	1325378
其他产值	7543507	2957714	1100799	381816	3103178	2536451	529408
建筑业竣工产值(千元)	108296600	62420294	28571995	9120846	8183465	5062346	2272539
从事主营业务活动的从业人员平均人数(人)	578974	353065	132331	49946	43632	27421	13010
年末从业人数	513675	300341	111981	52284	49069	31398	14786
#工程技术人员	108323	48865	32731	13950	12777	7550	4326
全员劳动生产率按总产值计算(元/人)	391256	357158	476359	396848	402655	414824	345652
房屋建筑施工面积(平方米)	142471710	136508105	1813418	2803883	1346304		853742
#本年新开工面积	68235477	65843513	730556	1179202	482206		189885
#实行投标承包面积	123370419	119520783	1399693	2309702	140241		140241
#本年新开工	61742828	60262348	561848	869812	48820		48820
房屋建筑竣工面积(平方米)	40958243	38994840	680524	699076	583803		465248
房屋竣工率(%)	28.75	28.57	37.53	24.93	43.36		54.50
招投标率按房屋施工面积计算(%)	86.59	87.56	77.19	82.38	10.42		16.43
年末自有施工机械设备(净值)(千元)	6944842	2161686	3217460	1072518	493178	211793	202325
年末自有施工机械设备(总台数)(台)	167636	77643	45560	24926	19507	12722	5580
年末自有施工机械设备(总功率)(千瓦)	5200885	2310038	2038455	589843	262549	119583	106929
技术装备率(元/人)	11995	6123	24314	21474	11303	7724	15551
动力装备率(千瓦/人)	9.0	6.5	15.4	11.8	6.0	4.4	8.2

9-2 建筑业主要经济指标

（2013 年）

单位：千元

指 标	合 计	内资企业	国有	集体	港澳台投资企业	外商投资企业
年初存货	**30901949**	**30866800**	**1223991**	**114824**	**21028**	**14121**
年末资产负债						
流动资产合计	152378687	151213247	10347949	509410	1079497	85943
应收工程款	33620410	33498881	2401417	180096	88527	33002
#存货	32643929	32627157	3705707	77338	14513	2259
固定资产合计	16784343	16761977	1429263	139963	18593	3773
固定资产减值准备	34503	34503				
固定资产原价	22901927	22860774	2562374	187783	22196	18957
累计折旧	9682071	9663058	1433958	67222	3829	15184
#本年折旧	1649086	1647420	262224	7383	565	1101
在建工程	2170954	2170954	254600	15734		
资产合计	184659056	183418420	12035416	668134	1139220	101416
流动负债合计	113622122	112513277	9552627	331526	1087851	20994
应付账款	41726798	41719756	3446104	115918	-447	7489
非流动负债合计	4635876	4635876	73734	899		
负债合计	122603109	121493364	10101781	338173	1088751	20994
所有者权益合计	62006576	61875685	1933635	287053	50469	80422
#实收资本	37673245	37593550	1048964	191879	43185	36510
#国家资本	3747474	3747474	396904	2542		
#集体资本	951337	951337		181337		
#法人资本	13829587	13799669	652060	3000		29918
#个人资本	19127480	19092768		5000	33712	1000
#港澳台资本	10674	1201			9473	
#外商资本	6693	1101				5592
损益及分配						
营业收入	222747081	222593391	13443766	1010702	87880	65810
主营业务收入	221112692	220960241	13333627	1003857	86641	65810
营业成本	197636078	197511906	12192572	837019	72060	52112
主营业务成本	190609896	190550987	11214841	834311	6797	52112
营业税金及附加	6959835	6956078	312833	32134	1541	2216
主营业务税金及附加	6798229	6794472	257467	30207	1541	2216
其他业务利润	355478	354239	29248	4884	1239	
销售费用	640625	634570		1576	38	6017
管理费用	7056029	7046089	654944	98451	5587	4353
#税金	347437	346924	22898	27506	345	168
财务费用	1520632	1519766	168666	1411	878	-12
#利息收入	737919	737858	13690	1	60	1
#利息支出	1801455	1800392	105748	258	1063	
资产减值损失	212760	212760	30892			
公允价值变动收益	779	779				
投资收益	364191	364191	3166			
营业利润	9220554	9211654	87395	43095	7776	1124
营业外收入	229534	229233	10431	1797	24	277
补贴收入	30138	30138	100			
营业外支出	95055	95041	8805	2066		14
利润总额	9303511	9294324	89106	42826	7800	1387
应交所得税	2323001	2321847	72278	12742	801	353
应付职工薪酬（本年贷方累计发生额）	22508315	22495897	1071357	236490	7224	5194
建筑业企业在境外完成的营业收入	4275640	4275640	1157989			
建筑业增加值	40523621	40496367	1701341	344681	17451	9803
利税总额	16610783	16597326	424837	102466	9686	3771
亏损企业个数	175	172	4	2	2	1
亏损金额	-207997	-207890	-49053	-1405	-89	-18

 单位:千元

指　　标	合　计	房屋建筑业	土木工程建筑业	建筑安装业	建筑装饰和其他建筑业	建筑装饰业	其他建筑业
年初存货	**30901949**	**12345209**	**12589247**	**3191225**	**2776268**	**1224262**	**629308**
年末资产负债							
流动资产合计	152378687	61349240	62093063	15448990	13487394	7963441	3386491
应收工程款	33620410	14634570	11110912	3973653	3901275	2520420	933814
#存货	32643929	10425418	15608952	3463181	3146378	1380075	851847
固定资产合计	16784343	6181264	6669621	2074521	1858937	1000187	677866
固定资产减值准备	34503	4647	12381	14627	2848	1768	1080
固定资产原价	22901927	7283386	10638786	2787888	2191867	1142658	859031
累计折旧	9682071	2281953	5374199	1254836	771083	408241	268143
#本年折旧	1649086	488533	812919	206239	141395	81063	40522
在建工程	2170954	945748	627362	402277	195567	132786	49504
资产合计	184659056	76852773	72716647	18731737	16357899	9546464	4463450
流动负债合计	113622122	45649724	50423743	11196549	6352106	3443368	1425275
应付账款	41726798	18129463	16273273	4855248	2468814	1432315	642124
非流动负债合计	4635876	1418853	2710445	359538	147040	101907	18733
负债合计	122603109	50190919	53881660	11729475	6801055	3730164	1543447
所有者权益合计	62006576	26661854	18828524	6959354	9556844	5816300	2920003
#实收资本	37673245	15019439	11669656	4783194	6200956	3515221	2191596
#国家资本	3747474	504380	2502587	474872	265635	11980	68690
#集体资本	951337	546447	175302	154496	75092	39612	35480
#法人资本	13829587	5955211	4699487	1645476	1529413	941520	479955
#个人资本	19127480	8013401	4286688	2506848	4320543	2511836	1607471
#港澳台资本	10674		1000	1501	8173	8173	
#外商资本	6693		4592	1	2100	2100	
损益及分配							
营业收入	222747081	110915688	71447070	21380695	19003628	12717536	4536677
主营业务收入	221112692	110135509	71080322	21076925	18819936	12664144	4408642
营业成本	197636078	99083247	64537142	18338637	15677052	10395257	3743660
主营业务成本	190609896	96724325	63075069	17923069	12887433	7771996	3577302
营业税金及附加	6959835	3955284	1772936	592326	639289	443030	130033
主营业务税金及附加	6798229	3893343	1704678	564136	636072	441010	128836
其他业务利润	355478	165027	75004	79882	35565	23652	9648
销售费用	640625	182613	95959	158771	203282	131111	61564
管理费用	7056029	2393161	2426913	1231122	1004833	587169	310527
#税金	347437	155407	92003	51285	48742	34303	11304
财务费用	1520632	696666	649656	90429	83881	51131	29798
#利息收入	737919	413295	287965	26760	9899	9020	618
#利息支出	1801455	844060	803015	83811	70569	42279	25242
资产减值损失	212760	118162	40624	39017	14957	13615	1342
公允价值变动收益	779			704	75		75
投资收益	364191	190279	172349	1284	279	142	137
营业利润	9220554	4819096	2087029	974710	1339719	1090538	224823
营业外收入	229534	77331	116271	20920	15012	6905	7789
补贴收入	30138	5603	18121	656	5758	306	5452
营业外支出	95055	49404	26392	8151	11108	7841	3083
利润总额	9303511	4863333	2107999	986946	1345233	1092859	227881
应交所得税	2323001	1321835	464507	228438	308221	237348	59810
应付职工薪酬(本年贷方累计发生额)	22508315	11640261	7065712	2318414	1483928	954674	421555
建筑业企业在境外完成的营业收入	4275640	627550	1808635	1766209	73246	43893	21453
建筑业增加值	40523621	20996640	11762341	4114784	3649856	2601588	827040
利税总额	16610783	8974024	3972938	1630557	2033264	1570192	369218
亏损企业个数	175	25	39	33	78	60	14
亏损金额	–207997	–28169	–71045	–76465	–32318	–13045	-8041

9-3 劳务分包建筑企业生产经营情况

（2013 年）

单位：千元、人

指标名称	总计	内资企业	私营企业
企业个数	326	326	224
建筑业总产值	2632396	2632396	1249926
#装饰装修产值	89304	89304	68892
从业人员期末人数	30873	30873	24888
#工程技术人员	4187	4187	3024
#现场施工工人	22055	22055	17691
从事主营业务活动的从业人员平均人数	25922	25922	20588
资产负债			
固定资产原价	175928	175928	120549
本年折旧	21717	21717	13281
资产总计	1435451	1435451	986061
负债合计	590246	590246	411983
实收资本	562674	562674	371662
损益及分配			
营业收入合计	2759336	2759336	1319709
#主营业务收入（工程结算收入）	2686232	2686232	1308253
营业成本	2455629	2455629	1117699
主营业务成本（工程结算成本）	2359107	2359107	1080370
营业税金及附加	72437	72437	56312
主营业务税金及附加（工程结算税金及附加）	69673	69673	53870
销售费用	7269	7269	5176
管理费用	159109	159109	109413
#税金	11313	11313	3764
财务费用	2085	2085	2014
营业利润	86973	86973	47969
利润总额	74224	74224	41073
应付职工薪酬	686278	686278	534805

9-4 建筑业企业房屋建筑工程完成情况

（2013 年）　　单位：万平方米

指　　标	房屋建筑竣工面积	
	2012 年	2013 年
合计	**3667.80**	**4095.82**
住宅房屋	2331.10	2563.91
商业及服务用房屋	227.82	165.63
商厦房屋（批发和零售用房）	56.55	65.64
宾馆用房屋（住宿用房）	8.14	4.93
餐饮用房屋（餐饮用房）	1.75	1.62
商务会展用房屋	18.67	29.35
其他商业及服务用房屋（居民服务业用房）	142.71	64.10
办公用房屋	319.67	360.16
科研、教育、医疗用房屋	258.02	341.80
科学研究用房屋	8.21	44.66
教育用房屋	189.47	217.22
医疗用房屋（卫生医疗用房）	60.34	79.92
文化、体育、娱乐用房屋	14.95	17.69
厂房及建筑物	392.60	546.63
厂房	191.44	255.62
仓库	27.24	25.68
其他未列明的房屋建筑物	96.40	74.32

9-5 各县（市）区建筑业企业个数

（2013 年）

县（市）区	企业个数（个）	国有控股	集体控股	年末从业人数（人）	直接从事生产经营活动的平均人数	国有控股	集体控股
郑州市	**1504**	**69**	**43**	**513675**	**578974**	**74111**	**18175**
中原区	136	11	7	86438	82852	12095	3755
二七区	127	11	5	38124	31290	8754	515
管城区	106	6	1	24950	39760	7607	693
金水区	626	18	6	129187	175829	15999	3096
上街区	29	3	2	7040	6484	1441	367
惠济区	56	3	1	53229	46298	405	179
中牟县	23	3	2	11655	10238	1688	601
巩义市	21		1	9790	10101		2211
荥阳市	25	1	1	23684	22481	186	182
新密市	38		3	19444	17302		677
新郑市	31		8	16089	14782		4556
登封市	26	1	4	6947	6156	10	1275
经济开发区	85	6		28807	51033	12788	
高新开发区	74	4		25371	32284	12980	
郑东新区	97	2	2	31955	31274	158	68
航空港实验区	4			965	810		

9-6 各县(市)区建筑业合同及承包工程完成情况

(2013 年)

单位:千元

县(市)区	签订的合同额			直接从建设单位承揽工程完成的产值			从建设单位以外承揽工程完成的产值
		上年结转合同额	本年新签合同额		自行完成施工产值	分包出去工程的产值	
郑州市	**433702206**	**162164174**	**271538032**	**225394852**	**224390338**	**1004514**	**2136426**
中原区	43964783	13575816	30388967	26830968	26715193	115775	547965
二七区	49029777	21870392	27159385	21198156	21069145	129011	332074
管城区	25405497	13490324	11915173	12712307	12671808	40499	39010
金水区	172082443	67575516	104506927	91980318	91716419	263899	299409
上街区	4377187	749256	3627931	2474449	2294742	179707	4543
惠济区	18824319	7419541	11404778	11033933	11009637	24296	20512
中牟县	10108371	2788072	7320299	3878607	3878607		
巩义市	2500717	763491	1737226	1649553	1643403	6150	50261
荥阳市	8689401	3093708	5595693	4751010	4748164	2846	14809
新密市	5558429	1633670	3924759	3767268	3749612	17656	59658
新郑市	4450761	1418543	3032218	3139113	3139113		770
登封市	1771808	294077	1477731	1121969	1121969		
经济开发区	38522105	3229928	35292177	15407777	15404443	3334	76436
高新开发区	35217341	19631051	15586290	16617497	16513141	104356	377250
郑东新区	12887531	4608620	8278911	8547377	8484892	62485	259229
航空港实验区	311736	22169	289567	284550	230050	54500	54500

9-7 各县(市)区企业总产值

(2013 年)

单位:千元

县(市)区	建筑业总产值			建筑工程产值		
		国有控股	集体控股		国有控股	集体控股
郑州市	**226526764**	**47500428**	**9449628**	**192892314**	**37258452**	**8494736**
中原区	27263158	8710884	676565	19652745	4055964	449488
二七区	21401219	10664552	170130	19365107	10283462	129550
管城区	12710818	2754033	51060	11395295	2741070	51060
金水区	92015828	13317684	7010221	79438987	11431682	6754642
上街区	2299285	376916	9250	1268155	155177	
惠济区	11030149	111537	11552	9491994		11552
中牟县	3878607	927818	249094	2886724	163906	109980
巩义市	1693664		187620	1551513		187620
荥阳市	4762973	17914	4377	4569379		3907
新密市	3809270		40511	3299930		24331
新郑市	3139883		707182	2830299		505813
登封市	1121969	3800	282716	929293		246293
经济开发区	15480879	4006131		14487928	3990778	
高新开发区	16890391	6067502		13474469	3894756	
郑东新区	8744121	541657	49350	7970946	541657	20500
航空港实验区	284550			279550		

9-8 各县(市)区建筑业竣工产值

(2013 年)

单位:千元

县(市)区	竣工产值	国有控股	集体控股
郑州市	**108296600**	**18605596**	**6247035**
中原区	11826007	2743795	468491
二七区	10384280	6102998	76420
管城区	5576606	88715	22030
金水区	40624761	5402717	4548531
上街区	1836526	302246	9250
惠济区	6161035	41720	11552
中牟县	1485341	6679	139114
巩义市	996405		90580
荥阳市	1814819		2710
新密市	2522277		37831
新郑市	2888901		566615
登封市	833608	3800	215911
经济开发区	2622531	356148	
高新开发区	12314746	3055239	
郑东新区	6142267	501539	58000
航空港实验区	266490		

9-9 各县(市)区建筑业全员劳动生产率

(2013 年)

单位:元/人

县(市)区	按总产值计算全员劳动生产率	国有控股	集体控股
郑州市	**391256**	**640936**	**519925**
中原区	329059	720205	180177
二七区	683964	1218249	330350
管城区	319689	362039	73680
金水区	523326	832407	2264283
上街区	354609	261566	25204
惠济区	238242	275400	64536
中牟县	378844	549655	414466
巩义市	167673		84858
荥阳市	211867	96312	24049
新密市	220164		59839
新郑市	212413		155220
登封市	182256	380000	221738
经济开发区	303350	313273	
高新开发区	523181	467450	
郑东新区	279597	3428209	
航空港实验区	351296		

9-10 各县(市)区建筑业施工、竣工面积

(2013 年)

单位:平方米

县(市)区	施工面积			竣工面积		
		国有控股	集体控股		国有控股	集体控股
郑州市	**142471710**	**8139604**	**7753429**	**40958243**	**1939118**	**3312093**
中原区	15246896	2253979	323761	5714993	439427	125457
二七区	5335986	425840	145336	1541597	1048	23375
管城区	12139017	96427	100650	2268459	93462	21000
金水区	69334305	3137222	6108546	17298856	874544	2681519
上街区	1632780	342289		497031	198289	
惠济区	14971009			4549723		
中牟县	2239225		30500	900088		
巩义市	1534095		229691	625455		37570
荥阳市	6530923		27234	1327182		2190
新密市	2753842			1701907		
新郑市	1732855		495887	992236		279266
登封市	1388308		272344	538675		141716
经济开发区	2810247	1749254		662042	285340	
高新开发区	654710	134593		395013	47008	
郑东新区	3920201		19480	1700555		
航空港实验区	247311			244431		

9-11 各县(市)区建筑业自有机械设备情况

(2013 年底)

单位:千瓦、千元

县(市)区	总功率			设备净值		
		国有控股	集体控股		国有控股	集体控股
郑州市	**5200885**	**1126981**	**73034**	**6944842**	**1484239**	**139213**
中原区	324385	97552	9327	558993	251614	24457
二七区	377122	174599	3114	629620	202761	4942
管城区	325744	172355		361501	113423	
金水区	2253200	283230	30182	2351123	456032	41193
上街区	47022	28542	2	58707	30486	80
惠济区	238493	575		311355	1788	
中牟县	320255	255526	280	330573	202719	5251
巩义市	32825		2566	62306		1905
荥阳市	18617		1463	64700		1033
新密市	81777			84090		
新郑市	93561		19388	316929		28761
登封市	20611		3862	61094		27061
经济开发区	663890	29239		599865	27893	
高新开发区	296383	80140		819918	181314	
郑东新区	107000	5223	2850	334068	16209	4530

9-12 各县(市)区建筑业实收资本及资产合计

(2013 年)

单位:千元

县(市)区	实收资本	国有控股	集体控股	资产合计	国有控股	集体控股
郑州市	**37673245**	**5215464**	**795958**	**184659056**	**49687443**	**5551599**
中原区	3549093	1161803	141482	19598283	9677390	497358
二七区	3544576	1293813	29072	22148771	12282733	144271
管城区	1848557	268490	20050	9752697	3570807	52615
金水区	13620665	1406042	369680	65217430	10340329	3917811
上街区	591216	207636	4000	2930592	1031755	52446
惠济区	1993624	58800	5000	5235830	370079	17151
中牟县	494381	38186	14235	4815254	3486873	168025
巩义市	560399		1	1572723		118176
荥阳市	769373	2406	6060	2026167	13021	8155
新密市	683139		21000	3243920		96093
新郑市	946461		104141	3176176		269812
登封市	251108	24000	51237	717376	27059	158206
经济开发区	4031181	401290		19964988	3236114	
高新开发区	2062399	287160		16580355	5304018	
郑东新区	2689073	65838	30000	7541558	347265	51480
航空港实验区	38000			136936		

9-13 各县(市)区建筑业流动资产及固定资产

(2013 年)

单位:千元

县(市)区	流动资产合计	国有控股	集体控股	固定资产合计	国有控股	集体控股
郑州市	**152378687**	**44778956**	**4314468**	**16784343**	**3331566**	**440147**
中原区	15746486	8360690	366458	1958206	891136	88787
二七区	19644583	11443303	112277	1618011	489328	31484
管城区	7843251	3163733	16995	1085337	263908	35620
金水区	53462286	9245874	3069843	5086984	861586	133104
上街区	2572655	838144	47145	201583	112565	1358
惠济区	3857470	343155	13380	952195	19054	3771
中牟县	4217622	3368943	155532	466604	116349	12425
巩义市	1197940		94295	310893		2381
荥阳市	1499739	7140	3892	369322	5756	4263
新密市	2578854		81408	346612		14677
新郑市	2672530		199165	452474		62200
登封市	515727	21997	107348	182489	2008	45327
经济开发区	16119966	2865928		1416460	201952	
高新开发区	14460484	4817752		1376925	337035	
郑东新区	5915122	302297	46730	926456	30889	4750
航空港实验区	73972			33792		

9-14 各县(市)区建筑业工程结算收入及负债合计

(2013 年)

单位:千元

县(市)区	负债合计	国有控股	集体控股	工程结算收入	国有控股	集体控股
郑州市	**122603109**	**41280910**	**3741374**	**221112692**	**52754575**	**7435990**
中原区	12728892	6683873	322868	26253000	9810480	522746
二七区	17364724	10715440	53166	21461184	10494168	181163
管城区	6882284	3276313	29539	11909218	3077662	51060
金水区	41262249	8427183	2815139	80233664	14251383	5329593
上街区	2010098	809330	5006	2116900	480098	39250
惠济区	2237641	264630	315	10891322	201351	11552
中牟县	3909167	3312844	144513	5041767	2649504	168044
巩义市	675533		92620	1690768		119777
荥阳市	872651	9586	2095	5320221	21119	4377
新密市	1952328		59253	3091975		91164
新郑市	1445451		106874	3034632		604524
登封市	322651	1448	94456	1261021	3884	256490
经济开发区	14691666	2781794		19993044	3984870	
高新开发区	13240284	4740402		19785053	7305723	
郑东新区	2948868	258067	15530	8691910	474333	56250
航空港实验区	58622			337013		

9-15 各县(市)区建筑业利润、利税总额

(2013 年)

单位:千元

县(市)区	利润总额	国有控股	集体控股	利税总额	国有控股	集体控股
郑州市	**9303511**	**692826**	**201693**	**16610783**	**2181416**	**495020**
中原区	631304	169017	30010	1431704	394626	47031
二七区	480185	235442	12771	1141339	510112	19607
管城区	390856	13804	2137	801116	119948	3995
金水区	4226055	200179	109551	7037905	656538	294764
上街区	79657	-34641	457	138960	-25905	1941
惠济区	693512	18644	924	1179490	25725	1317
中牟县	95280	-34773	3639	309555	-78	38600
巩义市	155411		2745	216348		7004
荥阳市	352449	-287	480	640311	432	874
新密市	238478		7077	394804		10756
新郑市	215432		16902	322784		39160
登封市	85866	1114	7500	135426	1242	20666
经济开发区	570095	29093		836170	178005	
高新开发区	436519	87644		1049070	296319	
郑东新区	635690	7590	7500	949168	24452	9305
航空港实验区	16722			26633		

主要统计指标解释

建筑业统计单位 指从事房屋、构筑物建造和设备安装活动的法人企业。建筑业法人企业应同时具备的条件是:①依法成立,有自己的名称、组织机构和场所,能够承担民事责任;②独立拥有和使用资产,承担负债,有权与其他单位签订合同;③独立核算盈亏,能够编制资产负债表。

建筑业总产值(即自行完成施工产值) 是以货币表现的建筑安装企业在一定时期内生产的建筑业产品的总和。建筑业总产值包括:

(1)建筑工程产值:指列入建筑工程预算内的各种工程价值。

(2)设备安装工程产值:指设备安装工程价值,不包括被安装设备本身价值。

(3)房屋、构筑物修理产值:指房屋、构筑物修理所完成的价值,但不包括被修理房屋、构筑物本身的价值和生产设备的修理价值。

(4)非标准设备制造产值:指加工制造没有定型的、非标准的生产设备的加工费和原材料价值,以及附属加工厂为本企业承建工程制作的非标准设备的价值。

建筑业增加值 指建筑业企业在报告期内以货币表现的建筑业生产经营活动的最终成果。目前建筑业增加值采用分配法(收入法)计算,即从收入的角度出发,根据生产要素在生产过程中应得的收入份额计算。具体计算公式为:

建筑业增加值=本年提取的固定资产折旧+应付工资+应付福利费+管理费用中的劳动待业保险金、税金+工程结算税金及附加+工程结算利润

房屋建筑施工面积 指在报告期内施工的全部房屋建筑面积,包括本期新开工的房屋面积、上期施工跨入本期继续施工的房屋面积、上期停缓建在本期恢复施工的房屋面积、本期竣工的房屋面积及本期施工后又停缓建的房屋面积。

房屋建筑竣工面积 指在报告期内房屋建筑按照设计要求全部完工,达到了住人和使用条件,经验收鉴定合格,正式移交使用单位的房屋建筑面积。

自有机械设备年末总台数 指归本企业所有,属于本企业固定资产的生产性机械设备年末总台数。包括施工机械、生产设备、运输设备以及其他设备。

自有机械设备年末总功率 指本企业自有施工机械、生产设备、运输设备以及其他设备等列为在册固定资产的生产性机械设备年末总功率,按设定能力或查定能力计算。包括机械本身的动力和为该机械服务的单独动力设备,如电动机等。计算单位用千瓦,动力换算可按1马力=0.735千瓦折合成千瓦数。电焊机、变压器、锅炉不计算动力。

工程结算收入 指企业承包工程实现的工程价款结算收入,以及向发包单位收取的除工程价款以外的按规定列作营业收入的各种款项,如临时设施费、劳动保险费、施工机械调迁费等以及向发包单位收取的各种索赔款。

工程结算利润 指已结算工程实现的利润,如亏损以"-"号表示。计算公式为:

工程结算利润=工程结算收入-工程结算成本-工程结算税金及附加

企业总收入 指与企业生产经营直接有关的各项收入,包括工程结算收入和其他业务收入。计算公式为:

企业总收入=工程结算收入+其他业务收入

十、交通运输、邮电通讯

10-1 公路里程、桥梁、涵洞年报

（2013 年）

指　标	单位	合计	国道	省道	县道	乡道	专用道	村道
公路里程合计	**公里**	**12209**	**260**	**537**	**995**	**3945**	**214**	**6258**
高速公路								
一级公路	公里	161	137	25				
二级公路	公里	1808	123	446	713	412	13	100
三级公路	公里	1648		55	190	1048	161	194
四级公路	公里	7328		12	86	2378	37	4815
等外公路	公里	1264			6	106	3	1148
按路面等级分	**公里**	**12209**	**260**	**537**	**995**	**3945**	**214**	**6258**
有铺装路面	公里	8643	250	459	894	2890	149	4001
简易铺装路面	公里	2280	10	74	96	936	61	1103
无铺装路面	公里	1286		4	6	120	3	1154
养护里程	**公里**	**12209**	**260**	**537**	**995**	**3945**	**214**	**6258**
专用道班养护	公里	1792	260	537	995			
#油路养护	公里	1792	260	537	995			
群众养护	公里	10417				3945	214	6258
公路绿化里程	**公里**	**5857**	**255**	**414**	**963**	**2530**	**184**	**1509**
涵洞	**米**	**58897**	**7876**	**11291**	**12252**	**19008**	**1536**	**6935**
	道	5671	264	492	947	2598	167	1203
隧道	**米**	**3128**			**780**	**1493**	**465**	**390**
	座	13			1	6	2	4
桥梁总计	**米**	**43990**	**7321**	**8444**	**7414**	**12795**	**514**	**7503**
	座	1060	64	143	171	385	20	277
永久性桥梁	米	31655	6894	7216	5797	7933	133	3682
	座	372	41	65	79	122	2	63
半永久性桥梁	米	15988	5323	4608	2669	2711		676
	座	70	15	17	13	18		7
大中桥合计	米	29482	5685	6454	5541	7891	229	3682
	座	368	40	64	77	120	4	63
#大桥	米	13959	4121	3847	2504	2811		676
	座	68	14	16	12	19		7
危险桥	米	4647	73	1195	818	1381		1180
	座	138	2	16	18	57		45

附　分县（市）公路通车里程（公里）

全　市	市区	荥阳市	新郑市	巩义市	登封市	新密市	上街区	中牟县
12209	844	172	1619	2092	1701	2208	1645	1929

注：郑州市域高速公路 450 公里，其中郑少高速公路 53.6 公里。

10-2 民用车辆拥有量

（2013 年）

单位:辆

指　标	总 计							报废
		营运	非营运	校车	进口	个人	新注册	
合 计	**2551119**	**372948**	**2177652**	**519**	**85207**	**2139280**	**326860**	**162019**
汽车	**1815951**	**220718**	**1594714**	**519**	**82563**	**1571523**	**320352**	**56565**
载客汽车	1515983	31411	1484053	519	81750	1352243	299417	18017
#大型	20328	15104	4756	468	245	1198	2407	4926
中型	10592	2397	8145	50	445	4258	428	3014
小型	1418752	13775	1404976	1	80934	1288736	294948	7874
微型	66311	135	66176		126	58051	1634	2203
#轿车	943862	13634	930228		33890	866145	190181	4306
载货汽车	190174	131599	58575		802	111626	20093	36013
#重型	48514	43501	5013		264	22378	5921	14002
中型	24081	20954	3127		19	15349	633	2853
轻型	103621	65302	38319		518	62573	13534	9940
微型	13958	1842	12116		1	11326	5	9218
#普通载货	71732	43312	28420		300	50010	8530	17506
其它汽车	109794	57708	52086		11	107654	842	2535
#三轮汽车	77518	36955	40563		6	76471	741	2522
低速货车	32276	20753	11523		5	31183	101	13
摩托车	**570514**	**953**	**569561**		**1819**	**556129**	**2512**	**102111**
普通	552705	944	551761		1806	538435	2511	93919
轻便	17809	9	17800		13	17694	1	8192
拖拉机	**130159**	**126776**	**3383**			**22**		
挂车	**13747**	**12691**	**1056**		**40**	**3514**	**1945**	**2301**
其他类型车	20748	11810	8938		785	8092	2051	1042

补充资料:机动车驾驶员 2495572 人,其中:汽车驾驶员 2435885 人。

10-3 邮电通信行业基本情况

（2013 年）

指　　标	计量单位	本年实际	指　　标	计量单位	本年实际
邮政业网点及邮递线路			#期刊数	万份	846
营业网点	处	238	固定本地电话通话时长	万分钟	66952
#邮政局所	处	238	固定长途电话通话时长	万分钟	43445
邮政信筒信箱	个	604	移动电话通话时长合计	万分钟	5571297
邮路条数	条	118	#去话通话时长	万分钟	791827
邮路总长度	公里	7238	非漫游	万分钟	1225429
#汽车邮路	公里	50925	国内漫游	万分钟	145081
铁路邮路	公里	7621	国际及港澳台漫游	万分钟	89
航空邮路	公里	53000	移动短信业务量	亿条	62
农村投递线路总长度	公里	169990	移动电话年末用户	户	12490871
城市投递线路总长度	公里	4993	#3G 移动电话用户	户	5397837
通信业务量			本年移动电话新增用户	户	4619930
邮电业务总量(2010 年不变价)	万元	1361253	固定本地电话年末用户	户	2428097
邮政业务总量	万元	68653	#公用电话用户	户	249549
电信业务总量	万元	1292600	城市电话用户	户	1921466
函件	万件	5863	#住宅电话用户	户	745788
包裹	万件	84	农村电话用户	户	506631
汇票	万笔	122	#住宅电话用户	户	384966
快递	万件	112	互联网接入用户数	户	2039441
#国内同城快递	万件	18	#互联网宽带接入用户	户	1934044
国内异地快递	万件	94	**电信主要通信能力**		
国际及港澳台快递	万件	1	光缆线路长度	公里	76883
快递业务收入	万元	738	固定长途电话交换机容量	万门	15
订销报刊期发数	万份	121	局用电话交换机容量	万门	127
#期刊数	万份	49	移动电话交换机容量	万门	1586
订销报刊累计数	万份	17606	移动电话基站	万个	2

10-4 社会客货运输量

（2013 年）

指　标	单位	总　计	铁路	航空	公路	天然气管道
货运量	万吨	29367	3101	4	26202	60
货运周转量	万吨公里	6853003	2171819	5849	4675275	60
客运量	万人	38643	3795	417	34431	
客运周转量	万人公里	3726928	1280456	565818	1880654	
换算周转量	万吨公里	8362231	3452275	46556	4863340	60

注:1. 天然气管道外购量:85217 万立方;2. 换算货运量周转量 59.7 万吨;3. 换算比例 0.7 千克。

10-5 电话用户情况

（2013 年）

县(市)区	计量单位	移动电话用户期末数	本地电话用户期末数
市区	户	8650963	1672748
上街区	户	150904	52786
中牟县	户	663406	65842
巩义市	户	628362	145682
荥阳市	户	502621	125029
新密市	户	659184	126542
新郑市	户	701743	135373
登封市	户	533688	104095

10-6 新郑国际机场运输生产情况

（2013 年）

指　　标	单位	工作量	增长%	份额%
旅客吞吐量	**人次**	**13139994**	**12.6**	**100.0**
航线				
国内航线	人次	12516272	11.3	95.3
国际地区航线	人次	623722	47.1	4.7
流向				
出港人数	人次	7447203	12.8	56.7
进港人数	人次	5692791	12.2	43.3
货邮吞吐量	**吨**	**255712.8**	**69.1**	**100.0**
航线				
国内航线	吨	142942.1	36.1	55.9
国际地区航线	吨	112770.7	144.5	44.1
流向				
出港货邮	吨	150821.3	86.4	59.0
进港货邮	吨	104891.5	49.3	41.0
总起降架次	**架次**	**127835**	**17.0**	**—**
其中运输飞行架次	**架次**	**127269**	**17.0**	**100.0**
航线				
国内航线	架次	116579	14.3	93.8
国际地区航线	架次	10690	57.9	6.2
流向				
出港架次	架次	63630	17.0	50.0
进港架次	架次	63639	17.0	50.0

主要统计指标解释

公路里程 指在一定时期内实际达到《公路工程技术标准 JTJ01—88》规定的等级公路，并经公路主管部门正式验收交付使用的公路里程数。其计算单位为：km。它包括大中城市的郊区公路以及通过小城镇街道部分的公路里程，也包括桥梁、渡口的长度，但不包括大中城市的街道、厂矿、林区生产用道和农业生产用道的里程。两条或多条公路共同经由同一路段，只计算一次，不得重复计算里程长度。公路里程是反映公路建设发展规模的重要指标，也是计算运输网密度等指标的基础资料。

货（客）运量 指在一定时期内，各运输部门实际运送的货物（旅客）数量。是反映运输业为国民经济和人民生活服务的数量指标，也是制定和检查运输生产计划，研究运输发展规模和速度的重要指标。货运按吨计算，客运按人计算。货物不论运输距离长短，货物类别，均按实际重量统计；旅客不论里程远近或票价多少，均按一人一次作为客运量统计。半价票、小孩票也按一人统计。

货物（旅客）周转量 指在一定时期内，由各种运输工具运送的货物（旅客）数量与其相应运输距离的乘积之总和，是反映运输业生产总成果的重要指标，也是编制和检查运输生产计划，计算运输效率、劳动生产率以及核算运输单位成本的主要基础资料。通常以吨公里和人公里为计算单位。计算货物周转量通常按发出站到达站之间的最短距离，也就是计费距离计算。

邮电业务总量 指以货币表现的邮电部门用于传递信息和提供其他邮电服务的总数量。它综合反映了一定时期邮电工作的总成果，是研究邮电业务量构成和发展趋势的重要指标。根据邮电管理体制不同，分为中央国营业务总量和地方国营业务总量。它用各种邮电分类业务量，如函件件数、电报份数、长话张数、市内电话和农村电话的年均户数、订销报刊累计份数等，分别乘以相应的平均单价（不变价），加总后再加上出租电路和设备的收入、代用户维护电话交换机和线路等设备的收入、其他业务收入求得。

十一、国内贸易

11-1 社会消费品零售总额

(2013 年)

单位:万元

指 标	合 计	批发零售住宿餐饮企业	批发零售住宿餐饮个体	其 他
社会消费品零售总额	**26235109**	**17237214**	**8626941**	**370954**
按销售单位所在地分				
城镇	24020989	16978918	6671117	370954
乡村	2214120	258296	1955824	
按行业分				
批发业	2727001	2247974	479027	
零售业	19102462	13973768	5128694	
住宿业	217834	174223	43611	
餐饮业	3816858	841249	2975609	
其他	370954			370954

注:2013 年社会消费品零售总额定报数据为 25864155 万元。

11-2 分县(市)区社会消费品零售总额

(2013 年)

单位:万元

县(市)区	合 计	批发零售业	住宿餐饮业
中原区	1613687	1353169	260518
二七区	3013193	2679222	333971
管城区	2454618	2307443	147175
金水区	6292376	5456244	836132
上街区	375018	246205	128813
惠济区	870320	734199	136121
中牟县	1076585	908068	168517
巩义市	1943007	1505278	406811
荥阳市	1565387	1136110	429277
新密市	1758327	1403325	355002
新郑市	1655616	1399069	256547
登封市	1366307	1191338	174969

11-3 限额以上批发和零售业商品

（2013年）

指　　标	法人企业数（个）	个体（产业）单位数（个）	从业人员期末人数（人）	商品购进额	进口
总计	**1349**	**483**	**111318**	**32202476**	**1253320**
批发业	**680**	**45**	**39393**	**22383165**	**747275**
按批发行业小类分					
农、林、牧产品批发	**34**	**1**	**1560**	**1023358**	**349394**
谷物、豆及薯类批发	12		352	210371	
种子批发	9		748	34213	6196
饲料批发	3		92	19140	382
棉、麻批发	5		116	77357	184
牲畜批发	1	1	124	143536	
其他农牧产品批发	4		128	538742	342632
食品、饮料及烟草制品批发	**45**	**25**	**4913**	**1321325**	**1727**
米、面制品及食用油批发	14		1045	130606	
糕点、糖果及糖批发	4	1	382	54270	
果品、蔬菜批发	1	16	127	40413	
肉、禽、蛋、奶及水产品批发	3		120	11599	
盐及调味品批发	6	7	678	85567	
酒、饮料及茶叶批发	9	1	797	79190	
烟草制品批发	2		920	828211	
其他食品批发	6		844	91470	1727
纺织、服装及家庭用品批发	**56**	**2**	**2770**	**2640953**	**133574**
纺织品、针织品及原料批发	15		644	355976	113819
服装批发	20		1049	136644	
鞋帽批发	1		27		
化妆品及卫生用品批发	3	1	79	106390	
厨房、卫生间用具及日用杂货批发		1	35		
家用电器批发	13		869	1992934	
其他家庭用品批发	4		67	49009	19756
文化、体育用品及器材批发	**22**		**2233**	**663669**	**1000**
文具用品批发	6		144	133977	964
体育用品及器材批发	2		213	16971	
图书批发	3		620	235560	
音像制品及电子出版物批发	1				
首饰、工艺品及收藏品批发	2		101	79770	36
其他文化用品批发	8		1155	197392	
医药及医疗器材批发	**52**		**5738**	**3498390**	**190298**
西药批发	23		2553	1333492	
中药批发	22		2688	1637787	3255
医疗用品及器材批发	7		497	527111	187043
矿产品、建材及化工产品批发	**287**	**16**	**13203**	**10348583**	**48173**
煤炭及制品批发	69		3029	1375096	
石油及制品批发	23		4458	4750120	1897
非金属矿及制品批发	23	1	768	290291	221
金属及金属矿批发	79	3	1663	1805689	30970
建材批发	45	5	1959	783114	2087
化肥批发	5	6	218	705449	

购进、销售、库存总额

单位:万元

商品销售额	批发额	出口	零售额	期末商品库存额	年末零售营业面积(万平方米)
35160229	**22782545**	**659720**	**12377683**	**2342664**	**279.3**
23851340	**22256392**	**659670**	**1594949**	**1283237**	**67.3**
1137905	**1135026**	**68043**	**2879**	**102908**	**3.4**
201392	201392			29326	3.1
89455	89455			29710	0.1
19683	16804		2879	2340	
80065	80065	5807		12966	
163409	163409	48770		470	0.1
583901	583901	13467		28096	0.1
1609146	**1586436**	**9302**	**22710**	**167323**	**2.3**
142296	141339	3049	957	49493	0.3
90223	75463		14760	18410	0.2
38217	36910	13	1307	2196	1.3
11703	11691		13	840	
88769	88226		543	7205	0.4
72759	67629		5130	26312	0.2
1070590	1070590	6241		60381	
94588	94588			2486	
2680206	**2647895**	**167066**	**32311**	**234978**	**1.1**
412243	410966	118142	1276	9339	0.1
145908	143818	35186	2090	27796	0.2
130630	104831		25799	7094	0.1
2350	2350			130	
1936598	1935814		784	188819	0.4
52479	50117	13737	2362	1800	0.2
712864	**704111**	**83454**	**8752**	**47062**	**1.4**
130165	129761		404	12538	
46052	40444		5608	509	0.4
247700	245048		2652	8383	0.8
81106	81106	31106		12799	0.1
207841	207752	52348	89	12833	0.1
3648063	**3621692**	**2471**	**26370**	**245987**	**1.6**
1410466	1396138		14329	94661	1.1
1690299	1679593	2467	10706	104307	0.5
547297	545961	4	1336	47019	0.1
10890096	**9674697**	**156415**	**1215399**	**265261**	**48.0**
1490503	1430150		60353	34211	3.8
4785132	3695879		1089253	66801	32.5
307623	296978	105187	10645	8766	3.2
2051261	2017440	33551	33821	58541	2.9
870474	864468	4393	6007	46315	0.4
712778	707847		4931	21594	

指 标	法人企业数（个）	个体（产业）单位数（个）	从业人员期末人数（人）	商品购进额	进口
农药批发	2		36	13108	
其他化工产品批发	41	1	1072	625717	12999
机械设备、五金产品及电子产品批发	**158**		**7958**	**2736972**	**8217**
农业机械批发	7		171	18889	
汽车批发	19		1491	1541801	1452
汽车零配件批发	16		448	81508	
摩托车及零配件批发	7		410	94655	
五金产品批发	14		257	59110	
电气设备批发	8		342	84665	3020
计算机、软件及辅助设备批发	21		732	189153	
通讯及广播电视设备批发	6		275	136727	
其他机械设备及电子产品批发	60		3832	530466	3744
贸易经纪与代理	**1**		**9**	**5541**	
其他贸易经纪与代理	1		9	5541	
其他批发业	**25**	**1**	**1009**	**144374**	**14892**
再生物资回收与批发	11	1	291	51042	
其他未列明批发业	14		718	93333	14892
按登记注册类型分					
内资企业	**674**	**1**	**38153**	**21959594**	**747275**
国有企业	25		2386	1280227	
集体企业	4		51	28036	
股份合作企业	1		131	4528	
有限责任公司	405		24494	14861110	180330
国有独资公司	14		3265	1876752	17190
其他有限责任公司	391		21229	12984358	163140
股份有限公司	16		3783	2486618	1446
私营企业	222		7240	3202535	565499
私营独资企业	2		106	19127	
私营有限责任公司	215		7050	3059146	565499
私营股份有限公司	5		84	124262	
其他企业	1	1	68	96540	
港、澳、台商投资企业	**3**	**1**	**611**	**77883**	
港澳台商独资企业	3	1	611	77883	
外商投资企业	**3**	**1**	**106**	**155678**	
中外合资经营企业	2	1	102	148790	
外资企业	1		4	6888	
个体经营		**42**	**523**	**190011**	
个体户		42	523	190011	
零售业	**669**	**438**	**71925**	**9819311**	**506045**
按零售行业小类分					
综合零售	**84**	**169**	**29012**	**1885804**	**439**
百货零售	51	69	15451	1058226	439
超级市场零售	25	16	10896	485061	
其他综合零售	8	84	2665	342517	
食品、饮料及烟草制品专门零售	**42**	**31**	**3140**	**196420**	
粮油零售	1	1	54	6718	
糕点、面包零售	1	1	57	1033	

单位:万元

商品销售额	批发额	出口	零售额	期末商品库存额	年末零售营业面积(万平方米)
16487	16487			1754	
655838	645449	13284	10389	27279	5.2
2913271	**2629657**	**124540**	**283613**	**184893**	**9.1**
20323	17297		3026	2715	0.8
1547615	1357680	5723	189935	16243	4.7
90072	89228	23921	843	14088	0.2
104488	63380		41108	19494	0.4
92476	85399	10999	7078	4397	0.3
98884	98884	38720		4738	
204049	198057		5992	13292	0.5
152800	141513		11287	7332	0.5
602564	578219	45177	24345	102594	1.8
5883	**5883**	**5883**			
5883	5883	5883			
253908	**250994**	**42496**	**2914**	**34826**	**0.3**
53311	53311			2760	0.2
200597	197683	42496	2914	32066	0.1
23401226	**21838999**	**604012**	**1562227**	**1260982**	**66.8**
1569289	1529464	44368	39825	92497	2.3
29824	29824			495	
4529	4529			33	
15605943	14934857	446841	671086	771091	54.1
2022487	1764220	23026	258266	67553	31.7
13583456	13170637	423815	412819	703538	22.4
2536051	1804192	5723	731859	104796	1.6
3539443	3419986	107080	119457	291587	8.8
24741	22153		2588	2494	0.1
3394719	3277850	107080	116869	272647	8.6
119983	119983			16446	
116147	116147			482	
81131	**81131**	**48770**		**6535**	**0.2**
81131	81131	48770		6535	0.2
182312	**156513**	**6888**	**25799**	**7926**	**0.1**
175424	149625		25799	7926	0.1
6888	6888	6888			
186671	**179748**		**6923**	**7795**	**0.1**
186671	179748		6923	7795	0.1
11308889	**526154**	**50**	**10782735**	**1059427**	**212.0**
3031396	**87039**		**2944357**	**169530**	**120.5**
2138345	54553		2083792	99512	75.8
544576	680		543896	59869	43.3
348475	31806		316669	10149	1.4
242055	**8761**		**233294**	**42673**	**2.4**
6545			6545	293	
1391			1391	693	0.1

指 标	法人企业数(个)	个体(产业)单位数(个)	从业人员期末人数(人)	商品购进额	进口
果品、蔬菜零售	3		307	2676	
肉、禽、蛋、奶及水产品零售	14	5	1406	81498	
酒、饮料及茶叶零售	8	8	278	29621	
其他食品零售	15	16	1038	74875	
纺织、服装及日用品专门零售	**45**	**69**	**3967**	**322163**	
纺织品及针织品零售	7	6	503	30534	
服装零售	20	39	1939	183472	
鞋帽零售	5	6	263	16000	
化妆品及卫生用品零售	3	6	533	29260	
钟表、眼镜零售	1	2	349	37647	
箱、包零售		1	4	698	
厨房用具及日用杂品零售		1	3	975	
其他日用品零售	9	8	373	23578	
文化、体育用品及器材专门零售	**36**	**38**	**2585**	**204094**	**182**
文具用品零售	2	2	36	5510	
体育用品及器材零售	3	2	687	8066	
图书、报刊零售	13		861	60194	
珠宝首饰零售	7	28	617	77338	
工艺美术品及收藏品零售	4	4	232	36905	182
乐器零售	1		22	938	
照相器材零售	5	1	115	13553	
其他文化用品零售	1	1	15	1590	
医药及医疗器材专门零售	**27**	**3**	**3913**	**317780**	**300**
药品零售	22	3	3735	288843	
医疗用品及器材零售	5		178	28937	300
汽车、摩托车、燃料及零配件专门零售	**255**	**29**	**19221**	**5733194**	**503687**
汽车零售	210	15	17336	5390172	503082
汽车零配件零售	7	2	618	117453	
摩托车及零配件零售	4	5	167	25482	
机动车燃料零售	34	7	1100	200088	605
家用电器及电子产品专门零售	**133**	**27**	**7415**	**995509**	**1000**
家用视听设备零售	24	6	676	69911	
日用家电设备零售	21	18	3441	551050	
计算机、软件及辅助设备零售	62	1	1445	226649	
通信设备零售	13	2	1598	119703	
其他电子产品零售	13		255	28197	1000
五金、家具及室内装饰材料专门零售	**31**	**68**	**2170**	**110991**	**171**
五金零售	20	9	1157	33546	
灯具零售		5	47	14101	
家具零售	8	38	819	46182	
卫生洁具零售		1	6	682	
陶瓷、石材装饰材料零售	1	8	58	9355	
其他室内装饰材料零售	2	7	83	7124	171
货摊、无店铺及其他零售业	**16**	**4**	**502**	**53354**	**265**
旧货零售	1		9	1915	
生活用燃料零售	8	1	254	20285	
其他未列明零售业	7	3	239	31154	265

单位:万元

商品销售额	批发额	出口	零售额	期末商品库存额	年末零售营业面积(万平方米)
6194	1744		4450	257	0.1
98357	29		98328	5272	1.3
38446	4619		33827	10313	0.3
91123	2369		88754	25844	0.4
359253	**31107**		**328146**	**43259**	**6.9**
32295	8465		23830	6365	2.4
210913	13987		196925	16529	3.5
19481	4404		15077	2178	0.2
29222	332		28890	7876	0.3
37467	302		37165	5491	0.1
679			679	19	
965			965	20	
28233	3617		24616	4782	0.4
228905	**34344**		**194561**	**60201**	**3.1**
5428			5428	284	
31005	11201		19804	10949	0.3
56886	8490		48396	17416	1.1
83291	7029		76262	17270	1.2
37488	453		37036	10546	0.3
1109			1109	210	
12090	6615		5475	2928	0.1
1609	557		1052	599	0.1
345710	**94369**		**251341**	**24112**	**2.6**
314572	94369		220203	21890	2.5
31138			31138	2222	0.1
5906695	**171425**	**50**	**5735270**	**635287**	**55.8**
5546910	124556		5422354	599797	49.9
117590	1572		116018	17750	1.6
37951	24433		13518	2538	0.3
204245	20864	50	183381	15203	4.0
1002761	**91591**		**911170**	**72983**	**17.0**
71708			71708	8078	2.1
529749	5183		524566	37967	12.5
246527	73883		172644	15299	1.3
122783	6308		116476	8978	0.7
31994	6217		25776	2661	0.4
132705	**6499**		**126206**	**7542**	**2.8**
52448	1582		50866	2916	1.2
13726			13726	529	
50086	3521		46565	2870	1.4
670			670	12	
9230			9230	245	0.1
6546	1396		5149	969	0.1
59408	**1018**		**58389**	**3841**	**1.0**
2394	1018		1376	5	
24052			24052	2410	0.5
32961			32961	1425	0.6

指　　标	法人企业数（个）	个体（产业）单位数（个）	从业人员期末人数（人）	商品购进额	进口
按登记注册类型分					
内资企业	**646**	**2**	**54405**	**7859792**	**477609**
国有企业	11	1	852	33390	605
集体企业	9		428	18571	
股份合作企业	1		24	4895	
联营企业	1		60	1611	
其他联营企业	1		60	1611	
有限责任公司	369	1	38543	5175429	254800
国有独资公司	2		81	7024	
其他有限责任公司	367	1	38462	5168406	254800
股份有限公司	21		2430	364021	
私营企业	231		12009	2257380	222204
私营独资企业	3		36	5217	
私营合伙企业	1		105	3568	
私营有限责任公司	220		11559	2190129	221372
私营股份有限公司	7		309	58467	832
其他企业	3		59	4495	
港、澳、台商投资企业	**8**		**4573**	**542798**	
与港澳台商合资经营企业	3		810	238155	
港澳台商独资企业	5		3763	304643	
外商投资企业	**15**		**3536**	**506958**	**28436**
中外合资经营企业	5		934	132212	27773
外资企业	6		2076	156573	
外商投资股份有限公司	4		526	218173	663
个体经营		**436**	**9411**	**909763**	
个体户		434	9348	907472	
个人合伙		2	63	2291	
按经营形式分					
独立门店	564	426	49477	8075443	504957
连锁总店	25		14498	1062277	87
连锁门店	9	7	4696	228833	
其他	71	5	3254	452758	1000
按零售业态分					
有店铺零售	**666**	**438**	**71643**	**9810579**	**506045**
食杂店	3	3	51	5796	
便利店	8	63	1685	187433	
超市	32	65	3942	164457	87
大型超市	17	4	16059	841220	
仓储会员店	1		12	895	
百货店	51	62	9129	780789	352
专业店	405	140	25950	5098911	275324
专卖店	119	73	12399	2494401	229449
家居建材商店	2	25	306	17813	
购物中心	5		296	52825	
厂家直销中心	23	3	1814	166039	832
无店铺零售	**3**		**282**	**8732**	
电视购物	2		262	7329	
邮购	1		20	1403	

单位:万元

商品销售额	批发额	出口	零售额	期末商品库存额	年末零售营业面积(万平方米)
8608025	**423434**	**50**	**8184591**	**895154**	**177.7**
33340	950	50	32390	2520	1.3
19904			19904	1153	1.1
5335	29		5306	1	0.4
1885			1885	94	0.2
1885			1885	94	0.2
5770475	300229		5470247	569837	134.3
6394	2808		3586	1062	0.4
5764081	297421		5466660	568776	133.9
378241	6098		372143	29234	11.3
2394033	113954		2280080	292182	26.8
4963	832		4131	263	0.2
3464	2771		693	1686	
2326277	87750		2238527	286071	25.7
59330	22600		36730	4163	0.9
4811	2175		2636	132	2.5
1143451			**1143451**	**46797**	**19.3**
248057			248057	21178	0.9
895394			895394	25619	18.3
551969	**8847**		**543121**	**60605**	**11.2**
135474			135474	15094	2.9
210658	1437		209222	22303	5.6
205836	7411		198426	23207	2.7
1005445	**93873**		**911572**	**56872**	**3.8**
1003190	93414		909776	56756	3.8
2255	459		1796	116	
8879358	458737	50	8420621	874782	136.9
1699161	9504		1689657	105606	44.8
253384	309		253075	33555	24.6
476986	57604		419382	45484	5.7
11299721	**526154**	**50**	**10773567**	**1056528**	**211.8**
5763			5763	244	0.1
197741	25559		172183	7132	1.2
181805	5827		175979	22182	4.9
1499432	1949		1497484	91053	70.8
928	557		371	584	0.1
1263975	57781		1206194	59238	45.7
5291655	348773	50	4942882	563552	60.0
2603099	54554		2548545	290121	25.7
21581	2706		18875	1513	0.4
52546	26705		25840	3919	0.9
181196	1744		179452	16990	2.0
9167			**9167**	**2898**	**0.2**
7762			7762	2896	0.2
1405			1405	2	

11-4 分县(市)区限额以上批发和零售业商品购销存总额

(2013 年)

单位:万元

县(市)区	商品购进总额	#进口	销售总额	批发额	#出口	零售额	年末商品库存总额
中原区	1175653	69278	1302257	677694	48643	624563	74842
二七区	1855202	255	2318293	900354	10849	1417939	166081
管城区	3501447	7707	3536656	2079480		1457175	252518
金水区	7105029	629149	8288464	4387933	346223	3900531	741139
上街区	300467		340575	297175	60108	43400	7854
惠济区	2585475	93060	2555430	1828498		726932	259625
中牟县	1318751		1318820	1118231	13	200589	25922
巩义市	237299	605	272096	104348	50	167747	16255
荥阳市	552817		651510	435266		216243	43924
新密市	1015341		1042583	767831	133	274752	28231
新郑市	2609275	352	2708725	2299059		409666	67526
登封市	735362	182	768002	374142		393859	31222
经济开发区	5068618	173973	5743477	4827305	58111	916172	348873
高新开发区	467391	6196	526575	330576	7679	195999	54685
郑东新区	3524650	268468	3635848	2239196	124760	1396653	205161
航空港实验区	149701	4095	150920	115456	3153	35464	18806

11-5 分县(市)区限额以上批发和零售企业主要经济指标

(2013 年) 单位:万元

县(市)区	流动资产合计	#存货	固定资产原价	资产总计	所有者权益	#实收资本	主营业务收入
中原区	454252	76620	52246	572374	95668	51409	1095490
二七区	481730	89825	78149	603355	55644	93959	1922483
管城区	680772	184369	158160	944525	181024	132118	3078257
金水区	3544060	721401	509202	4571530	883054	741342	7461643
上街区	56050	7099	3855	84556	29034	18211	279710
惠济区	1270639	255620	44693	1337766	74291	55016	2117220
中牟县	93286	22354	15260	122839	26660	25772	938710
巩义市	46309	6500	15996	63090	28866	23956	188827
荥阳市	285452	35740	34934	347712	74793	46472	442403
新密市	312996	85720	88432	400031	224544	81086	766328
新郑市	232640	44614	43712	318491	121165	68749	2029029
登封市	213563	17852	41466	542532	222208	42834	501913
经济开发区	2097465	315054	158864	2335362	526468	179154	4990035
高新开发区	210827	59925	19458	253915	79657	42342	489478
郑东新区	831257	190098	177116	1211132	382450	184927	3243712
航空港实验区	172008	4682	41601	216534	9272	11014	124261

11-5 续表 (2013 年) 单位:万元

县(市)区	主营业务成本	主营业务税金及附加	管理费用	#税金	利润总额	应付职工薪酬	应缴增值税
中原区	1018478	2353	28992	563	4866	21691	12619
二七区	1762993	5989	61910	2296	6264	60701	24022
管城区	2877752	5721	40197	1493	49065	44894	29510
金水区	6991818	12545	198372	3871	107981	119286	55989
上街区	271310	1087	2284	257	1917	1577	1391
惠济区	2049421	1361	17366	546	18269	18280	10353
中牟县	860883	1186	4438	581	16587	9632	8618
巩义市	161984	1088	5397	234	11713	4278	1799
荥阳市	370619	1401	8928	391	34167	10834	8617
新密市	626284	16284	16540	758	87762	18371	11675
新郑市	1927469	1003	14032	1082	69612	16074	7841
登封市	384260	14670	13286	2583	62255	8062	9895
经济开发区	4562177	59027	89551	2791	166587	77944	59720
高新开发区	454088	264	9059	519	14072	7481	3445
郑东新区	3057907	6552	57982	1433	28106	37227	33075
航空港实验区	111263	109	4535	139	-3851	1636	661

11-6 限额以上批发和零售业法人企业财务状况

（2013 年）

单位：万元

指标	法人企业数（个）	执行《2006年企业会计准则》企业数（个）	年初存货					
				流动资产合计	应收帐款	存货	固定资产合计	固定资产原价
总计	**1349**	**946**	**1921640**	**10983305**	**1885217**	**2117472**	**1038529**	**1483141**
批发业	**680**	**486**	**1101703**	**7138886**	**1550979**	**1221234**	**526122**	**780744**
按批发行业小类分								
农、林、牧产品批发	**34**	**25**	**145788**	**522228**	**63691**	**137215**	**32732**	**67620**
谷物、豆及薯类批发	12	10	30990	77444	7032	44695	8956	13334
种子批发	9	7	49892	111951	5810	49825	17459	23538
饲料批发	3	2	2839	7784	1944	2284	221	456
棉、麻批发	5	2	11492	105524	7533	12680	3347	26788
牲畜批发	1	1		22702	364		860	1161
其他农牧产品批发	4	3	50575	196822	41008	27731	1890	2342
食品、饮料及烟草制品批发	**45**	**25**	**108786**	**593277**	**29198**	**150663**	**92487**	**137152**
米、面制品及食用油批发	14	7	50609	151032	11390	73364	29323	37873
糕点、糖果及糖批发	4	2	12892	39018	3302	14474	1406	2599
果品、蔬菜批发	1		1403	2081		1693	1362	1532
肉、禽、蛋、奶及水产品批发	3	1	757	2501	814	950	368	434
盐及调味品批发	6	3	2673	12609	1488	2407	4978	6438
酒、饮料及茶叶批发	9	5	15758	45833	7805	12073	17018	20094
烟草制品批发	2	1	21676	249108	251	43103	37748	67648
其他食品批发	6	6	3018	91095	4148	2599	285	534
纺织、服装及家庭用品批发	**56**	**43**	**136205**	**1373792**	**125779**	**224986**	**16989**	**31239**
纺织品、针织品及原料批发	15	14	9897	146473	86153	8059	6265	8993
服装批发	20	13	29145	108927	21385	24204	3027	4855
鞋帽批发	1							
化妆品及卫生用品批发	3	2	5999	26834	3187	5718	82	360
家用电器批发	13	12	89332	1076139	10519	185401	2473	10006
其他家庭用品批发	4	2	1832	15420	4534	1604	5141	7025
文化、体育用品及器材批发	**22**	**16**	**47414**	**233578**	**66579**	**48475**	**34433**	**48609**
文具用品批发	6	3	6200	56127	13683	9551	610	1041
体育用品及器材批发	2	2	7947	14933	530	6815	132	439
图书批发	3	3	19242	91900	34690	8328	30408	41336
音像制品及电子出版物批发	1							
首饰、工艺品及收藏品批发	2	2	4919	17505	3766	12467	838	1430
其他文化用品批发	8	6	9106	53114	13910	11314	2445	4364
医药及医疗器材批发	**52**	**31**	**191443**	**1426419**	**711931**	**213942**	**32331**	**45891**
西药批发	23	16	75978	491317	263016	77655	12557	19546
中药批发	22	11	86163	670292	311112	95532	16156	21227
医疗用品及器材批发	7	4	29302	264811	137802	40755	3619	5118
矿产品、建材及化工产品批发	**287**	**208**	**224303**	**1946223**	**338170**	**235252**	**273331**	**378402**
煤炭及制品批发	69	47	33227	573485	75767	56150	55280	69133
石油及制品批发	23	18	34135	263750	28467	28805	112116	172688
非金属矿及制品批发	23	16	4888	57982	17286	7582	39161	43780
金属及金属矿批发	79	58	58498	504827	99174	62262	37809	53197
建材批发	45	35	43013	308967	88266	30835	15608	21385
化肥批发	5	4	26744	106066	11258	20739	6684	7527
农药批发	2	2	4749	3446	663	1754	27	90
其他化工产品批发	41	28	19049	127700	17289	27125	6646	10604
机械设备、五金产品及电子产品批发	**158**	**120**	**212934**	**943140**	**193548**	**175870**	**32069**	**55773**
农业机械批发	7	5	2866	15375	2579	2485	747	1123
汽车批发	19	15	45179	251471	19934	17421	3244	5925

指标	法人企业数（个）	执行《2006年企业会计准则》企业数（个）	年初存货	流动资产合计	应收帐款	存货	固定资产合计	固定资产原价
汽车零配件批发	16	15	19568	34446	4854	17041	1269	2488
摩托车及零配件批发	7	4	19753	33681	4019	18934	834	2480
五金产品批发	14	9	3866	98720	10148	6848	743	1139
电气设备批发	8	6	5587	21839	3060	4503	1987	2962
计算机、软件及辅助设备批发	21	14	16042	55722	16176	11604	724	2021
通讯及广播电视设备批发	6	4	8627	56521	7915	7345	294	694
其他机械设备及电子产品批发	60	48	91448	375365	124863	89689	22226	36943
贸易经纪与代理	**1**	**1**	**1**	**1457**	**1061**		**13**	**39**
其他贸易经纪与代理	1	1	1	1457	1061		13	39
其他批发业	**25**	**17**	**34829**	**98771**	**21024**	**34831**	**11736**	**16020**
再生物资回收与批发	11	9	4860	13076	2927	4053	5079	6969
其他未列明批发业	14	8	29968	85695	18097	30778	6658	9051
按登记注册类型分								
内资企业	**674**	**480**	**1088638**	**7057312**	**1538655**	**1207472**	**525045**	**779111**
国有企业	25	21	43001	371016	26384	67821	87056	128641
集体企业	4	3	754	7071	45	1100	467	533
股份合作企业	1	1	50	862	527	50	107	401
有限责任公司	405	290	629871	4599801	1041497	774276	256795	386640
国有独资公司	14	7	96151	371090	116252	68873	62771	99074
其他有限责任公司	391	283	533721	4228712	925245	705402	194024	287566
股份有限公司	16	12	82596	440765	139429	85098	105328	144915
私营企业	222	152	332337	1637669	330773	279072	75186	117869
私营独资企业	2	2	3053	7565	166	3825	352	568
私营有限责任公司	215	147	314942	1549490	322390	260583	72629	113401
私营股份有限公司	5	3	14343	80615	8217	14665	2204	3900
其他企业	1	1	29	129		55	106	111
港、澳、台商投资企业	**3**	**3**	**5938**	**36073**	**3583**	**5860**	**968**	**1298**
港澳台商独资企业	3	3	5938	36073	3583	5860	968	1298
外商投资企业	**3**	**3**	**7126**	**45502**	**8742**	**7902**	**109**	**335**
中外合资经营企业	2	2	7126	45128	8383	7902	100	320
外资企业	1	1		374	359		9	15
按控股情况分								
国有控股	79	60	287239	1752086	529617	289973	271477	398790
集体控股	9	7	10575	80991	6352	10794	1134	2518
私人控股	463	312	601755	3282311	751332	607221	207299	292586
港澳台商控股	3	3	5938	36073	3583	5860	968	1298
外商控股	1	1	5363	25320	3005	5363	16	112
其他	125	103	190833	1962105	257091	302024	45229	85440
按经营形式分								
独立门店	483	318	669367	4025466	652936	782948	357003	534195
连锁总店	2	2	7050	1077		870	1095	1118
连锁门店	4	3	9275	33742	4000	9221	123	417
其他	191	163	416011	3078602	894044	428195	167901	245015
按单位规模分								
大型	22	19	235824	1998079	605490	339063	191947	288890
中型	236	161	661650	3990391	741859	665909	202474	302766
小型	365	267	188041	1081857	194358	201534	118226	173833
微型	57	39	16188	68561	9273	14728	13475	15255
零售业	**669**	**460**	**819937**	**3844418**	**334238**	**896238**	**512408**	**702397**
按零售行业小类分								
综合零售	**84**	**57**	**96630**	**785195**	**37951**	**93060**	**263801**	**357824**
百货零售	51	35	49508	656133	36395	51658	229999	292942
超级市场零售	25	16	46377	125916	858	40729	32985	63642

指标	法人企业数(个)	执行《2006年企业会计准则》企业数(个)	年初存货	流动资产合计	应收帐款	存货	固定资产合计	固定资产原价
其他综合零售	8	6	745	3146	697	674	817	1240
食品、饮料及烟草制品专门零售	**42**	**30**	**21232**	**82174**	**9378**	**20896**	**14047**	**17600**
粮油零售	1		10	570		29	9	13
糕点、面包零售	1	1	458	749	36	582	44	176
果品、蔬菜零售	3	3	781	5456	653	736	2414	3021
肉、禽、蛋、奶及水产品零售	14	9	7806	39428	4981	6975	7699	9849
酒、饮料及茶叶零售	8	5	8951	17728	1337	8388	2898	3483
其他食品零售	15	12	3227	18242	2372	4185	983	1059
纺织、服装及日用品专门零售	**45**	**35**	**38761**	**111283**	**13028**	**39183**	**12368**	**15252**
纺织品及针织品零售	7	4	4751	10895	396	5568	314	724
服装零售	20	17	12782	49740	7144	14555	10421	12013
鞋帽零售	5	5	1585	4486	1542	1816	222	352
化妆品及卫生用品零售	3	2	6199	15213	438	7521	341	410
钟表、眼镜零售	1		9956	9939	2141	5458	269	608
其他日用品零售	9	7	3488	21011	1368	4265	801	1145
文化、体育用品及器材专门零售	**36**	**25**	**40003**	**98991**	**15548**	**50033**	**22797**	**25030**
文具用品零售	2		94	607	205	126	62	69
体育用品及器材零售	3	2	11380	14290	3555	9241	166	466
图书、报刊零售	13	10	9897	33742	9037	12324	14995	15000
珠宝首饰零售	7	5	9606	23404	565	11912	7048	8256
工艺美术品及收藏品零售	4	3	6347	13337	1006	8852	273	599
乐器零售	1	1	201	1372		210	7	9
照相器材零售	5	3	1911	10996	1002	6784	227	595
其他文化用品零售	1	1	567	1244	179	584	20	36
医药及医疗器材专门零售	**27**	**16**	**19357**	**126800**	**69882**	**21634**	**14565**	**20199**
药品零售	22	13	16985	106564	59762	19533	13991	19347
医疗用品及器材零售	5	3	2371	20237	10121	2101	574	852
汽车、摩托车、燃料及零配件专门零售	**255**	**173**	**532997**	**2237495**	**125354**	**596757**	**156928**	**226613**
汽车零售	210	143	508926	2044853	114278	572918	131627	196302
汽车零配件零售	7	6	14686	40622	5582	13200	1682	2468
摩托车及零配件零售	4	2	2853	8866	432	3245	602	775
机动车燃料零售	34	22	6532	143154	5062	7395	23017	27069
家用电器及电子产品专门零售	**133**	**87**	**60543**	**307240**	**50026**	**67297**	**16939**	**25412**
家用视听设备零售	24	18	7630	15310	1181	8945	1231	1898
日用家电设备零售	21	12	27403	164338	7972	32924	7249	11998
计算机、软件及辅助设备零售	62	40	14406	89227	34020	15516	1635	2681
通信设备零售	13	8	7828	17945	2342	6918	974	1964
其他电子产品零售	13	9	3277	20420	4511	2995	5850	6871
五金、家具及室内装饰材料专门零售	**31**	**25**	**7923**	**79422**	**9779**	**4637**	**5816**	**7313**
五金零售	20	16	7110	21388	8480	4119	2328	4017
家具零售	8	6	668	56906	1062	212	3452	3197
陶瓷、石材装饰材料零售	1	1	9	35		8	28	32
其他室内装饰材料零售	2	2	136	1093	238	298	9	67
货摊、无店铺及其他零售业	**16**	**12**	**2491**	**15818**	**3292**	**2740**	**5147**	**7154**
旧货零售	1	1	11	438	71	5		3
生活用燃料零售	8	6	1303	9939	513	1097	4939	6351
其他未列明零售业	7	5	1178	5441	2708	1639	208	800
按登记注册类型分								
内资企业	**646**	**441**	**727308**	**3277029**	**294947**	**793564**	**285999**	**413200**
国有企业	11	9	665	5026	1399	831	1427	2863
集体企业	9	7	2387	5553	1392	1204	984	1747
股份合作企业	1		110	40			162	204
联营企业	1	1	123	161				

指标	法人企业数（个）	执行《2006年企业会计准则》企业数（个）	年初存货	流动资产合计	应收帐款	存货	固定资产合计	固定资产原价
其他联营企业	1	1	123	161				
有限责任公司	369	274	453346	1926064	197228	496165	191867	267997
国有独资公司	2	2	277	1522	184	554	405	701
其他有限责任公司	367	272	453069	1924542	197044	495611	191462	267296
股份有限公司	21	14	21958	262286	3174	22399	34897	54579
私营企业	231	133	248573	1077667	91755	272827	56625	85763
私营独资企业	3	1	41	825	158	23	525	595
私营合伙企业	1	1	1582	16715	181	1686	5	9
私营有限责任公司	220	127	243490	1049480	89468	267588	54986	83582
私营股份有限公司	7	4	3460	10648	1948	3530	1109	1578
其他企业	3	3	147	232	1	138	37	46
港、澳、台商投资企业	**8**	**5**	**37618**	**439651**	**36774**	**42261**	**203644**	**242071**
与港澳台商合资经营企业	3	1	19258	46897	6205	19185	15693	18849
港澳台商独资企业	5	4	18360	392754	30569	23076	187951	223222
外商投资企业	**15**	**14**	**55011**	**127738**	**2517**	**60413**	**22765**	**47127**
中外合资经营企业	5	5	17076	32096	955	19728	10915	27593
外资企业	6	6	20836	51830	563	20215	8731	13715
外商投资股份有限公司	4	3	17099	43811	998	20470	3120	5819
按控股情况分								
国有控股	26	20	35980	112987	9153	48599	40334	50667
集体控股	22	17	6439	23379	2349	2695	2993	7091
私人控股	488	313	564344	2428514	234645	609821	189525	277312
港澳台商控股	6	5	26834	414168	34321	34787	195556	232791
外商控股	13	11	49632	114891	1936	56649	20616	43188
其他	114	94	136709	750479	51834	143687	63384	91347
按经营形式分								
独立门店	564	369	666603	2939332	238060	740766	287697	403691
连锁总店	25	18	86278	616372	46023	87566	197086	247338
连锁门店	9	7	26905	87090	1244	29025	13295	32797
其他	71	66	40152	201625	48911	38880	14330	18570
按单位规模分								
大型	26	18	157181	1025069	58904	158439	260558	347325
中型	238	171	514465	2021165	176382	585045	185620	270269
小型	327	209	138244	759605	92741	140297	62529	79594
微型	78	62	10048	38579	6210	12456	3701	5210
按零售业态分								
有店铺零售	666	457	819545	3836147	333526	895980	512051	701958
食杂店	3	2	250	225	18	91	340	395
便利店	8	8	2077	4671	119	2394	849	1217
超市	32	21	8748	29020	4611	9868	3619	5552
大型超市	17	13	79666	534219	30691	74899	222488	291769
仓储会员店	1	1	567	1244	179	584	20	36
百货店	51	35	13900	241376	7048	14548	43711	67395
专业店	405	274	460184	1943378	203725	512951	140813	200926
专卖店	119	79	230409	987912	63927	259478	84457	114125
家居建材商店	2	1	2527	834	63	110	282	670
购物中心	5	4	3108	12142	3799	3634	2732	3234
厂家直销中心	23	19	18109	81125	19346	17425	12740	16641
无店铺零售	3	3	393	8272	712	258	357	440
电视购物	2	2	389	7118	349	256	332	396
邮购	1	1	4	1154	363	2	25	43

指标	期末资产负债							
	累计折旧	本年折旧	在建工程	资产总计	流动负债合计	应付帐款	非流动负债合计	负债合计
总计	**452173**	**83579**	**272608**	**13925742**	**10418673**	**2195272**	**540698**	**10959932**
批发业	**254818**	**39223**	**78923**	**8978272**	**6586585**	**1481586**	**272156**	**6876182**
按批发行业小类分								
农、林、牧产品批发	**35388**	**3408**	**8539**	**748275**	**503526**	**34278**	**11096**	**520143**
谷物、豆及薯类批发	4378	854	218	100777	66403	1624	6498	72901
种子批发	6580	1910	6871	166896	68584	21943	3403	71987
饲料批发	235	43		8156	5009	-4461		5009
棉、麻批发	23441	324	1423	222868	159679	2353	1195	166394
牲畜批发	302	78		40898	1721	1692		1721
其他农牧产品批发	453	199	27	208680	202130	11126		202130
食品、饮料及烟草制品批发	**44678**	**7053**	**5079**	**769633**	**342350**	**64164**	**15469**	**352821**
米、面制品及食用油批发	8550	1363	32	230561	148921	10533	12493	155540
糕点、糖果及糖批发	1206	185	4457	47842	27176	5639	1985	29161
果品、蔬菜批发	170	48		3443	800		800	800
肉、禽、蛋、奶及水产品批发	66	38		2872	1940	1284		1940
盐及调味品批发	1460	304	67	17707	5435	2496	177	5612
酒、饮料及茶叶批发	3076	1184		63615	39643	3011	14	41334
烟草制品批发	29900	3839	523	311891	27730	26170		27730
其他食品批发	249	93		91703	90706	15031		90706
纺织、服装及家庭用品批发	**14250**	**1146**		**1434605**	**1378036**	**81824**	**1404**	**1387050**
纺织品、针织品及原料批发	2728	584		156966	124333	13859	5	124337
服装批发	1828	258		113045	100033	30731		107643
鞋帽批发								
化妆品及卫生用品批发	278	36		28116	11648	9291	400	12047
家用电器批发	7533	66		1115917	1123874	21995	1000	1124874
其他家庭用品批发	1884	203		20561	18148	5948		18148
文化、体育用品及器材批发	**14176**	**1609**	**21**	**428444**	**205594**	**88478**	**3628**	**210734**
文具用品批发	431	208	21	59376	50015	11016		51527
体育用品及器材批发	307	68		15070	10783	1234		10783
图书批发	10928	1009		270112	88777	58889	3628	92405
音像制品及电子出版物批发								
首饰、工艺品及收藏品批发	592	61		18343	10930	1677		10930
其他文化用品批发	1919	264		65543	45089	15662		45089
医药及医疗器材批发	**13560**	**2949**	**3946**	**1513426**	**1296336**	**574837**	**3647**	**1299983**
西药批发	6989	1300	270	506545	435466	210321	493	435960
中药批发	5071	1254	3103	731839	625540	242185	1883	627423
医疗用品及器材批发	1499	395	573	275042	235329	122331	1271	236600
矿产品、建材及化工产品批发	**104540**	**14946**	**28302**	**2913301**	**1930743**	**297169**	**223626**	**2158862**
煤炭及制品批发	14456	3756	1254	954865	424318	45662	157179	586661
石油及制品批发	58831	4619	10532	542947	489621	18040	26647	516267
非金属矿及制品批发	4693	1915		136168	67744	13674	14898	83022
金属及金属矿批发	15422	1982	6134	606658	498001	95486	4946	503880
建材批发	6034	1556		389747	245043	81427	16217	261336
化肥批发	1084	307	241	121015	107015	28329	12	107028
农药批发	63	10		3477	1622	205		1622
其他化工产品批发	3958	801	10141	158425	97381	14345	3726	99047
机械设备、五金产品及电子产品批发	**23897**	**6924**	**32933**	**1047389**	**843470**	**324068**	**11118**	**856229**
农业机械批发	375	76		17297	13684	2169		13684
汽车批发	2724	381	1108	265363	231123	49615	2562	233789
汽车零配件批发	1219	143		37115	25108	8231	355	25463
摩托车及零配件批发	1646	524	121	37313	32405	12543	12	32417

指标	期末资产负债							
	累计折旧	本年折旧	在建工程	资产总计	流动负债合计	应付帐款	非流动负债合计	负债合计
五金产品批发	395	90	30216	101612	85135	37114	7	85383
电气设备批发	1124	129		30514	17526	7296	994	19893
计算机、软件及辅助设备批发	1298	143	25	83947	59334	17552	1100	60434
通讯及广播电视设备批发	399	59		58343	46892	4358		46892
其他机械设备及电子产品批发	14717	5380	1463	415885	332264	185190	6088	338276
贸易经纪与代理	**25**	**4**		**1480**	**1206**	**1206**		**1206**
其他贸易经纪与代理	25	4		1480	1206	1206		1206
其他批发业	**4304**	**1183**	**104**	**121718**	**85326**	**15564**	**2168**	**89157**
再生物资回收与批发	1891	634	4	22795	11642	1463	156	13462
其他未列明批发业	2413	549	100	98923	73683	14101	2011	75695
按登记注册类型分								
内资企业	**254262**	**39086**	**78923**	**8878271**	**6549210**	**1465718**	**272156**	**6838807**
国有企业	41585	6743	674	512705	144277	49815	12140	157181
集体企业	66	9		9815	97		156	5773
股份合作企业	294	18		1250	1608	600	1	1609
有限责任公司	129399	20240	47221	5756438	4324568	1023342	214890	4548674
国有独资公司	34555	2276	32	703296	433306	140774	18367	451673
其他有限责任公司	94844	17965	47189	5053142	3891262	882568	196524	4097001
股份有限公司	39587	5224	13670	710880	591439	157418	6534	597974
私营企业	43325	6848	17358	1886949	1487220	234543	38289	1527451
私营独资企业	216			7917	7436	2159	15	7450
私营有限责任公司	41413	6554	17358	1754575	1389241	225858	38274	1429456
私营股份有限公司	1696	307		124457	90544	6526		90544
其他企业	5	5		235			145	145
港、澳、台商投资企业	**330**	**100**		**54376**	**8791**	**3244**		**8791**
港澳台商独资企业	330	100		54376	8791	3244		8791
外商投资企业	**226**	**37**		**45625**	**28585**	**12624**		**28585**
中外合资经营企业	220	33		45243	28278	12576		28278
外资企业	6	4		383	307	48		307
按控股情况分								
国有控股	125574	16128	11692	2536940	1664682	541775	40406	1707514
集体控股	1384	319		86331	64803	31546	156	70480
私人控股	86825	18268	33212	4123851	2950444	703254	224739	3182734
港澳台商控股	330	100		54376	8791	3244		8791
外商控股	97	13		25338	10211	9100		10211
其他	40608	4396	34019	2151436	1887655	192667	6856	1896453
按经营形式分								
独立门店	177366	25338	59880	5366151	3874609	585820	221839	4113813
连锁总店	23	20		15241	15229	8944		15229
连锁门店	294			34308	18876	12478		18876
其他	77135	13867	19043	3562573	2677871	874344	50317	2728265
按单位规模分								
大型	95195	13218	9520	2597509	1990782	656589	14322	2005104
中型	101364	17723	34591	4831853	3558726	631766	234002	3801850
小型	55888	7635	34197	1408892	946567	183837	15442	969609
微型	2371	646	615	140019	90511	9394	8390	99619
零售业	**197355**	**44356**	**193685**	**4947470**	**3832088**	**713686**	**268542**	**4083750**
按零售行业小类分								
综合零售	**94042**	**17413**	**172323**	**1338688**	**1141987**	**391483**	**55832**	**1206234**
百货零售	62962	13400	168554	1126979	909499	319740	53617	965133
超级市场零售	30657	3957	3199	206538	229528	71287	2176	237176

指标	期末资产负债							
	累计折旧	本年折旧	在建工程	资产总计	流动负债合计	应付帐款	非流动负债合计	负债合计
其他综合零售	423	56	569	5171	2960	457	38	3924
食品、饮料及烟草制品专门零售	**3774**	**922**	**6694**	**113845**	**57437**	**12670**	**6877**	**58284**
粮油零售	3	2		785				355
糕点、面包零售	132	21		793	1102	350		1102
果品、蔬菜零售	607	128	5454	14580	5015	183	22	5037
肉、禽、蛋、奶及水产品零售	2150	469	1240	54472	24284	2469	28	24623
酒、饮料及茶叶零售	585	200		21063	12810	3897	6766	12881
其他食品零售	296	102		22152	14226	5771	61	14287
纺织、服装及日用品专门零售	**2885**	**920**	**171**	**128770**	**103701**	**24108**	**1966**	**107021**
纺织品及针织品零售	410	66		11297	9346	4345	1543	10890
服装零售	1593	455		64080	55588	12927	333	55921
鞋帽零售	131	68		4857	3731	521	79	3810
化妆品及卫生用品零售	68	59		15698	11431	468		11431
钟表、眼镜零售	339	79	20	10879	4741	3172		4741
其他日用品零售	344	193	151	21958	18864	2675	11	20228
文化、体育用品及器材专门零售	**5869**	**1336**		**139969**	**104249**	**27676**	**1100**	**105583**
文具用品零售	8	4		675	73		25	99
体育用品及器材零售	300	78		14848	16957	258	3	16959
图书、报刊零售	3641	683		52945	33362	21871	1057	34418
珠宝首饰零售	1208	442		40798	31478	2462		31712
工艺美术品及收藏品零售	326	102		16348	12969	1431		12969
乐器零售	3	1		1378	376	374		376
照相器材零售	368	23		11709	8771	1257	15	8786
其他文化用品零售	16	3		1269	263	23		263
医药及医疗器材专门零售	**6267**	**575**	**156**	**147740**	**108602**	**46878**	**467**	**111167**
药品零售	5989	489	156	126874	94480	37997	147	95108
医疗用品及器材零售	278	86		20866	14122	8881	320	16059
汽车、摩托车、燃料及零配件专门零售	**70759**	**20745**	**8325**	**2611811**	**1991126**	**125754**	**200188**	**2165250**
汽车零售	65576	19612	7764	2374911	1800011	109826	193416	1963025
汽车零配件零售	786	246		42522	35321	10517	129	35450
摩托车及零配件零售	173	45		9498	1698			5853
机动车燃料零售	4224	842	561	184880	154096	5411	6643	160921
家用电器及电子产品专门零售	**8545**	**1384**	**778**	**342745**	**227284**	**66352**	**1075**	**231459**
家用视听设备零售	674	98	434	17498	9284	995	87	9507
日用家电设备零售	4749	639	18	176673	144241	40834		144786
计算机、软件及辅助设备零售	1111	195		99598	39336	14006	204	40505
通信设备零售	990	151		20364	11548	6958	784	13785
其他电子产品零售	1021	301	326	28611	22875	3561		22875
五金、家具及室内装饰材料专门零售	**3191**	**665**		**96646**	**79696**	**7590**	**702**	**80399**
五金零售	1689	367		33404	20141	6713	653	20794
家具零售	1439	286		62074	59214	593	49	59264
陶瓷、石材装饰材料零售	4	1		63	8			8
其他室内装饰材料零售	59	12		1106	333	284		333
货摊、无店铺及其他零售业	**2024**	**397**	**5238**	**27258**	**18005**	**11174**	**335**	**18354**
旧货零售	3			438	320			320
生活用燃料零售	1429	342	5231	21113	14288	8732	22	14324
其他未列明零售业	592	55	7	5706	3397	2442	313	3710
按登记注册类型分								
内资企业	**134557**	**30468**	**24746**	**3935379**	**3053124**	**432309**	**266410**	**3302654**
国有企业	1436	92	370	8424	5623	1008	241	7082
集体企业	773	95	569	7218	3542	933	38	3737

指标	期末资产负债							
	累计折旧	本年折旧	在建工程	资产总计	流动负债合计	应付帐款	非流动负债合计	负债合计
股份合作企业	42			202	171		28	199
联营企业				161	19		5	24
其他联营企业				161	19		5	24
有限责任公司	80973	19805	15716	2305481	1949181	321607	45690	1987442
国有独资公司	296	48		2322	861	176	343	1204
其他有限责任公司	80677	19756	15716	2303159	1948321	321431	45347	1986238
股份有限公司	19682	2037	2080	389102	114753	15334	157177	271930
私营企业	31641	8431	6011	1224460	979791	93428	63230	1032196
私营独资企业	70	11		1399	69	21	14	82
私营合伙企业	4	2		16720	15719	669		15719
私营有限责任公司	30929	8244	6011	1193806	955468	92479	60216	1004509
私营股份有限公司	638	174		12534	8535	258	3000	11886
其他企业	9	9		332	44			44
港、澳、台商投资企业	**38436**	**10367**	**165977**	**842180**	**628765**	**257480**		**628765**
与港澳台商合资经营企业	3156	1066	132	64717	52813	12709		52813
港澳台商独资企业	35280	9301	165845	777463	575952	244771		575952
外商投资企业	**24362**	**3521**	**2962**	**169911**	**150199**	**23897**	**2132**	**152331**
中外合资经营企业	16679	1814	2958	48741	42521	9768		42521
外资企业	4984	1366	4	70013	74206	13625	2123	76329
外商投资股份有限公司	2699	341		51157	33472	504	9	33481
按控股情况分								
国有控股	13970	2210	2424	181741	112019	29885	28883	135374
集体控股	4108	802	569	27967	39345	15233	5056	44557
私人控股	91493	21851	14741	2828291	2306331	291410	90441	2383531
港澳台商控股	37245	9720	168102	805344	596211	251894		596211
外商控股	22572	3239	704	155474	137949	22371	1387	139336
其他	27967	6534	7145	948653	640234	102892	142775	784740
按经营形式分								
独立门店	122557	30670	21463	3556550	2716863	302056	258812	2957483
连锁总店	50792	9949	167766	1041915	810231	330343	6074	815768
连锁门店	19761	2538	1259	117575	162102	46202	2735	164837
其他	4244	1200	3196	231430	142892	35086	920	145662
按单位规模分								
大型	91033	16098	169660	1616313	1193961	424754	147220	1340643
中型	86767	23376	19348	2404758	1969728	204824	71305	2033849
小型	18027	4615	4084	881893	640801	78796	48525	680365
微型	1528	267	593	44506	27597	5313	1492	28893
按零售业态分								
有店铺零售	197272	44299	193685	4938699	3828050	712264	268542	4079712
食杂店	54	14		773	271			271
便利店	368	63	569	6227	4964	1726	38	5002
超市	1933	618		36951	22032	12184	150	24399
大型超市	69289	13933	169032	999958	842130	325381	9750	855593
仓储会员店	16	3		1269	263	23		263
百货店	23694	3317	2722	329379	297721	59751	46073	347100
专业店	65873	16666	10182	2239763	1754138	215972	52371	1794239
专卖店	30794	8531	4799	1190643	827933	81647	156768	970850
家居建材商店	388	164		10278	8667	724		8667
购物中心	502	142		15353	11125	1015		11129
厂家直销中心	4361	849	6381	108104	58806	13841	3392	62198
无店铺零售	83	58		8771	4038	1423		4038
电视购物	64	52		7593	2904	336		2904
邮购	18	6		1179	1134	1087		1134

指标	所有者权益合计	实收资本						
			国家资本	集体资本	法人资本	个人资本	港澳台资　本	外商资本
总计	**3014797**	**1798362**	**208410**	**34710**	**705651**	**727106**	**92722**	**29763**
批发业	**2151077**	**1078915**	**186931**	**29632**	**346607**	**478444**	**35869**	**1431**
按批发行业小类分								
农、林、牧产品批发	**228133**	**177291**	**9952**	**25140**	**32280**	**74019**	**35000**	**900**
谷物、豆及薯类批发	27877	22270	366	200	21204	500		
种子批发	94909	37431	9386		5966	22079		
饲料批发	3147	2200			1000	1200		
棉、麻批发	56474	76245		22945	3120	50180		
牲畜批发	39176	35000					35000	
其他农牧产品批发	6551	4145	200	1995	990	60		900
食品、饮料及烟草制品批发	**416812**	**90561**	**49179**		**34794**	**5734**	**855**	
米、面制品及食用油批发	75021	67937	40039		24648	3250		
糕点、糖果及糖批发	18682	2111	700		1000	411		
果品、蔬菜批发	2643	560				560		
肉、禽、蛋、奶及水产品批发	932	561			361	200		
盐及调味品批发	12095	5382	5282		100			
酒、饮料及茶叶批发	22281	3656			2457	345	855	
烟草制品批发	284161	7886	3158		4728			
其他食品批发	997	2468			1500	968		
纺织、服装及家庭用品批发	**47555**	**56837**	**5016**	**300**	**21257**	**30264**		
纺织品、针织品及原料批发	32629	23245	1100	300	560	21285		
服装批发	5402	5085	138		369	4577		
鞋帽批发								
化妆品及卫生用品批发	16069	15778			15128	650		
家用电器批发	-8957	7850			4700	3150		
其他家庭用品批发	2414	4879	3778		500	601		
文化、体育用品及器材批发	**217711**	**43170**	**23706**		**3066**	**15879**		**518**
文具用品批发	7850	8173			1654	6001		518
体育用品及器材批发	4287	1501				1501		
图书批发	177707	14700	14000			700		
音像制品及电子出版物批发								
首饰、工艺品及收藏品批发	7413	7176				7176		
其他文化用品批发	20454	11620	9706		1412	501		
医药及医疗器材批发	**213444**	**169773**	**25118**		**87583**	**57072**		
西药批发	70586	60256	2072		46798	11387		
中药批发	104416	86815	2946		39885	43984		
医疗用品及器材批发	38442	22701	20100		900	1701		
矿产品、建材及化工产品批发	**803426**	**389792**	**71265**	**3556**	**104368**	**210576**	**14**	**13**
煤炭及制品批发	368204	108808	15345	332	23564	69567		
石油及制品批发	75666	59859	15096		21750	23013		
非金属矿及制品批发	53146	27357	12910	14	3033	11375	14	13
金属及金属矿批发	102778	79977	16554		23934	39489		
建材批发	128412	47450	5000		17613	24837		
化肥批发	13987	18800	5000	2970		10830		
农药批发	1855	2000			1000	1000		
其他化工产品批发	59378	45541	1360	240	13475	30466		
机械设备、五金产品及电子产品批发	**191161**	**141908**	**2576**		**58898**	**80435**		
农业机械批发	3614	3882			500	3382		
汽车批发	31574	41338			17288	24050		
汽车零配件批发	11652	4587			988	3599		
摩托车及零配件批发	4896	2531			201	2330		

指标	所有者权益合计	实收资本						
			国家资本	集体资本	法人资本	个人资本	港澳台资本	外商资本
五金产品批发	16230	12601			539	12062		
电气设备批发	10621	2136	80		1228	828		
计算机、软件及辅助设备批发	23513	26428	2000		15095	9334		
通讯及广播电视设备批发	11451	6817			6017	800		
其他机械设备及电子产品批发	77610	41588	496		17042	24050		
贸易经纪与代理	**275**	**301**				**301**		
其他贸易经纪与代理	275	301				301		
其他批发业	**32561**	**9283**	**120**	**637**	**4362**	**4164**		
再生物资回收与批发	9333	3842		637	2972	233		
其他未列明批发业	23228	5440	120		1390	3931		
按登记注册类型分								
内资企业	**2088452**	**1025796**	**186931**	**29632**	**329926**	**478380**	**14**	**913**
国有企业	355524	81525	39611		41614	300		
集体企业	4042	2805		2805				
股份合作企业	-360	92	72			20		
有限责任公司	1256751	608589	129887	26827	247241	204607	14	13
国有独资公司	300610	73062	66812		6050	200		
其他有限责任公司	956141	535527	63075	26827	241191	204407	14	13
股份有限公司	112907	42182	17332		10639	14211		
私营企业	359498	290514	30		30432	259153		900
私营独资企业	466	1180				1180		
私营有限责任公司	325119	235774	30		30432	204412		900
私营股份有限公司	33913	53560				53560		
其他企业	90	90				90		
港、澳、台商投资企业	**45585**	**35855**					**35855**	
港澳台商独资企业	45585	35855					35855	
外商投资企业	**17040**	**17264**			**16682**	**65**		**518**
中外合资经营企业	16964	17200			16682			518
外资企业	76	65				65		
按控股情况分								
国有控股	878413	282317	180857		92369	9091		
集体控股	15852	14105		5955	4000	4150		
私人控股	941117	552667	814	383	137635	412909	14	913
港澳台商控股	45585	35855					35855	
外商控股	15128	15128			15128			
其他	254983	178843	5260	23295	97476	52295		518
按经营形式分								
独立门店	1301325	683490	103617	29092	227441	323313	14	13
连锁总店	12	2050			2050			
连锁门店	15432	16128			15228	900		
其他	834308	377248	83314	540	101889	154231	35855	1418
按单位规模分								
大型	641392	132142	47046		78766	6331		
中型	1030003	578853	126401	900	163552	250727	35855	1418
小型	439282	324876	13136	28732	94196	188784	14	13
微型	40399	43044	348		10093	32603		
零售业	**863720**	**719447**	**21478**	**5078**	**359043**	**248662**	**56854**	**28332**
按零售行业小类分								
综合零售	**132454**	**119382**	**1443**	**1413**	**36888**	**10473**	**51216**	**17950**
百货零售	161846	94607	1077	1049	20196	9181	49870	13233
超级市场零售	-30639	23651			16374	1216	1345	4717

指标	所有者权益合计	实收资本						
			国家资本	集体资本	法人资本	个人资本	港澳台资本	外商资本
其他综合零售	1246	1125	366	363	318	77		
食品、饮料及烟草制品专门零售	**55560**	**22799**	**196**	**9**	**11385**	**9960**		**1248**
粮油零售	430	60	60					
糕点、面包零售	−390	88				88		
果品、蔬菜零售	9543	5800			1152	3400		1248
肉、禽、蛋、奶及水产品零售	29849	9660	136	9	4371	5143		
酒、饮料及茶叶零售	8182	1667			1157	510		
其他食品零售	7865	5524			4705	819		
纺织、服装及日用品专门零售	**21749**	**16600**		**2286**	**8495**	**4926**	**893**	
纺织品及针织品零售	407	238			66	172		
服装零售	8159	5312			1672	2747	893	
鞋帽零售	1047	902			602	300		
化妆品及卫生用品零售	4267	5450			5005	445		
钟表、眼镜零售	6139	3000		2100	900			
其他日用品零售	1730	1698		186	250	1262		
文化、体育用品及器材专门零售	**34386**	**37312**	**3200**	**102**	**15401**	**18609**		
文具用品零售	576	570				570		
体育用品及器材零售	−2112	841			241	600		
图书、报刊零售	18526	7586	3200	102	2003	2281		
珠宝首饰零售	9086	20454			11453	9001		
工艺美术品及收藏品零售	3379	2971			418	2553		
乐器零售	1002	1000				1000		
照相器材零售	2924	2884			1286	1598		
其他文化用品零售	1006	1006				1006		
医药及医疗器材专门零售	**36574**	**31219**	**849**		**8510**	**21860**		
药品零售	31767	26785	849		7909	18027		
医疗用品及器材零售	4807	4434			601	3833		
汽车、摩托车、燃料及零配件专门零售	**446561**	**380954**	**14160**	**950**	**245272**	**113693**	**1745**	**5134**
汽车零售	411886	354676	9000	600	238634	99563	1745	5134
汽车零配件零售	7072	4425			2100	2325		
摩托车及零配件零售	3645	700			295	405		
机动车燃料零售	23958	21154	5160	350	4244	11400		
家用电器及电子产品专门零售	**111286**	**85734**			**29491**	**52243**		**4000**
家用视听设备零售	7991	5956			3401	2555		
日用家电设备零售	31888	14023			8950	1073		4000
计算机、软件及辅助设备零售	59093	54358			14715	39643		
通信设备零售	6578	6520			1950	4570		
其他电子产品零售	5736	4876			474	4401		
五金、家具及室内装饰材料专门零售	**16247**	**18367**	**630**	**318**	**3201**	**14218**		
五金零售	12610	8583	600	186	1800	5996		
家具零售	2810	8929	30	132	600	8167		
陶瓷、石材装饰材料零售	54	54				54		
其他室内装饰材料零售	773	801			801			
货摊、无店铺及其他零售业	**8903**	**7082**	**1000**		**401**	**2681**	**3000**	
旧货零售	118	102			100	2		
生活用燃料零售	6789	4800			250	1550	3000	
其他未列明零售业	1996	2180	1000		51	1129		
按登记注册类型分								
内资企业	**632725**	**625810**	**21478**	**5078**	**349090**	**247164**	**3000**	
国有企业	1341	2223	2143		80			
集体企业	3482	1776	600	857	8	310		

指标	所有者权益合计	实收资本	国家资本	集体资本	法人资本	个人资本	港澳台资本	外商资本
股份合作企业	3	3				3		
联营企业	137	132		132				
其他联营企业	137	132		132				
有限责任公司	318039	314880	17890	3994	164748	125247	3000	
国有独资公司	1118	326	300	26				
其他有限责任公司	316921	314553	17590	3968	164748	125247	3000	
股份有限公司	117172	112135	846	94	107094	4101		
私营企业	192264	194514			77159	117355		
私营独资企业	1318	1142			199	944		
私营合伙企业	1001	1001				1001		
私营有限责任公司	189297	189022			76352	112669		
私营股份有限公司	648	3349			608	2741		
其他企业	288	148				148		
港、澳、台商投资企业	**213416**	**57926**			**2480**	**700**	**53854**	**892**
与港澳台商合资经营企业	11904	4345			2480		1865	
港澳台商独资企业	201511	53581				700	51989	892
外商投资企业	**17580**	**35711**			**7474**	**798**		**27440**
中外合资经营企业	6219	12312			5678			6635
外资企业	-6316	18833						18833
外商投资股份有限公司	17677	4566			1796	798		1972
按控股情况分								
国有控股	46368	34214	20448		7661	6105		
集体控股	-16590	4706	600	2153	1566	387		
私人控股	444759	392955		2400	181778	208777		
港澳台商控股	209133	57089			1952	700	53189	1248
外商控股	16138	31396			6322	798		24277
其他	163913	199087	430	525	159764	31896	3665	2807
按经营形式分								
独立门店	599067	555686	20378	5008	295686	202153	14553	17908
连锁总店	226147	69102	500		14126	8176	42300	4000
连锁门店	-47262	17761		10	11277	50		6424
其他	85768	76898	600	60	37954	38284		
按单位规模分								
大型	275670	211353	1000	2525	128615	7900	51070	20242
中型	370910	299894	18804	924	144623	122443	5010	8090
小型	201528	193306	1645	1629	81889	107371	773	
微型	15613	14895	30		3917	10948		
按零售业态分								
有店铺零售	858987	713436	21478	5078	354043	247651	56854	28332
食杂店	502	350			350			
便利店	1225	1364	285	40	679	360		
超市	12552	12085		323	7188	4574		
大型超市	144365	86498			15817	1517	51216	17950
仓储会员店	1006	1006				1006		
百货店	-17721	36944	1158	1049	26376	8361		
专业店	445525	355851	19035	3365	147856	173930	3545	8120
专卖店	219793	192781		300	149088	41060	1320	1014
家居建材商店	1611	1500			1000	500		
购物中心	4224	2774				2001	773	
厂家直销中心	45905	22282	1000		5690	14344		1248
无店铺零售	4733	6011			5000	1011		
电视购物	4689	6001			5000	1001		
邮购	45	10				10		

指标	营业收入	主营业务收入	营业成本	主营业务成本	营业税金及附加	主营业务税金及附加	其他业务利润
总计	**30011373**	**29669498**	**27608695**	**27488707**	**135641**	**130640**	**195720**
批发业	**20899468**	**20763899**	**19483474**	**19389102**	**106446**	**104789**	**36767**
按批发行业小类分							
农、林、牧产品批发	**1027367**	**1023885**	**963501**	**962588**	**462**	**401**	**1222**
谷物、豆及薯类批发	196580	195419	164962	164962	144	144	294
种子批发	95542	95480	70808	70808	14	14	34
饲料批发	19899	19899	18989	18989	15	15	
棉、麻批发	77255	75785	74932	74092	78	62	250
牲畜批发	49116	48770	48342	48270	46		201
其他农牧产品批发	588975	588532	585468	585468	166	166	443
食品、饮料及烟草制品批发	**1339084**	**1329369**	**1046871**	**1045878**	**56480**	**56460**	**4731**
米、面制品及食用油批发	138567	131647	119888	119587	468	465	3645
糕点、糖果及糖批发	72288	71868	66356	66356	111	111	
果品、蔬菜批发	2562	2362	2061	1961	5	5	
肉、禽、蛋、奶及水产品批发	11499	11499	10076	10076	154	154	
盐及调味品批发	27902	27737	19607	19513	339	339	155
酒、饮料及茶叶批发	76284	76142	59723	59723	139	139	
烟草制品批发	922583	922258	690053	690052	55100	55100	368
其他食品批发	87399	85857	79108	78611	163	147	564
纺织、服装及家庭用品批发	**2343907**	**2340727**	**2243293**	**2240701**	**1919**	**1912**	**955**
纺织品、针织品及原料批发	366611	365992	352952	352943	37	37	609
服装批发	135587	135215	121983	121455	454	447	166
鞋帽批发							
化妆品及卫生用品批发	117086	117074	86706	86706	631	631	
家用电器批发	1674158	1671981	1634784	1632729	784	784	180
其他家庭用品批发	50466	50466	46868	46868	13	13	
文化、体育用品及器材批发	**659960**	**656791**	**614140**	**613641**	**819**	**809**	**2750**
文具用品批发	119114	119114	114479	114479	52	52	
体育用品及器材批发	41542	41518	38241	38213	48	48	-4
图书批发	246327	244536	218791	218473	329	329	1473
音像制品及电子出版物批发							
首饰、工艺品及收藏品批发	73950	73950	72101	72101	22	22	
其他文化用品批发	179027	177673	170529	170376	369	359	1281
医药及医疗器材批发	**3165225**	**3159641**	**3013544**	**3010897**	**3534**	**3533**	**5248**
西药批发	1226416	1225813	1166968	1166870	1043	1043	454
中药批发	1469749	1465390	1406811	1404263	2016	2015	4172
医疗用品及器材批发	469060	468438	439765	439765	476	476	623
矿产品、建材及化工产品批发	**9543156**	**9512120**	**9032987**	**9014517**	**36761**	**35323**	**13655**
煤炭及制品批发	1271999	1270246	1092110	1092051	20927	20029	1766
石油及制品批发	4123078	4102339	3973935	3958309	6366	6280	6764
非金属矿及制品批发	273810	271717	251287	250955	1900	1900	1780
金属及金属矿批发	1844145	1838931	1782066	1780410	3376	2951	1575
建材批发	752591	751774	693031	692283	2892	2877	742
化肥批发	661276	661276	658414	658379	49	49	752
农药批发	16630	16630	16066	16066			
其他化工产品批发	599628	599208	566079	566064	1251	1236	275
机械设备、五金产品及电子产品批发	**2579072**	**2500032**	**2351681**	**2283562**	**5509**	**5389**	**8202**
农业机械批发	18359	18359	15345	15345	315	315	
汽车批发	1348394	1290964	1252971	1201885	1140	1093	5633
汽车零配件批发	81183	80533	72904	72559	289	282	
摩托车及零配件批发	97077	96577	89961	89461	100	100	

11-6 续表13　　(2013年)　　单位:万元

指标	营业收入	主营业务收入	营业成本	主营业务成本	营业税金及附加	主营业务税金及附加	其他业务利润
五金产品批发	80836	80655	73874	73772	316	272	
电气设备批发	84538	84476	77910	77907	134	134	287
计算机、软件及辅助设备批发	180368	179429	172001	171910	177	176	734
通讯及广播电视设备批发	146494	129833	140047	125245	204	204	
其他机械设备及电子产品批发	541823	539207	456669	455479	2835	2812	1548
贸易经纪与代理	**5883**	**5883**	**5762**	**5762**			
其他贸易经纪与代理	5883	5883	5762	5762			
其他批发业	**235815**	**235452**	**211696**	**211554**	**962**	**962**	**4**
再生物资回收与批发	45499	45484	35859	35848	857	857	4
其他未列明批发业	190316	189968	175837	175706	105	105	
按登记注册类型分							
内资企业	**20663319**	**20528109**	**19283806**	**19189506**	**105757**	**104146**	**36567**
国有企业	1376580	1364451	1095871	1093993	56258	56074	6645
集体企业	37963	36965	34115	33423	171	156	
股份合作企业	3929	3871	3509	3509	6	6	58
有限责任公司	13750806	13645039	13046177	12964566	32967	32250	26835
国有独资公司	1794436	1781575	1706520	1698812	1806	1778	2722
其他有限责任公司	11956370	11863464	11339657	11265754	31161	30472	24113
股份有限公司	2181140	2170316	2036090	2027647	5772	5772	892
私营企业	3311613	3306180	3067267	3065591	10516	9821	2137
私营独资企业	21416	21416	18393	18393	395	395	
私营有限责任公司	3170403	3164970	2934221	2932545	10059	9365	1969
私营股份有限公司	119794	119794	114653	114653	62	62	168
其他企业	1289	1289	776	776	68	68	
港、澳、台商投资企业	**73115**	**72770**	**69546**	**69474**	**74**	**29**	**201**
港澳台商独资企业	73115	72770	69546	69474	74	29	201
外商投资企业	**163034**	**163021**	**130122**	**130122**	**615**	**615**	
中外合资经营企业	156146	156133	124467	124467	615	615	
外资企业	6888	6888	5656	5656			
按控股情况分							
国有控股	9600962	9506572	8934688	8866487	66261	66049	23363
集体控股	153475	152413	144697	143857	254	239	55
私人控股	6818151	6803028	6263054	6255539	33333	31971	4835
港澳台商控股	73115	72770	69546	69474	74	29	201
外商控股	93602	93589	64805	64805	586	586	
其他	4160163	4135529	4006684	3988940	5938	5916	8314
按经营形式分							
独立门店	12741532	12622327	11974875	11886161	36681	35131	23481
连锁总店	25596	25525	24247	24247	124	124	
连锁门店	129498	129485	99196	99196	611	611	
其他	8002843	7986564	7385156	7379497	69030	68923	13286
按单位规模分							
大型	7775186	7697719	7162021	7094513	65225	65216	12315
中型	9817377	9768252	9215534	9193129	24969	23802	19551
小型	3181678	3173179	2986831	2982409	15964	15484	4209
微型	125226	124750	119088	119051	287	287	693
零售业	**9111905**	**8905598**	**8125221**	**8099605**	**29195**	**25851**	**158953**
按零售行业小类分							
综合零售	**2031491**	**1880741**	**1632891**	**1620066**	**13072**	**11339**	**121822**
百货零售	1628548	1523601	1318762	1308472	10704	9255	83558
超级市场零售	385399	340585	298888	296381	2261	1984	38227

指标	营业收入	主营业务收入	营业成本	主营业务成本	营业税金及附加	主营业务税金及附加	其他业务利润
其他综合零售	17544	16555	15241	15213	108	100	37
食品、饮料及烟草制品专门零售	**177209**	**175695**	**149309**	**149145**	**682**	**649**	**107**
粮油零售	5214	4691	4658	4598	7	1	
糕点、面包零售	441	441	333	333	1	1	
果品、蔬菜零售	6546	6194	3848	3848	15	15	
肉、禽、蛋、奶及水产品零售	89238	88600	78557	78453	252	226	107
酒、饮料及茶叶零售	28316	28316	23326	23326	187	187	
其他食品零售	47454	47454	38587	38587	219	219	
纺织、服装及日用品专门零售	**244192**	**241171**	**205825**	**205216**	**1273**	**1225**	**2298**
纺织品及针织品零售	22912	22912	20215	20215	42	42	
服装零售	138455	136659	115400	115400	751	751	1975
鞋帽零售	13430	13409	12454	12440	66	59	
化妆品及卫生用品零售	22785	21580	19699	19104	96	57	322
钟表、眼镜零售	30935	30935	25115	25115	228	228	
其他日用品零售	15676	15676	12943	12943	90	90	
文化、体育用品及器材专门零售	**162782**	**160095**	**139973**	**138471**	**2323**	**1198**	**678**
文具用品零售	3530	3530	3330	3330	2	2	
体育用品及器材零售	26018	25941	21889	21882	121	121	70
图书、报刊零售	52178	50344	41655	40225	1357	235	342
珠宝首饰零售	37787	37082	33264	33205	814	814	236
工艺美术品及收藏品零售	30498	30461	28167	28167	21	17	
乐器零售	989	989	893	893	1	1	
照相器材零售	10853	10843	9918	9914	8	8	30
其他文化用品零售	928	904	859	857			
医药及医疗器材专门零售	**301897**	**299116**	**258063**	**256646**	**955**	**955**	**1538**
药品零售	271777	269729	231176	229759	872	872	1538
医疗用品及器材零售	30120	29386	26887	26887	83	83	
汽车、摩托车、燃料及零配件专门零售	**5214780**	**5186769**	**4884877**	**4877740**	**7194**	**7044**	**20953**
汽车零售	4913061	4889386	4619057	4615422	6437	6301	19204
汽车零配件零售	100711	100681	92537	92537	187	186	
摩托车及零配件零售	24671	24476	22908	22908	38	38	194
机动车燃料零售	176337	172226	150375	146874	532	520	1555
家用电器及电子产品专门零售	**885468**	**868845**	**782399**	**780516**	**2771**	**2514**	**10846**
家用视听设备零售	57104	56738	47414	47307	206	196	21
日用家电设备零售	446035	438287	383732	383658	1257	1257	7675
计算机、软件及辅助设备零售	236930	234720	224426	223109	400	381	643
通信设备零售	112233	105938	98070	97774	626	398	2507
其他电子产品零售	33166	33162	28758	28668	283	283	
五金、家具及室内装饰材料专门零售	**55561**	**55171**	**39526**	**39459**	**757**	**757**	**242**
五金零售	31857	31478	24657	24594	264	264	314
家具零售	21660	21649	13201	13195	458	458	-73
陶瓷、石材装饰材料零售	667	667	387	387	35	35	
其他室内装饰材料零售	1378	1378	1282	1282			
货摊、无店铺及其他零售业	**38524**	**37996**	**32358**	**32348**	**170**	**170**	**469**
旧货零售	2046	2046	1916	1916	2	2	
生活用燃料零售	26342	26342	22011	22011	113	113	
其他未列明零售业	10136	9608	8431	8420	55	55	469
按登记注册类型分							
内资企业	**7583285**	**7437991**	**6834293**	**6808833**	**23619**	**20674**	**99515**
国有企业	38194	35843	32156	32013	183	125	469
集体企业	25282	24724	21230	21136	331	315	

指标	营业收入	主营业务收入	营业成本	主营业务成本	营业税金及附加	主营业务税金及附加	其他业务利润
股份合作企业	5325	5325	5275	5275	1	1	
联营企业	6643	6643	4739	4739	79	79	
其他联营企业	6643	6643	4739	4739	79	79	
有限责任公司	5022315	4901343	4476559	4457088	17776	15287	84311
国有独资公司	6001	5922	4209	4194	9	9	63
其他有限责任公司	5016314	4895421	4472350	4452894	17767	15278	84248
股份有限公司	361141	354264	321493	321493	1293	1099	5335
私营企业	2119328	2104792	1968323	1962571	3954	3767	9399
私营独资企业	5186	4397	4021	3232	33	33	788
私营合伙企业	3929	3929	3464	3464	5	5	
私营有限责任公司	2056002	2042511	1911401	1906557	3752	3635	8438
私营股份有限公司	54211	53954	49438	49318	165	95	173
其他企业	5057	5057	4518	4518	2	2	
港、澳、台商投资企业	**1045252**	**991502**	**855896**	**855778**	**4406**	**4205**	**52425**
与港澳台商合资经营企业	212419	211888	194816	194698	406	387	1186
港澳台商独资企业	832834	779613	661080	661080	4000	3818	51238
外商投资企业	**483368**	**476106**	**435032**	**434995**	**1171**	**972**	**7014**
中外合资经营企业	130985	127889	116767	116742	204	202	3062
外资企业	170318	166269	143851	143851	778	592	3863
外商投资股份有限公司	182066	181948	174415	174402	188	178	89
按控股情况分							
国有控股	358004	349261	307823	304809	2057	843	3080
集体控股	174085	166360	144314	143108	1863	1776	1895
私人控股	5364231	5285898	4868667	4855906	12078	11722	59892
港澳台商控股	952500	899280	774953	774953	4081	3899	52000
外商控股	450784	443522	406005	405967	1104	905	7037
其他	1812301	1761277	1623460	1614861	8013	6706	35049
按经营形式分							
独立门店	6906561	6800745	6300040	6286299	19484	16774	68124
连锁总店	1534229	1457254	1238162	1228541	7283	6740	72568
连锁门店	224673	208034	179661	178671	1252	1191	15949
其他	446442	439566	407359	406095	1177	1145	2312
按单位规模分							
大型	2526927	2389289	2102764	2090122	12771	10660	112150
中型	5217643	5157762	4780570	4771564	11447	10544	43438
小型	1274489	1265961	1160411	1156443	4336	4008	3149
微型	92846	92586	81476	81476	641	639	215
按零售业态分							
有店铺零售	9102985	8896826	8118402	8092786	29163	25820	158953
食杂店	8135	8135	7209	7209	25	25	
便利店	13783	12855	11286	11286	93	92	306
超市	81844	79742	67577	66208	696	467	821
大型超市	1275712	1166804	1002495	992360	6721	5936	98753
仓储会员店	928	904	859	857			
百货店	709367	669821	592357	590736	6134	5388	22199
专业店	4611058	4570004	4236041	4227338	11000	9469	27315
专卖店	2174167	2164728	2003067	2000297	3937	3890	7511
家居建材商店	6869	6869	5586	5586	153	153	
购物中心	50337	49574	45720	45678	85	82	548
厂家直销中心	170784	167392	146205	145231	318	318	1500
无店铺零售	8920	8772	6819	6819	32	31	
电视购物	7515	7367	5568	5568	30	29	
邮购	1405	1405	1252	1252	3	3	

指标	损益及分配							
	销售费用	管理费用	税金	财务费用	利息收入	利息支出	资产减值损失	公允价值变动收益
总计	**869228**	**572866**	**19536**	**164842**	**42861**	**128886**	**8908**	**827**
批发业	**431929**	**287316**	**11796**	**91954**	**26638**	**76268**	**8827**	**265**
按批发行业小类分								
农、林、牧产品批发	**15772**	**17161**	**662**	**5867**	**4834**	**10619**	**138**	
谷物、豆及薯类批发	2486	3110	120	1433	3	1366		
种子批发	7054	9623	345	1875	128	1730	138	
饲料批发	219	267	8	386	6			
棉、麻批发	681	1810	36	4229	166	4322		
牲畜批发	614	1171	9	-182	195			
其他农牧产品批发	4719	1179	144	-1874	4337	3200		
食品、饮料及烟草制品批发	**39853**	**62005**	**1804**	**2561**	**3430**	**4379**	**55**	**10**
米、面制品及食用油批发	5012	5962	153	3294	758	3528		
糕点、糖果及糖批发	1220	1733	81	319	87	348	31	
果品、蔬菜批发	26	57	5	39	4	1		
肉、禽、蛋、奶及水产品批发	491	176	4	24		13		
盐及调味品批发	2561	3610	114	33	1	15		
酒、饮料及茶叶批发	9327	3062	17	501	113	344	24	10
烟草制品批发	14910	46472	1416	-1820	2411			
其他食品批发	6307	934	14	172	57	130		
纺织、服装及家庭用品批发	**47994**	**14732**	**282**	**648**	**4638**	**2432**	**651**	
纺织品、针织品及原料批发	9144	3219	55	665	177	653	-11	
服装批发	6498	6028	131	1927	16	494		
鞋帽批发								
化妆品及卫生用品批发	12923	1128	37	27	2	4		
家用电器批发	17409	2959	53	-2136	4427	1106	662	
其他家庭用品批发	2019	1399	6	166	15	177		
文化、体育用品及器材批发	**17540**	**14290**	**237**	**1631**	**359**	**1093**	**1985**	
文具用品批发	3176	1174	44	165	241	363		
体育用品及器材批发	1339	1329	13	1	23	24		
图书批发	8714	8407	2	786	3		2167	
音像制品及电子出版物批发								
首饰、工艺品及收藏品批发	1195	314	3	146	9	146		
其他文化用品批发	3116	3066	175	533	84	560	-182	
医药及医疗器材批发	**35671**	**31757**	**688**	**24512**	**4042**	**22751**	**1550**	
西药批发	14872	12690	300	4628	615	4238	152	
中药批发	16911	14424	309	16994	3188	15681	719	
医疗用品及器材批发	3889	4644	79	2890	239	2832	678	
矿产品、建材及化工产品批发	**131831**	**104629**	**6635**	**47936**	**7059**	**27650**	**2440**	**84**
煤炭及制品批发	20046	20493	1649	9092	1459	7910	223	87
石油及制品批发	71224	38320	2241	15898	1725	7227	88	
非金属矿及制品批发	4517	7536	547	2743	16	1401		-124
金属及金属矿批发	14626	13283	1278	11551	2984	4291	767	109
建材批发	9162	15408	577	3924	383	3022	1355	12
化肥批发	1370	1537	92	1832	79	1890	-6	
农药批发	542	267	3	142		141	14	
其他化工产品批发	10345	7786	248	2754	412	1770		
机械设备、五金产品及电子产品批发	**136422**	**38536**	**1381**	**7460**	**2150**	**6086**	**2221**	**172**
农业机械批发	666	716	32	104	13	99		
汽车批发	71207	7493	365	392	235	340	2035	
汽车零配件批发	3497	1489	45	59	191	123	10	
摩托车及零配件批发	4946	1656	99	-105	254	101		

指标	损益及分配							
	销售费用	管理费用		财务费用			资产减值损失	公允价值变动收益
			税金		利息收入	利息支出		
五金产品批发	2708	2029	134	882	113	513		
电气设备批发	3464	1985	82	125	32	126	-37	
计算机、软件及辅助设备批发	3561	3277	61	435	483	797	57	
通讯及广播电视设备批发	2690	1959	48	1072	44			
其他机械设备及电子产品批发	43684	17932	516	4497	785	3987	155	172
贸易经纪与代理	**38**	**80**	**2**	**4**	**1**			
其他贸易经纪与代理	38	80	2	4	1			
其他批发业	**6807**	**4126**	**107**	**1336**	**124**	**1259**	**-213**	
再生物资回收与批发	1517	1383	36	230	-3	100		
其他未列明批发业	5291	2744	72	1107	127	1158	-213	
按登记注册类型分								
内资企业	**415394**	**284941**	**11712**	**92099**	**26240**	**76097**	**8827**	**265**
国有企业	24248	63295	1990	1286	2641	2497	789	-124
集体企业	173	464	45	111				
股份合作企业	155	255	7	21		20		
有限责任公司	248749	137791	6464	46278	11267	34326	7207	290
国有独资公司	32328	25278	675	7158	1246	6439	3628	109
其他有限责任公司	216422	112513	5789	39120	10021	27887	3580	181
股份有限公司	59898	40961	1493	14366	3207	16171	626	
私营企业	82065	42049	1712	29973	9100	23083	205	99
私营独资企业	968	317	5	46	90	136		
私营有限责任公司	77628	40524	1679	26119	8907	19077	205	99
私营股份有限公司	3469	1208	28	3808	103	3870		
其他企业	106	126	1	65	25			
港、澳、台商投资企业	**1332**	**1431**	**19**	**-18**	**195**	**138**		
港澳台商独资企业	1332	1431	19	-18	195	138		
外商投资企业	**15203**	**944**	**66**	**-127**	**203**	**33**		
中外合资经营企业	15134	909	65	-127	203	33		
外资企业	69	35	2					
按控股情况分								
国有控股	184877	146357	5458	30760	7688	30851	7634	
集体控股	3418	1862	52	512	131	494		
私人控股	182668	105336	4955	49104	13094	37125	152	101
港澳台商控股	1332	1431	19	-18	195	138		
外商控股	12571	523	34	-2	2			
其他	47063	31807	1279	11598	5529	7661	1040	182
按经营形式分								
独立门店	264249	139917	7392	43632	9948	28816	6263	265
连锁总店	323	1735	9	-56	8	-71	66	
连锁门店	13291	666	41	-82	92	9		
其他	154065	144998	4354	48461	16590	47514	2498	
按单位规模分								
大型	198863	117472	3684	25279	6394	25441	7269	
中型	181072	125955	5494	47393	17351	39126	1130	-112
小型	49488	41236	2446	17605	2206	9963	479	377
微型	2506	2653	173	1677	687	1739	-52	
零售业	**437300**	**285550**	**7739**	**72888**	**16223**	**52618**	**81**	**562**
按零售行业小类分								
综合零售	**156568**	**142143**	**2880**	**4337**	**4336**	**4420**	**-22**	
百货零售	93116	117876	1788	4656	3268	4268	-186	
超级市场零售	62960	23364	1082	-342	1066	137	164	

指标	损益及分配							
	销售费用	管理费用	税金	财务费用	利息收入	利息支出	资产减值损失	公允价值变动收益
其他综合零售	492	903	10	23	2	16		
食品、饮料及烟草制品专门零售	**10743**	**4647**	**70**	**1296**	**166**	**998**	**5**	**4**
粮油零售	36	29	4	10				
糕点、面包零售	146	117						
果品、蔬菜零售	360	655	5	99	3	95		
肉、禽、蛋、奶及水产品零售	2722	1734	33	799	53	728		
酒、饮料及茶叶零售	1258	839	12	154	9	126		4
其他食品零售	6222	1272	16	234	100	48	5	
纺织、服装及日用品专门零售	**25962**	**7931**	**191**	**1368**	**226**	**1036**		
纺织品及针织品零售	1911	646	9	49	3	39		
服装零售	16909	4746	154	748	31	413		
鞋帽零售	539	262	3	98	2			
化妆品及卫生用品零售	2503	1211	9	-56	63	6		
钟表、眼镜零售	3376	133	9	193	19	212		
其他日用品零售	724	934	7	337	107	366		
文化、体育用品及器材专门零售	**12265**	**9671**	**136**	**2664**	**1232**	**3153**	**72**	**41**
文具用品零售	25	64	1	10				
体育用品及器材零售	3877	753	28	337	89	239	65	39
图书、报刊零售	3748	4916	50	157	11	38	4	
珠宝首饰零售	4152	1581	54	1728	1080	2661		
工艺美术品及收藏品零售	101	1738		272		54	4	3
乐器零售	61	27		5		5		
照相器材零售	262	565	4	156	52	157		
其他文化用品零售	39	27						
医药及医疗器材专门零售	**25803**	**9658**	**403**	**1807**	**264**	**1778**	**2**	
药品零售	24376	8704	396	1610	259	1776	2	
医疗用品及器材零售	1428	954	7	197	5	2		
汽车、摩托车、燃料及零配件专门零售	**141966**	**82840**	**2858**	**55755**	**8158**	**37035**	**12**	**516**
汽车零售	132611	76824	2609	51610	6776	31929	6	515
汽车零配件零售	3355	1833	95	383	69	249		
摩托车及零配件零售	230	961	10	132	4	84	5	
机动车燃料零售	5770	3222	144	3630	1309	4773	2	1
家用电器及电子产品专门零售	**58319**	**23680**	**1032**	**2098**	**1730**	**1128**	**12**	
家用视听设备零售	1350	1320	38	691	539	29		
日用家电设备零售	42081	11547	540	269	1156	466	12	
计算机、软件及辅助设备零售	3216	6755	231	428	20	254		
通信设备零售	10922	2607	54	319	14	8		
其他电子产品零售	750	1451	170	390	1	370		
五金、家具及室内装饰材料专门零售	**3979**	**3578**	**85**	**3140**	**29**	**3045**		
五金零售	2566	1598	44	218	3	177		
家具零售	1369	1875	40	2890	26	2854		
陶瓷、石材装饰材料零售	13	42	1	31		14		
其他室内装饰材料零售	31	64						
货摊、无店铺及其他零售业	**1695**	**1403**	**84**	**423**	**85**	**26**		
旧货零售	64	57	1					
生活用燃料零售	775	556	60	408	81	8		
其他未列明零售业	856	791	23	15	4	18		
按登记注册类型分								
内资企业	**354621**	**219509**	**6135**	**72055**	**13413**	**51027**	**118**	**562**
国有企业	623	1763	55	175	4	4	2	1
集体企业	537	677	39	66		13		

指标	损益及分配							
	销售费用	管理费用	税金	财务费用	利息收入	利息支出	资产减值损失	公允价值变动收益
股份合作企业	45	9	3					
联营企业	22	232						
其他联营企业	22	232						
有限责任公司	283709	157492	4460	36019	9609	29470	44	522
国有独资公司	205	450	1	4	4		21	
其他有限责任公司	283504	157042	4460	36015	9605	29470	23	522
股份有限公司	8657	13588	349	4268	196	3128		
私营企业	60952	45662	1227	31526	3604	18413	72	39
私营独资企业	63	10	2	6				
私营合伙企业	88	222		171	76	226		
私营有限责任公司	60146	43669	1147	30875	3322	17584	72	39
私营股份有限公司	656	1761	79	474	206	602		
其他企业	76	87	1	2				
港、澳、台商投资企业	**43466**	**57027**	**1486**	**-142**	**2363**	**833**		
与港澳台商合资经营企业	8986	3026	129	813	59	833		
港澳台商独资企业	34481	54002	1357	-956	2304			
外商投资企业	**39212**	**9014**	**119**	**975**	**448**	**758**	**-36**	
中外合资经营企业	7792	3905	27	248	3	193	-2	
外资企业	28548	3385	54	786	244	618	-53	
外商投资股份有限公司	2873	1723	38	-59	200	-54	18	
按控股情况分								
国有控股	17895	12823	161	2493	221	1877	15	1
集体控股	8493	13054	98	269	734	325	-103	
私人控股	250343	118846	4705	57075	9922	39549	218	561
港澳台商控股	36818	55122	1398	-527	2321	449		
外商控股	36229	7765	100	746	428	575	9	
其他	87522	77941	1277	12831	2597	9843	-58	
按经营形式分								
独立门店	268657	166676	4392	70304	11693	49527	-21	562
连锁总店	116375	86434	2992	124	3886	1411	-14	
连锁门店	32273	21126	100	351	41	77	116	
其他	19994	11314	255	2109	603	1603		
按单位规模分								
大型	192133	137351	3206	3563	5600	5257	48	
中型	203282	112992	3150	56640	7256	36429	30	518
小型	40198	31794	1310	11908	3289	10403	2	44
微型	1687	3413	74	776	78	529		
按零售业态分								
有店铺零售	434942	284993	7735	72934	16176	52617	81	562
食杂店	76	120	5	6				
便利店	320	864	8	71	1	71		
超市	7063	4298	74	283	17	25		
大型超市	108486	89491	2413	-779	3457	755	64	
仓储会员店	39	27						
百货店	47718	49787	460	5104	1132	4011	-86	
专业店	170006	94609	3113	39900	8420	28429	111	46
专卖店	90751	38297	1455	25779	2713	17303	-8	515
家居建材商店	834	284		38	1	39		
购物中心	3234	898	85	285	3	207		
厂家直销中心	6415	6318	122	2248	433	1777		
无店铺零售	2358	558	4	-46	47	1		
电视购物	2341	425	4	-46	47	1		
邮购	17	132						

指标	投资收益	营业利润	营业外收入	补贴收入	利润总额	应交所得税	人工成本及增值税	
							应付职工薪酬	应交增值税
总计	**24357**	**681104**	**23918**	**1948**	**675371**	**132766**	**457967**	**279230**
批发业	**13805**	**510295**	**10700**	**1603**	**498781**	**86700**	**215671**	**178555**
按批发行业小类分								
农、林、牧产品批发	**4667**	**28759**	**2119**	**42**	**29356**	**2778**	**8916**	**486**
谷物、豆及薯类批发	14	24448	403		23101	2386	1596	206
种子批发	1000	7030	1617	22	8041	328	4788	6
饲料批发		21	2		22	32	263	178
棉、麻批发		–4837	45		–4387	8	546	73
牲畜批发	1756	882	48	20	930		1145	
其他农牧产品批发	1897	1215	4		1649	24	579	24
食品、饮料及烟草制品批发	**–28**	**131475**	**2033**	**464**	**130434**	**31825**	**58596**	**39252**
米、面制品及食用油批发		4233	1081	105	4968	660	5110	355
糕点、糖果及糖批发	–44	2415	22		2082	599	786	668
果品、蔬菜批发		275	200		280		63	
肉、禽、蛋、奶及水产品批发		579			579	145	362	110
盐及调味品批发	5	1819	11		1899	524	2883	1017
酒、饮料及茶叶批发	11	3529	2		3508	180	2734	1190
烟草制品批发		117911	714	359	116407	29650	43344	34715
其他食品批发		715	3		713	67	3314	1197
纺织、服装及家庭用品批发	**3329**	**38378**	**880**	**168**	**39050**	**8662**	**13175**	**12776**
纺织品、针织品及原料批发	3519	4124	332	118	4304	491	2645	231
服装批发	1	–922	29	7	–914	385	3305	1071
鞋帽批发								
化妆品及卫生用品批发		15671	9		15679	3783	230	4925
家用电器批发	–191	19505	418		19834	3964	6714	6417
其他家庭用品批发		1	93	43	147	39	281	132
文化、体育用品及器材批发	**167**	**9772**	**145**		**9689**	**769**	**11856**	**5463**
文具用品批发		40	1		85	41	853	488
体育用品及器材批发	117	701			701	189	618	407
图书批发	3	7138	40		6910	13	2886	2870
音像制品及电子出版物批发								
首饰、工艺品及收藏品批发		171	1		172	4	334	
其他文化用品批发	46	1722	104		1821	522	7164	1699
医药及医疗器材批发	**3487**	**63187**	**1786**	**47**	**62532**	**9874**	**21969**	**22294**
西药批发	37	26101	623		26528	3208	9603	8432
中药批发	3450	20367	144	44	18278	2249	9722	10317
医疗用品及器材批发		16719	1019	3	17726	4417	2644	3546
矿产品、建材及化工产品批发	**1604**	**189848**	**1564**	**539**	**179000**	**23131**	**55756**	**72312**
煤炭及制品批发	1232	111139	18		108128	7189	11831	15485
石油及制品批发		17246	261		16903	5792	18866	34965
非金属矿及制品批发	319	5837	331		5907	1655	2662	2027
金属及金属矿批发	83	18639	409	251	11117	4026	7140	7423
建材批发	–30	26867	75	47	26914	2744	10011	8998
化肥批发		–1133	2		–1134	267	356	16
农药批发		–401			–403	19	248	
其他化工产品批发	1	11653	467	242	11568	1439	4644	3398
机械设备、五金产品及电子产品批发	**580**	**37777**	**2054**	**333**	**38157**	**8552**	**40841**	**24540**
农业机械批发	15	1228			1228	111	571	401
汽车批发	5	12526	482		13208	3398	11176	9736
汽车零配件批发		2936	177	175	2556	593	1704	884
摩托车及零配件批发		518	27		511	140	1199	237

指标	投资收益	营业利润	营业外收入	补贴收入	利润总额	应交所得税	人工成本及增值税	
							应付职工薪酬	应交增值税
五金产品批发		1002	22	22	995	232	882	481
电气设备批发	2	1227	32		1238	161	1448	641
计算机、软件及辅助设备批发	544	1407	53	23	1427	152	3251	1330
通讯及广播电视设备批发		522	3		525	183	1202	829
其他机械设备及电子产品批发	14	16410	1259	113	16469	3582	19409	10001
贸易经纪与代理		**−1**	**3**	**3**	**1**		**29**	
其他贸易经纪与代理		−1	3	3	1		29	
其他批发业		**11101**	**115**	**8**	**10562**	**1110**	**4533**	**1432**
再生物资回收与批发		5655			5029	741	1273	721
其他未列明批发业		5446	115	8	5533	368	3260	712
按登记注册类型分								
内资企业	**12049**	**491513**	**10639**	**1581**	**479939**	**82857**	**211757**	**173081**
国有企业	62	134833	1717	405	132053	31763	50109	37400
集体企业		2638			2038	52	111	47
股份合作企业		−17	1		−28	4	217	617
有限责任公司	837	236875	5815	942	234007	38758	117906	79527
国有独资公司	15	18175	324	101	17986	1534	20414	10369
其他有限责任公司	822	218700	5492	841	216021	37224	97492	69158
股份有限公司	4450	27876	1759	22	28384	5066	17405	32585
私营企业	6701	89157	1346	212	83335	7178	25968	22867
私营独资企业		1296	1		−7	4	299	456
私营有限责任公司	6701	91318	1300	212	86755	7050	25198	21894
私营股份有限公司		−3457	45		−3413	124	471	518
其他企业		150			150	37	42	39
港、澳、台商投资企业	**1756**	**2505**	**48**	**20**	**2553**	**61**	**3205**	**281**
港澳台商独资企业	1756	2505	48	20	2553	61	3205	281
外商投资企业		**16277**	**13**	**2**	**16289**	**3782**	**709**	**5193**
中外合资经营企业		15149	10		15158	3782	690	5193
外资企业		1128	3	2	1131		20	
按控股情况分								
国有控股	5174	236554	4981	664	235737	52395	104673	101183
集体控股		2590	10		1883	67	1229	47
私人控股	6909	196511	4749	894	187489	19028	75872	52000
港澳台商控股	1756	2505	48	20	2553	61	3205	281
外商控股		15119	9		15128	3782	156	4879
其他	−34	57016	903	25	55992	11367	30536	20165
按经营形式分								
独立门店	5866	286060	4819	620	271553	34610	111185	78174
连锁总店	−196	−1040	3		−1038	76	1168	163
连锁门店		15816	11		15826	3814	2122	5074
其他	8135	209459	5867	983	212441	48199	101196	95145
按单位规模分								
大型	3460	203039	3629	443	202930	47739	99174	103091
中型	8912	235289	5724	907	235828	26560	84803	54692
小型	303	71689	1339	248	59806	12233	29720	20200
微型	1131	279	8	5	217	168	1974	572
零售业	**10551**	**170809**	**13219**	**345**	**176589**	**46066**	**242296**	**100675**
按零售行业小类分								
综合零售	**53**	**82520**	**4332**	**40**	**80462**	**24620**	**82165**	**41390**
百货零售	53	83571	2478		81070	22766	55570	36534
超级市场零售		−1504	1854	40	−1063	1648	25334	4635

指标	投资收益	营业利润	营业外收入	补贴收入	利润总额	应交所得税	人工成本及增值税 应付职工薪酬	应交增值税
其他综合零售		454			454	206	1262	221
食品、饮料及烟草制品专门零售	**10**	**9681**	**746**	**124**	**9895**	**970**	**8213**	**1400**
粮油零售		18			18		104	58
糕点、面包零售		-155	2		-161		121	7
果品、蔬菜零售		1569	29	20	1597		977	
肉、禽、蛋、奶及水产品零售		4770	234	104	4274	119	3210	246
酒、饮料及茶叶零售	10	2565	470		3081	761	832	925
其他食品零售		915	11		1085	90	2970	163
纺织、服装及日用品专门零售		**1880**	**111**		**2234**	**879**	**9624**	**5516**
纺织品及针织品零售		50			49	29	1051	543
服装零售		-99	98		246	238	4198	2431
鞋帽零售		58			58	8	532	121
化妆品及卫生用品零售		-669			-670		1738	312
钟表、眼镜零售		1891	12		1903	477	1319	1901
其他日用品零售		649			649	128	785	208
文化、体育用品及器材专门零售	**26**	**-3023**	**285**		**-3080**	**297**	**7670**	**2456**
文具用品零售		100			100	8	31	27
体育用品及器材零售	26	-958	180		-778	35	2440	820
图书、报刊零售		1414	45		1363	69	3113	983
珠宝首饰零售		-3752	1		-3985	129	976	388
工艺美术品及收藏品零售		199	8		197	48	705	136
乐器零售		3			2	1	56	9
照相器材零售		-32	50		17	7	331	91
其他文化用品零售		3			3		19	2
医药及医疗器材专门零售	**12**	**6982**	**183**		**6967**	**1294**	**15997**	**5294**
药品零售	12	6410	183		6488	1192	15260	4868
医疗用品及器材零售		571			479	102	738	426
汽车、摩托车、燃料及零配件专门零售	**10237**	**49211**	**6378**	**57**	**57736**	**13927**	**89519**	**35594**
汽车零售	10241	32724	5989	57	44735	10970	82427	32581
汽车零配件零售		2416	299		2699	281	2907	284
摩托车及零配件零售		397			397	85	513	232
机动车燃料零售	-4	13674	90		9905	2591	3673	2497
家用电器及电子产品专门零售	**202**	**16564**	**655**	**78**	**15118**	**3414**	**24830**	**7674**
家用视听设备零售		5935			5913	1106	1733	865
日用家电设备零售		7286	461		6892	1423	11901	4135
计算机、软件及辅助设备零售	245	2138	155	77	2386	401	4397	1294
通信设备零售	-44	-331	30		-305	327	6017	1068
其他电子产品零售		1534	9		233	157	781	312
五金、家具及室内装饰材料专门零售	**6**	**4512**	**76**	**46**	**4556**	**461**	**2973**	**1122**
五金零售	6	2558	48	46	2573	385	1798	1002
家具零售		1796	29		1825	70	1099	100
陶瓷、石材装饰材料零售		159			159	2	27	20
其他室内装饰材料零售		-1			-1	4	49	
货摊、无店铺及其他零售业	**7**	**2483**	**453**		**2703**	**203**	**1306**	**229**
旧货零售		8			8	2	22	20
生活用燃料零售	7	2486	453		2706	174	448	73
其他未列明零售业		-11			-11	27	836	137
按登记注册类型分								
内资企业	**9186**	**85897**	**11551**	**325**	**91846**	**22856**	**207498**	**72100**
国有企业		2508	9		2519	65	1735	461
集体企业		1987			1987	138	1039	235

指标	投资收益	营业利润	营业外收入	补贴收入	利润总额	应交所得税	人工成本及增值税	
							应付职工薪酬	应交增值税
股份合作企业		-5			-5		39	4
联营企业		1571			1571		161	17
其他联营企业		1571			1571		161	17
有限责任公司	1204	57159	8887	194	61964	18454	149907	55514
国有独资公司		1102	1		1095		279	
其他有限责任公司	1204	56057	8886	194	60869	18454	149628	55514
股份有限公司	427	11925	882		5853	463	9828	2871
私营企业	7555	10379	1774	131	17584	3733	44641	12682
私营独资企业		1842			2085	1	114	174
私营合伙企业		-21			-21	17	173	
私营有限责任公司	7555	6801	1735	131	13736	3646	43232	12177
私营股份有限公司		1757	39		1783	69	1122	332
其他企业		373			373	4	149	317
港、澳、台商投资企业		**85407**	**1268**		**85598**	**22140**	**14354**	**23502**
与港澳台商合资经营企业		5157	159		5193	1724	4492	3058
港澳台商独资企业		80250	1110		80405	20416	9863	20444
外商投资企业	**1365**	**-495**	**399**	**20**	**-855**	**1070**	**20444**	**5073**
中外合资经营企业		2196	56	20	2309	131	3298	1166
外资企业		-6977	268		-7471	307	13149	2867
外商投资股份有限公司	1365	4286	75		4308	632	3997	1040
按控股情况分								
国有控股		15185	554		10741	2192	11365	4199
集体控股		5743	72		4254	380	6048	3422
私人控股	7581	62339	9265	237	66689	15949	136132	41853
港澳台商控股		82837	1125	20	83006	21442	12722	21884
外商控股	1365	454	395		95	1071	18942	4528
其他	1605	4251	1809	88	11804	5031	57088	24788
按经营形式分								
独立门店	10299	88671	9412	199	91013	20964	168797	64269
连锁总店	12	87390	2543	46	90743	23703	47820	31039
连锁门店		-9982	1050	40	-9414		13560	2430
其他	241	4730	214	60	4247	1399	12119	2936
按单位规模分								
大型	384	81780	4127	40	86214	26529	85072	46852
中型	9879	56973	5497	258	63753	15808	129086	42865
小型	288	27219	3524	47	22583	3107	26463	9162
微型		4838	70		4039	622	1675	1796
按零售业态分								
有店铺零售	10551	171610	13218	345	177395	46057	241125	100420
食杂店		699			242	25	116	56
便利店		1149			1145	30	1105	159
超市		2361	49		573	301	6683	1617
大型超市		69191	3176	40	72801	22547	41266	26368
仓储会员店		3			3		19	2
百货店	53	8021	1135		4063	1793	36457	13882
专业店	8759	63086	4156	171	65522	15377	95095	38581
专卖店	1739	17704	4435	55	23961	5658	53511	18006
家居建材商店		-26			-26	4	309	
购物中心		-56	12		210	44	841	403
厂家直销中心		9477	255	78	8902	280	5725	1347
无店铺零售		-801	1		-806	9	1171	255
电视购物		-803	1		-802	2	1110	247
邮购		2			-4	6	62	8

11-7 限额以上住宿和餐饮业法人企业财务状况

（2013 年）

单位：万元

指标	法人企业数（个）	执行《2006年企业会计准则》企业数（个）	年初存货	流动资产合计	应收帐款	存货	固定资产合计	固定资产原价
总计	**374**	**218**	**47924**	**786523**	**48610**	**34845**	**471386**	**797621**
住宿业	**184**	**118**	**25147**	**594240**	**35055**	**23701**	**355274**	**640643**
按住宿业行业小类分								
旅游饭店	109	66	16175	502720	31762	15460	281291	527120
一般旅馆	68	47	8890	89960	3113	8204	72769	111813
其他住宿业	7	5	81	1561	180	37	1214	1709
按登记注册类型分								
内资企业	**177**	**113**	**17485**	**405087**	**34467**	**16643**	**309784**	**540209**
国有企业	31	19	4555	56013	5082	4381	115347	197329
集体企业	4	3	679	8299	59	631	8231	18451
股份合作企业	1			267	78		1267	1766
有限责任公司	91	62	8061	195573	16378	8235	129496	233976
国有独资公司	6	3	602	13208	537	615	24970	43993
其他有限责任公司	85	59	7459	182365	15841	7620	104527	189983
股份有限公司	7	2	202	48231	1820	132	8992	25940
私营企业	43	27	3988	96705	11051	3264	46451	62747
私营独资企业	1			12	4	6	10	10
私营有限责任公司	41	27	3970	96618	11047	3243	46377	62283
私营股份有限公司	1		17	75		15	64	453
港、澳、台商投资企业	**6**	**4**	**7652**	**189063**	**586**	**7055**	**45483**	**100310**
与港澳台商合资经营企业	5	3	7366	171542	431	6820	41979	80424
与港澳台商合作经营企业	1	1	286	17521	155	235	3504	19886
外商投资企业	**1**	**1**	**10**	**90**	**2**	**3**	**7**	**124**
外资企业	1	1	10	90	2	3	7	124
按控股情况分								
国有控股	54	37	7167	97355	7328	6843	179058	323007
集体控股	9	5	911	9947	530	930	15376	29072
私人控股	90	57	7292	274931	25576	6466	95482	148872
港澳台商控股	5	3	7639	188140	530	7044	45257	98219
外商控股	1	1	10	90	2	3	7	124
其他	24	15	2020	16047	1273	2335	19033	37353
按经营形式分								
独立门店	172	107	24905	586355	34848	23416	350223	626775
连锁总店	2	1	49	5005	6	82	799	7199
连锁门店	5	5	72	1717	16	77	1559	3167
其他	5	5	121	1164	184	127	2693	3501
按单位规模分								
大型	3	2	2537	222339	10556	1957	11683	27922
中型	52	27	16340	291957	17758	16149	259008	451490
小型	123	87	6203	78736	6499	5538	82172	157872
微型	6	2	67	1208	241	57	2411	3359
按星级分								
五星	15	9	4829	289611	12539	4442	109664	187419
四星	27	16	8343	108114	5496	8464	70636	148571
三星	41	26	4388	61814	5083	3981	80168	135187

11-7 续表1 （2013 年） 单位：万元

指标	法人企业数（个）	执行《2006年企业会计准则》企业数（个）	年初存货	流动资产合计	应收帐款	存货	固定资产合计	固定资产原价
二星	10	4	504	4557	118	444	7311	17545
其他	91	63	7082	130144	11819	6371	87495	151921
餐饮业	**190**	**100**	**22777**	**192284**	**13556**	**11144**	**116112**	**156978**
按餐饮业行业小类分								
正餐服务	170	92	18943	160974	11788	6851	73130	99963
快餐服务	14	5	3333	21590		3733	33666	42398
饮料及冷饮服务	1	1		120			8	38
咖啡馆服务	1	1		120			8	38
其他餐饮业	5	2	502	9599	1767	560	9308	14580
餐饮配送服务	1		143	2724	1662	127	2191	3336
其他未列明餐饮业	4	2	359	6876	105	433	7117	11244
按登记注册类型分								
内资企业	**184**	**99**	**19217**	**168533**	**13122**	**7217**	**82429**	**113453**
集体企业	1		6	5		2	134	124
股份合作企业	1		5	23		5	558	808
有限责任公司	88	54	4499	125009	6064	4263	50329	73592
其他有限责任公司	88	54	4499	125009	6064	4263	50329	73592
股份有限公司	4	3	258	1463	202	252	1413	1651
私营企业	89	41	14441	41645	6857	2690	29975	37234
私营独资企业	8	2	169	3551	2396	156	5996	7483
私营合伙企业	1		27				85	85
私营有限责任公司	76	36	14144	37419	4307	2386	21827	29025
私营股份有限公司	4	3	101	676	153	147	2067	641
其他企业	1	1	8	389		5	21	45
港、澳、台商投资企业	**2**		**175**	**3038**	**2**	**747**	**10616**	**12897**
与港澳台商合作经营企业	1			2762		630	10434	12481
港澳台商独资企业	1		175	276	2	117	182	416
外商投资企业	**4**	**1**	**3385**	**20712**	**431**	**3180**	**23067**	**30628**
外资企业	4	1	3385	20712	431	3180	23067	30628
按控股情况分								
国有控股	1		574	437		304	240	596
集体控股	1		6	5		2	134	124
私人控股	161	85	17478	113600	10508	5601	68884	92745
港澳台商控股	2		175	3038	2	747	10616	12897
外商控股	4	1	3385	20712	431	3180	23067	30628
其他	21	14	1159	54492	2614	1310	13171	19988
按经营形式分								
独立门店	168	89	6699	150164	12927	6272	75008	105301
连锁总店	4	1	3529	38257	218	3942	34700	43674
连锁门店	14	7	12419	2370	88	718	4519	7639
其他	4	3	130	1492	323	212	1885	365
按单位规模分								
大型	3		3181	20787		3641	33195	41797
中型	17	10	2434	83427	6295	2545	33653	48839
小型	164	87	17144	87967	7259	4940	49168	66214
微型	6	3	18	103	1	18	96	128

指标	期末资产负债							
	累计折旧	本年折旧	在建工程	资产总计	流动负债合计	应付帐款	非流动负债合计	负债合计
总计	**373532**	**43991**	**100208**	**1514676**	**887457**	**62671**	**263579**	**1177829**
住宿业	**324462**	**32061**	**71653**	**1115947**	**632109**	**41814**	**218419**	**866359**
按住宿业行业小类分								
旅游饭店	279340	24132	54707	922217	517953	32020	178687	711515
一般旅馆	44628	7782	16946	190311	112308	9767	39652	152916
其他住宿业	495	147		3419	1848	26	80	1928
按登记注册类型分								
内资企业	**269601**	**29212**	**55430**	**851394**	**435915**	**33331**	**156995**	**608741**
国有企业	104737	7815	33365	190024	73738	11695	27665	109725
集体企业	10520	402		17489	10470	90	2779	13249
股份合作企业	545		46	1533	1963	571		1963
有限责任公司	104808	14966	18673	405264	179244	15498	98991	285060
国有独资公司	19024	1974	584	48640	9840	2198	17113	26953
其他有限责任公司	85784	12992	18089	356624	169404	13300	81878	258107
股份有限公司	16987	1437	142	65102	27590	306	1283	28873
私营企业	32003	4593	3204	171982	142911	5171	26277	169871
私营独资企业	1	1		305	301	271		301
私营有限责任公司	31614	4540	3204	171406	142559	4879	26099	169340
私营股份有限公司	389	52		272	51	21	178	230
港、澳、台商投资企业	**54745**	**2849**	**16223**	**264417**	**196129**	**8426**	**61424**	**257553**
与港澳台商合资经营企业	38445	2763	15239	243376	192162	7920	40742	232904
与港澳台商合作经营企业	16300	85	984	21041	3967	506	20682	24649
外商投资企业	**117**			**136**	**65**	**56**		**65**
外资企业	117			136	65	56		65
按控股情况分								
国有控股	166309	16490	33919	314672	126379	17519	54520	189222
集体控股	14202	978		27443	13750	338	5002	18752
私人控股	69304	9835	20831	452821	265178	13630	93370	359483
港澳台商控股	52880	2816	16218	263255	195965	8365	61424	257389
外商控股	117			136	65	56		65
其他	18320	1777	290	48608	28419	1591	4103	39096
按经营形式分								
独立门店	315646	27932	71361	1101087	626346	40214	215630	857807
连锁总店	6400	3638		6021	707	167	2789	3496
连锁门店	1608	313	291	3950	3337	1035		3337
其他	809	178		4890	1718	398		1718
按单位规模分								
大型	16239	1681		255365	169396	4206	67800	237196
中型	231450	21999	65724	646632	349384	26038	124282	488563
小型	75781	8308	5846	210191	109939	10549	26337	137210
微型	993	73	82	3759	3389	1020		3389
按星级分								
五星	87826	7718	3180	445723	270940	9743	128409	399349
四星	77972	7328	15487	218213	108789	12736	24161	141273
三星	78067	6131	25146	164850	78580	6756	43947	122527

11-7　续表 3　　　　（2013 年）　　　　单位：万元

指标	期末资产负债							
	累计折旧	本年折旧	在建工程	资产总计	流动负债合计	应付帐款	非流动负债合计	负债合计
二星	10325	783	1357	14430	8060	1097	2935	10974
其他	70273	10101	26483	272731	165741	11483	18967	192237
餐饮业	**49070**	**11931**	**28555**	**398729**	**255348**	**20857**	**45160**	**311470**
按餐饮业行业小类分								
正餐服务	32140	8009	27278	297701	194741	9570	38367	229192
快餐服务	11634	2805	37	79525	42149	9268	6393	63420
饮料及冷饮服务	30	5		128	50			50
咖啡馆服务	30	5		128	50			50
其他餐饮业	5266	1112	1240	21375	18408	2020	400	18808
餐饮配送服务	1145	244	247	5866	1268	1002		1268
其他未列明餐饮业	4121	868	994	15510	17140	1018	400	17540
按登记注册类型分								
内资企业	**36382**	**8973**	**28555**	**315226**	**213479**	**15165**	**38066**	**247721**
集体企业	10	6		139	7	1		132
股份合作企业	250	19		858	809			809
有限责任公司	24594	5867	24647	222168	155031	10270	29872	186038
其他有限责任公司	24594	5867	24647	222168	155031	10270	29872	186038
股份有限公司	232	101		6206	2945	185		2945
私营企业	11273	2971	3908	85446	54684	4709	8193	57794
私营独资企业	1623	849	11	11871	5013	261	299	5321
私营合伙企业	37	1		120				
私营有限责任公司	9443	1985	2302	70357	47032	4223	7895	49834
私营股份有限公司	170	136	1595	3098	2639	225		2639
其他企业	24	9		410	3			3
港、澳、台商投资企业	**2281**	**98**		**15530**	**−3898**	**−4057**	**167**	**11055**
与港澳台商合作经营企业	2047	65		14786				14786
港澳台商独资企业	234	33		744	−3898	−4057	167	−3731
外商投资企业	**10407**	**2860**		**67974**	**45767**	**9750**	**6928**	**52695**
外资企业	10407	2860		67974	45767	9750	6928	52695
按控股情况分								
国有控股	355	77		2419	2506	44		2506
集体控股	10	6		139	7	1		132
私人控股	29199	7417	22858	230558	147136	11972	20486	163693
港澳台商控股	2281	98		15530	−3898	−4057	167	11055
外商控股	10407	2860		67974	45767	9750	6928	52695
其他	6817	1473	5697	82110	63830	3148	17580	81389
按经营形式分								
独立门店	34055	8119	26960	281409	180983	13606	38601	215651
连锁总店	11820	3079		103579	71581	11002	6340	92707
连锁门店	3120	714		9924	130	−3914	220	458
其他	75	19	1595	3817	2655	164		2655
按单位规模分								
大型	11448	2785		78038	42093	9268	6340	63218
中型	17920	4416	23504	154932	111610	7106	19876	131486
小型	19670	4722	5051	165560	101563	4481	18945	116683
微型	32	8		199	83	3		83

指标	所有者权益合计	实收资本						
			国家资本	集体资本	法人资本	个人资本	港澳台资本	外商资本
总计	**336847**	**389037**	**133968**	**6764**	**114516**	**79281**	**50517**	**3992**
住宿业	**249589**	**316366**	**132932**	**5830**	**93058**	**37684**	**46366**	**497**
按住宿业行业小类分								
旅游饭店	210702	267203	124820	4006	72597	27641	37643	497
一般旅馆	37396	47797	8092	1824	20186	8974	8723	
其他住宿业	1491	1366	20		276	1070		
按登记注册类型分								
内资企业	**242654**	**248192**	**113980**	**5443**	**91072**	**37684**	**6**	**7**
国有企业	80299	91925	82658		9267			
集体企业	4240	5104	1124	3103	877			
股份合作企业	-430	571	419			152		
有限责任公司	120204	119425	29763	2328	63431	23902		
国有独资公司	21687	32775	22775		10000			
其他有限责任公司	98517	86650	6989	2328	53431	23902		
股份有限公司	36229	10033			5900	4133		
私营企业	2112	21136	16	12	11597	9497	6	7
私营独资企业	4	3			3			
私营有限责任公司	2066	21123	16	12	11594	9487	6	7
私营股份有限公司	42	10				10		
港、澳、台商投资企业	**6865**	**67684**	**18952**	**386**	**1986**		**46359**	
与港澳台商合资经营企业	10473	54317	10238	386	1986		41706	
与港澳台商合作经营企业	-3608	13367	8714				4653	
外商投资企业	**71**	**490**						**490**
外资企业	71	490						490
按控股情况分								
国有控股	125450	153366	111043		42123	200		
集体控股	8692	8531	1124	5231	2177			
私人控股	93339	78517	435	12	42101	35956	6	7
港澳台商控股	5866	64171	18952	386	405		44427	
外商控股	71	490						490
其他	9512	10000	88	200	6252	1528	1932	
按经营形式分								
独立门店	243280	312666	132932	5830	90808	36234	46366	497
连锁总店	2524	600			300	300		
连锁门店	613	600			50	550		
其他	3171	2500			1900	600		
按单位规模分								
大型	18169	42691			3405	10000	29286	
中型	158069	176677	100771	3827	48436	8503	15141	
小型	72981	95477	31183	2003	41216	18640	1938	497
微型	370	1521	978		1	542		
按星级分								
五星	46375	93212	36574	386	1405	11800	43047	
四星	76940	80162	35447		35907	7428	1381	
三星	42324	62656	26157	1881	29090	3596	1932	

指标	所有者权益合计	实收资本	国家资本	集体资本	法人资本	个人资本	港澳台资本	外商资本
二星	3457	9146	7052	12	633	1436	6	7
其他	80494	71190	27702	3550	26023	13425		490
餐饮业	**87259**	**72671**	**1036**	**935**	**21458**	**41597**	**4152**	**3494**
按餐饮业行业小类分								
正餐服务	68509	61083	1036	935	20881	35057	2082	1093
快餐服务	16105	5627			77	1079	2070	2401
饮料及冷饮服务	78	30				30		
咖啡馆服务	78	30				30		
其他餐饮业	2567	5931			500	5431		
餐饮配送服务	4598	4100				4100		
其他未列明餐饮业	-2031	1831			500	1331		
按登记注册类型分								
内资企业	**67505**	**65029**	**1036**	**935**	**21458**	**41597**	**2**	**2**
集体企业	7	7		7				
股份合作企业	49	78				78		
有限责任公司	36130	42852	1035	927	16522	24365	2	2
其他有限责任公司	36130	42852	1035	927	16522	24365	2	2
股份有限公司	3261	3120			18	3102		
私营企业	27652	18472	1	1	4917	13552	1	
私营独资企业	6551	1823	1		774	1048		
私营合伙企业	120	120				120		
私营有限责任公司	20523	16318	1	1	4143	12173		
私营股份有限公司	459	211				211		
其他企业	407	500				500		
港、澳、台商投资企业	**4475**	**4150**					**4150**	
与港澳台商合作经营企业		2070					2070	
港澳台商独资企业	4475	2080					2080	
外商投资企业	**15279**	**3492**						**3492**
外资企业	15279	3492						3492
按控股情况分								
国有控股	-88	1000	1000					
集体控股	7	7		7				
私人控股	66865	57587	36	13	18023	39511	2	2
港澳台商控股	4475	4150					4150	
外商控股	15279	3492						3492
其他	721	6435		915	3435	2085		
按经营形式分								
独立门店	65758	61905	36	935	19277	40562	2	1093
连锁总店	10872	4671			200		2070	2401
连锁门店	9466	5434	1000		1420	934	2080	
其他	1162	661			561	100		
按单位规模分								
大型	14819	4471					2070	2401
中型	23446	18820	32	800	7572	10325		91
小型	48877	49219	1004	135	13876	31121	2082	1002
微型	117	161			10	151		

指标	营业收入	主营业务收入	营业成本	主营业务成本	营业税金及附加	主营业务税金及附加	其他业务利润
总计	**707954**	**700053**	**288981**	**286994**	**38731**	**38590**	**14601**
住宿业	**396585**	**390149**	**134487**	**132599**	**21944**	**21874**	**4045**
按住宿业行业小类分							
旅游饭店	306154	301663	102773	101016	17228	17158	2296
一般旅馆	86444	84500	29861	29745	4496	4496	1749
其他住宿业	3987	3987	1854	1839	220	220	
按登记注册类型分							
内资企业	**358370**	**352073**	**127142**	**125254**	**19903**	**19833**	**3595**
国有企业	89395	86471	40382	38834	4774	4771	1074
集体企业	4588	4588	1215	1215	242	242	
股份合作企业	73	73			5	5	21
有限责任公司	180238	179088	60346	60105	10307	10240	869
国有独资公司	14667	14627	2972	2972	810	810	222
其他有限责任公司	165571	164461	57374	57133	9498	9430	647
股份有限公司	21434	21434	4927	4927	1231	1231	
私营企业	62642	60420	20273	20174	3345	3345	1631
私营独资企业	550	550	364	364	5	5	
私营有限责任公司	61663	59440	19674	19575	3315	3315	1631
私营股份有限公司	430	430	235	235	24	24	
港、澳、台商投资企业	**37884**	**37745**	**7088**	**7088**	**2023**	**2023**	**450**
与港澳台商合资经营企业	30073	29935	6380	6380	1602	1602	450
与港澳台商合作经营企业	7810	7810	707	707	420	420	
外商投资企业	**331**	**331**	**258**	**258**	**19**	**19**	
外资企业	331	331	258	258	19	19	
按控股情况分							
国有控股	158853	155312	66055	64410	8809	8739	1312
集体控股	12323	12323	4692	4692	571	571	
私人控股	151025	148270	47804	47561	8429	8429	2240
港澳台商控股	37458	37320	6962	6962	1999	1999	450
外商控股	331	331	258	258	19	19	
其他	31970	31970	7610	7610	1858	1858	
按经营形式分							
独立门店	381025	374619	130232	128353	21055	20984	4027
连锁总店	6676	6676	329	329	377	377	
连锁门店	6240	6211	2702	2693	381	381	18
其他	2644	2644	1225	1225	132	132	
按单位规模分							
大型	37293	37287	8225	8225	2179	2179	313
中型	238509	233174	74521	72860	13356	13286	2758
小型	120097	119003	51707	51480	6368	6368	955
微型	686	686	34	34	41	41	19
按星级分							
五星	87058	87056	16852	16852	4946	4943	370
四星	101601	99346	42897	42897	5688	5688	1725
三星	83460	82403	32109	31965	4734	4667	940

指标	营业收入	主营业务收入	营业成本	主营业务成本	营业税金及附加	主营业务税金及附加	其他业务利润
二星	9524	9524	3799	3799	457	457	31
其他	114943	111821	38830	37087	6119	6119	978
餐饮业	**311369**	**309904**	**154494**	**154394**	**16787**	**16716**	**10557**
按餐饮业行业小类分							
正餐服务	191640	190285	97355	97256	10277	10206	1546
快餐服务	106830	106719	50274	50274	5918	5918	8951
饮料及冷饮服务	148	148	81	81	9	9	
咖啡馆服务	148	148	81	81	9	9	
其他餐饮业	12752	12752	6783	6783	583	583	59
餐饮配送服务	4380	4380	3718	3718	47	47	59
其他未列明餐饮业	8372	8372	3066	3066	536	536	
按登记注册类型分							
内资企业	**203281**	**201815**	**104811**	**104712**	**10689**	**10619**	**1627**
集体企业	295	295	148	148	15	15	1
股份合作企业	1235	1235	770	770	10	10	7
有限责任公司	103774	102425	51577	51561	5407	5386	1600
其他有限责任公司	103774	102425	51577	51561	5407	5386	1600
股份有限公司	3179	3179	1537	1537	207	207	
私营企业	94328	94213	50535	50452	5022	4972	19
私营独资企业	9181	9076	4997	4958	500	470	5
私营合伙企业	650	650	330	330	15	15	
私营有限责任公司	82390	82380	43864	43820	4407	4387	14
私营股份有限公司	2107	2107	1344	1344	100	100	
其他企业	470	470	244	244	29	29	
港、澳、台商投资企业	**21894**	**21894**	**7876**	**7876**	**1238**	**1238**	
与港澳台商合作经营企业	20298	20298	7072	7072	1143	1143	
港澳台商独资企业	1596	1596	804	804	94	94	
外商投资企业	**86194**	**86194**	**41807**	**41807**	**4860**	**4860**	**8930**
外资企业	86194	86194	41807	41807	4860	4860	8930
按控股情况分							
国有控股	1794	1794	1000	1000	109	109	
集体控股	295	295	148	148	15	15	1
私人控股	168311	166970	88431	88332	8865	8795	1598
港澳台商控股	21894	21894	7876	7876	1238	1238	
外商控股	86194	86194	41807	41807	4860	4860	8930
其他	32880	32756	15233	15233	1699	1699	28
按经营形式分							
独立门店	184105	183583	93746	93647	9616	9545	755
连锁总店	109020	109020	50508	50508	6156	6156	8930
连锁门店	14077	13134	7263	7263	797	797	872
其他	4167	4167	2977	2977	218	218	
按单位规模分							
大型	101899	101899	47153	47153	5731	5731	8930
中型	75722	75474	30925	30925	3983	3980	165
小型	132834	131636	75889	75790	7015	6947	1462
微型	915	895	528	528	58	58	

11-7 续表 8　　（2013 年）　　单位:万元

指标	损益及分配							
	销售费用	管理费用		财务费用			资产减值损失	公允价值变动收益
			税金		利息收入	利息支出		
总计	**226533**	**164396**	**6963**	**21268**	**967**	**9868**	**102**	**26**
住宿业	**123883**	**123480**	**5983**	**15297**	**673**	**5905**	**72**	**20**
按住宿业行业小类分								
旅游饭店	94667	103240	5105	11384	523	4900	16	7
一般旅馆	28084	19698	871	3846	150	1005	56	12
其他住宿业	1132	543	7	66				
按登记注册类型分								
内资企业	**107090**	**105708**	**5115**	**9160**	**673**	**4214**	**67**	**20**
国有企业	26195	22574	777	493	113	378	-2	
集体企业	1524	1524	223	115	2	90		
股份合作企业	98	153						
有限责任公司	53046	57342	2839	3473	318	2293	43	20
国有独资公司	4153	6206	471	1754	150	1663	3	
其他有限责任公司	48893	51136	2369	1719	169	630	40	20
股份有限公司	7197	4569	928	-513	11	-539		
私营企业	19030	19546	349	5593	229	1992	25	
私营独资企业	119	60	2	1		1		
私营有限责任公司	18816	19419	324	5589	229	1991	25	
私营股份有限公司	95	67	24	3				
港、澳、台商投资企业	**16734**	**17773**	**868**	**6136**		**1691**	**5**	
与港澳台商合资经营企业	13176	15820	788	4949		505	5	
与港澳台商合作经营企业	3557	1953	80	1187		1187		
外商投资企业	**60**			**1**				
外资企业	60			1				
按控股情况分								
国有控股	45534	41367	1725	2539	372	2076	10	1
集体控股	3134	3005	291	200	7	112		
私人控股	44377	49181	2558	6125	271	2020	54	12
港澳台商控股	16564	17539	857	6136		1691	5	
外商控股	60			1				
其他	12576	10426	518	317	3	6	2	6
按经营形式分								
独立门店	115567	121786	5948	15068	672	5893	71	20
连锁总店	5174	542		182				
连锁门店	2317	895	30	31	1	3		
其他	826	257	6	16		9	1	
按单位规模分								
大型	11844	24969	986	4536			-18	
中型	76354	70491	3877	8702	495	4705	34	1
小型	35119	27517	1116	2051	178	1200	56	18
微型	566	504	5	7				
按星级分								
五星	30691	43620	2210	9041	211	3725		
四星	27000	24056	1607	1169	216	1095	17	
三星	25363	22431	1019	840	77	532	6	1

指标	损益及分配							
	销售费用	管理费用	税金	财务费用	利息收入	利息支出	资产减值损失	公允价值变动收益
二星	3306	1955	97	4	35	22	20	
其他	37523	31419	1051	4242	135	531	29	18
餐饮业	**102650**	**40916**	**980**	**5972**	**294**	**3963**	**30**	**7**
按餐饮业行业小类分								
正餐服务	56904	26209	835	4582	76	3193	29	7
快餐服务	40446	12762	89	970	215	735	1	
饮料及冷饮服务		60						
咖啡馆服务		60						
其他餐饮业	5301	1885	56	419	3	35		
餐饮配送服务	215	216	12	33	3	35		
其他未列明餐饮业	5086	1669	44	386				
按登记注册类型分								
内资企业	**59658**	**27912**	**910**	**4997**	**69**	**3229**	**29**	**7**
集体企业	27	70	10	6				
股份合作企业	5	243	7					
有限责任公司	34111	16653	591	3300	30	2352	1	4
其他有限责任公司	34111	16653	591	3300	30	2352	1	4
股份有限公司	615	296	23	121				
私营企业	24735	10613	272	1571	39	876	28	3
私营独资企业	1223	468	44	264	18	239	9	
私营合伙企业	15	3	3	11				
私营有限责任公司	23161	9863	199	1252	22	607	19	3
私营股份有限公司	336	278	26	44		31		
其他企业	165	38	8					
港、澳、台商投资企业	**12307**	**1039**		**437**				
与港澳台商合作经营企业	11613	763		434				
港澳台商独资企业	694	276		3				
外商投资企业	**30685**	**11965**	**69**	**537**	**225**	**735**	**1**	
外资企业	30685	11965	69	537	225	735	1	
按控股情况分								
国有控股	1138	283		15				
集体控股	27	70	10	6				
私人控股	45802	23900	830	3402	64	1806	29	7
港澳台商控股	12307	1039		437				
外商控股	30685	11965	69	537	225	735	1	
其他	12691	3659	70	1575	5	1422		
按经营形式分								
独立门店	51402	26488	836	4841	71	3190	29	7
连锁总店	45625	12797	73	1014	215	735	1	
连锁门店	5252	1284	66	74	8			
其他	372	348	5	42		39		
按单位规模分								
大型	39687	12679	69	953	215	735	1	
中型	31339	8866	294	2989	23	2274		
小型	31597	19225	601	2016	56	955	29	7
微型	27	147	15	14				

指标	投资收益	营业利润	营业外收入	补贴收入	利润总额	应交所得税	人工成本
							应付职工薪酬
总计	**386**	**-22031**	**3269**	**74**	**-21253**	**5573**	**144644**
住宿业	**383**	**-21650**	**2029**	**34**	**-21555**	**2154**	**88169**
按住宿业行业小类分							
旅游饭店	234	-22256	1152	34	-21281	1308	71851
一般旅馆	149	434	877		-386	784	15397
其他住宿业		172			112	62	922
按登记注册类型分							
内资企业	**383**	**-10083**	**1786**	**34**	**-10172**	**1987**	**79174**
国有企业	166	-4815	759		-4311	366	22193
集体企业		-32			-163	3	2174
股份合作企业	44	-118			-118		132
有限责任公司	173	-3992	640	33	-3532	1064	39863
国有独资公司		-1046	41	20	-1013	31	3694
其他有限责任公司	173	-2945	599	13	-2519	1033	36169
股份有限公司		4023	23		4042	61	3043
私营企业		-5150	364	1	-6090	493	11768
私营独资企业		1			1		39
私营有限责任公司		-5156	364	1	-6096	489	11639
私营股份有限公司		5			5	4	90
港、澳、台商投资企业		**-11561**	**243**		**-11377**	**167**	**8950**
与港澳台商合资经营企业		-11547	233		-11373	167	7528
与港澳台商合作经营企业		-14	10		-5		1422
外商投资企业		**-6**			**-6**		**46**
外资企业		-6			-6		46
按控股情况分							
国有控股	218	-5096	1283	33	-3842	732	38739
集体控股		746	1		615	6	3289
私人控股	56	-4773	434	1	-5824	1205	29021
港澳台商控股		-11434	243		-11240	167	8758
外商控股		-6			-6		46
其他	6	-809	18		-1136	44	6901
按经营形式分							
独立门店	245	-21876	1690	34	-22075	1972	85379
连锁总店	138	72	336		545	100	1136
连锁门店		-85	1		-84	62	1162
其他		239	3		60	21	493
按单位规模分							
大型	16	-14113	74		-14074	89	8955
中型	306	-4763	1533	33	-4652	1162	53084
小型	17	-2423	253	1	-2593	898	25787
微型	44	-350	170		-236	5	344
按星级分							
五星		-17695	149	20	-17613	429	16932
四星	78	817	579		-403	335	23185
三星	106	-1669	289	13	-1175	296	20246

11-7 续表 11　　(2013 年)　　单位:万元

指标	投资收益	营业利润	营业外收入	补贴收入	利润总额	应交所得税	人工成本 应付职工薪酬
二星	44	78	7	1	237	131	2134
其他	155	-3179	1006		-2600	964	25673
餐饮业	**3**	**-381**	**1240**	**40**	**302**	**3419**	**56474**
按餐饮业行业小类分							
正餐服务	3	-3608	1103	40	-2828	2020	39550
快餐服务		5388	137		5291	1317	14372
饮料及冷饮服务		-1			-1	4	32
咖啡馆服务		-1			-1	4	32
其他餐饮业		-2160			-2160	78	2519
餐饮配送服务		211			211	53	915
其他未列明餐饮业		-2371			-2371	26	1605
按登记注册类型分							
内资企业	**3**	**-4649**	**1095**	**40**	**-3960**	**2142**	**41640**
集体企业		30			12		96
股份合作企业		214			214		248
有限责任公司	3	-7199	726	40	-7699	1075	21905
其他有限责任公司	3	-7199	726	40	-7699	1075	21905
股份有限公司		404			404	16	673
私营企业		1909	369		3116	1051	18585
私营独资企业		1735			1278	37	1457
私营合伙企业		276			276	3	33
私营有限责任公司		-107	369		1522	980	16715
私营股份有限公司		5			41	31	380
其他企业		-6			-6		132
港、澳、台商投资企业		**-1002**	**4**		**-998**	**12**	**1019**
与港澳台商合作经营企业		-727			-727		912
港澳台商独资企业		-275	4		-271	12	107
外商投资企业		**5270**	**141**		**5260**	**1266**	**13815**
外资企业		5270	141		5260	1266	13815
按控股情况分							
国有控股		-750			-750	45	654
集体控股		30			12		96
私人控股	3	-1960	860	40	-1377	1695	34672
港澳台商控股		-1002	4		-998	12	1019
外商控股		5270	141		5260	1266	13815
其他		-1970	235		-1845	402	6218
按经营形式分							
独立门店	3	-1849	874	40	-421	1943	38161
连锁总店		1850	362		2046	1263	15332
连锁门店		-592	4		-1533	180	2546
其他		210			210	33	435
按单位规模分							
大型		4627	136		4598	1263	13823
中型		-2314	551		-1667	799	15089
小型	3	-2815	549	40	-2700	1299	27479
微型		120	4		71	58	84

11-8 限额以上住宿和餐饮业

（2013 年）

指　　标	法人企业数(个)	个体(产业)单位数(个)	从业人员期末人数(人)	营业额	客房收入
总计	**374**	**636**	**66648**	**1181887**	**245628**
住宿业	**184**	**68**	**27077**	**442065**	**223459**
按住宿业行业小类分					
旅游饭店	109	24	20713	324491	145264
一般旅馆	68	43	6023	113357	74438
其他住宿业	7	1	341	4217	3758
按登记注册类型分					
内资企业	**177**	**7**	**23362**	**364438**	**178373**
国有企业	31	3	5917	90305	35435
集体企业	4		511	5178	1718
股份合作企业	1		88	330	68
有限责任公司	91	2	11935	183031	96303
国有独资公司	6		1036	14529	7744
其他有限责任公司	85	2	10899	168502	88559
股份有限公司	7	1	978	23573	9076
私营企业	43		3875	61328	35122
私营独资企业	1		26	550	455
私营有限责任公司	41		3809	60348	34282
私营股份有限公司	1		40	430	386
其他企业		1	58	695	652
港、澳、台商投资企业	**6**		**2283**	**37885**	**14963**
与港澳台商合资经营企业	5		1904	30074	11269
与港澳台商合作经营企业	1		379	7810	3694
外商投资企业	**1**		**17**	**331**	**331**
外资企业	1		17	331	331
个体经营		61	1415	39412	29793
个体户		61	1415	39412	29793
按经营形式分					
独立门店	172	66	25968	424938	210419
连锁总店	2		511	6676	5952
连锁门店	5	2	372	7305	4736
其他	5		226	3146	2353
按星级分					
五星	15		4837	87034	38801
四星	27	1	6157	99654	40631
三星	41	1	6430	85872	34052
二星	10	14	1012	17640	10176
一星		4	86	1786	1562

经营情况

单位:万元

餐费收入	商品销售收入	其他收入	客房数(间)	床位数(个)	餐位数(位)	年末餐饮营业面积(万平方米)
807426	**56969**	**71863**	**33244**	**58127**	**158727**	**75.6**
149444	**23904**	**45259**	**30031**	**52628**	**65981**	**37.6**
117218	22206	39804	19973	34658	49740	27.1
31799	1665	5455	9334	16639	15722	10.0
428	32		724	1332	520	0.5
126948	**20762**	**38355**	**28058**	**49368**	**62862**	**36.2**
29434	10975	14461	5499	10210	13006	7.8
1286	86	2088	536	856	912	0.8
239	22	1	150	340	584	0.5
64081	6152	16495	14549	25487	34915	18.4
4739	527	1519	1019	1714	3840	1.4
59342	5624	14976	13530	23773	31075	17.0
9004	2142	3352	1389	2257	2606	1.9
22905	1385	1916	5924	10202	10840	6.9
		96	99	192	80	0.2
22905	1359	1803	5685	9732	10760	6.7
	27	17	140	278		
		43	10	16		
15234	**1991**	**5696**	**1365**	**2120**	**2701**	**1.1**
12037	1782	4986	1239	1960	2521	0.9
3197	210	710	126	160	180	0.3
			95	**145**		
			95	145		
7262	1150	1207	513	995	418	0.2
7262	1150	1207	513	995	418	0.2
146141	23738	44640	27570	48433	63925	36.2
321	43	361	1349	2215	272	0.2
2248	66	256	702	1035	1169	0.2
734	56	2	410	946	616	0.9
35495	3909	8828	3448	5269	9277	5.7
35572	7555	15897	5797	9989	15923	9.5
33169	8318	10333	6543	12769	16785	8.5
6538	434	493	1361	2574	3455	2.1
20	120	84	24	51	4	

指　　标	法人企业数(个)	个体(产业)单位数(个)	从业人员期末人数(人)	营业额	客房收入
其他	91	48	8555	150079	98238
餐饮业	**190**	**568**	**39571**	**739821**	**22169**
按餐饮业行业小类分					
正餐服务	170	546	32320	592580	21193
快餐服务	14	11	6043	125552	
饮料及冷饮服务	1	6	151	3934	
茶馆服务		2	60	1393	
咖啡馆服务	1	4	91	2542	
其他餐饮业	5	5	1057	17755	976
小吃服务		3	30	2256	
餐饮配送服务	1	1	466	6770	
其他未列明餐饮业	4	1	561	8730	976
按登记注册类型分					
内资企业	**184**	**1**	**13915**	**204150**	**15524**
国有企业		1	156	2330	
集体企业	1		60	295	129
股份合作企业	1		108	1235	
有限责任公司	88		7201	102978	8158
其他有限责任公司	88		7201	102978	8158
股份有限公司	4		236	2751	795
私营企业	89		6108	94065	6442
私营独资企业	8		504	8845	682
私营合伙企业	1		16	750	
私营有限责任公司	76		5407	82334	5622
私营股份有限公司	4		181	2136	138
其他企业	1		46	496	
港、澳、台商投资企业	**2**		**655**	**21774**	
与港澳台商合作经营企业	1		610	20178	
港澳台商独资企业	1		45	1596	
外商投资企业	**4**		**5160**	**99335**	
外资企业	4		5160	99335	
个体经营		567	19841	414562	6645
个体户		566	19826	414262	6645
个人合伙		1	15	300	
按经营形式分					
独立门店	168	548	31566	590563	21963
连锁总店	4		5800	122010	
连锁门店	14	15	1532	20515	68
其他	4	5	673	6734	138

单位:万元

			客房数(间)	床位数(个)	餐位数(位)	年末餐饮营业面积(万平方米)
餐费收入	商品销售收入	其他收入				
38650	3568	9623	12858	21976	20538	11.6
657983	**33066**	**26604**	**3213**	**5498**	**92746**	**38.0**
530380	30224	10784	3153	5414	72521	32.3
111837	503	13212			18116	4.6
3105	829				239	0.1
1337	56				21	
1768	774				218	0.1
12660	1510	2609	60	84	1870	1.1
1887	370				22	
6567	203				300	0.1
4207	938	2609	60	84	1548	1.0
166831	**10437**	**11358**	**3086**	**5200**	**60725**	**28.4**
2187	143					
164	2		30	71	260	
44	1028	163			190	
83108	5741	5971	1281	2217	35841	16.2
83108	5741	5971	1281	2217	35841	16.2
1916	41		298	512	1103	0.4
78932	3467	5224	1477	2400	22941	11.7
8090	72	2	129	218	3068	1.0
750					26	0.1
68126	3364	5222	1282	2088	19115	10.0
1967	31		66	94	732	0.7
481	15				390	0.1
21774					**7430**	**1.6**
20178					7050	1.4
1596					380	0.1
86069	**104**	**13163**			**10750**	**3.5**
86069	104	13163			10750	3.5
383309	22524	2084	127	298	13841	4.5
383029	22504	2084	127	298	13831	4.5
280	20				10	
522934	32307	13358	3141	5394	68938	30.5
108831	37	13141			18492	5.0
19719	624	105	7	10	4270	1.8
6498	98		66	94	1046	0.7

11-9 分县(市)区限额以上住宿和餐饮业法人财务状况

（2013 年）

单位:万元

县(市)区	流动资产合计	存货	固定资产原价	资产合计	所有者权益	实收资本	主营业务收入
中原区	154778	1985	71528	210229	24244	44508	42134
二七区	60090	7409	123222	154164	12301	61938	90678
管城区	4312	217	13220	14059	10589	10673	14953
金水区	285166	13357	301581	535837	110290	135069	329567
上街区	1255	108	1483	2948	2055	1197	3631
惠济区	62825	2166	86894	140312	55746	36127	25794
中牟县	6616	160	7581	20419	1503	3650	5366
巩义市	5272	1427	26515	31891	14899	7381	13721
荥阳市	10545	262	25592	40014	25853	2550	14920
新密市	23600	387	19209	49138	−2840	8915	10737
新郑市	5398	399	3829	12060	7884	7345	5066
登封市	15096	2030	54328	66784	27082	22845	38903
经济开发区	4917	280	6145	10880	7706	8340	6824
高新开发区	4501	239	10900	9419	4635	5000	5343
郑东新区	135482	3533	19054	187898	26471	27144	76215
航空港实验区	6671	888	26542	28624	8430	6355	16201

11-9　续表

（2013 年）

单位:万元

县(市)区	主营业务成本	主营业务税金及附加	营业费用	管理费用	税金	营业利润	利润总额	应付职工薪酬
中原区	16094	2372	14823	16178	331	−11679	−11628	12139
二七区	45741	4460	23868	18462	1188	−3320	−3182	16541
管城区	7765	757	2808	2586	74	899	916	2223
金水区	131916	18841	126104	66237	2712	−7733	−8576	63893
上街区	2062	200	515	573	18	241	242	709
惠济区	6660	1432	9876	8068	102	−949	−457	8354
中牟县	2220	300	1761	1174	125	−361	−359	1443
巩义市	7498	518	2221	1913	242	1407	1130	2831
荥阳市	2919	746	7878	2621	45	490	525	4071
新密市	3255	622	2906	2705	108	−344	−344	3099
新郑市	2067	239	1180	897	110	344	278	1574
登封市	20763	1952	6091	4558	329	5687	7010	5702
经济开发区	2050	410	2611	1926	116	−250	−264	1851
高新开发区	1755	340	1295	1538	118	170	140	1410
郑东新区	25556	4696	20398	31689	1292	−7673	−7727	16574
航空港实验区	8674	705	2198	3272	54	1040	1042	2230

11-10 分县(市)区限额以上住宿和餐饮业经营情况

(2013 年)

单位:万元

县(市)区	营业额	客房收入	餐费收入	商品销售额	其他收入
中原区	67231	16031	42757	4498	3946
二七区	162685	34815	105835	10999	11037
管城区	34037	9707	22895	787	647
金水区	395031	78261	263520	13892	39359
上街区	12586	2036	10281	64	205
惠济区	56814	9051	39351	4420	3992
中牟县	15416	1813	12177	1050	376
巩义市	47439	10109	34651	1658	1021
荥阳市	55883	9787	36950	3620	5526
新密市	44091	7957	30903	4304	927
新郑市	84173	4004	72567	7215	387
登封市	85260	18029	63149	2138	1945
经济开发区	10100	5117	4510	244	229
高新开发区	5343	1918	2110	162	1153
郑东新区	84375	31030	51304	1198	843
航空港实验区	21421	5965	14468	719	269

11-11 限额以上批法、零售贸易业商品销售类值

（2013 年）

单位：万元

指 标	批发业				零售业			
	销售额		零售额		销售额		零售额	
	2013 年	2012 年	2013 年	2012 年	2013 年	2012 年	2013 年	2012 年
总计	**22859984**	**21832874**	**1543601**	**1391671**	**11939149**	**10537324**	**11549030**	**10243204**
粮油食品、饮料、烟酒类	1828599	1771134	54795	83086	1047580	901800	1036431	887072
食品类	540370	591434	15640	25004	720924	625682	716891	622874
#粮油类	282709	305607	412	316	123880	93755	122270	92494
肉禽蛋类	120892	150677	71	82	127687	107955	127091	107374
水产品类	10524	11015	76	59	14903	10734	14893	10734
蔬菜类	4440	2370			38972	29676	38938	29650
干鲜果品类	26151	16063	250	145	108493	82947	104840	82206
饮料类	49882	45273	11709	20145	150207	120617	148296	119154
烟酒类	1238348	1134427	27446	37937	176448	155501	171244	145044
服装、鞋帽、针纺织品类	433646	454749	12650	14074	1382492	1207832	1369315	1195418
服装类	244216	254876	9192	10484	1066672	924725	1056871	915845
鞋帽类	35068	36769	2838	2945	212374	190234	212021	189696
针、纺织品类	154362	163104	620	645	103446	92873	100423	89877
化妆品类	5363	9977	407	302	217301	184249	217248	183685
金银珠宝类					259247	208135	252826	206540
日用品类	182618	236326	26867	17037	509343	464432	508293	463298
#洗涤用品类	26698	49140	535	373	73145	61418	73052	61395
儿童玩具类	521	252			15209	12583	15167	12581
五金、电料类	63728	61637	6926	7501	149280	122437	141451	113980
体育、娱乐用品类	4104	4521	303		42478	43209	42452	43172
书报杂志类	274002	238353	4081	4571	56662	50605	53625	48096
电子出版物及音像制品类	1507	13644	126	210	10509	8925	10454	8863
家用电器和音像器材类	1447092	1591678	125858	123755	811608	714845	810796	714439
中西药品类	3420401	2784995	35661	43418	334225	254008	238577	249241
#西药类	2129370	1644209	10630	20356	90736	88664	90566	88175
中草药及中成药类	300681	200853	76	57	21484	19099	21328	18968
文化办公用品类	387889	312200	11152	9484	294579	262443	270752	233963
家具类	2563	8039			80553	65763	78716	63579
通讯器材类	153361	162101	11602	6986	209848	219513	209089	215205
煤炭及制品类	1491435	1770120	19785	16879	359	234	359	234
木材及制品类	30719	31074						
石油及制品类	4752942	3769857	1013344	908154	199880	122955	187841	114538
化工材料及制品类	1545110	1338865			67633	60899		
#化肥类	688989	562052			56129	51003		
金属材料类	2504293	2758109			2362	2376		
建筑及装潢材料类	120065	105569	2421	904	60682	50714	58600	45760
机电产品及设备类	879266	864202	17581	21293	100065	145026	68450	92290
#农机类	65387	13688			609	772		
汽车类	1687207	1438141	194834	125707	5964023	5334276	5867822	5262616
种子饲料类	686435	591136			10602	8789		
棉麻类	334192	318600	112	103	1433	1515	1430	1438
其他类	623448	1197849	5097	8207	126406	102344	124503	99778

11-12 限额以上批发、零售贸易业商品销售量

（2013 年）

指标	计量单位	2013 年	2012 年
食用植物油	千克	32769488	36211034
猪肉	千克	35779889	32593282
牛肉	千克	7843581	7176397
羊肉	千克	4938133	4042615
禽肉	千克	14923032	12056581
鲜蛋	千克	8475219	8651968
彩色电视机	台	1144457	1127437
家用电冰箱	台	1106752	1124243
房间空调器	台	2346238	4045799
电脑（微型计算机）	台	584020	636607
汽车	辆	521039	461356
其中：轿车	辆	301504	241071
煤炭	吨	21885386	25657598
汽油	吨	1942199	1501395
柴油	吨	3521128	2870114
钢材	吨	3459361	3947131
铜	吨	15383	19454
铝	吨	43461	117495
水泥	吨	198904	27878
化学肥料	吨	5730167	4114095
化学农药	吨	952	18499

11-13　全市批发、零售贸易企业年销售额前50名排序

（2013年）

单位：万元

序号	批发企业		零售企业	
	单位名称	销售额	单位名称	销售额
1	河南延长石油销售有限公司	1759330	郑州丹尼斯百货有限公司	839671
2	中国石油化工股份有限公司河南郑州石油分公司	1204799	大商集团郑州新玛特购物广场有限公司	318658
3	郑州日产汽车销售有限公司	1059303	河南省国美电器有限公司	182755
4	河南盛世欣兴格力贸易有限公司	948083	河南中德宝汽车销售服务有限公司	172864
5	河南省烟草公司郑州市公司	1057436	河南威佳汽车贸易集团有限公司	167250
6	河南弘力环保科技有限公司	709738	郑州之星汽车销售服务有限公司	165558
7	中国石油天然气股份有限公司河南销售分公司	601572	河南世纪联华超市有限公司	148103
8	中国石油天然气股份有限公司河南郑州销售分公司	585657	郑州郑德宝汽车销售服务有限公司	143879
9	河南阳光国际贸易有限公司	566187	大商集团(郑州)商贸有限公司	141915
10	国药控股河南股份有限公司	513863	郑州利星汽车有限公司	137963
11	天脊集团河南农资有限公司	470468	河南得佳汽车销售服务有限公司	129402
12	华润河南医药有限公司	440844	河南豫海汽车销售有限公司	127954
13	河南九州通医药有限公司	463996	河南永乐生活电器有限公司	127567
14	郑州煤电物资供销有限公司	398222	河南丰之元汽车销售服务有限公司	122145
15	海马汽车销售有限公司	319448	郑州宝莲祥汽车销售服务有限公司	120040
16	郑州煤炭工业(集团)正运煤炭销售有限公司	321341	河南国际汽车贸易有限公司	118883
17	河南裕隆金属材料有限公司	341977	河南裕华江南汽车销售有限公司	90575
18	河南中油高速公路油品股份有限公司	276758	郑州保福利汽车销售有限公司	89968
19	郑州煤矿机械集团物资供销有限公司	296977	河南长江汽车销售服务有限公司	81979
20	河南省新华书店发行集团有限公司	242324	河南苏宁云商销售有限公司	80985
21	河南同舟棉业有限公司	263327	河南安吉汽车销售有限公司	80325
22	河南康信医药有限公司	198899	上海大众汽车河南豫港销售服务有限公司	79756
23	河南省医药有限公司	188617	河南万通一汽贸易有限公司	78990
24	河南金汇国际贸易有限公司	183721	河南省奥鑫汽车销售有限公司	77303
25	河南省国药医药开发有限公司	168452	河南新纪元汽车销售服务有限公司	71674
26	河南省普众康医药有限公司	165158	河南合众汇金实业有限公司	70763
27	郑州铁路煤炭运销有限公司	167281	郑州市易初莲花连锁超市有限公司	69569
28	中原裕阔商贸有限公司	203954	河南五星电器有限公司	69525
29	大唐河南电力燃料有限公司	129390	河南张仲景大药房股份有限公司	68975
30	郑州市钢联商贸有限公司	129734	大商集团河南超市连锁发展有限公司	68045
31	河南国润药业有限公司	130315	河南通孚祥汽车销售服务有限公司	67122
32	河南华益药业有限责任公司	127030	永辉超市河南有限公司	67053
33	河南现代农业生产资料有限公司	109906	郑州北环汽车贸易有限公司	65958
34	郑州铁路华东实业总公司	105797	河南天行健汽车服务有限公司	65632
35	郑州 TCL 电器销售有限公司	117340	河南中豫汽车贸易有限公司	65224
36	中铝河南国际贸易有限公司	114570	河南中油联合石油天然气销售有限公司	64968
37	河南亚立石油化工有限公司	107902	河南裕华金阳光汽车销售服务有限公司	62185
38	河南新华物资集团有限公司	107795	河南裕华上联汽车销售有限公司	61538
39	河南省永联民爆器材股份有限公司	106608	河南泰菱实业有限公司	60984
40	河南汇通甲醇有限公司	103169	河南天道汽车贸易服务有限公司	60877
41	河南省万隆医药有限公司	98961	河南华润万家生活超市有限公司	60801
42	河南中原铁道能源有限公司	93822	郑州新纪元汽车销售有限公司	60638
43	河南省迪康医药有限责任公司	89925	河南华通实业有限公司	60006
44	郑州太钢销售有限公司	82349	河南万佳捷泰汽车贸易有限公司	59995
45	郑州美的制冷产品销售有限公司	87862	郑州远达雷克萨斯汽车销售服务有限公司	59241
46	河南联成交通发展股份有限公司	79619	郑州聚龙实业发展有限公司	58399
47	河南省顺康医药有限责任公司	80136	郑州市豫北机电设备有限公司	57512
48	完美(中国)用品有限公司河南分公司	100233	郑州世纪鸿图丰田汽车销售服务有限公司	55946
49	河南海峡伟业电子有限公司	88958	河南正道思达连锁商业有限公司	54031
50	郑州金卓越贸易有限公司	83621	郑州富达诚诚汽车销售服务有限公司	51381

主要统计指标解释

社会消费品零售总额 指企业(单位、个体户)通过交易直接售给个人、社会集团非生产、非经营用的实物商品金额,以及提供餐饮服务所取得的收入金额。个人包括城乡居民和入境人员,社会集团包括机关、社会团体、部队、学校、企事业单位、居委会或村委会等。

商品购进额 指从本企业以外的单位和个人购进(包括从国外直接进口)作为转卖或加工后转卖的商品金额(含增值税)。本指标反映批发和零售业从国内外市场上购进商品的总价。

商品购进包括:(1)从工农业生产者、批发和零售业企业、住宿和餐饮业企业、出版社或报社的出版发行部门和其他服务业企业购进的商品;(2)从机关团体、事业单位购进的商品;(3)从海关、市场管理部门购进的缉私和没收的商品;(4)从居民收购的废旧商品等。

不包括:(1)企业为本单位自身经营用,不是作为转卖而购进的商品,如材料物资、包装物、低值易耗品、办公用品等;(2)未通过买卖行为而收入的商品,如接受其他部门移交的商品、借入的商品、收入代其他单位保管的商品、其他单位赠送的样品、加工回收的成品等;(3)经本单位介绍,由买卖双方直接结算,本单位只收取手续费的业务;(4)销售退回和买方拒付货款的商品;(5)商品溢余。

商品销售额 指对本单位以外的单位和个人出售的商品金额(包括售给本单位消费用的商品,含增值税),本指标反映批发和零售业在国内市场上销售商品以及出口商品的总量。

商品销售包括:(1)售给城乡居民和社会集团消费用的商品;(2)售给农业、工业、建筑业、运输邮电业、服务业、公用事业等国民经济各行业用于生产、经营用的商品,包括售予批发和零售业作为转卖或加工后转卖的商品;(3)对国(境)外直接出口的商品。

商品销售不包括:(1)未通过买卖行为付出的商品,如随机构变动移交给其他企业单位的商品、借出的商品、归还受其他单位委托代保管的商品、付出的加工原料和赠送给其他单位的样品等;(2)经本单位介绍,由买卖双方直接结算,本单位只收取手续费的业务;(3)购货退回的商品;(4)商品损耗和损失;(5)出售本单位自用的废旧物资。

期末商品库存额 对于批发和零售业法人单位和个体经营户,是指取得所有权的全部商品金额(含增值税);对于批发和零售业产业活动单位,是指期末实际在库且归属法人具有所有权的全部商品金额(含增值税)。这个指标反映批发和零售业的商品库存情况,以及对市场商品供应的保证程度。

库存商品包括:(1)存放在本单位(如门市部、批发站、采购站、经营处)的仓库、货场、货柜和货架中的商品;(2)挑选、整理、包装中的商品;(3)已记入购进而尚未运到本单位的商品,即发货单或银行承兑凭证已到而货未到的商品;(4)寄放他处的商品,如因购货方拒绝付款而暂时存在购货方的商品;(5)委托其他单位代销(未作销售或调出)尚未售出的商品;(6)代其他单位购进尚未交付的商品。

库存商品不包括:(1)所有权不属于本单位的商品,如商品已作销售但买方尚未取走的商品,代替他人保管、运输、加工的商品,代其他单位销售(未做购进或调入)而未售出的商品;(2)委托外单位加工的商品(包括本单位所属加工厂和其他生产单位加工生产尚未收回成品的商品);(3)外贸企业代理其他单位从国外进口,尚未付给订货单位的商品;(4)代国家储备部门保管的商品。

连锁总店(总部) 负责连锁企业资源(商号、商誉、经营模式、服务标准、管理模式等等)的开发、配置、控制或使用等功能的企业核心管理机构。连锁经营是指经营同类商品或服务,使用统一商号的若干店铺,在同一总店(总部)的管理下,采取统一采购或特许经营等方式,实现规模效益的组织形式,包括直营连锁、特许连锁和自愿连锁三种形式。

直营连锁是指连锁店铺由连锁公司全资或控股开设,在总部的直接控制下,开展统一经营的连锁经营形式;特许连锁是指拥有注册商标、企业标志、专利、专有技术等经营资源的企业(特许人),以合同形式将其拥有的经营资源许可其他经营者(被特许人)使用,被特许人按合同约定在统一的经营模式下开展经营,并向特许人支付特许经营费用的连锁经营形式;自愿连锁是指若干个店铺或企业自愿组合起来,在不改变各自资产所有权关系的情况下,以同一个品牌形象面对消费者,以共同进货为纽带开展的连锁经营形式。

特许连锁指各连锁门店通过合同形式,取得使用总部商标、商号、经营技术和销售总部开发的商品的特许权,各加盟连锁门店为独立法人,在总部指导下统一经营。

自由连锁也称自愿连锁。指连锁公司的门店均为独立法人，各自的资产所有权关系不变，在公司总部的指导下共同经营。各成员店使用共同的店名，与总部订阅有关购、销、宣传等方面的合同，并按合同展开经营活动。在合同规定的范围之外，各成员店可以自由活动。根据自愿原则，各成员店可自由加入连锁体系，也可自由退出。

十二、对外经济贸易和旅游

12-1 对外经济贸易

单位:万美元

项目	2012 年	2013 年	2013 年比 2012 年±%
全市直接进出口总值(含省直公司)	**3583193**	**4274948**	**19.3**
#全市直接进口总值(含省直公司)	1556733	1768328	13.6
全市直接出口总值(含省直公司)	2026460	2506620	23.7
市属及以下直接进出口总值	**3528949**	**4217749**	**19.5**
#直接进口总值	1506386	1711311	13.6
直接出口总值	2022563	2506438	23.6
#国内企业	385869	438284	13.6
外资企业	1636694	2068154	26.4
新批外资企业	72	60	-16.7
合同外资额	202058	183710	-9.1
实际利用外商直接投资	342898	332178	-3.1
国外经济合作合同金额	137633	113000	-18.1
国外经济合作营业额	145589	164143	12.7
派出人员(人次)	15139	21000	40.1

12-2 分县(市)、区直接出口总值

单位:万美元

县(市)区	2012 年	2013 年	2013 年比 2012 年±%
合　计	**2022563**	**2506438**	**23.6**
中原区	34029	34871	2.5
二七区	14382	15628	8.7
管城区	41709	57829	38.6
金水区	133875	125550	-6.2
上街区	23853	9894	-58.5
惠济区	7568	8426	11.3
中牟县	18537	20758	12.0
巩义市	15157	18748	23.7
荥阳市	8510	9743	14.5
新密市	13767	13791	0.2
新郑市	3586	8636	140.8
登封市	4875	7774	59.5
经济开发区	70865	94735	33.7
高新开发区	60511	40340	-33.3
郑东新区	63807	71092	11.4
航空港实验区	1513677	1939559	28.1

12-3 分县(市)、区实际使用外资表

单位:万美元

名　　称	2012 年	2013 年	2013 年比 2012 年±%
合　计	**342898**	**332178**	**-3.1**
中原区	18448	31541	71.0
二七区	18347	20495	11.7
管城区	16803	11746	-30.1
金水区	31317	23468	-25.1
上街区	7010	7788	11.1
惠济区	19139	10855	-43.3
中牟县	12286	4650	-62.2
巩义市	19238	21800	13.3
荥阳市	12250	11141	-9.1
新密市	15393	17268	12.2
新郑市	19378	20124	3.8
登封市	12370	9945	-19.6
经济开发区	58112	42806	-26.3
高新开发区	26318	20762	-21.1
郑东新区	29943	35789	19.5
航空港实验区	26546	42000	58.2

12-4 向各大洲出口总额

单位:万美元

地　　区	2012 年	2013 年	2013 年比 2012 年±%
直接出口总值	**2022563**	**2506438**	**23.6**
亚洲	609801	632418	3.4
非洲	45706	63426	37.6
欧洲	549596	682633	23.8
拉丁美洲	88861	121407	35.9
北美洲	654474	976386	49.1
大洋洲	74124	30164	-59.3

注:本表不含省直公司。

12-5 出口总额分类

单位:万美元

类　别	2012 年	2013 年	2013 年比 2012 年±%
总计	**2022563**	**2506438**	**23.6**
动物类	16784	9224	-45.0
植物类	354	280	-21.0
食品、饮料、烟草及制品	8850	7858	-11.2
矿产品	5424	5132	-5.4
化学工业及相关工业的产品	35608	35920	0.9
塑料、橡胶及其制品	1112	1116	0.3
皮革制品	1060	694	-34.5
木及木制品	6024	7549	25.3
木浆及其制品	1017	1461	43.7
纺织原料及纺织制品	43931	40083	-8.8
鞋、帽、羽毛及其制品	65831	66288	0.7
贱金属及其制品	90060	91077	1.1
机械、电气、图象、声音录放设备	75536	93042	23.2
交通运输设备	69270	58709	-15.2
光学、计量、医疗设备、精密仪器	2443	2307	-5.6
杂制品	25066	6879	-72.6

注:本表不含省直公司。

12-6 与郑州市建立友好关系的城市

国　家	城　市	建立时间
日本	埼玉市	1981.10
美国	里士满市	1994.9
罗马尼亚	克卢日·纳波卡市	1995.5
韩国	晋州市	2000.7
俄罗斯	萨马拉市	2000.8
纳米比亚	马林塔尔市	2001.8
约旦	伊尔比德市	2002.2
巴西	若茵维莱市	2003.11
德国	什未林市	2006.4
保加利亚	舒门市	2007.4
意大利	那不勒斯市	2007.11

12-7 旅　　游

指　　标	单位	2012年	2013年	2013年比2012年±%
海内外游客	**万人次**	**6200.4**	**7019.6**	**13.2**
#国际旅游人数	万人次	42.2	43.8	3.9
国内旅游人数	万人次	6158.2	6975.8	13.3
旅游外汇收入	亿美元	1.6	1.7	4.4
国内旅游收入	亿元	690.1	791.0	14.6
旅游总收入	亿元	700.1	801.0	14.4
国际国内旅行社	家	210	219	4.3
星级宾馆	个	51	48	-5.9

12-8 郑州市出口企业30强

（2013年）

单位:万美元

序号	企 业 名 称	出口额	比上年±%
1	鸿富锦精密电子郑州有限公司	2001674	27.9
2	郑州宇通客车股份有限公司	48859	6.1
3	中平能化国际贸易有限公司	19816	-7.3
4	河南哈迪进出口有限公司	15408	246.3
5	郑州明泰实业有限公司	13472	8.7
6	河南省宏基进出口贸易有限公司	11430	525.1
7	中铝河南国际贸易有限公司	9372	74.9
8	河南明泰铝业有限公司	9155	-0.2
9	郑州日产汽车有限公司	7043	-11.2
10	河南新华物资集团有限公司	6485	64.6
11	中国河南国际合作集团有限公司	5444	11.0
12	富鼎精密工业(郑州)有限公司	5192	21.9
13	河南省通用机械进出口有限公司	5102	-5.2
14	河南东方丝绸进出口有限公司	4221	-10.7
15	河南嵩岳碳素有限公司	3996	368.4
16	河南美日弘进出口贸易有限公司	3876	38.6
17	郑州市联钢实业有限公司	3876	15.5
18	河南中艺进出口有限公司	3841	-20.6
19	杜邦郑州蛋白有限公司	3801	220.9
20	中国磨料磨具进出口公司	3713	-1.4
21	河南省工艺品进出口有限公司	3518	-36.6
22	河南省国贸招标有限公司	3511	1275.5
23	河南省光大纺织进出口有限责任公司	3401	-18.2
24	郑州金航高科技有限公司	3266	59.8
25	中电电建建设有限公司	3020	-19.4
26	河南澳天实业发展有限公司	2998	-1.7
27	河南方正博研实业有限公司	2744	-9.3
28	郑州拓洋生物工程有限公司	2725	6.9
29	郑州煤矿机械集团股份有限公司	2724	-54.0
30	河南悦源贸易有限公司	2715	5.2

主要统计指标解释

进出口总额 海关进出口总额指实际进出我国国境的货物总金额。包括对外贸易实际进出口货物,来料加工装配进出口货物,国家间、联合国及国际组织无偿援助的物资和赠送品,华侨、港澳台同胞、外籍华人的捐赠品的金额。租赁期满归承租人所有的租赁货物,进料加工进出口货物,边境地方贸易及边境地区小额贸易进出口货物(边民互市贸易除外),中外合资企业、中外合作经营企业、外商独资经营企业进出口货物和公用物品,到、离岸价格在规定限额以上的进出口货样和广告品(无商业价值、无使用价值和免费提供出口的除外),从保税仓库提取在中国境内销售的进口货物,以及其他进出口货物。进出口总额用以观察一个国家在对外贸易方面的总规模。我国规定出口货物按离岸价格统计,进口货物按到岸价格统计。

出口总值 指在对外贸易中实际离开我国口岸或边境直接出口或转口的商品,包括来料加工装配(工缴费)和补偿贸易出口。

进口总值 指在对外贸易中实际到达我国口岸或边境的进口商品。

利用外资 是指我国各级政府、部门、企业、中国银行和其他单位通过对外借款、吸收外商直接投资和外商其他投资方式,从国外和港澳台地区筹措的资金。

利用外资协议金额 是指在一定时期内,经主管部门批准的与境外政府、部门、银行、企业和国际组织新签订的借款或投资协议(合同)资金总额。包括大陆与港、澳、台同胞及华侨签订的协议金额。它是反映全国及各地区、各部门同境外发生借贷关系和利用外资规模、方式、来源、用途及其效益的重要统计指标。利用外资金额包括我国各级政府、部门、企业和其他经济组织的对外借款(政府贷款、国际金融组织贷款、出口信贷、外国银行商业贷款、对外发行债券股票),吸收外商直接投资(合资、合作、外商独资经营和合作开发),以及外商补偿贸易、加工装配、国际租赁等其他境外现汇、设备、技术投资。其计量单位都折算成美元统计。

外商直接投资 是指外国企业和经济组织或个人(包括华侨、港澳台胞以及我国在境外注册的企业)按我国有关政策、法规,用现汇、实物、技术等在我国境内开办外商独资企业、与我国境内的企业或经济组织共同举办中外合资经营企业、合作经营企业或合作开发资源的投资(包括外商投资收益的再投资)以及经政府有关部门批准的项目投资总额内,企业从境外借入的资金。

对外承包工程 指各对外承包公司以招标议标承包方式承揽的下列业务:1. 承包国外工程建设项目;2. 承包我国对外经援项目;3. 承包我国驻外机构的工程建设项目;4. 承包我国境内利用外资进行建设的工程项目;5. 与外国承包公司合营或联合承包工程项目时我国公司分包部分;6. 对外承包兼营的房屋开发业务。对外承包工程的营业额是以货币表现的本期内完成的对外承包工程的工作量,包括以前年度签订的合同和本年度新签订的合同在报告期内完成的工作量。

旅游人数 包括入境国际旅游者人数、出境居民人数和国内旅游者人数。1. 入境国际旅游者人数:指来我国参观、访问、旅行、探亲、访友、休养、考察、参加会议和从事经济、科技、文化、教育、体育、宗教等活动的外国人、华侨、港澳和台湾同胞的人数。不包括外国在我国的常驻机构,如使领馆、通讯社、企业办事处的工作人员;来我国常住的外国专家、留学生以及在岸逗留不过夜人员。2. 出境居民人数:指大陆居民因公务活动或私人事务短期出境的人数。公务活动出境居民人数包括在国际交通工具上的中国服务员工,因私出境居民人数不包括在国际交通工具上的中国服务员工,因私出境居民人数不包括在国际交通工具上的中国服务员工。3. 国内旅游者人数:指我国大陆居民和在我国常住 1 年以上的外国人、华侨、港澳台同胞离开常住地在境内其他地方的旅游设施内至少停留一夜,最长不超过 6 个月的人数。

旅游外汇收入 指国内各部门为来我国旅游的外国人、华侨、港澳和台湾同胞提供商品和劳务而获得的外汇收入。包括供应商品、饮食和提供住宿、交通、邮电文化娱乐、导游等各项服务所得到的全部外汇收入。

对外借款 指通过对外正式签订借款协议,从境外筹措的资金,包括外国政府贷款、国际金融组织贷款、外国银行商业贷款、出口信贷以及对外发行债券等。1996 年及以前还包括对外发行股票。该指标是我国利用外资的重要部分。

十三、财政金融

13-1　金融机构信贷收支

（2013 年底）

单位：万元

项　　目	合计	2013 年比年初	2013年比年初±%	市　区	中牟县	巩义市	荥阳市	新密市	新郑市	登封市	上街区
各项存款	**124504572**	**18990033**	**18.00**	**109071128**	**2316090**	**2884246**	**2063108**	**2871057**	**2934218**	**2364725**	**995534**
单位存款	71585082	9984673	16.21	67051342	790566	959486	539113	531181	1141919	571475	309988
#活期存款	31393660	4535712	16.89	28447223	516667	364096	406775	388994	951781	318123	212653
定期存款	18527078	4420472	31.34	17732629	125925	230894	87702	87775	99396	162757	69788
通知存款	1956715	465362	31.20	1910702	17600	17620		6193	300	4300	800
保证金存款	11726172	-335924	-2.78	11220937	50731	267695	42690	37046	28949	78124	22109
个人存款	46842433	7277843	18.39	36280004	1479713	1893883	1479906	2271310	1701301	1736318	680510
储蓄存款	44753233	6300508	16.39	34272708	1476458	1880821	1467496	2244292	1696203	1715254	671527
保证金存款	27271	3212	13.35	24609		2633	2	11	15	1	224
结构性存款	2061930	974122	89.55	1982687	3254	10429	12407	27007	5083	21063	8759
财政性存款	1650338	241393	17.13	1534440	13990	20144	27156	16280	25154	13174	3640
临时性存款	634062	249045	64.68	562038	21821	4700	4932	2270	35843	2458	233
委托存款	1112754	819947	280.03	1111421		1032	1			300	
其他存款	2679903	417131	18.43	2531883	10001	5001	12001	50016	30000	41000	1163
各项贷款	**93423138**	**9657698**	**11.53**	**85354497**	**1217735**	**1566067**	**1138711**	**1478432**	**1677066**	**990629**	**347042**
境内贷款	93418541	9675717	11.55	85349922	1217723	1566057	1138711	1478432	1677066	990629	347042
短期贷款	33857491	5168118	18.01	28690084	845248	1003152	673449	841061	1138435	666062	140718
个人贷款及透支	6879060	1728926	33.57	5737501	323450	101130	163941	209232	266959	76848	14302
#个人消费贷款	1785245	488279	37.65	1713008	6726	8441	7472	9134	18157	22306	2946
单位贷款及透支	25509643	3283288	14.77	21631699	519799	870095	507518	622041	861077	497414	126416
#经营贷款	24756525	3195492	14.82	20981662	519799	855715	477718	584141	841077	496414	122237
固定资产贷款	685217	53390	8.45	582137		14380	29800	37900	20000	1000	4179
银团贷款	143988	113400	370.73	124000		4000		7988	8000		
贸易融资	1324800	42504	3.31	1196884	2000	27927	1990	1800	2400	91800	
中长期贷款	58029345	5195442	9.83	55144732	372474	557097	463263	632663	538631	320485	206324
个人贷款	15158938	2697890	21.65	14029147	224603	163971	218306	123372	299253	100285	130154
#个人消费贷款	13057926	2278169	21.13	12109589	196065	117432	187894	109940	272907	64098	124082
单位贷款	35532453	1511315	4.44	34043771	132083	318637	236168	386791	226590	188412	76170
#经营贷款	7403603	-520502	-6.57	7162480	41425	40857	3220	67663	18890	69068	200
固定资产贷款	28128849	2031817	7.79	26881291	90658	277780	232948	319128	207700	119344	75970
普通并购贷款	98470	5308	5.70	58270		16200				24000	
银团贷款	7166695	923497	14.79	6940755	15788	58288	8788	122500	12788	7788	
贸易融资	72788	57432	374.00	72788							
融资租赁	2300	-7000	-75.27	2300							
票据融资	1450770	-709968	-32.86	1434171		5809	2000	4707		4082	
#贴现	1445770	-714968	-33.09	1429171		5809	2000	4707		4082	
各项垫款	78635	29125	58.83	78635							
境外贷款	4597	-18019	-79.67	4575	13	9					

13-2 中资全国性四家行信贷收支

（2013 年底）

单位：万元

项　目	合　计	市　区	中牟县	巩义市	荥阳市	新密市	新郑市	登封市	上街区
各项存款	**41097659**	**34187885**	**763791**	**1506252**	**870402**	**1423606**	**1153610**	**1192113**	**595539**
单位存款	18921908	16794993	333746	536004	221172	262148	492729	281116	168603
#活期存款	9737238	8414765	216245	196485	182844	193918	372643	160338	122132
定期存款	5110301	4698819	73866	148957	24212	38558	48957	76933	27818
通知存款	390968	347160	17600	16000		5608	300	4300	800
保证金存款	883201	658370	11392	145381	12843	13008	10835	31372	13216
个人存款	20505055	15915254	418272	964905	632361	1110776	595075	868411	425703
储蓄存款	20015192	15477794	415018	955484	626493	1098050	591040	851313	421316
保证金存款	1439	1421		1	1		15	1	223
结构性存款	488424	436040	3254	9420	5867	12726	4020	17098	4163
临时性存款	467917	422877	1771	343	4868	666	35805	1586	233
其他存款	1202780	1054760	10001	5001	12001	50016	30000	41000	1000
各项贷款	**26833871**	**23838302**	**292797**	**739470**	**386624**	**660768**	**570201**	**345709**	**209119**
境内贷款	26832572	23837025	292784	739461	386624	660768	570201	345709	209119
短期贷款	4543138	3702191	61810	325393	73926	102401	153102	124315	74744
个人贷款及透支	1067172	955935	18437	16440	13850	21643	21064	19803	3588
#个人消费贷款	634751	591976	3250	7386	6896	6974	12207	6061	2228
单位普通贷款及透支	2715435	2045142	41373	281026	58086	79958	129638	80212	71156
#经营贷款	2715331	2045037	41373	281026	58086	79958	129638	80212	71156
银团贷款	120000	120000							
贸易融资	640531	581114	2000	27927	1990	800	2400	24300	
中长期贷款	21591780	19449072	230974	408309	312698	556316	417099	217312	134375
个人贷款	7043576	6318407	158116	111989	132750	73848	199899	48568	78405
#个人消费贷款	6731737	6030448	155726	105373	130935	73274	187879	48102	76375
单位普通贷款	12732330	11529992	72858	227620	179948	359968	217200	144744	55970
#经营贷款	1880059	1735019	30000	2200		47840	15000	50000	
固定资产贷款	10852272	9794973	42858	225420	179948	312128	202200	94744	55970
普通并购贷款	72220	32020		16200				24000	
银团贷款	1722867	1547867		52500		122500			
贸易融资	20785	20785							
票据融资	681863	669971		5759		2050		4082	
#贴现	681863	669971		5759		2050		4082	
各项垫款	15791	15791							
境外贷款	1299	1277	13	9					

13-3　农村信用社信贷收支

（2013 年底）

单位:万元

项　　目	合　计	市　区	中牟县	巩义市	荥阳市	新密市	新郑市	登封市	上街区
各项存款	**8768767**	**3946817**	**829234**	**733619**	**619352**	**708475**	**1276148**	**655122**	**56569**
单位存款	1786596	934462	136131	121938	72986	106588	387326	27165	18505
#活期存款	1574377	800983	131134	79392	67582	101073	379008	15205	9716
定期存款	186004	131107	3173	32349	5396	5019	2400	6560	8648
保证金存款	26215	2372	1824	10197	8	496	5918	5400	141
储蓄存款	6956927	3012322	673073	608696	546360	600425	888816	627235	38064
保证金存款	2632			2632					
临时性存款	22612	33	20030	353	6	1462	6	722	
各项贷款	**4637285**	**1727470**	**511350**	**483111**	**398357**	**442953**	**637459**	**436585**	**35021**
境内贷款	4637285	1727470	511350	483111	398357	442953	637459	436585	35021
短期贷款	4198866	1645432	452782	406272	368527	417730	537333	370790	34552
个人贷款及透支	1306445	596997	161445	53582	130278	124963	191026	48154	3144
#个人消费贷款	32343	16976						15367	398
单位普通贷款及透支	2868433	1044435	291337	348690	238249	284779	338307	322636	31408
中长期贷款	437619	81238	58568	76839	29830	25223	100126	65795	469
个人贷款	252372	39089	31355	35619	18522	5400	83448	38939	469
#个人消费贷款	119004	22020	14099	914	1251	626	69456	10638	290
单位普通贷款	104431	12273	11425	35432	2520	19823	3890	19068	
银团贷款	80816	29876	15788	5788	8788		12788	7788	
各项垫款	800	800							

注:新郑市为农村商业银行。

13-4 财 政

（2013 年）

指 标	郑州市	市本级	中原区	二七区	管城区	金水区	上街区	惠济区
公共财政收入	**7236091**	**4068842**	**260590**	**248780**	**208676**	**501474**	**100616**	**110943**
税收收入	**5437983**	**3043461**	**250482**	**224837**	**176302**	**480372**	**77829**	**86427**
增值税	457036	195660	23090	12564	23562	32816	10849	5735
国内增值税	408424	168445	19868	9827	22098	23563	10401	5096
国有企业增值税	38821	16595	7191	201	313	1772	158	168
集体企业增值税	3758	963	17	185	357	200	131	77
股份制企业增值税	264663	101934	9315	5390	13799	14302	6584	2303
联营企业增值税	19	3			1	2		
港澳台和外商投资企业增值税	56312	26149	2063	2452	1331	4244	759	1410
私营企业增值税	7050	1341	12	77	59	41	920	49
其他增值税	41795	21655	1022	1645	2329	4692	1515	1100
增值税税款滞纳金、罚款收入	556	215	12	14	21	78	10	1
福利企业增值税退税	-8126	-1826	-189	-207	-37	-1353	-211	-40
软件集成电路增值税退税	-4559	-4461	-2	-1	-5	-80		
宣传文化单位增值税退税	-1509	-1143		-27		-339		
资源综合利用增值税退税	-3587	-256				-11		
其他增值税退税	-1376	-303	-7	-5	-6	-90		
免抵调增增值税	14617	7589	434	103	3936	105	535	28
成品油价格和税费改革增值税划出	-10	-10						
改征增值税(项)	48612	27215	3222	2737	1464	9253	448	639
改征增值税(目)	48611	27214	3222	2737	1464	9253	448	639
改征增值税税款滞纳金、罚款收入	1	1						
营业税	2041613	1284776	98284	84208	44901	162876	22351	26948
金融保险业营业税(地方)	461066	435966	10	54	2	861	955	1
一般营业税	1578697	848094	98188	84095	44870	161934	21392	26922
营业税税款滞纳金、罚款收入	1850	716	86	59	29	81	4	25
企业所得税	785941	511369	29231	23703	25381	66292	8168	9910
个人所得税(款)	202620	135009	10617	7441	6740	15984	1440	1770
个人所得税(项)	202504	134973	10614	7440	6739	15979	1427	1768
储蓄存款利息所得税	66	53					1	
其他个人所得税	202438	134920	10614	7440	6739	15979	1426	1768
个人所得税税款滞纳金、罚款收入	116	36	3	1	1	5	13	2
资源税	42948			121		1	759	
城市维护建设税	300842	118218	24090	17299	18496	38226	4882	6789
房产税	135916	43081	11049	17623	13143	29444	2932	2993
印花税	102382	43095	7266	6286	4402	15994	2121	2075
城镇土地使用税	167740	37416	8889	10411	11727	14630	5990	5747
土地增值税	409387	143710	36693	36629	20940	101328	4566	15914
车船税(款)	56497	36513	10	17			1306	
耕地占用税(款)	127233	24524	1263	8535	7010	2781	4966	8546
契税(款)	607130	470090					7499	
烟叶税(款)	698							
非税收入	**1798108**	**1025381**	**10108**	**23943**	**32374**	**21102**	**22787**	**24516**
专项收入	173694	114171		34			2523	
排污费收入(项)	11361	2917					302	
水资源费收入	5059	1932					34	
教育费附加收入(项)	136296	96026					2157	
矿产资源专项收入	5735	16		34				

收　入

单位:万元

经济开发区	高新开发区	郑东新区	航空港实验区	中牟县	巩义市	荥阳市	新密市	新郑市	登封市
179422	**202274**	**579173**	**150728**	**299143**	**300105**	**201450**	**284149**	**380299**	**271024**
141931	**171082**	**557045**	**115180**	**199296**	**196980**	**144041**	**149459**	**276250**	**132247**
18883	18352	5951	3063	14426	33447	16879	36937	21860	29211
17672	16788	4944	1896	13668	32610	16423	36529	21341	28555
2858	392	20		872	2528	2211	3915	1454	1443
20	40	4		20	537	582	251	386	52
8723	14404	3112	458	6806	21869	11559	31847	17742	21213
						8			5
1835	2441	781	1152	4914	3964	1052	876	753	6345
8	34	508	1	128	3958	119	200	30	116
4050	350	769	216	419	1989	1039	716	1652	2022
4	26	12	2	1	106	12	52	21	13
				-138	-1743	-155	-1021	-819	-387
-36	-2077	-73		-10					
		-123							
				-144	-51	-443	-294		-2388
	-31	-66			-780		-13	-150	-22
210	1214		67	800	233	439		272	143
	-5								
1211	1564	1007	1167	758	837	456	408	519	656
1211	1564	1007	1167	758	837	456	408	519	656
22237	34531	176776	26352	70615	43510	47849	38642	86628	30025
7		58348		2885	4819	3063	5203	4119	3128
22229	34530	118414	26350	67581	38446	44759	33164	82362	26890
1	1	14	2	149	245	27	275	147	7
17437	19264	52578	20965	14758	12834	16616	13867	29093	24719
3437	5836	13154	2281	3676	3353	2051	3350	6640	4549
3437	5835	13153	2281	3655	3343	2051	3340	6632	4543
				1	1	1	4	2	3
3437	5835	13153	2281	3654	3342	2050	3336	6630	4540
	1	1		21	10		10	8	6
					17805	2674	7762	1821	12005
22473	15796	20540	4957	7255	11439	6633	8070	32105	7340
5239	6952	10674	8773	2480	5562	2117	1804	2837	851
5293	3932	7448	12365	2020	11091	1806	1688	3342	1196
11465	9492	9768	4558	12111	30780	7985	10596	8695	2763
10558	16993	110945	3677	10266	6572	8116	4981	18301	1371
				2103	7866	943	5886	743	1110
3779	4386	8366	7993	23609	6763	9406	4650	16636	8544
21130	35548	140845	20196	35977	5958	20966	11226	47549	7865
									698
37491	**31192**	**22128**	**35548**	**99847**	**103125**	**57409**	**134690**	**104049**	**138777**
9483	6585	8126	2123	5329	8678	6055	10956	16702	9246
				528	1510	1995	1681	536	1892
				461	555	348	483	606	640
9483	6585	8126	2123	4340	5523	3354	5483	14853	4560
					1090	358	2044	707	1486

13-4 续表1 （2013年）

指　　标	郑州市	市本级	中原区	二七区	管城区	金水区	上街区	惠济区
其他专项收入(项)	15243	13280					30	
行政事业性收费收入	418913	162621	9182	7765	5352	7015	3437	4004
公安行政事业性收费收入	26085	25161						
法院行政事业性收费收入	23230	11573		1894	1180	4262	80	594
司法行政事业性收费收入	3195	1236	1307		59			315
外交行政事业性收费收入	6	6						
工商行政事业性收费收入	157							
财政行政事业性收费收入	1600	1329	28	14	2		7	8
人口和计划生育行政事业性收费收入	14010	4529	220	354	728	724	24	1051
安全生产行政事业性收费收入	2548							
档案行政事业性收费收入	84	52		4				10
人防办行政事业性收费收入	23508	14468					300	
文化行政事业性收费收入	41	6						
教育行政事业性收费收入	81221	56591	6507	231	345			61
发展与改革(物价)行政事业性收费收入	14595	10968						
统计行政事业性收费收入	59	41						
国土资源行政事业性收费收入	118394	622		2188			2587	62
建设行政事业性收费收入	53741	25260		11	36	1245	296	39
环保行政事业性收费收入	1501	523					30	
交通运输行政事业性收费收入	558	220	12					
农业行政事业性收费收入	857	163	2		2			2
林业行政事业性收费收入	1359	869	1		60			31
水利行政事业性收费收入	638							
卫生行政事业性收费收入	35327	919	277	2406	2328	784	113	1802
民政行政事业性收费收入	949	148	12	12	5			5
人力资源和社会保障行政事业性收费收入	6943	6313	20	75	6			24
仲裁委行政事业性收费收入	1416	1416						
党校行政事业性收费收入	294	176		12	5			
其他行政事业性收费收入	6576	23	796	564	596			
罚没收入	121842	73956	641	2443	599	1601	602	1183
一般罚没收入	121842	73956	641	2443	599	1601	602	1183
公安罚没收入	66393	47182					484	
检察院罚没收入	4129	64	21	164	2			480
法院罚没收入	5284	323	73	371	246	798	26	42
新闻出版罚没收入	130					112		
海关罚没收入	115	115						
食品药品监督罚没收入	207	47		38	17			19
卫生罚没收入	189	25	26	5	20			5
检验检疫罚没收入	53							
交通罚没收入	4951	868		8	2		63	38
审计罚没收入	1516	275						
物价罚没收入	230	43	97					1
其他一般罚没收入	38645	25014	424	1857	312	691	29	598
国有资本经营收入	558264	457543		876		1551		11116
利润收入	24069							
其他企业利润收入	24069							
股利、股息收入	63	63						
其他股利、股息收入	63	63						

单位:万元

经济开发区	高新开发区	郑东新区	航空港实验区	中牟县	巩义市	荥阳市	新密市	新郑市	登封市
							1265		668
2855	7449	4350	5732	87797	11653	35975	15429	46054	22629
				59	185	95	102	127	356
841	1783			396	516	640	921	589	585
				60	52	60	2	77	27
				157					
	1			58	29	3	39	54	29
1200	234	2018	1077	3377	483	512	634	840	534
				40	57	1298	1103	50	
	52				15	2		1	
515	940		3028	1947	907	831	813	3777	465
						4	31		
	4239	246		1513	2262	5122	3925	3016	1648
				3005		622			
								3	15
				64764	4857	16397	1494	7880	17543
298	174	1690	1615	824	1215	1754	1007	21386	668
				23	211	64	331	30	289
				37	14	137	30	24	84
			11	206	82	105	87	137	71
				65	32	90	153	48	10
				64	49	169	290		66
		395		10835	120	7750		7819	174
1	3		1	93	371	128	53	114	8
		1		30	196	139	18	65	57
						41	43	17	
	23			244			4353		
249	362	581	465	4802	5968	4118	6479	13220	6230
249	362	581	465	4802	5968	4118	6479	13220	6230
				2122	2703	1421	2038	8008	2435
			64		86	24		3000	288
	116			178	278	147	2416	252	134
					18				
			4						
13	15	17			18	16	37	15	
	1			18	32	24	6	14	14
						31	18		4
				172	1007	506	367	779	1141
			275	276	20	769	142		34
				56			28	4	1
236	230	564	122	1980	1806	1180	1427	1148	2179
16443		1020			16769	8098	30742	7500	24069
									24069
									24069

指　　标	郑州市	市本级	中原区	二七区	管城区	金水区	上街区	惠济区
产权转让收入	507356	453949						
其他产权转让收入	507356	453949						
其他国有资本经营收入	26776	3531		876		1551		11116
国有资源(资产)有偿使用收入	286287	130034	285	10941	11268	8429	15672	7490
利息收入	17133	10421	285	298	323	934	72	56
国库存款利息收入	3605	2734	98	62	47	122	28	32
财政专户存款利息收入	4922	885	32	236	276	468	44	1
其他利息收入	8606	6802	155			344		23
非经营性国有资产收入	113855	72209		10643	6526	7495	1373	236
行政单位国有资产出租、出借收入	1072	50		102		358	138	236
行政单位国有资产处置收入	2190	341		1500	152		34	
事业单位国有资产处置收入	24043	10609			6374			
其他非经营性国有资产收入	86550	61209		9041		7137	1201	
出租车经营权有偿出让和转让收入	2724	2428						
其他国有资源(资产)有偿使用收入	152434	44976			4419		14227	7198
其他收入(款)	239108	87056		1884	15155	2506	553	723
捐赠收入	18683	2658		1634	154	2506		251
国内捐赠收入	18683	2658		1634	154	2506		251
其他收入(项)	173904	84398		250	15001		553	423
政府性基金收入	**4713328**	**3072713**	**388**	**273**	**261**	**1808**	**100353**	**75**
地方教育附加收入	45754	32416					708	
文化事业建设费收入	4069	986	388	246	261	1808	24	27
残疾人就业保障金收入	13011	9555					315	
政府住房基金收入	48750	45954		5				
上缴管理费用	4014	3986						
计提廉租住房资金	24799	24799						
廉租住房租金收入	7	1		5				
公共租赁住房租金收入	17168	17168						
其他政府住房基金收入	2762							
国有土地使用权出让收入	4120337	2584599					98902	
土地出让价款收入	3648229	2249729					102543	
补缴的土地价款	407322	319719						
划拨土地收入	107859	54207						
教育资金收入	62692	56010					440	
农田水利建设资金收入	56006	47731					440	
缴纳新增建设用地土地有偿使用费	-217111	-157854					-4521	
其他土地出让收入	55340	15057						
城市公用事业附加收入	23096	17274						
国有土地收益基金收入	89324	60548						
农业土地开发资金收入	34960	20291						
城市基础设施配套费收入	318656	298389						
育林基金收入	801	67		22				48
森林植被恢复费	1051	77						
散装水泥专项资金收入	1852	524					35	
新型墙体材料专项基金收入	9487	1510					369	
其他政府性基金收入	1248	141						

单位:万元

经济开发区	高新开发区	郑东新区	航空港实验区	中牟县	巩义市	荥阳市	新密市	新郑市	登封市
16443					15567	7098	30742		
16443					15567	7098	30742		
		1020			1202	1000		7500	
8459	16796	7931	27228	1708	50857	2812	7909	16218	22664
37	55	6980	629	744	2022	78	405	1222	273
37	55	1036	307	74	141	38	91	93	45
			322	670	954		286	1062	8
		5944			927	40	28	67	220
8422	16741	951	7679		25		7208	7925	215
		50			7			10	171
		281			5			122	36
1		620	22		13		7009	30	8
8421	16741		7657				199	7763	
							296		
			18920	964	48810	2734		7071	22035
2		120		211	9200	351	63175	4355	53939
2		56		61	89		323	796	10211
2		56		61	89		323	796	10211
		64		150	9111	351	52275	3559	7833
19249	**2737**	**52813**	**49334**	**533985**	**102601**	**207131**	**92134**	**492728**	**108878**
				1438	1819	1106	1814	4945	1508
133	87	175		74	59	28	42	60	66
				315	511	409	654	742	510
1		95	17073		30		2761		
					28				
1					1				
		95	17073						
					1		2761		
			1948	520654	85633	191311	76019	463795	99424
				466720	11756	194019	76527	473550	73385
				6556	70648	4299	618	787	4695
				29156	4429	801			19266
					1230	1500	790		2722
					984	4000	673		2178
			-7360	-21095	-3414	-13587	-3268	-10542	-2830
			9308	39317		279	679		8
					3742	1230		50	800
				6473	645	4548	3256	12393	1461
				1862	597	2226	2363	6766	855
19115	2650	52404	29931	537	7678	4321	4446		3285
				283	85	45	126	79	46
				902		31	41		
		11		96	119	296	92	604	86
		128		1350	694	1580	488	3289	207
				1	989		32	5	80

13-5 财 政

（2013 年）

指　　标	郑州市	市本级	中原区	二七区	管城区	金水区	上街区	惠济区
公共财政支出	**8161571**	**4457744**	**230204**	**217190**	**192853**	**400143**	**113033**	**126196**
一般公共服务	819660	230092	48496	44395	50751	76726	20632	27440
人大事务	11715	3149	945	638	796	1176	498	647
政协事务	10412	3353	780	883	696	712	412	445
政府办公厅(室)及相关机构事务	322629	85844	17815	27407	30430	33631	9514	12078
发展与改革事务	16644	8685	609	263	435	271	323	184
统计信息事务	11007	3118	1009	708	950	764	51	757
财政事务	37175	8618	1725	1561	3242	1868	805	994
税收事务	5364	2326					1259	7
审计事务	9889	3656	198	683	240	476	181	345
人力资源事务	12609	4678	1056	830	292	1450	88	285
纪检监察事务	12957	4652	646	796	818	902	206	662
人口与计划生育事务	56022	7889	4980	3172	2631	5360	955	2957
商贸事务	42688	31839	1422	954	1682	634	1274	1433
知识产权事务	635	565	9				4	
工商行政管理事务	917	105					5	
质量技术监督与检验检疫事务	1014	774					9	65
民族事务	1072	565	74	20	126		26	68
宗教事务	1095	76	17	104	237	190	10	51
港澳台侨事务	194	104					25	
档案事务	5531	3515	130	158	254	185	80	131
民主党派及工商联事务	1560	677	12	90	103	102	44	62
群众团体事务	17063	10493	423	589	430	1290	277	410
党委办公厅(室)及相关机构事务	35807	8129	1649	818	1136	4406	653	4673
组织事务	11453	2085	828	887	1088	2138	324	504
宣传事务	10325	3769	528	1121	520	269	601	392
统战事务	2424	193	210	268	287	317	89	252
其他共产党事务支出(款)	18151	2989	3399	1667	4358	3886	705	23
其他一般公共服务支出(款)	163308	28246	10032	778		16699	2214	15
国防	8677	3384	427	13	568	27	8	340
预备役部队(款)	1570	795	45					162
民兵(款)	1327		318					145
国防动员	4019	1814	64	13	79	27	8	33
其他国防支出(款)	1761	775			489			
公共安全	364068	209271	6416	6758	8837	10394	6824	5137
武装警察	15409	11248	380			780	160	214
公安	224137	147698				1168	4975	227
国家安全	1866	1866						
检察	40342	12375	1980	2294	3260	2836	549	1493
法院	53476	21834	2601	3798	4365	4035	722	2060

支　出

单位:万元

经济开发区	高新开发区	郑东新区	航空港实验区	中牟县	巩义市	荥阳市	新密市	新郑市	登封市
195882	**195029**	**400373**	**380345**	**435218**	**431692**	**291202**	**412209**	**450566**	**403321**
25195	25855	33190	22558	40362	68478	38113	59969	56038	58168
48	28	36		582	583	514	886	799	502
				505	467	580	594	467	518
17702	11718	21115	8281	23178	15359	14080	16598	18448	18247
1712	461		1393	714	623	883	794	2074	786
540	181	247		336	780	730	561	774	469
885	709	598	938	2734	2427	3850	4423	3038	1890
		1082	562	72	64		1636		
	114	800	15	765	395	966	607	965	412
145	611	403	325	444	1868	132	194	1134	158
195	554	685	166	665	524	532	591	1349	614
801	1143	2264	1054	6028	4459	3953	4338	5106	4194
596	6741	2480	1524	304	888	591	717	537	413
4					57				
		100	5	169		187			451
		224				1	70		95
		7	4	16	10	143		9	15
1	10	34		69	8		69	88	176
						47	18		
				135	152	182	163	286	160
				7	82	77	26	231	47
90	166	671	36	632	354	267	529	673	696
11	474	1579	95	1272	3247	2189	959	3122	3554
				1139	122	571	704	483	580
				369	108	676	465	819	688
				90	86	114	86	233	199
129			210	108			1005	11	
2336	2945	865	7950	29	35815	6848	23936	15392	23304
125		30		250	1225	492	621	951	371
125				57	75		113	199	124
						210	435		219
		30		183	949	222	73	534	20
				10	201	60		218	8
6563	3906	4344	2645	19406	18744	18416	17241	20389	16235
2201		996	632	68	416	383	613	721	426
1557		2998	1936	14329	10440	11450	10646	12630	10574
1200	1458	100		2543	4065	2828	2236	2360	1523
1520	2448	200		1545	2460	2540	2523	2816	2177

指　标	郑州市	市本级	中原区	二七区	管城区	金水区	上街区	惠济区
监狱	3351	3351						
劳教	5635	5635						
其他公共安全支出(款)	566							
教育	1330655	631060	39783	36761	32676	69261	22969	23872
教育管理事务	15799	7063	211	88	1400	155	492	749
普通教育	802393	258957	34086	28615	25577	60640	10257	19881
职业教育	110668	85480		95	684		4103	415
成人教育	1719	1148	5	10		10		196
广播电视教育	3038	2652						
特殊教育	4100	1669		194	104	212		
教师进修及干部继续教育	15445	7121	343	83	261	184	88	622
教育费附加安排的支出	136406	80088	2981	3676	1834	5038	2154	1472
其他教育支出(款)	241087	186882	2157	4000	2816	3022	5875	537
科学技术	172649	121170	3197	4597	4753	8609	2379	450
科学技术管理事务	5738	2074	178	196	433	195	139	102
基础研究	2340	2340						
应用研究	510	372						
技术研究与开发	108664	65762	2901	4210	4231	7609	2164	250
科技条件与服务	54	45						
社会科学	131	130						
科学技术普及	4463	2529	118	191	89	230	75	98
科技交流与合作	36							
其他科学技术支出(款)	50713	47918				575	1	
文化体育与传媒	148816	88432	705	773	1002	1556	945	824
文化	55279	34357	239	668	533	1187	395	525
行政运行	1985	72		38	477	29		251
一般行政管理事务	170	62		2			16	53
机关服务	849			328				
图书馆	6647	6020	8	13	14	189	52	20
文化展示及纪念机构	1830	1830						
艺术表演场所	668	491						
艺术表演团体	4141	3450						
文化活动	1535	1363			2			73
群众文化	2565	839	187	165	16		197	100
文化交流与合作	440	30						
文化创作与保护	559	517						
文化市场管理	1378	559	1	107			118	
其他文化支出	32512	19124	43	15	24	969	12	28
文物	40039	14123	12	20	378		208	30
行政运行	1113	608			312			
一般行政管理事务	603	55			1		3	

单位:万元

经济开发区	高新开发区	郑东新区	航空港实验区	中牟县	巩义市	荥阳市	新密市	新郑市	登封市
				70	326	70			100
17017	22850	49992	26864	89182	90683	64634	76683	78186	74905
418	1125	122	532	1001	406	718	755	1325	1436
7106	13407	38806	24174	77265	79339	52944	61856	45815	47161
10			25	3443	3462	5355	3320	2216	2095
			10	20	191	15	60	54	10
						386			
				138	934	209	223	240	177
	2			2834	661	1000	1200	586	462
9483	6504	9409	2123	4481	5541	2847	7081	14853	4360
	1812	1655			149	1160	2188	13097	19204
7472	23771	8657	2389	3393	8548	3459	3692	5512	2890
784	145		64	117	217	93	364	1630	
	800								
						138			
3295	6862	8657	2095	3101	6288	2799	3144	3831	2374
						9			
				1					
10			5	174	149	290	173	51	296
					6	30			
3383	15964		225		1888	100	11		220
533	437	1633	137	1918	13665	3321	4861	8318	22496
451	232	1577	24	757	9135	1098	2653	1638	2094
11	61			131	78	125	141	383	260
2	60					4	1	3	29
						498	23		
323				41	58	11	25	136	60
		1500							
								177	
				30	83	40	129	300	109
			3		8	34			55
48	42	11	11	130	426	105	58	179	163
					10				400
						22			20
			3		155	2		283	153
67	69	66	7	425	8317	257	2276	177	845
1	5		50	139	1987	230	726	3618	18568
					54				139
	5		50		30	10	3		501

13-5 续表 2 （2013 年）

指　　标	郑州市	市本级	中原区	二七区	管城区	金水区	上街区	惠济区
文物保护	21623	10636	12	20	65		163	30
博物馆	2904	2413						
历史名城与古迹	13460	171						
其他文物支出	336	240					42	
体育	3764	1948		40		20	44	115
行政运行	542	326						
一般行政管理事务	269	220				20		
机关服务	116	116						
运动项目管理	342	54						
体育竞赛	211	28						115
体育训练	10	10						
体育场馆	1406	656						
群众体育	612	523					24	
体育交流与合作	4	4						
其他体育支出	252	11		40			20	
广播影视	20326	13581				178	257	1
行政运行	443						94	
一般行政管理事务	10037	10000						
机关服务	353	215						
广播	3283	912						
电视	4102	2380					3	
电影	62	9						1
广播电视监控	65	65						
其他广播影视支出	1981					178	160	
新闻出版	697	183	385	1	2	41		1
其他文化体育与传媒支出(款)	28711	24240	69	44	89	130	41	152
社会保障和就业	663696	346143	18104	22298	15235	28627	9402	9184
人力资源和社会保障管理事务	47991	32465	577	906	1468	1014	1668	1350
行政运行	6304	3068		3	414		160	949
一般行政管理事务	3436	3006					38	250
机关服务	1378							
综合业务管理	80	66		14				
劳动保障监察	2970	2005		240	375		49	40
就业管理事务	2399	2281		12			60	
社会保险业务管理事务	1416	990	4			6		1
信息化建设	2525	2486		30			7	
社会保险经办机构	8902	3615	538	590	655	611	242	110
劳动关系和维权	429	391					38	
公共就业服务和职业技能鉴定机构	492	446					18	
劳动人事争议调解仲裁	6	6						
其他人力资源和社会保障管理事务支出	17654	14105	35	17	24	397	1056	

单位:万元

经济开发区	高新开发区	郑东新区	航空港实验区	中牟县	巩义市	荥阳市	新密市	新郑市	登封市
1				139	1652	150	220	3401	5135
					251	20	3	217	
							496		12793
						50	4		
35	66			43	175	939	109	187	144
								134	82
				25				3	1
						288			
				18			50		
					79	651	20		
35	55				65				
	11				31		39	50	61
9				402	1243	486	924	2401	853
				169	71	89		20	
							37		
						119	19		
					207	130	45	1941	48
				233	707	138			641
9					52				
					206	10	823	440	164
	2		4	7	14	33	20	5	5
37	132	56	59	570	1111	535	429	469	832
1550	5139	7852	4071	30362	34954	33329	44492	36345	35221
414	92	1324	427	896	746	2060	2091	1331	1419
	52		1			344	173	387	806
33	1		395				86		56
						1314	64		
			21						
354		190	10	109		23	129		
27				23					23
				191		120		28	76
									2
				573	733	15	800	25	395
					5	23			
	5								
	34	1134			8	221	839	891	61

指　标	郑州市	市本级	中原区	二七区	管城区	金水区	上街区	惠济区
民政管理事务	31035	7985	3907	4369	2973	3944	808	955
行政运行	5908	1972	383	115	1511	192	132	417
一般行政管理事务	855	306					162	317
机关服务	1161			552				
拥军优属	2399	1208	93	111		175	175	127
老龄事务	342	35		38		33	46	6
民间组织管理	390	373				15	2	
行政区划和地名管理	61		2	10				5
基层政权和社区建设	12413	2243	3185	3437	455	2394	20	42
部队供应	1224	1224						
其他民政管理事务支出	6282	624	244	106	1007	1135	271	41
财政对社会保险基金的补助	159747	54686	2773	3116		12849	949	2171
财政对基本养老保险基金的补助	49869	40073		1006		1111	307	
财政对失业保险基金的补助	425							14
财政对基本医疗保险基金的补助	13300	8117	844			40	76	146
财政对工伤保险基金的补助	752	2						10
财政对生育保险基金的补助	435							45
财政对新型农村社会养老保险基金的补助	34139			113			286	
财政对城镇居民养老保险基金的补助	44725	6298	1611	1292		2683	280	1956
财政对其他社会保险基金的补助	16102	196	318	705		9015		
行政事业单位离退休	113599	62358	4796	6880	2129		4723	2128
企业改革补助	86171	85605						
就业补助	37537	24494	210	210		1832	414	86
扶持公共就业服务	2868	2660						4
职业培训补贴	1978	1593	60	210				
职业介绍补贴	10							
社会保险补贴	215							
公益性岗位补贴	1109							
小额担保贷款贴息	7423	2918					69	
补充小额贷款担保基金	562							
其他就业补助支出	22217	16195	150			1832	345	82
抚恤	37613	5940	2455	2702	1523	4117	289	1197
退役安置	54989	44400	229	776	312	1850	56	158
社会福利	18728	13389	112	216	11	34	67	11
残疾人事业	2882	736	176	254	260	331	40	129
城市居民最低生活保障	12080	257	1345	2005	1155	1227	341	518
其他城市生活救助	3122	2135	21	244	30	292	16	42
自然灾害生活救助	863	173	17	4	12		9	16
红十字事业	2968	2113		118	129	95		52
农村最低生活保障	26388	1091						61
其他农村生活救助	8993	393	42	158	124	54	19	274

单位:万元

经济开发区	高新开发区	郑东新区	航空港实验区	中牟县	巩义市	荥阳市	新密市	新郑市	登封市
199	13	2545	45	881	405	1108	813	2105	782
		295		327	95	189	95	200	280
166			5	42	9	15	2	2	
						609			
			32	67	97	116		123	107
		1		81	12	25		48	18
				12				25	7
30	13	2018		162	4	70	83	170	148
3		231	8	190	188	84	633	1537	222
130	260	115	1656	12785	18826	17007	17345	8703	8537
	58		797	77		7295			
				100		251		40	20
			740		2800		1277		
			2	89	247	64	107	133	100
						127	183	50	30
				12330	9929	4268		7213	
	202	49	117	179		5002	15770	1267	8387
130		66		10	5850		8		
32			72	4069	237	771	11408	7898	6202
	201						364		202
74		1817	75	1379	2211	1351	791	2386	2173
				204					
				100			15		
							10		
				200			15		
				499	600		10		
				361	848	347	431	976	1473
				15	47			500	
74		1817	75		689	1004	310	910	700
291	337	1259	478	2845	3537	2663	3692	3508	3145
43	50	27	31	794	1284	1012	1190	1990	938
10	8	3	39	883	791	595	882	816	921
18	11	80	1	150	311	131	170	131	63
8	32	130	35	925	978	445	207	1198	1479
17	70	39	41	33	54	82	31	38	104
2			11	8	152	126	44	187	115
28		2		21	14	36	46	186	158
215		8	663	2705	3990	4043	3136	4894	6468
63		8	310	1569	1066	1181	1636	842	1635

13-5 续表4 （2013年）

指　标	郑州市	市本级	中原区	二七区	管城区	金水区	上街区	惠济区
其他社会保障和就业支出(款)	18990	7923	1444	340	5109	988	3	36
医疗卫生	581832	207101	14217	16194	13486	35798	10969	11468
医疗卫生管理事务	15048	2683	1004	679	1808	797	267	480
公立医院	104240	46205	15		20	15193	5800	190
基层医疗卫生机构	77937	2213	1961	2228	3053	3172	536	2341
公共卫生	63725	13586	3177	3983	2486	8870	1075	1458
疾病预防控制机构	15158	5095	444	747	277	999	355	256
卫生监督机构	3441	567	428	519	384	458		76
妇幼保健机构	5167	533	159	163	566	384	108	57
精神卫生机构	110	110						
应急救治机构	259							
采供血机构	228							
其他专业公共卫生机构	136							
基本公共卫生服务	28410	2627	1712	2236	1029	6589	356	872
重大公共卫生专项	6866	2220	379	223	230	252	107	197
突发公共卫生事件应急处理	459	152	17	60		110		
其他公共卫生支出	3491	2282	38	35		78	149	
医疗保障	257906	85608	7649	9146	5669	7280	2986	6884
行政单位医疗	19998	6194	935	974	824	1580	861	1836
事业单位医疗	23210	7115	1194	2338	756	2948	571	399
公务员医疗补助	8793	5837	1457	1499				
优抚对象医疗补助	770	29	36		3	101	9	28
城市医疗救助	490	63	39	89	25	75	13	13
新型农村合作医疗	127740	11476	2484	2960	2247	1817	1380	4445
农村医疗救助	2377	255	1	1	1		1	1
城镇居民基本医疗保险	44154	30239	571	574	1			100
其他医疗保障支出	30374	24400	932	711	1812	759	151	62
中医药	2996	1455	33	51	44	33	5	44
食品和药品监督管理事务	7003	3438	224	67	406	339	19	61
其他医疗卫生支出(款)	52977	51913	154	40		114	281	10
节能环保	256667	198741	437	2252	677	1152	1152	637
环境保护管理事务	14903	5672	343	434	449	777	355	262
环境监测与监察	878	135						8
污染防治	32362	13233		710	32	144	781	33
自然生态保护	7422		84	292	3	30		301
退耕还林	3710						16	33
能源节约利用(款)	169398	163518		764	193			
污染减排	13938	9898	10	52		110		
可再生能源(款)	7320	4755						
资源综合利用(款)	5590	1500						
其他节能环保支出(款)	1146	30				91		

单位:万元

经济开发区	高新开发区	郑东新区	航空港实验区	中牟县	巩义市	荥阳市	新密市	新郑市	登封市
6	4065	495	187	419	352	718	646	132	880
2126	4863	5577	4053	52094	69414	36485	41969	42099	30538
3	377	36	16	492	354	840	236	4949	459
				3378	26870	3347	2556		666
367	360	753	301	19612	12335	7656	7765	12467	2598
287	496	1123	1074	4484	8131	3160	6493	2735	4087
		49		303	2446	645	3149	152	290
		2		545	135	84		99	146
				1010	1747	9	78	70	283
					47		63		149
							228		
							136		
263	256	927	929	1805	2858	2156	2273	1981	1916
24	190	64	103	454	836	222	488	345	913
			22	35	10	35	40		
	50	81	20	332	52	9	38	88	390
1436	3296	2672	2473	23165	21283	20484	24620	20912	22220
			73	1504	1193	1021	598	590	1888
					60	1955	2799	2713	362
			29	76	67	117	192	112	
	33	30		31	43	33	4	62	
1432	3184	2604	2102	19439	18446	15600	18867	12427	16152
4			251	147	252	350	331	424	613
				1112	1054	1408	1789	4107	3199
	79	38	18	856	168		40	477	6
3		22	22	412	266	368	7	240	38
30	260	206	167	290	140	604	275	763	377
	74	765		261	35	26	17	33	93
128	942		5191	4029	13311	6858	11883	6151	9387
89	141		313	145	910	1911	1457	1006	1182
				314	381	37	3		
	29		3242	646	5574	2724	3453	2291	2741
					1511	597	1415	1296	1893
				449	708	247	659	565	1033
19			70		2567	90	1486	381	399
20	650		1566		505	462	200	612	2089
	122			2475			90		
					480	790	2820		
					675		300		50

13-5 续表5 (2013年)

指 标	郑州市	市本级	中原区	二七区	管城区	金水区	上街区	惠济区
城乡社区事务	1424478	892065	76139	52074	20989	132461	21524	20014
城乡社区管理事务	155183	77343	4095	9728	11808	13922	4842	5634
城乡社区规划与管理(款)	64696	55228	59		782	8	1765	925
城乡社区公共设施	941328	694884	1882	18007	542	89038	978	10454
城乡社区环境卫生(款)	130802	41366	10640	11543	7271	26044	3183	2961
建设市场管理与监督(款)	172	2		11				
其他城乡社区事务支出(款)	132297	23242	59463	12785	586	3449	10756	40
农林水事务	606130	206298	3501	9031	6830	5917	4671	12179
农业	236428	52452	1624	3223	3010	2521	2703	7257
行政运行	9035	2215	533	148	1686	627	343	592
机关服务	1718							
事业运行	12010	1957		316		128		408
农垦运行	105	55						
技术推广与培训	6424	2255	3	111		113	27	819
病虫害控制	2440	935	6	22	19	22	18	142
农产品质量安全	5936	4365	37	22	12	301	50	88
执法监管	421	152					12	10
统计监测与信息服务	120	111						
农业行业业务管理	115	110						5
对外交流与合作	10	10						
灾害救助	1156	71	13	5		14	11	19
农业结构调整补贴	7705	347		150	347	24	103	678
农业生产资料与技术补贴	19899	1589	85	18	65	41	104	262
农业生产保险补贴	1864							1
农业组织化与产业化经营	3427	165	10	30	120	55	10	1320
农产品加工与促销	1739	664			25			40
农村公益事业	1843	14						10
农业资源保护与利用	2459	96				10		200
农村道路建设	24696	30	211	626	141			
农资综合补贴	38453	2775	425	604	336	224	145	892
石油价格改革对渔业的补贴	48					5		
对高校毕业生到基层任职补助	2514	120	19		34	44		260
其他农业支出	88296	33859	282	1151	225	875	445	273
林业	95137	48306	18	535	214	2333	149	2581
行政运行	2973	896			58			665
一般行政管理事务	1138	340			2	7		221
机关服务	414							
林业事业机构	5080	3148		35				
森林培育	7435	203	6	37	6	27	12	647
林业技术推广	75	20				10		30
森林资源管理	844	820					24	

单位:万元

经济开发区	高新开发区	郑东新区	航空港实验区	中牟县	巩义市	荥阳市	新密市	新郑市	登封市
56736	24174	260749	111807	29605	26303	12357	50188	58689	32070
1348	6537	14738	2389	2557	2315	4593	1746	11920	4680
95	1034		51967	2218	896	1435	860	70	450
42657	9056	236997	52644	16511	15205	4540	28741	39287	21259
4626	2692	8554	4777	5689	6870	1719	9896	995	2625
	2				159				
8010	4853	460	30	2630	858	70	8945	6417	3056
4149	3556	6510	2734	73558	47951	43708	64835	75047	52604
727	2664	1899	1115	38439	22644	18192	42583	21341	20439
8				600	256	284	176	631	944
						22	1696		
		104		1840	1956	1539	1987	1879	
				45		5			
4	48			420	337	710	472	590	567
92	5	47	50	333	252	215	114	167	195
		18		170	18	241	129	158	345
				213			18		16
					2	2	2		3
9	25	17	20	205	170	234		239	175
				4148		127	292	1126	363
152	426	95	203	3149	2155	2828	2754	4393	2456
				209	293	435	364	340	222
	125			270	13	491	173	550	220
45				435		20	300	15	240
				430	203	297	554	236	99
				1216	2	80	527	30	298
	30			20	10145	339	11167		2017
303	1130	651	691	9237	3780	5258	5083	5487	4207
				33		10			
			120		517	498	141	338	543
99	875	967	2	15312	2504	4477	16634	4957	7302
2961		4337	1074	2828	4564	2448	4851	20501	5809
				131	91	205	150	141	636
268			45	100	31	49		26	362
							414		
		1843		230	471	458	232	456	50
				230	2174	138	769	57	3129
					7	2			6

13-5 续表6 （2013 年）

指　　标	郑州市	市本级	中原区	二七区	管城区	金水区	上街区	惠济区
森林资源监测	53	18				6		1
森林生态效益补偿	1233	40						24
林业自然保护区	40	37						
动植物保护	68	20					4	
湿地保护	394	343						
林业执法与监督	640	374						
森林防火	1139	15		13	2		13	35
林业有害生物防治	473	157				15		10
林业工程与项目管理	26901	23735			102	1700		301
林业产业化	327	237						
林业贷款贴息	16147	16034				113		
石油价格改革对林业的补贴	333	112						
其他林业支出	29385	1757	12	450	44	455	96	647
水利	109994	41572	717	164	413	540	480	1268
行政运行	4160	2123						384
一般行政管理事务	6154	5331				13		250
机关服务	1125							
水利行业业务管理	886	183		23				
水利工程建设	31030	2696					11	
水利工程运行与维护	4134	3619		20				
水利前期工作	484	130						27
水利执法监督	121							
水土保持	1276	106		30			6	20
水资源节约管理与保护	1096	757						
水质监测	16	16						
防汛	2472	1724	5	52	21	15	68	135
抗旱	1210	270				10	5	
农田水利	8186	348	207		365	368	106	274
水利技术推广和培训	174	7						
水资源费安排的支出	7865	1794	8		8	3	48	17
农村人畜饮水	8211	706	457				42	161
其他水利支出	30313	21762	40	39	19	131	191	
南水北调	80326	58943	483	3874	184			
扶贫	27848	2980		8			1124	82
农业综合开发	8272	275		196	181	36	89	440
农村综合改革	38411	1361	658	671	3	487	126	551
其他农林水事务支出(款)	6431	409	1	360	2825			
交通运输	351349	278578	583	914	450	1407	2019	831
公路水路运输	112459	63237	483	854	450	1153	1324	831
行政运行	4490	1293	258	137	206	117	117	359
一般行政管理事务	1105	115	40				797	101

单位:万元

经济开发区	高新开发区	郑东新区	航空港实验区	中牟县	巩义市	荥阳市	新密市	新郑市	登封市
10				3	13	3	4	2	3
				24	314	147	61	39	584
					3				
						24	6		14
						51			
				70	122	41		14	19
				5	602	107	41	6	300
				49	54	35	17	21	115
1938		2298	1029	1063					
						60			30
				75	28	4	5		109
745		196		818	644	1124	3152	19739	447
146	25	184	174	17204	11074	6121	6663	12429	11349
				417	103	231	97	122	683
21								179	381
						834	291		
					6		674		
				11572	7886	30	579	5253	3003
					127	30	328		10
				264		10	2	31	20
							119		2
				10	80	63	312	427	222
3							339		
		10	6						
		130	28	40	167	115	63		67
5			140	247	64	166	149	104	195
30				809	189	586	726	1450	2758
					87				80
	5	9		472	730	361	2613	606	1205
79				1486	824	1649		941	1945
8	20	35		1792	769	1423	274	3144	729
			18	1364		3785		11693	
				5104	1494	5232	1598	1498	8728
				968	976	2338	1247	1274	252
315	467	90	353	5097	5454	5332	7891	5026	5754
	400			2554			2	280	
5988	32			11589	11203	8629	12273	15726	7147
68	23			8958	6602	4262	7264	12351	4690
				147	132	139	68	215	1302
								30	22

指　　标	郑州市	市本级	中原区	二七区	管城区	金水区	上街区	惠济区
机关服务	298			128				
公路新建	2330			68			218	
公路改建	31189	24194				354		
公路养护	17051	8848	1	280	157	316	151	308
公路路政管理	1121	25						
公路运输管理	4283		138	241		186		53
其他公路水路运输支出	39900	19687	46		87	72	36	
石油价格改革对交通运输的补贴	78217	64662					695	
对城市公交的补贴	44457	42288					417	
对农村道路客运的补贴	5151	76					45	
对出租车的补贴	25562	22286					233	
石油价格改革补贴其他支出	3047	12						
车辆购置税支出	55003	47183	60	60				
车辆购置税用于公路等基础设施建设支出	46113	45277						
车辆购置税用于农村公路建设支出	6944		60	60				
车辆购置税用于老旧汽车报废更新补贴支出	1127	1127						
车辆购置税其他支出	819	779						
其他交通运输支出(款)	99717	97576	40			254		
资源勘探电力信息等事务	281029	188385	4342	3920	2561	6911	3886	7934
资源勘探开发和服务支出	10463	4						
制造业	10505	8189	1355	50	92	700		
建筑业	205	205						
电力监管支出	90	10						
工业和信息产业监管支出	48758	40894	675	631	1366	1553	472	287
安全生产监管	14304	4599	870	758	773	832	168	681
国有资产监管	34477	32261						
支持中小企业发展和管理支出	110218	80130	1009	2043	330	3457	2903	6461
其他资源勘探电力信息等事务支出(款)	52009	22093	433	438		369	343	505
商业服务业等事务	128264	106566	140	1052	2024	1321	27	1448
商业流通事务	29332	19197	108	879	1893	1051	15	743
其他商业流通事务支出	27358	18365	108	879	1893	1051	13	743
旅游业管理与服务支出	11540	3562	12	163	1	90	12	705
涉外发展服务支出	37140	34048	20	10	30	30		
其他商业服务业等事务支出(款)	50252	49759			100	150		
金融监管等事务支出	13116	12328	60		197		40	
国土资源气象等事务	57045	11269	896	1060	1265	10807	611	1259
国土资源事务	55629	10338	896	1060	1265	10807	581	1254
住房保障支出	191237	112346	6655	6338	2387	7756	3238	1866
保障性安居工程支出	119394	86738	169	2040		4000	13	474
住房改革支出	66426	25608	3260	4298	2387	3756	1797	1392

单位:万元

经济开发区	高新开发区	郑东新区	航空港实验区	中牟县	巩义市	荥阳市	新密市	新郑市	登封市
						170			
				12	624	402		256	750
				2183	1614	254	1979	361	250
68	23			3451	432	1227	350	1091	439
				241	490		70		295
				2764		670	35		196
				160	3270	1343	4412	10341	446
				1575	2035	1644	3913	2042	1651
				359	483	382	213	53	262
				588	745	660	637	1524	876
				618	801	442	228	457	497
				10	6	160	2835	8	16
				49	2146	2663	1096	1333	413
					836				
				49	1310	2623	1096	1333	413
						40			
	9			1007	420	60			360
59474	15896	17922	17574	3898	7006	6257	13624	3231	29074
					1014	1231	6974		1240
	2722							119	
				78		2			
658	2684	289	14917	311	12	1689	220	23	625
72	179	647		365	900	750	613	1044	1951
25						245	1692	100	179
55217	2479	16916	1563	2812	3882	1088	3966	1382	755
3502	7832	70	1094	332	1198	1252	159	563	24324
4697	4100	3	1754	1393	5546	1341	755	4494	2157
1449	3500	3	24	1110	1502	474	701	1238	421
1449	3500	3	24	934	1270	204	606	1058	234
3				97	1231	861	44	3066	1696
			30	169	2813		10	10	
3245	600		1700	17		6		180	40
	622	290		58	62	84	187	100	
745	1075	525	1186	8592	3943	1357	1439	11586	2961
745	1075	525	1186	8544	3879	1271	1316	11528	2890
	1281	1527	1049	1555	8836	3089	6396	6759	24016
		36		25	3415	73	528	1149	20770
	1281	1491	1049	1530	5082	2805	5868	5610	3033

指 标	郑州市	市本级	中原区	二七区	管城区	金水区	上街区	惠济区
城乡社区住宅	5417		3226				1428	
粮油物资储备事务	17134	7627	792	760	1539	759	329	48
粮油事务	6495	1141	213	171	932	759	75	48
物资事务	391	214			59			
粮油储备	9538	5562	579	589	548		254	
国债还本付息支出	442647	418493						1040
国内债务付息	60522	37387						1039
国外债务付息	336	335						1
补充还贷准备金	372548	372548						
地方政府债券付息	9241	8223						
其他支出(类)	301457	188058	5314	8000	26626	654	1251	
其他支出(款)	301457	188058	5314	8000	26626	654	1251	
政府性基金支出	**4225118**	**1886369**	**87188**	**316956**	**155906**	**71221**	**100145**	**51762**
教育	13934	4355	280	705	26	509	1141	113
地方教育附加安排的支出	13934	4355	280	705	26	509	1141	113
文化体育与传媒	3646	963	138	202		1924	5	28
文化事业建设费安排的支出	3479	796	138	202		1924	5	28
社会保障和就业	24278	11896	138	114	93	261	293	155
大中型水库移民后期扶持基金支出	8218	534	12	2			8	
残疾人就业保障金支出	15199	11329	126	112	93	261	271	155
城乡社区事务	4139812	1852823	86444	315456	155509	68117	98486	50325
政府住房基金支出	23163	23162						
国有土地使用权出让收入安排的支出	3705901	1498379	86444	315421	155509	68117	98186	50185
城市公用事业附加安排的支出	7550	1362						
国有土地收益基金支出	55597	25572						
农业土地开发资金支出	19695	2937		35			300	140
新增建设用地土地有偿使用费安排的支出	2163	30						
城市基础设施配套费安排的支出	325743	301381						
农林水事务	11353	717		124	98	153	97	890
育林基金支出	843							48
森林植被恢复费安排的支出	6277	520		124	98	153	97	842
中央水利建设基金支出	486	100						
地方水利建设基金支出	3027	30						
资源勘探电力信息等事务	4896	1446					17	
散装水泥专项资金支出	880	297						
新型墙体材料专项基金支出	4016	1149					17	
其他支出	27049	14169	188	355	180	257	106	251
彩票公益金安排的支出	16135	10151	188	355	180	257	106	251
其他政府性基金支出	10914	4018						

单位:万元

经济开发区	高新开发区	郑东新区	航空港实验区	中牟县	巩义市	荥阳市	新密市	新郑市	登封市
					339	211			213
	254			837	778	642	931	917	1175
				569	225	321	931	519	591
	214							118	
	40			268	553	321		280	584
	56073			289	565	2580	27	19648	5
	13525					2529		19567	
	42548								
				289	565	51	27	81	5
3384	203	1235	176333	62602	477	6051	143	380	1901
3384	203	1235	176333	62602	477	6051	143	380	1901
190372	**373406**	**449567**	**299346**	**508112**	**120778**	**214852**	**96492**	**497207**	**118130**
	28	22	11	935	492	488		4517	373
	28	22	11	935	492	488		4517	373
85					102	44	94	83	63
85					102	44	94	83	63
6	10	16	3	848	987	2040	1041	2201	4211
		14		607	524	1586	520	1194	3231
6	10	2	3	241	311	390	521	802	587
190266	373324	449442	298916	501231	109834	210811	93875	487481	109420
			17073		1				
167153	364220	388630	242105	485905	88094	198784	88738	471362	100777
					3798	1254		330	806
1520	4245	7000	9807	8000	706	4548	2637	12393	1741
	2210			5195	2133	1558	1879	3176	2342
				38	594	220	621	220	440
21593	2649	53812	29931	2093	14508	4447			3314
		67	354	4320	1192	786	586	628	1762
				326	95		139	79	156
			354	3298	109	178	56	228	574
				65		40	181		100
				631	928	237	210	251	740
				320	2163	10	353	233	354
				75	357		79	20	52
				245	1806	10	274	213	302
15	44	20	62	458	6008	673	543	2064	1797
15	44	20	62	457	424	428	541	1003	1794
				1	5584	245	2	1061	3

主要统计指标解释

财政收入 国家财政参与社会产品分配所取得的收入，是实现国家职能的财力保证。财政收入所包括的内容几经变化，目前主要包括：增值税、营业税、企业所得税、企业所得税退税、外商投资企业和外国企业所得税、个人所得税、资源税、固定资产投资方向调节税、城市维护建设税、房产税、印花税、城镇土地使用税、土地增值税、车船使用税、屠宰税、筵席税、农业税、农业特产税、牧业税、耕地占用税、契税、国有资产经营收益、国有企业计划亏损补贴、行政性收费收入、罚没收入、土地和海域有偿使用收入、专项收入、其他收入。

财政支出 国家财政将筹集起来的资金进行分配使用，以满足经济建设和各项事业的需要，主要包括：基本建设支出、企业挖潜改造资金、简易建筑费、地质勘探费、科技三项费用、流动资金、支援农村生产支出、农业综合开发支出、农林水利气象等部门的事业费、工业交通等部门的事业费、流通部门事业费、文体广播事业费、教育事业费、科学事业费、卫生经费、税务统计财政审计等部门的事业费、抚恤和社会福利救济费、行政事业单位离退休经费、社会保障补助支出、国防支出、行政管理费、外交外事支出、武装警察部队支出、公检法司支出、城市维护费、政策性补贴支出、支援不发达地区支出、土地和海域开发建设支出、专项支出、其他支出、总预备费。

中央财政收入和地方财政收入 按财政体制划分的中央本级收入和地方本级收入。1994 年分税制财政体制以后，属于中央财政的收入包括关税、海关代征消费税和增值税，消费税，中央企业所得税，地方银行和外资银行及非银行金融企业所得税，铁道、银行总行、保险总公司等集中缴纳的营业税、所得税、利润和城市维护建设税，增值税的 75% 部分，海洋石油资源税和证券(印花)税 50% 部分。属于地方财政的收入包括营业税，地方企业所得税，个人所得税，城镇土地使用税，固定资产投资方向调节税，城镇维护建设税，房产税，车船使用税，印花税，屠宰税，农牧业税，农业特产税，耕地占用税，契税，增值税 25% 部分，证券交易税(印花税)的 50% 部分和除海洋石油资源税以外的其他资源税。

中央财政支出和地方财政支出 根据政府在经济和社会活动中的不同职责，划分中央和地方政府的责权，按照政府的责权划分确定的支出。中央财政支出包括国防支出，武装警察部队支出，中央级行政管理费和各项事业费，重点建设支出以及中央政府调整国民经济结构、协调地区发展，实施宏观调控的支出。地方财政支出主要包括地方行政管理和各项事业费，地方统筹的基本建设、技术改造支出，支援农村生产支出，城市维护和建设经费，价格补贴支出等。

信贷资金 国家银行用于发放贷款的资金叫信贷资金。中国人民银行信贷资金的来源有各项存款、对国际金融机构负债、流通中货币、银行自有资金及当年结益等。信贷资金的运用有各项贷款、黄金占款、外汇占款、财政借款及在国际金融机构中的资产等。

各项存款 企业、机关、团体或居民根据可以收回的原则，把货币资金存入银行或其他信用机构保管并取得一定利息的一种信用活动形式。根据存款对象的不同可划分为企业存款、财政存款、机关团体存款、基本建设存款，城镇储蓄存款、农村存款等科目。它是银行信贷资金的主要来源。

贷款 银行或其他信用机构根据必须归还的原则，按一定利率，为企业、个人等提供资金的一种信用活动形式。我国银行贷款分为流动资金贷款、固定资产贷款、城乡个体工商户贷款以及农业贷款等科目。

十四、教育、文化、卫生、体育和科技

14-1　教育事业主要综合指标

（2013年）

单位：所、人

指　　标	数　值	指　　标	数　值
平均每万人拥有各类学校数（个）	**1.74**	**小学五年巩固率（%）**	**98.94**
高等学校	0.07	**小学学生辍学率（%）**	**0.08**
中等职业学校	0.15	**初中学生毛入学率（%）**	**115.31**
技工学校	0.03	**初中三年巩固率（%）**	**94.32**
普通中学	0.41	**初中学生辍学率（%）**	**2.91**
普通小学	1.08	**初中毕业生升学率（%）**	**143.85**
平均每万人各类学校在校生数（人）	**2645.07**	**平均每万人各类学校教职工数（人）**	**203.25**
高等学校	1018.65	#专任教师	152.15
中等职业学校	264.24	#高等学校	60.41
技工学校	81.00	中等职业学校	15.88
普通中学	505.85	技工学校	3.53
普通小学	773.99	普通中学	42.28
小学适龄儿童净入学率（%）	**100.00**	普通小学	40.35

14-2 学校教育基本情况

（2013 年）

单位:所、人

项　　目	全市	市区	县(市)	中牟县	巩义市	荥阳市	新密市	新郑市	登封市
各类学校教育合计数									
学校数	1586	724	862	163	121	85	168	157	171
毕业生数	618881	468881	150000	21248	21682	24233	27456	32132	23240
招生数	766601	585761	180840	25496	23206	28527	31537	39067	33007
在校学生数	2409978	1772277	637701	95993	91706	95128	121095	117231	116548
教职工数	185185	122385	62800	7661	10352	9552	12687	10871	11704
#专任教师	138628	90476	49268	6131	8327	7599	9771	8435	9005
高等学校									
学校数	61	61							
#普通本专科学校	56	56							
成人本专科学校	5	5							
毕业生数	255064	255064							
#普通本专科学校	198319	198319							
成人本专科学校	37282	37282							
招生数	338136	338136							
#普通本专科学校	243677	243677							
成人本专科学校	43971	43971							
在校学生数	928109	928109							
#普通本专科学校	747637	747637							
成人本专科学校	95898	95898							
教职工数	55040	55040							
#专任教师	39519	39519							
中等职业学校									
学校数	134	87	47	8	4	5	10	9	11
毕业生数	96436	77248	19188	2900	1276	3191	2295	6405	3121
招生数	93819	71275	22544	2322	1181	2507	3083	5992	7459
在校学生数	240756	187815	52941	5390	3758	8085	7354	11991	16363
教职工数	14469	10427	4042	545	350	746	629	774	998
#专任教师	10525	7154	3371	441	317	627	537	656	793
技工学校									
学校数	28	22	6	1	1	1		3	
毕业生数	26226	15555	10671		317	5176		5178	
招生数	35351	20416	14935			7419		7516	
在校学生数	73799	46490	27309	25	379	15289		11616	
教职工数	3215	1974	1241	14	146	748		333	
#专任教师	2432	1409	1023	9	144	552		318	
普通中学									
学校数	371	176	195	25	35	23	39	37	36
#高中	103	66	37	3	6	3	6	10	9
初中	268	110	158	22	29	20	33	27	27

14-2 续表 (2013 年) 单位:所、人

项目	全市	市区	县(市)	中牟县	巩义市	荥阳市	新密市	新郑市	登封市
毕业生数	141662	68659	73003	11207	11683	9969	15042	14093	11009
#高中	54742	25495	29247	4102	4278	3876	6050	6741	4200
初中	86920	43164	43756	7105	7405	6093	8992	7352	6809
招生数	161592	85568	76024	11013	13077	10907	14546	13591	12890
#高中	59557	30356	29201	3880	4747	3974	5280	6355	4965
初中	102035	55212	46823	7133	8330	6933	9266	7236	7925
在校学生数	460887	241089	219798	32152	37191	30837	43814	39613	36191
#高中	170508	83757	86751	11998	14282	11530	17062	18338	13541
#初中	290379	157332	133047	20154	22909	19307	26752	21275	22650
教职工数	38521	18471	20050	2800	3370	2956	3817	3853	3254
#专任教师	31929	15515	17530	2325	3215	2614	3392	3118	2866
小学									
学校数	980	369	611	128	80	55	118	107	123
毕业生数	99360	52281	47079	7141	8394	5897	10089	6456	9102
招生数	137465	70218	67247	12161	8927	7682	13878	11961	12638
在校学生数	705194	368111	337083	58341	50301	40822	69767	53944	63908
教职工数	36768	17796	18972	2573	3337	2561	4124	2741	3636
#专任教师	35191	16962	18229	2585	3116	2503	3846	2713	3466
特殊教育学校									
学校数	11	5	6	1	1	1	1	1	1
毕业生数	128	78	50		12		30		8
招生数	193	103	90		21	12	30	7	20
在校学生数	1082	512	570	85	77	95	160	67	86
教职工数	372	174	198	24	20	35	47	40	32
#专任教师	329	152	177	23	14	35	38	37	30
工读学校									
学校数	1	1							
毕业生数	5	5							
招生数	45	45							
在校学生数	151	151							
教职工数	32	32							
#专任教师	21	21							
幼儿园									
幼儿园数	(1354)	(605)	(749)	(95)	(105)	(100)	(165)	(119)	(165)
入园幼儿数	(153308)	(60155)	(93153)	(18576)	(17397)	(8460)	(13563)	(18815)	(16342)
在园幼儿数	(332966)	(149956)	(183010)	(28254)	(28691)	(21077)	(35490)	(32155)	(37343)
教职工数	36768	18471	18297	1705	3129	2506	4070	3103	3784
#专任教师	19798	10359	9439	924	1521	1310	2047	1661	1976

注:1. 标注“()”为不计合计数中。

2. 高等教育为省教育厅反馈数据,只有合计数。

14-3 全市教育部门教育经费总收入

（2013 年）

单位:千元

类别	总计	预算内教育经费	教育事业费拨款	其他拨款	各级政府征收用于教育的税费	教育费附加	事业收入	#学杂费	捐赠收入	其他收入
总计	**11547698**	**9517298**	**7709308**	**1164951**	**1446387**	**1324998**	**538244**	**429667**	**1122**	**44647**
普通高等学校	**1011806**	**693342**	**483893**	**43192**	**69943**	**57256**	**241679**	**229975**		**6842**
中等职业学校	**711886**	**555409**	**426719**	**51366**	**139429**	**136463**	**16549**	**8135**	**27**	**472**
中等专业学校	395199	331130	225836	27970	55033	53703	8638	2304	27	371
职业高中	268221	177067	158029	19038	84260	82760	6793	5698		101
成人中等专业学校	48466	47212	42854	4358	136		1118	133		
普通中学	**4871695**	**3978471**	**3264038**	**489772**	**736264**	**669618**	**135970**	**92431**	**638**	**20352**
普通高中	1906322	1445552	1152848	196222	316750	263676	134602	92431	12	9406
普通初中	2965373	2532919	2111190	293550	419514	405942	1368		626	10946
普通小学	**3780071**	**3427110**	**2806290**	**465486**	**338341**	**314311**	**295**		**436**	**13889**
特殊教育学校	**54150**	**49171**	**40856**	**7672**	**4323**	**4212**	**570**		**1**	**85**
幼儿园	**577670**	**389688**	**342868**	**28000**	**80160**	**66604**	**107230**	**99126**	**20**	**572**
教育行政单位	**101687**	**87947**	**79563**	**8384**	**6203**	**4810**	**6635**			**902**
教育事业单位	**438733**	**336160**	**265081**	**71079**	**71724**	**71724**	**29316**			**1533**

14-4 分县(市)区教育部门教育经费总收入

(2013 年)

单位:千元

类别	总计	预算内教育经费			各级政府征收用于教育的税费		事业收入		捐赠收入	其他收入
			教育事业费拨款	其他拨款		教育费附加		#学杂费		
总计	**11547698**	**9517298**	**7709308**	**1164951**	**1446387**	**1324998**	**538244**	**429667**	**1122**	**44647**
市本级	3181311	2303596	1706785	299876	525258	499703	344640	268281		7817
中原区	321421	287243	227336	59907	29804	29804	4374	2293		
二七区	452228	388958	329811	59147	44937	36757	2748	1894		15585
管城区	331628	308420	208819	49601	18600	18340	4608	3395		
金水区	681705	620196	499847	120349	55576	50376	3511	3225	5	2417
上街区	283748	241074	126682	37068	32954	21542	4086	2477	15	5619
惠济区	240698	222699	180879	25300	15853	14723	2146	1428		
高新区	227108	159811	138660	21151	65322	65042	1054	854	402	519
经开区	170170	75340	75340		94830	94830				
郑东新区	506143	417425	393905	23520	81472	81252	7109	7109		137
航空港实验区	270128	247410	45182	9348	21340	21230	1378	1378		
中牟县	888471	807143	668082	139061	53980	44635	26395	20437	90	863
巩义市	926485	837638	837638		60330	55410	28517	22287		
荥阳市	640373	574405	574405		33610	28470	32358	25680		
新密市	882370	777734	647777	129957	70810	70810	33826	32170		
新郑市	808249	597568	512798	77570	193692	148526	14427	13954	610	1952
登封市	735462	650638	535362	113096	48019	43548	27067	22805		9738

14-5 全市教育部门

（2013 年）

类　别	总计	事业性经费支出	个人部分	工资福利支出	对个人和家庭的补助支出
总计	**11404073**	**10674531**	**5553960**	**4383796**	**1170164**
普通高等学校	**963043**	**797306**	**331846**	**242293**	**89553**
中等职业学校	**710743**	**633419**	**307489**	**208447**	**99042**
中等专业学校	395956	318632	160324	97366	62958
职业高中	266146	266146	124633	93136	31497
成人中等专业学校	48641	48641	22532	17945	4587
普通中学	**4782897**	**4510870**	**2356020**	**1927288**	**428732**
普通高中	1904080	1803591	850151	697553	152598
普通初中	2878817	2707279	1505869	1229735	276134
普通小学	**3763243**	**3572252**	**2164933**	**1721774**	**443159**
特殊教育学校	**54383**	**53740**	**31588**	**25207**	**6381**
幼儿园	**568001**	**545181**	**194739**	**147509**	**47230**
教育行政单位	**93714**	**93714**	**34673**	**25152**	**9521**
教育事业单位	**438058**	**438058**	**123822**	**78823**	**44999**

教育经费支出

单位:千元

公用部分	商品和服务支出	其他资本性支出	专项公用支出	专项项目支出	基本建设支出
5120571	**2432024**	**2688547**	**1052250**	**1636297**	**729542**
465460	**201206**	**264254**	**90712**	**173542**	**165737**
325930	**186685**	**139245**	**94960**	**44285**	**77324**
158308	107497	50811	43210	7601	77324
141513	58501	83012	49467	33545	
26109	20687	5422	2283	3139	
2154850	**1062624**	**1092226**	**325549**	**766677**	**272027**
953440	535407	418033	197544	220489	100489
1201410	527217	674193	128005	546188	171538
1407319	**634194**	**773125**	**344322**	**428803**	**190991**
22152	**15462**	**6690**	**5666**	**1024**	**643**
350442	**130847**	**219595**	**63737**	**155858**	**22820**
59041	**41676**	**17365**	**6774**	**10591**	
314236	**142342**	**171894**	**117378**	**54516**	

14-6 分县(市)区教育部门

(2013 年)

类别	总计	事业性经费支出	个人部分	工资福利支出	对个人和家庭的补助支出
总计	**11404073**	**10674531**	**5553960**	**4383796**	**1170164**
市本级	3166260	2858149	1220998	906905	314093
中原区	321347	321347	247029	206451	40578
二七区	450711	450711	278859	217340	61519
管城区	340757	290757	162865	130064	32801
金水区	651315	651315	314184	255710	58474
上街区	283988	206664	141229	93135	48094
惠济区	240698	224178	129888	102579	27309
高新区	210358	210358	114727	99626	15101
经开区	170879	99552	53502	46695	6807
郑东新区	429793	429793	212959	197497	15462
航空港实验区	270128	77248	38884	31366	7518
中牟县	880629	880629	479478	390555	88923
巩义市	926485	926485	348343	320591	27752
荥阳市	634094	634094	434338	412962	21376
新密市	882369	882369	530503	358494	172009
新郑市	808506	801306	379084	271289	107795
登封市	735756	729576	467090	342537	124553

教育经费支出

单位:千元

公用部分	商品和服务支出	其他资本性支出			基本建设支出
			专项公用支出	专项项目支出	
5120571	**2432024**	**2688547**	**1052250**	**1636297**	**729542**
1637151	735776	901375	534638	366737	308111
74318	59261	15057	5034	10023	
171852	51820	120032	31340	88692	
127892	49529	78363	11873	66490	50000
337131	127816	209315	37146	172169	
65435	42345	23090	8998	14092	77324
94290	60910	33380	17422	15958	16520
95631	22717	72914	9223	63691	
46050	23535	22515	4649	17866	71327
216834	51098	165736	35883	129853	
38364	16740	21624	9042	12582	192880
401151	134875	266276	97551	168725	
578142	556493	21649	21649		
199756	100857	98899	32394	66505	
351866	80798	271068	42374	228694	
422222	221943	200279	137078	63201	7200
262486	95511	166975	15956	151019	6180

14-7 艺术表演团体情况

（2013 年）

县(市)区	机构数（个）	从业人员（人）	专业技术人员	演出场次（场）	国内演出场次	农村演出场次	国内演出观众人次（千人次）	本年收入（千元）	本年支出（千元）
总　计	**16**	**1658**	**1191**	**4697**	**4507**	**3913**	**7021**	**242433**	**249971**
省本级	5	1003	816	1934	1934	1609	4172	183011	190759
郑州市	11	655	375	2763	2573	2304	2849	59422	59212
市本级	4	359	269	577	387	233	552	45135	44615
巩义市	1	43	30	210	210	190	420	1920	1920
荥阳市	1	35	22	365	365	365	730	2187	2187
新密市	2	50	28	410	410	410	200	1736	1736
新郑市	1	64	21	445	445	350	450	5226	5596
登封市	1	50	1	600	600	600	450	2320	2260

14-8 艺术表演场馆基本情况

（2013 年）

县(市)区	机构数（个）	从业人员（个）	专业技术人员	座席数（个）	演(映)出场次（场）	艺术演出场次	观众人次（千人次）	艺术演出观众人次	实际使用建筑面积（平方米）	演(映)出业务用房	本年收入（千元）	本年支出（千元）
总　计	**12**	**445**	**38**	**8678**	**717**	**275**	**620**	**357**	**49058**	**15921**	**53173**	**56849**
省本级	2	198	13	4054	413	206	448	285	17263	7658	40073	37470
郑州市	10	247	25	4624	304	69	173	73	31795	8263	13100	19379
市本级	7	170	18	1724	90	40	72	32	21906	5063	9421	16126
巩义市	1	19	4								453	453
新密市	1	17		1700	212	27	100	40	1500	1500	962	970
新郑市	1	41	3	1200	2	2	1	1	8389	1700	2264	1830

14-9　公共图书馆情况

（2013 年）

县(市)区	机构数（个）	从业人员（个）	专业技术人员	年末总藏量（千册）	图书	书刊文献外借（千册次）	总流通人次（千人次）	为读者举办各种活动(次) 举办展览	组织各类讲座	举办培训班	实际使用公用房屋建筑面积（平方米）	阅览室面积	阅览室坐席数（个）
总　计	**15**	**465**	**285**	**5990**	**4640**	**2340**	**3787**	**105**	**277**	**132**	**155560**	**36926**	**8490**
省本级	2	188	149	3382	2562	689	1151	36	69	64	38864	14606	2074
郑州市	13	277	136	2607	2077	1651	2636	69	208	68	116696	22320	6416
市本级	1	118	98	1056	834	557	1200	19	61	6	83016	13708	3544
中原区	1	16	2	98	95	97	112	6	10	8	2000	500	240
二七区	1	8		50	48	166	86	2	12	2	1146	1000	180
管城区	1	6	3	82	80	21	119		18		2500	460	120
金水区	1	18	6	83	80	283	305	5	12	10	2000	900	379
上街区	1	14		178	159	202	201	12	18	23	3000	720	300
惠济区	1	7	1	66	62	69	81	5	13	6	1500	520	180
中牟县	1	9	1	89	72	35	136		8	3	1670	520	260
巩义市	1	15	4	59	59						11700	1330	333
荥阳市	1	27	13	114	64	44	93	5	30		2100	300	300
新密市	1	12	2	218	157	87	139	6	8	3	2000	700	180
新郑市	1	19	3	438	311	81	160	5	14	6	3258	1758	300
登封市	1	8	3	75	55	10	5	4	4	1	806	144	100

14-10　群众艺术馆、文化馆基本情况

（2013 年）

县(市)区	机构数（个）	从业人员（个）	专业技术人员	举办展览个数（个）	举办训练班次（次）	培训人次（千人次）	组织文艺活动（次）	参加人次（千人次）
合　计	**14**	**334**	**153**	**106**	**840**	**50**	**1072**	**670**
群众艺术馆	**2**	**114**	**72**	**22**	**398**	**22**	**200**	**150**
省本级	1	63	41	9	328	7	130	100
市本级	1	51	31	13	70	16	70	50
文化馆	**12**	**220**	**81**	**84**	**442**	**27**	**872**	**520**
中原区	1	23	2	2	4		46	20
二七区	1	19	15	20	60	3	120	110
管城区	1	20	2	15	38	8	174	8
金水区	1	21	6	6	108	3	230	9
上街区	1	9	7	3	9		60	75
惠济区	1	18	3	6	9	1	14	7
中牟县	1	15	2	4	5	1	3	
巩义市	1	27	16	6	14		125	200
荥阳市	1	28	3		155	6	8	25
新密市	1	11	7	6	6		12	5
新郑市	1	20	14	10	24	2	60	32
登封市	1	9	4	6	10	3	20	30

14-11 文物事业基本情况

(2013 年底)

县(市)区	机构数(个)	从业人员(个)	藏品数(件)	#一级品	展览(次)	参观人次(千人次)
总 计	**31**	**1404**	**254187**	**722**	**83**	**5722**
博物馆	21	991	237682	715	80	4836
#市区	15	863	155600	649	69	4232
文物保护管理单位	10	413	16505	7	3	886
#各县(市)合计	8	378	16397	7		526
中牟县	1	4	428	2		
巩义市	4	316	5867	1		525
荥阳市	1	33	10000	4		
新密市	2	25	102			1

注:博物馆统计包含民办博物馆。

14-12 等级运动员人数

(2013 年底)

单位:人

人员分类	2012 年	#女	2013 年	#女
等级运动员				
二级运动员	852	242	868	252

14-13 社会体育指导员人数

(2013 年底)

单位:人

人员分类	2012 年	2013 年
社会体育指导员	10346	14152
当年发展人数	5515	3806

14-14 体育彩票发行情况

(2013 年底)

项 目	单位	2012 年	2013 年
体育彩票销售点	个	1200	1460
体育彩票销售收入	万元	126030	144192

14-15 卫生事业基本情况

（2013 年）

指　　标	机构数（个）	实有床位数（个）	人员数（人）	卫生技术人员	执业（助理）医师	执业医师	注册护士	药师（士）	技师（士）	其他	其他技术人员	管理人员	工勤人员
总　计	**4026**	**68764**	**97967**	**76282**	**26787**	**23138**	**35532**	**3265**	**4072**	**6626**	**4460**	**4541**	**6979**
市区	1274	51856	69327	56969	19552	18101	28079	2335	2940	4063	3454	3348	4947
六县（市）	2752	16908	28640	19313	7235	5037	7453	930	1132	2563	1006	1193	2032
中牟县	571	3180	4006	2451	1036	676	848	142	154	271	196	91	395
巩义市	650	2530	5544	4162	1606	1096	1730	187	210	429	100	150	333
荥阳市	387	2156	4209	2782	909	594	982	125	128	638	118	233	421
新密市	392	3723	5522	3701	1357	998	1443	218	256	427	189	313	261
新郑市	337	2287	4422	2904	1081	800	1111	105	155	449	160	187	377
登封市	415	3032	4937	3313	1246	873	1339	153	229	323	243	219	245
医　院	**216**	**59020**	**69075**	**57418**	**18692**	**17370**	**29079**	**2521**	**2968**	**4158**	**3180**	**3483**	**4994**
综合医院	111	38014	42771	36063	11620	10862	18582	1504	1922	2435	1877	2045	2786
中医医院	46	9406	11995	10032	3692	3397	4404	604	452	880	411	576	976
中西医结合医院	2	285	304	254	187	132	50	10	7		9	12	29
专科医院	57	11315	14005	11069	3193	2979	6043	403	587	843	883	850	1203
口腔医院	3	40	292	217	124	119	70	3	2	18	17	32	26
眼科医院	6	532	505	286	134	127	103	17	17	15	122	33	64
耳鼻喉科医院	2	180	216	163	57	53	92	5	6	3	35	10	8
肿瘤医院	2	2973	2560	2273	616	615	1410	56	102	89	103	73	111
心血管病医院	3	1080	1557	1315	381	368	720	39	71	104	57	128	57
胸科医院	1	823	1070	930	269	258	561	38	33	29	62	33	45
妇产（科）医院	3	121	569	294	101	87	165	9	15	4	5	47	223
儿童医院	1	1379	2425	2075	403	395	1208	71	128	265	46	142	162
精神病医院	3	638	543	425	105	98	228	20	23	49	30	38	50
传染病医院	2	1059	975	836	218	205	411	30	41	136	26	71	42
皮肤病医院	3	125	158	126	41	31	68	10	7		7	5	20
骨科医院	8	1105	1509	987	376	324	438	45	62	66	234	103	185
康复医院	4	727	634	466	150	124	213	25	38	40	56	29	83
整形外科医院	1	25	86	42	11	11	25	2	2	2	14	12	18
美容医院	4	100	255	129	44	38	70	6	9		38	36	52
其他专科医院	11	408	651	505	163	126	261	27	31	23	31	58	57
基层医疗卫生机构	**3642**	**6404**	**19554**	**12426**	**6036**	**3953**	**4120**	**567**	**517**	**1186**	**407**	**228**	**788**
社区卫生服务中心（站）	211	1300	3712	3255	1354	1125	1273	174	172	282	131	122	204
卫生院	101	4924	5313	4529	1779	873	1403	275	261	811	276	106	402
村卫生室	2519		7097	1392	1042	332	350						
门诊部	38	180	758	640	324	262	209	34	56	17			118
诊所、卫生所、医务室	773		2674	2610	1537	1361	885	84	28	76			64
专业公共卫生机构	**140**	**3340**	**8325**	**6160**	**1973**	**1759**	**2302**	**168**	**506**	**1211**	**697**	**624**	**844**
疾病预防控制中心	16		1696	1085	537	474	95	24	128	301	170	222	219
专科疾病防治院（所、站）	3	70	256	197	74	72	29	4	39	51	21	12	26
健康教育所（站、中心）	3		31	9	3	2	2	1	1	2	4	11	7
妇幼保健院（所、站）	14	3270	4262	3648	1127	1046	1906	127	273	215	194	156	264
急救中心（站）	3		93	56	11	10	36			9	10	16	11
采供血机构	1		401	206	34	34	118	1	44	9	68	15	112
卫生监督所（中心）	17		693	577						577	37	52	27
计划生育技术服务机构	83		893	382	187	121	116	11	21	47	193	140	178
其他卫生机构	**28**		**1013**	**278**	**86**	**56**	**31**	**9**	**81**	**71**	**176**	**206**	**353**

注：卫生事业基本情况包含村卫生室。

14-16 门诊部、诊所、卫生所、

（2013 年）

类别	总计	按管理类别分		按经济类型分				
		非营利性	营利性	国有	集体	联营	私营	其他
机构总数（个）	**811**	**141**	**670**	**97**	**32**	**3**	**601**	**78**
总人员数（人）	**3432**	**980**	**2452**	**620**	**264**	**8**	**2166**	**374**
卫生技术人员	3250	911	2339	590	234	8	2083	335
执业医师	1623	482	1141	321	120	5	1018	159
执业助理医师	238	46	192	16	19		155	48
注册护士	1094	275	819	179	69	2	740	104
药剂师（士）	118	40	78	31	7	1	69	10
技师（士）	84	37	47	22	12		39	11
其他卫生技术人员	93	31	62	21	7		62	3
工勤技能人员	182	69	113	30	30		83	39
床位数（门诊部）	**180**	**131**	**49**	**126**	**5**		**29**	**20**
房屋建筑面积（平方米）	**126938**	**38112**	**88826**	**27972**	**7461**	**165**	**76073**	**15267**
总收入（万元）	**16092**	**6601**	**9491**	**5574**	**583**	**15**	**8359**	**1561**
医疗收入	11097	3958	7139	3171	382	8	6207	1331
药品收入	6095	2414	3681	2164	125	8	3150	649
总支出（万元）	**14623**	**6233**	**8390**	**5313**	**510**	**13**	**7383**	**1405**
人员经费	6828	2635	4194	2111	240	4	3710	764
药品支出	5331	2229	3102	1935	168	5	2718	505
诊疗人次数	**3875365**	**674274**	**3201091**	**440692**	**139364**	**7162**	**2767669**	**520478**
出诊人次数	95608	6820	88788	4585	1905		74225	14893

医务室基本情况

按设置/主办单位分			按诊所类别分				
政府办	社会办	私人办	普通	中医	中西医结合	口腔	其他
12	**140**	**659**	**427**	**113**	**22**	**72**	**139**
82	**922**	**2428**	**1392**	**287**	**81**	**290**	**624**
74	862	2314	1362	286	80	280	602
36	459	1128	707	159	40	120	335
5	48	185	81	11	6	49	29
22	261	811	501	73	27	100	184
4	37	77	30	29	6		19
2	34	48	16			2	10
5	23	65	27	14	1	9	25
8	60	114	30	1	1	10	22
	131	**49**					
3424	**36251**	**87263**	**44427**	**11652**	**2859**	**7639**	**24421**
120	**6599**	**9373**	**5150**	**1234**	**259**	**951**	**1475**
79	3989	7030	3581	946	169	750	958
49	2392	3654	2345	626	105	309	630
108	**6209**	**8306**	**4380**	**1019**	**219**	**778**	**1382**
46	2652	4130	1955	414	83	436	634
43	2200	3089	1971	497	110	252	631
61794	**663446**	**3150125**	**2169355**	**480630**	**108040**	**195779**	**511408**
	7180	88428	24968	15114	2964	105	2587

14-17　医疗卫生机构门诊服务情况

（2013 年）

类　别	机构数（个）	总诊疗人次数（人次）	门、急诊人次				观察室留观病例数（人）	死亡人数	健康检查人数	急诊死亡率（%）	观察室病死率（%）	预约诊疗人次占总诊疗人次百分比（%）
			小计	门诊人次	急诊人次	死亡人数						
总　计	**3897**	**66013154**	**60711144**	**58077841**	**2633303**	**1693**	**645591**	**66**	**3138228**	**0.06**	**0.01**	**5.27**
医　院	**216**	**32203044**	**29622894**	**27724894**	**1898000**	**1562**	**446158**	**66**	**1506064**	**0.08**	**0.01**	**9.28**
综合医院	111	21326751	19652106	18467064	1185042	1138	196037	11	927850	0.10	0.01	11.61
中医医院	46	6196455	6014481	5713016	301465	277	71175	55	292421	0.09	0.08	4.75
中西医结合医院	2	99919	99278	93307	5971							5.68
专科医院	57	4579919	3857029	3451507	405522	147	178946		285793	0.04		4.61
口腔医院	3	158049	158049	158049								
眼科医院	6	367281	322379	318623	3756		5					1.95
耳鼻喉科医院	2	42355	42355	42355								
肿瘤医院	2	334845	321973	321966	7				11435			1.80
心血管病医院	3	597830	597362	479579	117783	122			31531	0.10		0.85
胸科医院	1	62742	62742	62742								
妇产（科）医院	3	96686	96523	96523					11546			24.32
儿童医院	1	1710445	1083956	854629	229327	11	164048					8.48
精神病医院	3	225180	225180	215307	9873							2.94
传染病医院	2	252800	251002	241574	9428	2	11998		188604	0.02		0.29
皮肤病医院	3	45293	45054	45054								12.76
骨科医院	8	362487	361995	338894	23101		1770		3455			2.18
康复医院	4	229334	194736	187089	7647	12	878		36469	0.16		0.51
整形外科医院	1	6982	6982	6982			53					
美容医院	4	31359	31359	31359								4.18
其他专科医院	11	56251	55382	50782	4600		194		2753			1.46
基层医疗卫生机构	**3642**	**30344913**	**28102969**	**27708805**	**394164**	**97**	**189958**		**1369970**	**0.02**		
社区卫生服务中心（站）	211	4689556	4225733	4030109	195624	34	30479		492131	0.02		
社区卫生服务中心	68	2993567	2682740	2511976	170764	12	19962		391117	0.01		
社区卫生服务站	143	1695989	1542993	1518133	24860	22	10517		101014	0.09		
卫生院	101	7129832	7005842	6807302	198540	63	159479		877839	0.03		
中心卫生院	27	2128221	2063202	1999621	63581		57281		399624			
乡卫生院	74	5001611	4942640	4807681	134959	63	102198		478215	0.05		
村卫生室	2519	14650160	13091637	13091637								
门诊部	38	410153	360283	360283								
诊所、卫生所、医务室	773	3465212	3419474	3419474								
专业公共卫生机构	**37**	**3457697**	**2977781**	**2636642**	**341139**	**34**	**9475**		**262194**	**0.01**		**14.22**
专科疾病防治院（所、站）	3	171956	27129	27129					163187			
妇幼保健院（所、站）	14	3143336	2808247	2609513	198734	34	9475		99007	0.02		15.64
其他机构	**2**	**7500**	**7500**	**7500**								

14-18 医疗卫生机构住院服务情况

（2013 年）

类　别	入院人数（人）	出院人数（人）		住院病人手术人次数（人次）	每百门急诊的入院人数	死亡率（%）
			死亡			
总　计	**2054319**	**2055154**	**5883**	**542826**	**4.70**	**0.29**
医　院	**1748169**	**1749250**	**5741**	**500741**	**5.90**	**0.33**
综合医院	1230396	1236322	4304	360102	6.26	0.35
中医医院	241084	239172	1010	40946	4.01	0.42
中西医结合医院	7510	5533		2241	7.56	
专科医院	269179	268223	427	97452	6.98	0.16
口腔医院	32	32		32	0.02	
眼科医院	20072	20117		18820	6.23	
耳鼻喉科医院	3914	3864		3191	9.24	
肿瘤医院	77516	76689	148	17477	24.08	0.19
心血管病医院	26684	26744	103	12317	4.47	0.39
胸科医院	16805	16718		6285	26.78	
妇产（科）医院	3227	3112		1953	3.34	
儿童医院	49575	49558	66	10223	4.57	0.13
精神病医院	7592	7635			3.37	
传染病医院	16669	16428	87	1727	6.64	0.53
皮肤病医院	819	820			1.82	
骨科医院	27289	27962		17555	7.54	
康复医院	8468	8123	23	440	4.35	0.28
整形外科医院	257	257		257	3.68	
美容医院	1592	1592		920	5.08	
其他专科医院	8668	8572		6255	15.65	
基层医疗卫生机构	**161794**	**162000**	**32**		**1.43**	**0.02**
社区卫生服务中心（站）	19943	20587	8		0.47	0.04
卫生院	140788	140350	24		2.01	0.02
中心卫生院	48478	47887	10		2.35	0.02
乡卫生院	92310	92463	14		1.87	0.02
门诊部	1063	1063				
专业公共卫生机构	**144356**	**143904**	**110**	**42085**	**5.09**	**0.08**
专科疾病防治院（所、站）	511	518		4	1.88	
妇幼保健院（所、站）	143845	143386	110	42081	5.12	0.08

14-19　医疗卫生机构病床使用情况

（2013 年）

类　别	实有床位数（张）	实际开放总床位（床日）	平均开放病床数（张）	实际占用总床日数（床日）	出院者占用总床日数	病床周转次数	病床工作日（日）	病床使用率（%）	出院者平均住院日（日）
总　计	**68764**	**23642854**	**64598**	**22647685**	**21891713**	**31.8**	**350.6**	**95.8**	**10.7**
医　院	**59020**	**20307770**	**55486**	**20204805**	**19590987**	**31.5**	**364.1**	**99.5**	**11.2**
综合医院	38014	13026205	35591	13132003	12488406	34.7	369.0	100.8	10.1
中医医院	9406	3404239	9301	3216232	3124476	25.7	345.8	94.5	13.1
中西医结合医院	285	98884	270	127518	111199	20.5	472.0	129.0	20.1
专科医院	11315	3778442	10324	3729052	3866906	26.0	361.2	98.7	14.4
口腔医院	40	14600	40	780	780	0.8	19.6	5.3	24.4
眼科医院	532	192670	526	74826	65467	38.2	142.1	38.8	3.3
耳鼻喉科医院	180	65700	180	30153	30588	21.5	168.0	45.9	7.9
肿瘤医院	2973	855492	2337	1094073	1300711	32.8	468.1	127.9	17.0
心血管病医院	1080	373500	1020	301137	283719	26.2	295.1	80.6	10.6
胸科医院	823	299765	819	376908	374760	20.4	460.2	125.7	22.4
妇产（科）医院	121	43865	120	19570	19461	26.0	163.3	44.6	6.3
儿童医院	1379	503335	1375	514535	518316	36.0	374.1	102.2	10.5
精神病医院	638	229180	626	268883	269047	12.2	429.4	117.3	35.2
传染病医院	1059	346058	946	335363	315918	17.4	354.7	96.9	19.2
皮肤病医院	125	19175	52	8704	8295	15.7	166.1	45.4	10.1
骨科医院	1105	393518	1075	407278	411385	26.0	378.8	103.5	14.7
康复医院	727	251065	686	176414	152813	11.8	257.2	70.3	18.8
整形外科医院	25	8760	24	2673	2673	10.7	111.7	30.5	10.4
美容医院	100	36150	99	20726	20506	16.1	209.8	57.3	12.9
其他专科医院	408	145609	398	97029	92467	21.5	243.9	66.6	10.8
基层医疗卫生机构	**6404**	**2158895**	**5899**	**1357587**	**1212854**	**27.5**	**230.2**	**62.9**	**7.5**
社区卫生服务中心（站）	1300	407420	1113	245704	198189	18.5	220.7	60.3	9.6
卫生院	4924	1751475	4785	1111883	1014665	29.3	232.3	63.5	7.2
中心卫生院	1557	558172	1525	360741	319579	31.4	236.5	64.6	6.7
乡卫生院	3367	1193303	3260	751142	695086	28.4	230.4	63.0	7.5
专业公共卫生机构	**3340**	**1176189**	**3214**	**1085293**	**1087872**	**21.0**	**337.7**	**92.3**	**7.6**
专科疾病防治院（所、站）	70	25550	70	22719	24407		325.4	88.9	47.1
妇幼保健院（所、站）	3270	1150639	3144	1062574	1063465	21.0	338.0	92.4	7.4

14-20 医疗卫生机构收入与支出

（2013 年）

单位:万元

类　　别	总收入	财政补助收入	科教项目收入	上级补助收入	医疗收入/事业收入	总支出	医疗业务成本/医疗支出/事业支出	公共卫生支出	科教项目支出	管理费用	财政项目补助支出	总支出中:人员经费支出
总　计	**3042312**	**205651**	**5836**	**6328**	**2776385**	**2803403**	**2313834**	**24811**	**4879**	**267805**	**76701**	**702166**
医　院	**2712681**	**156537**	**5754**		**2513607**	**2508618**	**2116856**		**4836**	**253030**	**64190**	**609972**
综合医院	1890128	106399	3408		1754050	1745739	1485067		2320	174022	39374	419994
中医医院	347004	23653	1669		315795	316005	253306		2161	35552	9514	83251
中西医结合医院	3014				2859	2156	2026			114		1406
专科医院	472534	26485	677		440902	444718	376458		354	43342	15303	105321
口腔医院	4059				3593	4423	3573			143		1697
眼科医院	10643	791			9540	9141	4987			1630	788	1730
耳鼻喉科医院	3581				3581	3714	2734			738		848
肿瘤医院	166333	6526	98		158983	145880	132221		53	13037	404	32511
心血管病医院	44297	639			43555	55114	51202			3674	5	10599
胸科医院	45362	3229			41937	43458	38051			4086	1320	10122
妇产(科)医院	7621				7614	6835	2463			2428		974
儿童医院	67889	5542	64		60374	61561	53575		8	3162	4573	17776
精神病医院	11550	1034			10449	9704	6912			1073	1689	4960
传染病医院	29653	4594	411		24538	28471	20398		282	3781	3783	7507
皮肤病医院	3156				3156	2294	1048		4	1219		687
骨科医院	59182	3752	105		54888	56834	47370		7	6651	2553	10398
康复医院	10050	379			9542	9550	6516			767	190	3011
整形外科医院	1047				1047	1353	894					735

类　别	总收入	财政补助收入	科教项目收入	上级补助收入	医疗收入/事业收入	总支出	医疗业务成本/医疗支出/事业支出	公共卫生支出	科教项目支出	管理费用	财政项目补助支出	总支出中：人员经费支出
美容医院	2518				2518	1413	641			493		430
其他专科医院	5593				5588	4974	3877			459		1337
基层医疗卫生机构	**164859**	**35495**		**6312**	**114671**	**159512**	**92923**	**24811**			**3229**	**52813**
社区卫生服务中心（站）	40622	13026		695	26406	38928	26567	10916			506	12618
社区卫生服务中心	34052	12157		665	20897	32955	21471	10179			490	10947
社区卫生服务站	6570	868		31	5509	5973	5096	737			16	1671
卫生院	85735	22469		1446	61137	85305	66356	13894			2724	26846
中心卫生院	27039	6734		598	19448	27044	21215	4269			875	9072
乡卫生院	58695	15735		848	41689	58260	45141	9625			1849	17773
村卫生室	22411			4171	16032	20657						6522
门诊部	7024				4694	6846						3306
诊所、卫生所、医务室	9068				6403	7777						3522
诊所	8062				5766	6864						3109
卫生所、医务室	1006				638	913						413
专业公共卫生机构	**152752**	**13619**	**82**	**16**	**136086**	**124550**	**97291**		**44**	**14288**	**9282**	**36835**
专科疾病防治院（所、站）	8640	4885			3653	7562	3915			345	3005	2002
妇幼保健院（所、站）	143935	8576	82		132430	116816	93263		44	13944	6277	34718
妇幼保健院	142258	7370	82		132031	114919	92454		44	13874	5773	34176
急救中心（站）	177	159		16	3	171	113					115
其他卫生机构	**12020**				**12020**	**10723**	**6764**			**486**		**2546**
临床检验中心	12020				12020	10723	6764			486		2546

14-21　村卫生室基本情况

（2013年）

类　别	合计	按设置/主办单位分					按行医方式分		
		村办	乡医院设点	联合办	私人办	其他	中医为主	西医为主	中西医结合
机构数（个）	2519	1778	119	249	254	119	77	1702	740
执业（助理）医师（人）	1042	744		109	135	54	18	638	412
注册护士（人）	350	236		37	54	23	6	209	143
乡村医生和卫生员（人）	5705	4247	179	586	493	200	163	3616	1926
乡村医生	5374	4066	165	534	414	195	157	3404	1813
卫生员	331	181	14	52	79	5	6	212	113
年内培训人次数	20015	14507	281	2443	2354	430	385	13299	6331
总收入（万元）	22411	17754	468	1735	1728	728	427	14355	7629
#上级补助收入	4171	3328	31	511	243	58	75	2669	1427
村或集体补助收入	13	12				1	1	12	
医疗收入	16032	12672	272	1167	1325	596	279	10063	5690
药品收入	12006	9717	180	919	830	359	234	7566	4206
总支出（万元）	20657	16201	428	1608	1707	713	404	13168	7086
#人员经费	6522	4759	177	703	682	201	138	4167	2217
药品支出	12409	10063	190	873	974	309	240	7879	4290
诊疗人次数	14650160	11446797	386960	1281442	1092968	441993	374499	9563964	4711697
#出诊人次数	1558523	1286955	40515	104749	105953	20351	145274	997127	416122

14-22　分县(市)区医疗机构收入与支出

（2013 年）

单位:万元

类　别	总收入	财政补助收入	科教项目收入	上级补助收入	医疗收入/事业收入	总支出	医疗业务成本/医疗支出/事业支出	公共卫生支出	科教项目支出	管理费用	财政项目补助支出	总费用中:人员经费
总　计	**3042313**	**205651**	**5836**	**6328**	**2776385**	**2803403**	**2313834**	**24811**	**4879**	**267805**	**76701**	**702166**
中原区	210090	18363	103	194	189423	208825	158784	2331	104	24477	8348	53226
二七区	933086	41337	1983	500	882461	841724	749852	1901	1473	61248	22506	200896
管城区	200823	10657	29	335	188073	194675	150612	2564	17	27110	3657	48928
金水区	1268336	102466	3643	289	1132556	1141212	941152	4348	3269	122221	31477	278268
上街区	17011	385		167	16020	16753	10616	70		1104	115	5728
惠济区	28152	1861	8	207	24947	29228	19464	851	1	3036	927	9538
中牟县	58090	4255		971	51463	56644	45552	2970	10	4169	584	17477
巩义市	70561	6308		1169	61050	68147	52296	1993		5504	1253	20053
荥阳市	50214	5456		475	43752	46880	34721	868		2538	2845	12294
新密市	76606	5645		771	68852	76155	59375	2474		3821	3409	20675
新郑市	71917	5189	45	726	65523	68738	51305	2352		4999	909	18932
登封市	57426	3729	25	525	52264	54422	40104	2088	4	7577	671	16151

14-23 规模以上工业企业 R&D 人员情况

(2013 年)

类　别	有 R&D 活动企业个数(个)	有科技机构企业个数(个)	R&D 人员合计(人)	#参加项目人员	管理和服务人员	#女性	#研究人员
总计	**428**	**299**	**35032**	**32474**	**2558**	**6521**	**12026**
按企业规模分组							
大型	49	39	16902	15853	1049	2568	6544
中型	150	105	11095	10161	934	2525	3182
小型	228	153	7010	6435	575	1424	2285
微型	1	2	25	25		4	15
按隶属关系分组							
中央	17	11	2755	2440	315	695	1361
省(自治区、直辖市)	14	12	5028	4818	210	573	2297
地(区、市、州、盟)	36	30	4241	3840	401	969	881
县(区、市、旗)	35	27	2998	2723	275	616	821
街道	2	2	47	42	5	5	30
镇	13	10	1050	1022	28	94	116
村委会	9	6	338	325	13	43	120
其他	302	201	18575	17264	1311	3526	6400
按登记注册类型分组							
内资企业	396	278	29514	27377	2137	5385	9370
国有企业	7	6	1622	1508	114	311	879
集体企业	3	3	162	157	5	16	45
有限责任公司	238	162	16074	15011	1063	3035	5118
国有独资公司	5	5	861	727	134	295	545
其他有限责任公司	233	157	15213	14284	929	2740	4573
股份有限公司	51	41	8394	7689	705	1411	2211
私营企业	97	66	3262	3012	250	612	1117
私营独资企业	5	4	101	96	5	18	32
私营有限责任公司	85	55	2737	2506	231	510	944
私营股份有限公司	7	7	424	410	14	84	141
港、澳、台商投资企业	14	7	2368	2310	58	510	1889
合资经营企业(港或澳、台资)	6	2	473	454	19	104	88
港、澳、台商独资经营企业	8	5	1895	1856	39	406	1801

（2013年）

类　别	有R&D活动企业个数(个)	有科技机构企业个数(个)	R&D人员合计(人)	#参加项目人员	管理和服务人员	#女性	#研究人员
外商投资企业	18	14	3150	2787	363	626	767
中外合资经营企业	10	7	1882	1760	122	366	584
外资企业	3	3	640	461	179	90	83
外商投资股份有限公司	3	3	489	438	51	143	47
其他外商投资企业	2	1	139	128	11	27	53
按国民经济行业大类分组							
采矿业	3	1	2367	2256	111	29	1336
煤炭开采和洗选业	3	1	2367	2256	111	29	1336
制造业	420	294	31394	29031	2363	6309	9935
农副食品加工业	21	16	728	679	49	148	167
食品制造业	21	18	2064	1805	259	625	293
酒、饮料和精制茶制造业	5	2	764	712	52	212	264
烟草制品业	1	1	326	317	9	35	81
纺织业	5	5	136	127	9	55	51
纺织服装、服饰业	4	5	88	86	2	66	11
家具制造业	2	1	47	36	11	2	25
造纸和纸制品业	8	2	188	181	7	41	40
印刷和记录媒介复制业	7	5	226	209	17	41	81
文教、工美、体育和娱乐用品制造业	4	2	108	102	6	30	19
化学原料和化学制品制造业	24	17	1125	1017	108	276	441
医药制造业	24	18	1428	1358	70	725	267
橡胶和塑料制品业	6	8	253	230	23	31	94
非金属矿物制品业	89	56	4117	3786	331	650	1158
黑色金属冶炼和压延加工业	8	4	443	411	32	54	122
有色金属冶炼和压延加工业	14	12	1930	1724	206	265	616
金属制品业	11	10	770	654	116	143	241
通用设备制造业	33	25	3672	3497	175	738	966
专用设备制造业	49	26	3241	3015	226	669	1188
汽车制造业	20	14	3704	3417	287	371	816
铁路、船舶、航空航天和其他运输设备制造业	6	5	399	355	44	95	100
电气机械和器材制造业	26	18	1144	1081	63	218	325

(2013年)

类　别	有R&D活动企业个数(个)	有科技机构企业个数(个)	R&D人员合计(人)	#参加项目人员	管理和服务人员	#女性	#研究人员
计算机、通信和其他电子设备制造业	13	11	2986	2844	142	564	2179
仪器仪表制造业	18	12	1505	1386	119	255	388
其他制造业	1	1	2	2			2
电力、热力、燃气及水生产和供应业	5	4	1271	1187	84	183	755
电力、热力生产和供应业	3	3	1225	1147	78	167	722
燃气生产和供应业	1		14	11	3	1	1
水的生产和供应业	1	1	32	29	3	15	32
按企业控股情况分组							
国有控股	48	37	8829	8224	605	1509	4274
集体控股	7	8	322	313	9	41	72
私人控股	311	209	18334	17004	1330	3533	4877
港澳台商控股	12	7	2311	2244	67	456	1872
外商控股	12	10	2183	1857	326	317	382
其他	38	28	3053	2832	221	665	549
按地区分组							
中原区	22	18	3657	3496	161	392	1803
二七区	19	17	2268	2050	218	505	1202
管城区	7	7	2380	2126	254	329	682
金水区	9	9	689	543	146	131	135
上街区	16	16	1295	1121	174	293	438
惠济区	9	6	605	558	47	163	99
中牟县	11	10	649	632	17	90	322
巩义市	26	27	2086	1886	200	225	585
荥阳市	31	21	1829	1751	78	256	339
新密市	59	29	2134	2005	129	247	603
新郑市	56	40	3012	2819	193	755	719
登封市	34	14	1770	1621	149	292	516
经济开发区	33	22	3280	3083	197	834	1815
高新开发区	70	40	7738	7220	518	1525	2181
郑东新区	4	4	440	425	15	62	100
航空港实验区	22	19	1200	1138	62	422	487

14-23　续表3　　　　　　　　　　　　　　　（2013年）

类　　别	#全时人员	非全时人员	R&D人员折合全时当量合计（人年）	#研究人员	#应用研究人员	试验发展人员
总计	**19564**	**15468**	**25355.6**	**8439.3**	**21.2**	**25334.4**
按企业规模分组						
大型	9024	7878	12191	4418.9	15.6	12175.3
中型	6815	4280	8176.2	2391.4		8176.2
小型	3705	3305	4964.8	1614.9	5.6	4959.3
微型	20	5	23.6	14.2		23.6
按隶属关系分组						
中央	2145	610	2270.7	1104.8	4.1	2266.6
省（自治区、直辖市）	967	4061	2926.6	1327		2926.6
地（区、市、州、盟）	2874	1367	3245.9	666.4		3245.9
县（区、市、旗）	1784	1214	2216.2	624.5		2216.2
街道	25	22	33.7	23.3		33.7
镇	469	581	497.2	80.5		497.2
村委会	53	285	184	67.2		184
其他	11247	7328	13981.3	4545.6	17.1	13964.2
按登记注册类型分组						
内资企业	15735	13779	21314.8	6605.4	17	21297.8
国有企业	554	1068	1150.6	597.2		1150.6
集体企业	93	69	144.6	40.1		144.6
有限责任公司	7619	8455	11438.4	3390.9	9.6	11428.8
国有独资公司	773	88	776	485.2		776
其他有限责任公司	6846	8367	10662.4	2905.8	9.6	10652.8
股份有限公司	5646	2748	6301.4	1768.9	7.4	6294
私营企业	1823	1439	2279.8	808.3		2279.8
私营独资企业	58	43	88.6	28.5		88.6
私营有限责任公司	1461	1276	1926.7	688.5		1926.7
私营股份有限公司	304	120	264.5	91.2		264.5
港、澳、台商投资企业	1975	393	1684.5	1281.6		1684.5
合资经营企业（港或澳、台资）	158	315	405.8	76.7		405.8
港、澳、台商独资经营企业	1817	78	1278.6	1204.9		1278.6

14-23 续表4 （2013年）

类　别	#全时人员	非全时人员	R&D人员折合全时当量合计（人年）	#研究人员	#应用研究人员	试验发展人员
外商投资企业	1854	1296	2356.3	552.3	4.2	2352.1
中外合资经营企业	1086	796	1256.9	399.4		1256.9
外资企业	351	289	582.7	74.4	4.2	578.5
外商投资股份有限公司	284	205	399.7	30.7		399.7
其他外商投资企业	133	6	117.1	47.9		117.1
按国民经济行业大类分组						
采矿业	260	2107	1113.1	643		1113.1
煤炭开采和洗选业	260	2107	1113.1	643		1113.1
制造业	18992	12402	23322.9	7247.6	21.2	23301.7
农副食品加工业	367	361	586.5	134.3		586.5
食品制造业	938	1126	1741.4	250.2	17.1	1724.3
酒、饮料和精制茶制造业	109	655	370.7	109.8		370.7
烟草制品业	74	252	247.1	61.4	4.1	243
纺织业	58	78	99.6	34.3		99.6
纺织服装、服饰业	75	13	48	7.1		48
家具制造业	6	41	39.1	22.8		39.1
造纸和纸制品业	133	55	95.2	21.4		95.2
印刷和记录媒介复制业	123	103	119.9	51		119.9
文教、工美、体育和娱乐用品制造业	71	37	88.4	14.7		88.4
化学原料和化学制品制造业	625	500	808	292.8		808
医药制造业	799	629	972.9	197.3		972.9
橡胶和塑料制品业	139	114	176.1	58.7		176.1
非金属矿物制品业	1620	2497	2852.3	842.1		2852.3
黑色金属冶炼和压延加工业	201	242	292.5	82.1		292.5
有色金属冶炼和压延加工业	1107	823	1484	442.2		1484
金属制品业	355	415	601.7	180.6		601.7
通用设备制造业	2140	1532	3080.9	745.2		3080.9
专用设备制造业	2320	921	2500.4	960.9		2500.4
汽车制造业	2731	973	2617.9	578.8		2617.9
铁路、船舶、航空航天和其他运输设备制造业	343	56	233.4	57.6		233.4
电气机械和器材制造业	709	435	751.3	230		751.3

14-23 续表 5 （2013 年）

类　别	#全时人员	非全时人员	R&D 人员折合全时当量合计（人年）	#研究人员	#应用研究人员	试验发展人员
计算机、通信和其他电子设备制造业	2667	319	2225.8	1535.7		2225.8
仪器仪表制造业	1280	225	1288.7	335.3		1288.7
其他制造业	2		1.1	1.1		1.1
电力、热力、燃气及水生产和供应业	312	959	919.7	548.8		919.7
电力、热力生产和供应业	287	938	873.7	515.8		873.7
燃气生产和供应业	10	4	14	1		14
水的生产和供应业	15	17	32	32		32
按企业控股情况分组						
国有控股	3933	4896	5938.4	2829.2	4.1	5934.3
集体控股	207	115	283.6	63.1		283.6
私人控股	10698	7636	13251.2	3549.6	13	13238.2
港澳台商控股	2059	252	1644.4	1271.1		1644.4
外商控股	1249	934	1828.8	311.2	4.2	1824.6
其他	1418	1635	2409.3	415.1		2409.3
按地区分组						
中原区	925	2732	1968.2	948.2		1968.2
二七区	1251	1017	1762.5	947.2		1762.5
管城区	1693	687	1856.8	465.1		1856.8
金水区	339	350	602.1	117.5	4.2	598
上街区	859	436	876.6	320.3		876.6
惠济区	358	247	497.5	73.7		497.5
中牟县	476	173	369.1	176.6		369.1
巩义市	1179	907	1568.4	436.9		1568.4
荥阳市	818	1011	1018.2	226.2		1018.2
新密市	556	1578	1594.8	472.6		1594.8
新郑市	1134	1878	2047.5	497.9	7.4	2040.1
登封市	767	1003	999	283.1	5.6	993.4
经济开发区	2384	896	2226.7	1228.6		2226.7
高新开发区	5707	2031	6738.6	1852.1		6738.6
郑东新区	167	273	353	78.1	4.1	348.9
航空港实验区	951	249	876.6	315.2		876.6

14-24　规模以上工业企业全部R&D项目情况

（2013年）

类　　别	项目数（项）	参加项目人员（人）	项目人员折合全时当量（人年）	全部项目经费内部支出（万元）
总计	**2704**	**32474**	**23432.5**	**656351.3**
按企业规模分组				
大型	1027	15853	11390.3	371989.7
中型	920	10161	7470.1	173016.3
小型	754	6435	4548.5	110489.6
微型	3	25	23.6	855.7
按隶属关系分组				
中央	466	2440	2011.5	44685
省（自治区、直辖市）	291	4818	2806.5	112222.6
地（区、市、州、盟）	333	3840	2935.2	111424.7
县（区、市、旗）	229	2723	1999.7	70083.1
街道	8	42	29.4	407.1
镇	67	1022	484.2	10481.8
村委会	17	325	176.1	3796.5
其他	1293	17264	12989.9	303250.5
按登记注册类型分组				
内资企业	2365	27377	19737.4	545693.2
国有企业	144	1508	1073.3	20326.7
集体企业	5	157	140.4	1761
有限责任公司	1375	15011	10682.3	291658.8
国有独资公司	174	727	656.4	13582
其他有限责任公司	1201	14284	10025.9	278076.8
股份有限公司	535	7689	5732.2	177432.9
私营企业	306	3012	2109.2	54513.8
私营独资企业	18	96	84.4	1827.9
私营有限责任公司	259	2506	1767.8	43830.5
私营股份有限公司	29	410	257.1	8855.4
港、澳、台商投资企业	69	2310	1637.1	22983
合资经营企业（港或澳、台资）	24	454	386.8	3533.1
港、澳、台商独资经营企业	45	1856	1250.3	19449.9
外商投资企业	270	2787	2058	87675.1

14-24　续表1　　　　　　　　　　　　　　（2013年）

类　别	项目数（项）	参加项目人员（人）	项目人员折合全时当量（人年）	全部项目经费内部支出（万元）
中外合资经营企业	124	1760	1171.8	60875.3
外资企业	86	461	418.6	16632
外商投资股份有限公司	44	438	359.9	7439.3
其他外商投资企业	16	128	107.8	2728.5
按国民经济行业大类分组				
采矿业	74	2256	1061.4	70795.9
煤炭开采和洗选业	74	2256	1061.4	70795.9
制造业	2515	29031	21512.2	570230.1
农副食品加工业	64	679	546.9	22185.9
食品制造业	197	1805	1520.6	33148.7
酒、饮料和精制茶制造业	43	712	349.3	9255.5
烟草制品业	133	317	240.3	4341.1
纺织业	17	127	93.2	2088.3
纺织服装、服饰业	4	86	47	823.5
家具制造业	5	36	30.4	273.2
造纸和纸制品业	18	181	91.6	3847.4
印刷和记录媒介复制业	19	209	109.1	4200.8
文教、工美、体育和娱乐用品制造业	8	102	83.4	984.5
化学原料和化学制品制造业	95	1017	729.7	23770.8
医药制造业	200	1358	925.8	17110.6
橡胶和塑料制品业	18	230	160.6	3116.1
非金属矿物制品业	257	3786	2612.2	68553.6
黑色金属冶炼和压延加工业	25	411	272.4	9072.7
有色金属冶炼和压延加工业	76	1724	1328.9	45591.6
金属制品业	81	654	515.1	7825
通用设备制造业	226	3497	2950.3	56063.3
专用设备制造业	425	3015	2312.5	62926
汽车制造业	225	3417	2390.3	124884.2
铁路、船舶、航空航天和其他运输设备制造业	33	355	208.1	5897.7
电气机械和器材制造业	129	1081	711.3	25011.2

单位:万元

仪器设备	按资金来源分组				R&D经费外部支出	#对境内研究机构支出	对境内高等学校支出	对境外支出
	政府资金	企业资金	境外资金	其他资金				
6754.3	2782.7	87918.5		24.6	8665.4	8519.5	101.5	34
4248.5	1903.8	59939.6		24.6	8495.2	8448.3	16.9	30
1953	422.4	17750.8			92.5	67.2	25.4	
348.5	187.5	7469.6			47.2	4	39.2	4
204.3	269	2758.5			30.5		20	
24088.3		83150.8			1897.3	627	1185.7	
24088.3		83150.8			1897.3	627	1185.7	
66453	27221.6	581856.1	179.5	3698.8	25637.8	20541.9	4220.3	305.2
3182	427.8	22666.8			216.7	91.1	69.9	4
3503.2	1530.6	34763.4			670.6	212.7	197.5	260.5
1443.1	105	10238			611.9	303.6	308.2	
835.3		4594.5			2040.7	148.7	1892	
595.5	62.4	2057.5		24.7	21.9	6	15.9	
135.9		827.7						
471	20	742						
1247.4	60	3943.5			86	4		
855.6	111.4	4443.2			50.1	2	48.1	
116.1	47.8	998			8			
4122.1	525	23826.1		804	229.4	125	95.4	
1815.2	1805.2	16486.7		7.9	746.3	533.2	192.1	
1195.9	190	3373.6		476.3	166	40	18	
17153.7	2343.5	70982.9		1011	1241	1092.6	133	8.3
1032.5	404	8761.9			9.5	9.5		
8262.6	1272.7	45973			337.7	107.7	30	
464.1	645.6	8116.7		15				
7624.6	2851.3	61921.2			577.6	107.3	442	
3073.5	6279	62185.9		90	714.3	600.5	100.9	2.4
2070.7	5253.5	124985.9		24.6	16885.2	16415.5	394.9	30
1186.5	408	5153.4		666				
4471.1	400.3	25341.4		579.3	158.9		158.9	

类 别	R&D 经费内部支出合计	按活动类型分组		按支出用途分组			
		应用研究支出	试验发展支出	经常费支出	#人员劳务费	资产性支出	#土建工程
计算机、通信和其他电子设备制造业	27475.8		27475.8	26817.8	13202.6	658	0.1
仪器仪表制造业	14612.7		14612.7	13676.5	6795.3	936.2	5.1
其他制造业	42.3		42.3	35.9	8.8	6.4	
电力、热力、燃气及水生产和供应业	15494.1		15494.1	9650.2	2774	5843.9	44.2
电力、热力生产和供应业	15008.8		15008.8	9164.9	2522.5	5843.9	44.2
燃气生产和供应业	283.3		283.3	283.3	171.5		
水的生产和供应业	202		202	202	80		
按企业控股情况分组							
国有控股	210721	88.9	210632.1	171910.3	62383.4	38810.7	397.6
集体控股	4152.5		4152.5	3497.5	875	655	
私人控股	361918.4	492.8	361425.6	316272.8	93517.9	45645.6	1451.8
港澳台商控股	25075.2		25075.2	23904.1	11164.2	1171.1	5.3
外商控股	58610.5	414.8	58195.7	53315.6	9462.5	5294.9	124.3
其他	51123.3		51123.3	44306.2	15102.5	6817.1	74.4
按地区分组							
中原区	113696.5		113696.5	86114.7	31595.6	27581.8	281.1
二七区	38690.3		38690.3	31501.3	10012.2	7189	73.7
管城区	92476.7		92476.7	90740.3	26863.8	1736.4	47
金水区	19083.5	414.8	18668.7	16836.8	4238.8	2246.7	38.9
上街区	21623.9		21623.9	18923	5623	2700.9	12.8
惠济区	10130.6		10130.6	9317.3	2161.8	813.3	79.8
中牟县	26169.7		26169.7	24848.1	8571.7	1321.6	213
巩义市	53069.8		53069.8	43142.2	8363.1	9927.6	105
荥阳市	30568.1		30568.1	27114.4	4723.8	3453.7	24.4
新密市	34085.7		34085.7	25386.2	5706.1	8699.5	187.2
新郑市	50748	424.8	50323.2	39772.1	14232.1	10975.9	55.1
登封市	40978.3	68	40910.3	34419.3	6263.1	6559	154.8
经济开发区	47136.1		47136.1	44944.4	17589.3	2191.7	39.7
高新开发区	109279.5		109279.5	99247.4	39738.2	10032.1	640.7
郑东新区	7331.8	88.9	7242.9	5746.5	2028.6	1585.3	10
航空港实验区	16532.4		16532.4	15152.5	4794.3	1379.9	90.2

单位:万元

	按资金来源分组				R&D 经费外部支出	#对境内研究机构支出	对境内高等学校支出	对境外支出
仪器设备	政府资金	企业资金	境外资金	其他资金				
657.9	868.7	26607.1			123.5		123.5	
931.1	1599.8	12833.4	179.5		742.5	742.5		
6.4	10	32.3						
5799.7	267	15227.1			150.8	103.7	47.1	
5799.7	188	14820.8			150.8	103.7	47.1	
		283.3						
	79	123						
38413.1	8791.1	201214.6		715.3	13374.6	9868.1	3405.3	8.3
655	45	4107.5						
44193.8	14954	343980.9		2983.5	13583.8	11037.5	1813.7	262.9
1165.8	400.7	24674.5			66.3	30.7	35.6	
5170.6	1769.9	56840.6			274.3	158.9	81.5	34
6742.7	1527.9	49415.9	179.5		386.9	177.4	117	
27300.7	1357.7	112338.8			2296.4	1056.1	1147.4	8.3
7115.3	4212.9	34477.4			725.9	418.1	307.8	
1689.4	4988.7	87488			760.8	240.1	520.6	
2207.8	692.9	18390.6			159.1	104.8	52	2.4
2688.1	227.9	20901.7		494.3	46.6	32.6	14	
733.5	255.5	9875.1			167.3		85.3	
1108.6	3.5	26141.6		24.6	12739.3	12694.5		
9822.6	1697	50896.5		476.3	276	154	122	
3429.3	581.2	29320.9		666	139.1	54.1	85	
8512.3	551	33534.7			82.2	82.2		
10920.8	2142.6	46955		1650.4	1608.5	670.3	614.4	260.5
6404.2	1127	39639.1		212.2	452.7	75.2	65	
2152	1793.1	45253		90	3762.2	3707.5	14.2	30
9391.4	6610.4	102404.6	179.5	85	2102.6	1709.7	364.6	
1575.3	115	7216.8			2085.7	163.7	1922	
1289.7	1132.2	15400.2			281.5	109.7	138.8	4

14-26　规模以上工业企业办科技机构情况

（2013 年）

指标名称	机构数（个）	机构人员合计（人）	#博士毕业	硕士毕业	本科毕业	机构经费支出（万元）	仪器和设备原价（万元）	#进口	境外机构数（个）
总计	**359**	**23385**	**506**	**2273**	**12641**	**438753.4**	**288359.6**	**58213.5**	**2**
按企业规模分组									
大型	49	10565	144	760	5697	250964.8	137587.4	36242.1	1
中型	136	7971	172	1049	4476	123768.4	92925.9	11244.4	1
小型	172	4817	187	457	2446	63270.2	55561.7	10727.0	
微型	2	32	3	7	22	750.0	2284.6		
按隶属关系分组									
中央	18	2315	40	359	1198	31988.8	33605.6	7601.5	
省（自治区、直辖市）	14	1327	61	338	739	38648.9	45016.5	2333.0	
地（区、市、州、盟）	32	3677	62	435	2283	116216.6	35494.2	11206.7	
县（区、市、旗）	31	2149	49	147	826	40384.3	26117.9	1118.9	
街道	2	64	3	1	39	715.8	1033.2	120.0	
镇	13	566	8	15	233	10275.0	3118.5		
村委会	6	235	5	31	65	1429.7	929.0		
其他	243	13052	278	947	7258	199094.3	143044.7	35833.4	2
按登记注册类型分组									
内资企业	334	18368	463	2073	9962	345418.7	241591.1	40690.0	
国有企业	10	870	26	214	440	12906.2	17763.0	3196.3	
集体企业	3	108	3	6	31	1699.3	540.4		
有限责任公司	197	8455	226	943	4530	130335.5	103247.9	17334.1	
国有独资公司	8	698	9	83	381	5807.6	11020.0	2110.6	
其他有限责任公司	189	7757	217	860	4149	124527.9	92227.9	15223.5	
股份有限公司	53	6752	119	720	4032	170123.9	95897.5	14384.3	
私营企业	71	2183	89	190	929	30353.8	24142.3	5775.3	
私营独资企业	4	87	6	8	32	1183.2	2482.6	29.5	
私营有限责任公司	60	1693	76	155	778	20733.3	17650.3	5667.6	
私营股份有限公司	7	403	7	27	119	8437.3	4009.4	78.2	
港、澳、台商投资企业	9	2524	6	27	1413	25619.0	15954.8	13369.9	
合资经营企业（港或澳、台资）	2	91	2	12	75	1431.2	2077.1		
港、澳、台商独资经营企业	7	2433	4	15	1338	24187.8	13877.7	13369.9	
外商投资企业	16	2493	37	173	1266	67715.7	30813.7	4153.6	2
中外合资经营企业	7	1798	4	122	801	38927.0	13950.7	1158.1	

指标	机构数（个）	机构人员合计（人）				机构经费支出（万元）	仪器和设备原价（万元）		境外机构数（个）
			#博士毕业	硕士毕业	本科毕业			#进口	
外资企业	4	461	15	23	361	18836.5	15533.0	2695.5	2
外商投资股份有限公司	4	180	11	16	74	9426.2	550.0	300.0	
其他外商投资企业	1	54	7	12	30	526.0	780.0		
按国民经济行业大类分组									
采矿业	2	103	12	30	46	2060.0	998.7		
煤炭开采和洗选业	2	103	12	30	46	2060.0	998.7		
制造业	353	22874	473	2134	12408	433181.1	285129.6	58073.5	2
农副食品加工业	17	400	25	62	197	6946.7	4926.6	1489.0	
食品制造业	20	1024	50	143	636	33876.7	18212.6	894.6	1
酒、饮料和精制茶制造业	2	102	11	48	25	5299.5	2179.0	365.0	
烟草制品业	1	101	2	12	65	5139.4	6724.2	3899.9	
纺织业	5	73	7	16	32	1486.4	3523.0	2502.0	
纺织服装、服饰业	5	207	1	2	63	804.7	355.4	23.0	
家具制造业	2	20			6	30.0	116.0		
造纸和纸制品业	2	46	2	4	10	153.5	380.0		
印刷和记录媒介复制业	5	190	5	38	68	3235.0	4005.0	1205.3	
文教、工美、体育和娱乐用品制造业	2	24	1	3	13	156.0	120.0		
化学原料和化学制品制造业	29	914	30	99	506	16576.5	13464.6	559.2	
医药制造业	25	938	43	182	539	12840.1	12966.6	565.3	
橡胶和塑料制品业	8	237	13	27	107	3556.9	3841.9	2636.7	
非金属矿物制品业	65	2532	69	227	911	32045.1	30604.1	5074.8	
黑色金属冶炼和压延加工业	4	146	3	9	67	3009.2	4193.7	2310.5	1
有色金属冶炼和压延加工业	12	2262	49	205	620	48028.4	21821.3	35.0	
金属制品业	15	509	14	21	209	7994.9	9046.0	1853.3	
通用设备制造业	26	1783	26	150	1062	31328.6	24229.6	6467.5	
专用设备制造业	28	1967	35	235	1137	38359.5	42495.0	2485.2	
汽车制造业	18	3450	33	321	2558	119387.0	28795.0	10128.4	
铁路、船舶、航空航天和其他运输设备制造业	6	389	7	23	270	5874.6	8397.6	1906.0	
电气机械和器材制造业	21	619	12	43	309	13120.4	16980.0	559.4	
计算机、通信和其他电子设备制造业	17	3711	22	168	2072	33909.4	20471.0	12757.6	

14-26　续表 2　　（2013 年）

指标	机构数（个）	机构人员合计（人）	#博士毕业	硕士毕业	本科毕业	机构经费支出（万元）	仪器和设备原价（万元）	#进口	境外机构数（个）
仪器仪表制造业	17	1219	8	91	925	9617.6	7125.4	355.8	
其他制造业	1	11	5	5	1	405.0	156.0		
电力、热力、燃气及水生产和供应业	4	408	21	109	187	3512.3	2231.3	140.0	
电力、热力生产和供应业	3	392	21	102	178	3482.3	1131.3	140.0	
水的生产和供应业	1	16		7	9	30.0	1100.0		
按企业控股情况分组									
国有控股	47	4670	110	748	2699	84692.4	90437.8	12404.9	
集体控股	8	212	8	12	69	6573.5	6213.7	847.5	
私人控股	250	12032	306	1141	6358	233499.5	126513.3	25816.8	
港澳台商控股	9	2638	14	32	1419	25709.8	14813.7	13458.9	
外商控股	12	1686	29	69	648	49072.3	25373.1	3970.0	2
其他	33	2147	39	271	1448	39205.9	25008.0	1715.4	
按地区分组									
中原区	23	1236	25	235	717	35109.4	38243.8	3184.4	
二七区	18	1355	48	220	692	17266.5	15097.2	3823.1	
管城区	8	2121	30	225	1343	86362.4	22995.7	10818.9	
金水区	10	484	17	40	323	18939.6	17349.0	1370.7	1
上街区	16	1397	44	169	551	14173.8	11848.4	681.9	
惠济区	7	211	19	39	113	10767.7	1840.7	225.0	
中牟县	11	757	3	56	625	14828.2	7114.8	23.0	
巩义市	27	2212	45	91	524	52499.8	38079.9	5976.5	1
荥阳市	29	852	19	51	416	13879.9	9367.4	1317.8	
新密市	32	1146	23	60	302	8058.7	7477.3	34.0	
新郑市	40	1550	79	222	785	32716.0	22382.7	2649.5	
登封市	14	473	34	59	197	5641.2	3622.6	1905.8	
经济开发区	27	3447	34	217	2046	46470.3	20943.6	6493.5	
高新开发区	56	4738	47	441	3231	61902.2	46560.9	7928.7	
郑东新区	5	171	8	30	92	6897.4	8130.7	4419.9	
航空港实验区	36	1235	31	118	684	13240.3	17304.9	7360.8	

14-27 规模以上工业企业自主知识产权保护情况

(2013 年)

类别	专利申请数(件)	#发明专利(件)	有效发明专利数(件)	#境外授权	专利所有权转让及许可数(项)	专利所有权转让与许可收入(万元)	发表科技论文(篇)	拥有注册商标数(件)	#境外注册	形成国家或行业标准数(项)
总计	**5274**	**1148**	**2115**	**6**	**1**	**180**	**1780**	**2885**	**568**	**78**
按企业规模分组										
大型	2184	437	638	2			1369	1758	541	27
中型	1632	350	947	4			241	390	9	31
小型	1458	361	529				170	737	18	20
微型			1		1	180				
按隶属关系分组										
中央	693	170	605	1			264	129	4	34
省(自治区、直辖市)	949	270	252	2			959	20		4
地(区、市、州、盟)	533	171	91	1			105	1040	483	4
县(区、市、旗)	685	150	221				74	77	4	3
街道	5						1			
镇	189	7	26				7	52	28	
村委会	16	1	43					7		
其他	2204	379	877	2	1	180	370	1560	49	33
按登记注册类型分组										
内资企业	4859	1079	1972	5	1	180	1633	2485	536	73
国有企业	885	268	189				855	19		10
集体企业	5		6				1	2		
有限责任公司	2317	556	899		1	180	575	821	21	33
国有独资公司	54	23	39				50	87		5
其他有限责任公司	2263	533	860		1	180	525	734	21	28
股份有限公司	1050	183	683	3			172	1468	513	22
私营企业	602	72	195	2			30	175	2	8
私营独资企业	5	1	9					6		
私营有限责任公司	565	61	167	2			30	158	2	5
私营股份有限公司	32	10	19					11		3
港、澳、台商投资企业	214	18	71				6	18		
合资经营企业(港或澳、台资)	135	14	23				6	11		
港、澳、台商独资经营企业	79	4	48					7		
外商投资企业	201	51	72	1			141	382	32	5

14-27 续表1 （2013年）

类别	专利申请数（件）	#发明专利(件)	有效发明专利数（件）	#境外授权	专利所有权转让及许可数（项）	专利所有权转让与许可收入（万元）	发表科技论文（篇）	拥有注册商标数（件）	#境外注册	形成国家或行业标准数（项）
中外合资经营企业	142	28	35	1			137	136	5	1
中外合作经营企业										
外资企业	31	7	13					8		1
外商投资股份有限公司	16	9	8				1	237	27	
其他外商投资企业	12	7	16				3	1		3
按国民经济行业大类分组										
采矿业	15	3	5				123	1		
煤炭开采和洗选业	15	3	5				123	1		
制造业	4332	890	1922	6	1	180	846	2878	568	75
农副食品加工业	113	60	59				17	58		
食品制造业	118	29	79				16	711	45	1
酒、饮料和精制茶制造业	4		15				86	67		
烟草制品业	340	28	38				98	16	4	6
纺织业	2							2		
纺织服装、服饰业	122							14		
木材加工和木、竹、藤、棕、草制品业								1		
家具制造业	86							4		
造纸和纸制品业	5	2						2		
印刷和记录媒介复制业	28	5	15					3		
文教、工美、体育和娱乐用品制造业	77	1	9					1		
化学原料和化学制品制造业	64	41	50				7	20		1
医药制造业	223	114	136	1	1	180	67	585	13	3
橡胶和塑料制品业	147	10	28				13	9		
非金属矿物制品业	438	95	153				79	98	3	16
黑色金属冶炼和压延加工业			2					7		
有色金属冶炼和压延加工业	162	67	469	1			75	5		1
金属制品业	158	32	68				7	38	4	2
通用设备制造业	292	65	120				118	59		20
专用设备制造业	499	83	216	4			81	142	2	11
汽车制造业	562	77	105				99	904	489	2
铁路、船舶、航空航天和其他运输设备制造业	32	12	33				11	2		7
电气机械和器材制造业	287	48	127				19	25		1

14-27 续表2 (2013年)

类别	专利申请数（件）	#发明专利（件）	有效发明专利数（件）	#境外授权	专利所有权转让及许可数（项）	专利所有权转让与许可收入（万元）	发表科技论文（篇）	拥有注册商标数（件）	#境外注册	形成国家或行业标准数（项）
计算机、通信和其他电子设备制造业	146	49	111				10	25		1
仪器仪表制造业	424	71	89				38	80	8	3
其他制造业	3	1					5			
电力、热力、燃气及水生产和供应业	927	255	188				811	6		3
电力、热力生产和供应业	922	251	175				805	3		3
燃气生产和供应业	5	4	13					3		
水的生产和供应业							6			
按企业控股情况分组										
国有控股	1921	464	835	3			1387	275	9	41
集体控股	20	2	13				4	4		
私人控股	2803	572	994	2	1	180	268	2275	528	28
港澳台商控股	144	24	82				9	14	3	5
外商控股	81	35	35				47	253	27	1
其他	305	51	156	1			65	64	1	3
按地区分组										
中原区	272	30	91	4			189	62	2	3
二七区	971	287	212				840	137		6
管城区	443	53	11				104	758	456	3
金水区	60	7	29					34		1
上街区	120	59	449	1			24	29		2
惠济区	25	13	13				11	247	27	
中牟县	140	8	7				78	120	5	
巩义市	101	32	109				53	65	4	7
荥阳市	311	34	120				12	73	28	1
新密市	147	36	73		1	180	23	16		4
新郑市	349	46	103				9	676	18	1
登封市	210	30	35				34	13	3	2
经济开发区	498	101	182	1			39	37		5
高新开发区	949	191	530				209	508	21	37
郑东新区	347	29	63				106	30	4	6
航空港实验区	331	192	88				49	80		

14-28 规模以上工业企业新产品开发、生产及销售

(2013 年)

类　别	新产品开发项目数(项)	新产品开发经费支出(万元)	新产品产值(万元)	新产品销售收入(万元)	#出口
总计	**3200**	**600666.3**	**24425324.3**	**23963403.7**	**17920047.1**
按企业规模分组					
大型	727	294774.7	22369254.3	21998008.7	17820543.8
中型	1058	179709.3	1503445.4	1390549.1	48717.5
小型	1412	125006.3	548612.6	571215.9	50785.8
微型	3	1176	4012	3630	
按隶属关系分组					
中央	388	41250.3	272882	308378.8	7633.2
省(自治区、直辖市)	162	61719	568159.4	572686.4	9284
地(区、市、州、盟)	429	125590.4	1920936.3	1787715.8	148436.1
县(区、市、旗)	254	55050.7	462926.7	457714.8	4888.5
街道	12	619.2	5040	4739.2	
镇	71	14546.4	150414.8	178094.7	3500
村委会	16	3328.2	5111.6	7058.4	680
其他	1868	298562.1	21039853.5	20647015.6	17745625.3
按登记注册类型分组					
内资企业	2809	505713.4	5529669.4	5386525.7	278133.8
国有企业	68	10366.3	64546.8	70457.2	1011
集体企业	6	1844.1	51274.6	48582.6	
有限责任公司	1705	262521.5	2534946.7	2549122.4	43096.7
国有独资公司	183	17560	72415.2	73455.2	814
其他有限责任公司	1522	244961.5	2462531.5	2475667.2	42282.7
股份有限公司	504	173809.9	2341647.7	2331363.2	228294
私营企业	526	57171.6	537253.6	387000.3	5732.1
私营独资企业	18	1734.8	20436.5	19229.4	3895
私营有限责任公司	476	46117.7	341557.3	201575.4	1837.1
私营股份有限公司	32	9319.1	175259.8	166195.5	
港、澳、台商投资企业	70	11878.9	17847906.9	17659083.5	17552068.6
合资经营企业(港或澳、台资)	37	4373.5	43396.6	43414.4	16851.1
港、澳、台商独资经营企业	33	7505.4	17804510.3	17615669.1	17535217.5

14-28 续表1 （2013年）

类　别	新产品开发项目数(项)	新产品开发经费支出（万元）	新产品产值（万元）	新产品销售收入（万元）	#出口
外商投资企业	321	83074	1047748	917794.5	89844.7
中外合资经营企业	161	55609.2	669576.9	675212.8	88334.6
外资企业	73	14232.1	212917.4	205319.1	1296.9
外商投资股份有限公司	53	9768.7	143379.7	15397.3	80
其他外商投资企业	34	3464	21874	21865.3	133.2
按国民经济行业大类分组					
采矿业	21	22834.4	63164	66322	
煤炭开采和洗选业	21	22834.4	63164	66322	
制造业	3155	575727.6	24188660.3	23723581.7	17920047.1
农副食品加工业	148	22948.3	117319.7	125087.6	80
食品制造业	181	32735.3	367740.2	231288.4	17552.5
酒、饮料和精制茶制造业	31	9342.6	5060.6	5459.4	
烟草制品业	45	1503.3	116833.9	116833.9	5102.2
纺织业	14	1827.4	8246.5	8151.5	20
纺织服装、服饰业	30	2826.7	35808.3	32139.5	
家具制造业	93	1495.3	8020	7634	
造纸和纸制品业	6	855	4540	4540	
印刷和记录媒介复制业	18	3064.5	42722.5	44479.5	
文教、工美、体育和娱乐用品制造业	13	1721.8	5784.8	5439.3	1966.9
化学原料和化学制品制造业	173	15786.5	99751.2	140729	1125
医药制造业	332	20447.2	126900.8	148448.3	145
橡胶和塑料制品业	134	6741.7	37708.2	35288.3	1186.4
非金属矿物制品业	262	68940.1	336780.8	310386.5	43980.8
黑色金属冶炼和压延加工业	20	7443	8411.9	8411.9	176.9
有色金属冶炼和压延加工业	65	39258.2	418407.5	272318.4	
金属制品业	133	9184.8	18555.9	74793.8	267
通用设备制造业	212	55621.4	1258525.7	1209705.2	63315.5
专用设备制造业	510	67602.5	677216.4	673900.2	19615.1
汽车制造业	254	134493.3	2268680	2258429.4	205796.5
铁路、船舶、航空航天和其他运输设备制造业	42	7032.3	63418.5	61740.6	
电气机械和器材制造业	156	27711.7	222420.7	212917.1	3780.6

14-28 续表2　　　　　　　　　　　　（2013年）

类　别	新产品开发项目数(项)	新产品开发经费支出(万元)	新产品产值(万元)	新产品销售收入(万元)	#出口
计算机、通信和其他电子设备制造业	91	19392.5	17848443.1	17655759.3	17536436.1
仪器仪表制造业	191	17709.9	91363.1	79700.6	19500.6
其他制造业	1	42.3			
电力、热力、燃气及水生产和供应业	24	2104.3	173500	173500	
电力、热力生产和供应业	17	1684.6	173500	173500	
燃气生产和供应业	2	217.7			
水的生产和供应业	5	202			
按企业控股情况分组					
国有控股	706	129074.9	1675897.3	1715174.2	87301.4
集体控股	28	7420.3	61913.7	58896	
私人控股	1941	353359.2	3708835.6	3538145.2	240235.2
港澳台商控股	44	11722.7	17834653.3	17643494.4	17535676.7
外商控股	157	49883.5	429575.8	296444.7	1376.9
其他	324	49205.7	714448.6	711249.2	55456.9
按地区分组					
中原区	211	55916.8	487885.9	488960.4	9295.1
二七区	182	27503.9	233759.8	227389.2	61842
管城区	121	90039	1481862.1	1484079.5	133285
金水区	94	15481.5	214458.8	209082.5	3234.8
上街区	81	14073.3	129400	125134.1	6376.6
惠济区	67	11144.7	176697.8	57487.6	
中牟县	61	26867.2	586488.8	588040.1	71732.8
巩义市	142	55607.4	521518.2	411546.5	6164.1
荥阳市	133	29489.8	273083.7	301657	232
新密市	77	26843.2	122263	117135.5	10560
新郑市	216	36180.2	175532.4	168901.1	3337.7
登封市	58	31539.1	229163.3	226572.5	750
经济开发区	916	48621.3	893238.8	895935.6	497247.7
高新开发区	627	105776.7	1508353.3	1446108.3	61863.6
郑东新区	51	3865.4	123266.4	123266.4	5102.2
航空港实验区	163	21716.8	17268352	17092107.4	17049023.5

14-29 规模以上工业企业政府相关政策落实情况

（2013 年）

单位：万元

类　别	来自政府部门的科技活动资金	研究开发费用加计扣除减免税	高新技术企业减免税
总计	**30282.4**	**15892.4**	**59852**
按企业规模分组			
大型	13059.6	11194.5	44748.9
中型	11123.9	2755.7	9777.9
小型	6048.9	1942.2	5325.2
微型	50		
二、按隶属关系分组			
中央	7772.1	1289.2	523.2
省（自治区、直辖市）	591	820.6	17105.8
地（区、市、州、盟）	7290.6	5619.7	21844.3
县（区、市、旗）	2894.4	298.9	786
镇	741.3		
村委会	122		
其他	10871	7864	19592.7
按登记注册类型分组			
内资企业	26946.1	11388.4	49036.2
国有企业	2750.1		70.8
集体企业	30		
有限责任公司	12171.2	2571.4	6066.5
国有独资公司	3907	406	46
其他有限责任公司	8264.2	2165.4	6020.5
股份有限公司	9748.8	7570.8	39766
私营企业	2246	1246.2	3132.9
私营独资企业	240		
私营有限责任公司	2002.7	1024.4	1780.9
私营股份有限公司	3.3	221.8	1352
港、澳、台商投资企业	105	433.4	1143.4
合资经营企业（港或澳、台资）	80	228.6	314.8
港、澳、台商独资经营企业	25	204.8	828.6
外商投资企业	3231.3	4070.6	9672.4
中外合资经营企业	2214.8	3471.6	9015.1

类　　别	来自政府部门的科技活动资金	研究开发费用加计扣除减免税	高新技术企业减免税
外资企业	500	99	585.3
外商投资股份有限公司	247.5	370	
其他外商投资企业	269	130	72
按国民经济行业大类分组			
采矿业		66	
煤炭开采和洗选业		66	
制造业	30015.4	15450.7	59810.9
农副食品加工业	448.5	702	
食品制造业	1673.2	432.5	1.8
酒、饮料和精制茶制造业	138.3		
纺织业	62.4	21	
纺织服装、服饰业	5		
家具制造业	20		
造纸和纸制品业	60		
印刷和记录媒介复制业	247	81	130
文教、工美、体育和娱乐用品制造业	60		
化学原料和化学制品制造业	693.1	556.8	1171
医药制造业	2082.1	242.6	2858.7
橡胶和塑料制品业	290	5.3	172.2
非金属矿物制品业	2663.7	533.6	2220.6
黑色金属冶炼和压延加工业	404		
有色金属冶炼和压延加工业	1727.1		
金属制品业	725.9	378.4	685.6
通用设备制造业	2957.4	855.2	3537.2
专用设备制造业	6468.2	1515.7	17939.6
汽车制造业	5522	7940.5	26279.1
铁路、船舶、航空航天和其他运输设备制造业	437.4	75	398.4
电气机械和器材制造业	465.8	471.1	816.6
计算机、通信和其他电子设备制造业	1091.8	154.6	699.2
仪器仪表制造业	1637.5	1485.4	2900.9

类　别	来自政府部门的科技活动资金	研究开发费用加计扣除减免税	高新技术企业减免税
其他制造业	135		
电力、热力、燃气及水生产和供应业	267	375.7	41.1
电力、热力生产和供应业	188	242	
燃气生产和供应业		133.7	41.1
水的生产和供应业	79		
按企业控股情况分组			
国有控股	9179.5	5533.2	24336.9
集体控股	245		50.4
私人控股	16469.5	7927.7	28705
港澳台商控股	414	468.5	941.7
外商控股	2070.5	505.5	688.7
其他	1903.9	1457.5	5129.3
按地区分组			
中原区	1592	979.8	16683.7
二七区	4382.7	944.4	61.5
管城区	5108.3	4808.7	19788
金水区	781.2		148.1
上街区	233.9	27.1	772.8
惠济区	315.5	1108.4	
中牟县	29	3095.3	6554.9
巩义市	2236.3	481.7	937.9
荥阳市	591.2	96	811.1
新密市	551		210.2
新郑市	2199.7	271.7	1147.6
登封市	1269.5	242	11.3
经济开发区	2571.6	273.3	3213.7
高新开发区	6914.9	3560.6	9075.5
郑东新区	115		
航空港实验区	1390.6	3.4	435.7

14-30 规模以上工业企业技术获取和技术改造情况

（2013 年）

单位：万元

类　别	引进技术经费支出	消化吸收经费支出	购买国内技术经费支出	技术改造经费支出
总计	**16030.7**	**15258.2**	**20603.5**	**304972**
按企业规模分组				
大型	12999.6	14862	20438.8	285024
中型	1658.1	144.2	18.8	12746.9
小型	1373	252	145.9	7201.1
按隶属关系分组				
中央	8200	10	467.4	42916.2
省（自治区、直辖市）	2069.7	8239.8	873.8	150722.1
地（区、市、州、盟）	436.1	80	39	80808.8
县（区、市、旗）	65	110.2	33.8	12143.5
街道				196.7
镇		80		1350
村委会				549
其他	5259.9	6738.2	19189.5	16285.7
按登记注册类型分组				
内资企业	13744.7	8634	20598.5	292453.7
国有企业				82735.5
有限责任公司	1295	8443.2	19682.8	108401.7
国有独资公司		10	467.4	14706
其他有限责任公司	1295	8433.2	19215.4	93695.7
股份有限公司	10269.7	144.8	873.8	99798.7
私营企业	2180	46	41.9	1517.8
私营有限责任公司	2180	46	41.9	1514.3
私营股份有限公司				3.5
港、澳、台商投资企业				1287
合资经营企业（港或澳、台资）				820
港、澳、台商独资经营企业				467
外商投资企业	2286	6624.2	5	11231.3
中外合资经营企业	2278	6572.2		8966.3

14-30 续表1 (2013年) 单位:万元

类别	引进技术经费支出	消化吸收经费支出	购买国内技术经费支出	技术改造经费支出
外资企业				1253
外商投资股份有限公司	8	52	5	363
其他外商投资企业				649
按国民经济行业大类分组				
采矿业		8119		66718
煤炭开采和洗选业		8119		66718
制造业	16030.7	7139.2	20603.5	134455.2
农副食品加工业	8	2	45	2056.3
食品制造业		50		2380.4
酒、饮料和精制茶制造业			453.5	486.1
烟草制品业				8775.3
纺织业	1300	46		374
纺织服装、服饰业				463.5
家具制造业				36.2
造纸和纸制品业				8
印刷和记录媒介复制业				63.5
文教、工美、体育和娱乐用品制造业				63.4
化学原料和化学制品制造业		80		673.2
医药制造业	428.1	110.2	52.8	552.9
橡胶和塑料制品业				106.6
非金属矿物制品业	2175	90	25	4581
黑色金属冶炼和压延加工业				1253
有色金属冶炼和压延加工业				12302
金属制品业				1048.8
通用设备制造业		40	8650	4839.4
专用设备制造业	10269.7	120.8	889.1	17816.6
汽车制造业	1849.9	6572.2	10447.6	73923.2
铁路、船舶、航空航天和其他运输设备制造业			40.5	38.5
电气机械和器材制造业		4		360.9
计算机、通信和其他电子设备制造业		24		51

类　　别	引进技术经费支出	消化吸收经费支出	购买国内技术经费支出	技术改造经费支出
仪器仪表制造业				2201.4
电力、热力、燃气及水生产和供应业				103798.8
电力、热力生产和供应业				90198.8
水的生产和供应业				13600
按企业控股情况分组				
国有控股	12119.6	14846	887.7	221163.8
集体控股				323.2
私人控股	2245	200.2	19660.8	75636
港澳台商控股	1230			1116
外商控股	8	112	5	3452.8
其他	428.1	100	50	3280.2
按地区分组				
中原区	2069.7	8353.8	420.3	81946.1
二七区			467.4	83716
管城区				66448.8
金水区				40
上街区		40		12368
惠济区		50	40	471
中牟县	1849.9	6572.2	6757.6	6631.5
巩义市	1300	66	10	3516.9
荥阳市				3131.8
新密市	880	60		2023.2
新郑市			453.5	6233.8
登封市	1230			7903.8
经济开发区	493.1		3706.4	552.8
高新开发区	8200		8690.5	20668.3
郑东新区				8955.3
航空港实验区	8	116.2	57.8	364.7

14-31　规模以上工业企业限额以上 R&D 项目情况

（2013 年）

类　别	项目数合计(个)	参加科技项目人员(人)	本年度项目经费内部支出(万元)	#政府资金
总计	**2118**	**29442**	**633190.2**	**22721.6**
按项目来源分组				
国家科技项目	57	1811	40541.6	9201.6
地方科技项目	139	2026	47726.1	6498.1
其他企业委托科技项目	32	210	2238	10
本企业自选科技项目	1867	25118	536442.5	6991.9
来自境外的科技项目	1	14	169.5	
其他科技项目	22	263	6072.5	20
按项目合作形式分组				
与境外机构合作	9	244	5270.6	69.9
与境内高校合作	241	4375	109578.1	5089.1
与境内独立研究院所合作	74	943	17053.8	1030.2
与境内注册的外商独资企业合作	14	666	7558.8	70
与境内注册的其他企业合作	105	2079	53686.3	1027.1
独立研究	1609	20518	422296.9	15045.4
其他	66	617	17745.7	389.9
按项目活动类型分组				
应用研究	7	26	919.2	
试验发展	2111	29416	632271	22721.6
按项目成果形式分组				
论文或专著	27	516	16903.5	1367.1
自主研制的新产品原型或样机、样件、样品、配方、新装置	1039	13589	293561.4	13517.1
自主开发的新技术或新工艺、新工法	997	14405	306372	6818.8
发明专利	46	818	15625	1018.6
基础软件	9	114	728.3	

14-31 续表 1 (2013 年)

类　别	项目数合计(个)	参加科技项目人员(人)	本年度项目经费内部支出(万元)	#政府资金
按项目技术经济目标分组				
科学原理的探索、发现	7	18	232	
技术原理的研究	27	354	5015.3	264.9
开发全新产品	1052	15078	321073	16057.1
增加产品功能或提高性能	550	6206	141144.3	4256.3
提高劳动生产率	187	4028	78029.4	453.7
减少能源消耗或提高能源使用效率	127	1946	42860.9	1196.1
节约原材料	36	421	6750.8	336.5
减少环境污染	99	703	16342.5	133
其他	33	688	21742	24
按企业规模分组				
大型	776	14664	360042.5	12036.3
中型	695	8845	165678.3	6498.3
小型	644	5908	106613.7	4187
微型	3	25	855.7	
按隶属关系分组				
中央	253	2416	42222.8	6067.8
省(自治区、直辖市)	271	4509	109142.1	441
地(区、市、州、盟)	250	3629	109215.4	6096
县(区、市、旗)	175	2550	68468.8	2051.7
街道	8	42	407.1	
镇	63	991	9986.7	336.5
村委会	17	296	3796.5	122
其他	1081	15009	289950.8	7606.6
按登记注册类型分组				
内资企业	1862	24558	524382.4	20601.5

14-24 续表2 （2013年）

类 别	项目数（项）	参加项目人员（人）	项目人员折合全时当量（人年）	全部项目经费内部支出（万元）
计算机、通信和其他电子设备制造业	87	2844	2100.6	26885
仪器仪表制造业	129	1386	1181.5	12343.4
其他制造业	1	2	1.1	30
电力、热力、燃气及水生产和供应业	115	1187	858.9	15325.3
电力、热力生产和供应业	107	1147	818.9	14867.8
燃气生产和供应业	3	11	11	267.5
水的生产和供应业	5	29	29	190
按企业控股情况分组				
国有控股	915	8224	5497.9	189661.7
集体控股	23	313	275.5	4084.5
私人控股	1296	17004	12287.6	333992.3
港澳台商控股	60	2244	1590.2	24086
外商控股	168	1857	1553.2	56670.5
其他	242	2832	2228.1	47856.3
按地区分组				
中原区	269	3496	1879.7	100437.7
二七区	243	2050	1587.6	31683.1
管城区	134	2126	1661.8	87294.9
金水区	111	543	471.2	17465.7
上街区	106	1121	754.7	19619.6
惠济区	64	558	457.2	9716.7
中牟县	45	632	358.7	25464.8
巩义市	104	1886	1426.4	51997.1
荥阳市	143	1751	972.8	29457.3
新密市	98	2005	1479.1	32757
新郑市	237	2819	1914.9	47203.4
登封市	105	1621	911.4	37472.8
经济开发区	261	3083	2082.7	45188
高新开发区	536	7220	6301.8	98323.4
郑东新区	142	425	340.3	6579.1
航空港实验区	106	1138	832.2	15690.7

14-25 规模以上工业企业

(2013 年)

类别	R&D经费内部支出合计	按活动类型分组		按支出用途分组			
		应用研究支出	试验发展支出	经常费支出	#人员劳务费	资产性支出	#土建工程
总计	**711600.9**	**996.5**	**710604.4**	**613206.5**	**192505.5**	**98394.4**	**2053.4**
按企业规模分组							
大型	404461.7	928.5	403533.2	353293.7	116211.9	51168	1373.3
中型	185739.5		185739.5	160668.4	49692.9	25071.1	291
小型	120544	68	120476	98705.7	26533.7	21838.3	389.1
微型	855.7		855.7	538.7	67	317	
按隶属关系分组							
中央	51658	88.9	51569.1	46092.7	17704.8	5565.3	
省(自治区、直辖市)	126002.5		126002.5	94785	35989.1	31217.5	289.1
地(区、市、州、盟)	117806.3		117806.3	115456.6	34488.5	2349.7	154.1
县(区、市、旗)	71480.5		71480.5	62366.9	11937.7	9113.6	79.3
街道	438.3		438.3	315.6	137	122.7	
镇	11116.5		11116.5	9531.5	1917.1	1585	16.8
村委会	3983.4		3983.4	2982.9	897.9	1000.5	
其他	329115.4	907.6	328207.8	281675.3	89433.4	47440.1	1514.1
按登记注册类型分组							
内资企业	597399.3	581.7	596817.6	506624.8	161050.6	90774.5	1897
国有企业	21492.2		21492.2	14049.5	3838	7442.7	20
集体企业	1810.4		1810.4	1520.2	524.6	290.2	
有限责任公司	324368.5	156.9	324211.6	266657.3	89894.2	57711.2	1519.6
国有独资公司	17300.1		17300.1	16750.5	7386	549.6	
其他有限责任公司	307068.4	156.9	306911.5	249906.8	82508.2	57161.6	1519.6
股份有限公司	190539.7	424.8	190114.9	176091.1	54365.4	14448.6	104.1
私营企业	59188.5		59188.5	48306.7	12428.4	10881.8	253.3
私营独资企业	2130.3		2130.3	1792.7	311.5	337.6	
私营有限责任公司	47957.9		47957.9	38126.4	9977.9	9831.5	184
私营股份有限公司	9100.3		9100.3	8387.6	2139	712.7	69.3
港、澳、台商投资企业	23475.8		23475.8	22765.7	10770.9	710.1	0.9
合资经营企业(港或澳、台资)	3837.2		3837.2	3250.1	1600.1	587.1	0.7
港、澳、台商独资经营企业	19638.6		19638.6	19515.6	9170.8	123	0.2

R&D 经费情况

单位:万元

	按资金来源分组				R&D 经费外部支出			
仪器设备	政府资金	企业资金	境外资金	其他资金		#对境内研究机构支出	对境内高等学校支出	对境外支出
96341	**27488.6**	**680234**	**179.5**	**3698.8**	**27685.9**	**21272.6**	**5453.1**	**305.2**
49794.7	12598.9	391838.2		24.6	23995.4	19316.8	4313.5	260.5
24780.1	10009.9	174917.6		812	2420.6	1408.6	787.6	8.3
21449.2	4879.8	112622.5	179.5	2862.2	1269.9	547.2	352	36.4
317		855.7						
5565.3	7648.2	44009.8			2384.4	309.1	2058.7	8.3
30928.4	470.9	125531.6			2777.1	1247.3	1445.2	
2195.6	6762.4	111043.9			851.4	206.1	508.3	34
9034.3	2362.7	68642.6		475.2	465.6	225.8	178	
122.7		438.3			10.8	10.8		
1568.2	468	10648.5			17.7	12	3.1	
1000.5	122	3861.4			42.1	42.1		
45926	9654.4	316057.9	179.5	3223.6	21136.8	19219.4	1259.8	262.9
88877.5	24614.2	568931.4	179.5	3674.2	18974.2	12722.4	5336	271.2
7422.7	2662	18830.2			230.8	143.7	87.1	
290.2	30	1780.4						
56191.6	10841.1	311288.3		2239.1	13903.9	9545.8	3922.2	8.3
549.6	3871.2	13428.9			132	105	18.7	8.3
55642	6969.9	297859.4		2239.1	13771.9	9440.8	3903.5	
14344.5	9273.7	180146.4	179.5	940.1	3775.5	2343.9	1162.1	260.5
10628.5	1807.4	56886.1		495	1064	689	164.6	2.4
337.6	130	1680.3		320	48	30	18	
9647.5	1677.4	46105.5		175	531	176.4	144.2	2.4
643.4		9100.3			485	482.6	2.4	
709.2	91.7	23384.1			46.3	30.7	15.6	
586.4	80	3757.2						
122.8	11.7	19626.9			46.3	30.7	15.6	

类别	R&D经费内部支出合计	按活动类型分组		按支出用途分组			
		应用研究支出	试验发展支出	经常费支出	#人员劳务费	资产性支出	#土建工程
外商投资企业	90725.8	414.8	90311	83816	20684	6909.8	155.5
中外合资经营企业	61868		61868	57591.4	13689.8	4276.6	28.1
外资企业	18173.2	414.8	17758.4	16181.7	4062	1991.5	38.5
外商投资股份有限公司	7657.1		7657.1	7224.8	1478.1	432.3	83.8
其他外商投资企业	3027.5		3027.5	2818.1	1454.1	209.4	5.1
按国民经济行业大类分组							
采矿业	83150.8		83150.8	58797.3	25964.7	24353.5	265.2
煤炭开采和洗选业	83150.8		83150.8	58797.3	25964.7	24353.5	265.2
制造业	612956	996.5	611959.5	544759	163766.8	68197	1744
农副食品加工业	23094.6		23094.6	19896.9	2705	3197.7	15.7
食品制造业	36294	907.6	35386.4	32644.2	9511	3649.8	146.6
酒、饮料和精制茶制造业	10343		10343	8871.1	4989.7	1471.9	28.8
烟草制品业	4594.5	88.9	4505.6	3759.2	1690	835.3	
纺织业	2144.6		2144.6	1529.9	337.4	614.7	19.2
纺织服装、服饰业	827.7		827.7	691.5	391.5	136.2	0.3
家具制造业	762		762	291	101.2	471	
造纸和纸制品业	4003.5		4003.5	2756.1	382	1247.4	
印刷和记录媒介复制业	4554.6		4554.6	3699	1246.3	855.6	
文教、工美、体育和娱乐用品制造业	1045.8		1045.8	929.7	331.3	116.1	
化学原料和化学制品制造业	25155.1		25155.1	20966	5019.6	4189.1	67
医药制造业	18299.8		18299.8	16284.7	6108.7	2015.1	199.9
橡胶和塑料制品业	4039.9		4039.9	2827.4	892.1	1212.5	16.6
非金属矿物制品业	74337.4		74337.4	56936.5	14310.5	17400.9	247.2
黑色金属冶炼和压延加工业	9165.9		9165.9	8128.1	977.3	1037.8	5.3
有色金属冶炼和压延加工业	47245.7		47245.7	38913.9	8453.3	8331.8	69.2
金属制品业	8777.3		8777.3	8304.6	3122.4	472.7	8.6
通用设备制造业	64772.5		64772.5	56601.8	17591.4	8170.7	546.1
专用设备制造业	68554.9		68554.9	65465.5	18099.9	3089.4	15.9
汽车制造业	130264		130264	127888.7	40930.1	2375.3	304.6
铁路、船舶、航空航天和其他运输设备制造业	6227.4		6227.4	5018.5	1904.8	1208.9	22.4
电气机械和器材制造业	26321		26321	21824.5	4664.6	4496.5	25.4

14-31 规模以上工业企业限额以上 R&D 项目情况

(2013 年)

类　别	项目数合计(个)	参加科技项目人员(人)	本年度项目经费内部支出(万元)	#政府资金
总计	**2118**	**29442**	**633190.2**	**22721.6**
按项目来源分组				
国家科技项目	57	1811	40541.6	9201.6
地方科技项目	139	2026	47726.1	6498.1
其他企业委托科技项目	32	210	2238	10
本企业自选科技项目	1867	25118	536442.5	6991.9
来自境外的科技项目	1	14	169.5	
其他科技项目	22	263	6072.5	20
按项目合作形式分组				
与境外机构合作	9	244	5270.6	69.9
与境内高校合作	241	4375	109578.1	5089.1
与境内独立研究院所合作	74	943	17053.8	1030.2
与境内注册的外商独资企业合作	14	666	7558.8	70
与境内注册的其他企业合作	105	2079	53686.3	1027.1
独立研究	1609	20518	422296.9	15045.4
其他	66	617	17745.7	389.9
按项目活动类型分组				
应用研究	7	26	919.2	
试验发展	2111	29416	632271	22721.6
按项目成果形式分组				
论文或专著	27	516	16903.5	1367.1
自主研制的新产品原型或样机、样件、样品、配方、新装置	1039	13589	293561.4	13517.1
自主开发的新技术或新工艺、新工法	997	14405	306372	6818.8
发明专利	46	818	15625	1018.6
基础软件	9	114	728.3	

14-31 续表1 (2013年)

类　别	项目数合计(个)	参加科技项目人员(人)	本年度项目经费内部支出(万元)	#政府资金
按项目技术经济目标分组				
科学原理的探索、发现	7	18	232	
技术原理的研究	27	354	5015.3	264.9
开发全新产品	1052	15078	321073	16057.1
增加产品功能或提高性能	550	6206	141144.3	4256.3
提高劳动生产率	187	4028	78029.4	453.7
减少能源消耗或提高能源使用效率	127	1946	42860.9	1196.1
节约原材料	36	421	6750.8	336.5
减少环境污染	99	703	16342.5	133
其他	33	688	21742	24
按企业规模分组				
大型	776	14664	360042.5	12036.3
中型	695	8845	165678.3	6498.3
小型	644	5908	106613.7	4187
微型	3	25	855.7	
按隶属关系分组				
中央	253	2416	42222.8	6067.8
省(自治区、直辖市)	271	4509	109142.1	441
地(区、市、州、盟)	250	3629	109215.4	6096
县(区、市、旗)	175	2550	68468.8	2051.7
街道	8	42	407.1	
镇	63	991	9986.7	336.5
村委会	17	296	3796.5	122
其他	1081	15009	289950.8	7606.6
按登记注册类型分组				
内资企业	1862	24558	524382.4	20601.5

14-31 续表 2 (2013 年)

类 别	项目数合计(个)	参加科技项目人员(人)	本年度项目经费内部支出(万元)	#政府资金
国有企业	120	1233	20309.1	1110.8
集体企业	5	157	1424.7	30
有限责任公司	1006	13236	275506.5	9468.3
国有独资公司	36	699	13506.4	3842
其他有限责任公司	970	12537	262000.1	5626.3
股份有限公司	455	7006	174102	8379
私营企业	276	2926	53040.1	1613.4
私营独资企业	18	96	1737.3	130
私营有限责任公司	229	2431	42447.4	1483.4
私营股份有限公司	29	399	8855.4	
港、澳、台商投资企业	64	2255	22980.2	59
合资经营企业(港或澳、台资)	23	449	3533.1	52
港、澳、台商独资经营企业	41	1806	19447.1	7
外商投资企业	192	2629	85827.6	2061.1
中外合资经营企业	80	1692	59938.1	1404.6
外资企业	86	436	16632	200
外商投资股份有限公司	19	438	6529	187.5
其他外商投资企业	7	63	2728.5	269
按国民经济行业大类分组				
采矿业	67	2232	68978.5	
煤炭开采和洗选业	67	2232	68978.5	
制造业	1973	26370	549847.6	22592.6
农副食品加工业	63	594	21995	417
食品制造业	154	1774	31884.2	1241.7
酒、饮料和精制茶制造业	10	703	8443.4	105

类　　别	项目数合计(个)	参加科技项目人员(人)	本年度项目经费内部支出(万元)	#政府资金
烟草制品业	133	317	4341.1	
纺织业	16	127	2088.3	62.4
纺织服装、服饰业	4	86	823.5	
家具制造业	2	32	273.2	20
造纸和纸制品业	18	181	3837.8	60
印刷和记录媒介复制业	19	197	4200.8	87
文教、工美、体育和娱乐用品制造业	8	99	882.5	46
化学原料和化学制品制造业	76	887	23052.2	505
医药制造业	127	1189	15973.5	1257.5
橡胶和塑料制品业	17	228	3091.8	189.8
非金属矿物制品业	237	3511	66890	1974.5
黑色金属冶炼和压延加工业	24	338	8862.6	270.8
有色金属冶炼和压延加工业	57	1716	44126	1219.1
金属制品业	70	532	7161.2	604.1
通用设备制造业	157	2906	48005.6	1207.3
专用设备制造业	239	2921	61959.5	6155.4
汽车制造业	207	3314	124412.1	5083
铁路、船舶、航空航天和其他运输设备制造业	25	214	5809.7	407.4
电气机械和器材制造业	116	1049	24251.6	318.1
计算机、通信和其他电子设备制造业	87	2339	25734.5	435.9
仪器仪表制造业	106	1114	11717.5	915.6
其他制造业	1	2	30	10
电力、热力、燃气及水生产和供应业	78	840	14364.1	129
电力、热力生产和供应业	72	819	13974.6	50
燃气生产和供应业	3	11	267.5	

14-31 续表4 （2013年）

类 别	项目数合计(个)	参加科技项目人员(人)	本年度项目经费内部支出(万元)	#政府资金
水的生产和供应业	3	10	122	79
按企业控股情况分组				
国有控股	626	7773	183815.4	7011.5
集体控股	23	307	3748.2	45
私人控股	1091	15333	319625.6	12813.3
港澳台商控股	55	2083	24083.2	396
外商控股	142	1759	55248.1	1500.5
其他	181	2187	46669.7	955.3
按地区分组				
中原区	241	3439	98251.6	1297.2
二七区	98	1702	30867.7	4088.1
管城区	101	2110	87294.8	4842
金水区	109	514	17447.7	451
上街区	90	1115	18060.2	227.9
惠济区	38	549	8968.3	255.5
中牟县	41	623	25449.4	
巩义市	96	1745	51891.1	1646.6
荥阳市	127	1672	28770.9	498.5
新密市	98	1971	32071.2	267
新郑市	198	2791	46042.4	2026.1
登封市	55	1275	35949.3	967.6
经济开发区	161	2902	43384.2	1260
高新开发区	448	5715	88203.8	3898.3
郑东新区	141	403	6408.1	115
航空港实验区	76	916	14129.5	880.8

主要统计指标解释

普通高等学校 指按照国家规定的设置标准和审批程序批准举办的,通过全国普通高等学校统一招生考试,招收高中毕业生为主要培养对象,实施高等教育的全日制大学、独立设置的学院和高等专科学校、高等职业学校和其他机构。

中等职业学校 指实施中等职业教育的学校,招生对象是初中毕业生和具有初中同等学历的人员,基本学制为三年制。

成人高等学校 指按照国家有关规定审批,招收通过全国成人高教统一招生考试的具有高中毕业或同等学历的在职从业人员,利用脱产、半脱产、业余或函授等多种形式对其实施高等学历教育,培养高等教育专科或本科毕业水平的专门人才,修业年限、课程设置和总学时数均按高等学历教育要求付诸实施的学校。

等级运动员人数 指经考核正式批准授予等级运动员称号的人数。运动员等级分为国际级运动健将、运动健将、一级运动员、二级运动员、三级运动员、少年级运动员。

文化事业机构 指从事专业文化工作和专业文化工作服务的独立建制的单位。不包括这些单位另外举办独立核算的其他机构和各部门的业余文化组织。

研究与试验发展(R&D) 指在科学技术领域,为增加知识总量,以及运用这些知识去创造新的应用进行的系统的创造性的活动,包括基础研究、应用研究、试验发展三类活动。国际上通常采用 R&D 活动的规模和强度指标反映一国的科技实力和核心竞争力。

R&D 人员 指参与研究与试验发展项目研究、管理和辅助工作的人员,包括项目(课题)组人员,企业科技行政管理人员和直接为项目(课题)活动提供服务的辅助人员。反映投入从事拥有自主知识产权的研究开发活动的人力规模。

R&D 经费内部支出合计 指调查单位用于内部开展 R&D 活动(基础研究、应用研究和试验发展)的实际支出。包括用于 R&D 项目(课题)活动的直接支出,以及间接用于 R&D 活动的管理费、服务费、与 R&D 有关的基本建设支出以及外协加工费等。不包括生产性活动支出、归还贷款支出以及外单位合作或委托外单位进行 R&D 活动而转拨给对方的经费支出。

艺术表演团体 指从事戏曲、音乐、舞蹈、杂技等专业艺术表演,有独立帐户,实行单独核算的团体,不包括半工半艺、半农半艺和民间职业剧团。

艺术表演场馆 指由各级文化主管部门、文化单位和其他部门(除部队系统处)举力的,具有观众厅设备,经常供专业艺术表演团体演出,并在工商、税务部门登记,公开售票的营业场所。

卫生机构 指从卫生、民政、工商行政、机构编制管理部门取得《医疗机构执业许可证》或法人单位登记证书,为社会提供医疗保健、疾病控制、卫生监督服务或从事医学科研和医学在职培训等工作的单位。

实有床位数 指年底固定实有床位数,包括正规床、简易床、监护床、超过半年加床、正在消毒和修理床位、因扩建或大修而停用床位。不包括产科新生儿床、接产室待产床、库存床、观察床、临时加床和病人家属陪侍床。

卫生技术人员 包括执业医师、执业助理医师、注册护士、药师(士)、检验及影像技师(士)、卫生监督员和见习医(药、护、技)师(士)等卫生专业人员。不包括从事管理工作的卫生技术人员(如院长、副院长、党委书记等)。

医院 包括综合医院、中医医院、中西医结合医院、民族医院、各类专科医院和护理院,不包括专科疾病防治院、妇幼保健院和疗养院。

R&D 经费内部支出中政府资金 指 R&D 经费内容支出中来自政府部门的各类资金,包括财政科学技术拨款、科学基金、教育等部门事业费及政府部门预算外资金的实际支出。

R&D 经费内部支出中企业资金 指 R&D 经费内部支出中来自本企业的自有资金和接受其他企业委托而获得的经费,以及科研院所、高校等事业单位从企业获得的资金的实际支出。

十五、统计工作大事记

一月

5日　国家统计局对2012年全国地方综合性统计年鉴进行了评比。《郑州统计年鉴——2012》荣获市(县)级年鉴组一等奖。

5日　郑州市委十届四次全体(扩大)会议暨市委经济工作会议召开。郑州市统计局整理的《全市主要经济指标、全省各省辖市主要指标及35个大中城市、26个省会城市、中部省会城市主要经济指标对比情况》受到郑州市领导和参会人员的高度赞扬。

5日　郑州市社会信用体系办公室与市房管局相关领导进行了专题研究座谈。

9日　郑州市统计局召开全市统计监测评价工作会议。

14日　郑州市统计局召开全市社科及文化产业统计工作会议。

16日　郑州市统计局联合郑州市发展和改革委员会,举办了两期针对全市重点耗能工业企业的能源统计培训会。

24日　郑州市统计局召开全市社会事业统计工作会议,37个部门的综合统计业务人员参加了会议。

24日　郑州市统计局召开全体机关干部会议,传达了全市紧急工作会议精神。李德耀局长、王停军书记带领大家共同学习了郑州市委、市政府下发的《关于改进工作作风、密切联系群众的二十条规定》,以及《市委办公厅关于认真贯彻落实习近平同志重要批示精神厉行勤俭节约反对铺张浪费的通知》。

近日,在新春佳节来临之际,郑州市统计局积极开展一系列"献爱心送温暖"走访慰问活动,为贫困人员送去了党和政府的关怀,送去了节日的问候。全局累计共资助困难群众85户,价值6万多元。

在驻村帮扶活动中,郑州市统计局驻村工作队为10户生活贫困户、5户计划生育困难户送去了米、面、食用油、棉被等物品和500元现金。在全市"一对一"帮扶活动中,全局70名公务人员分别帮扶一户贫困户,为每户贫困户送去了500元现金及米、油等生活用品。

二月

1日　郑州市统计局荣获河南省外商投资企业联合年检工作先进单位。

7日上午,郑州市统计局发出倡议,为局能源处冯晋东处长捐款。冯晋东同志因病做了换肾手术。肾源、手术及后期治疗等巨额支出使家庭无力承受。全局干部职工累计捐款11余万元。

19日至23日　郑州市召开第十三届人大六次会议和市政协十二届五次会议。郑州市统计局专门设置咨询台,通过书面材料、电脑演示、现场解答等多种方式向与会代表宣传统计知识,积极为"两会"搞好统计服务。

25日　市统计局集中观看了全省统计工作会议开幕式,认真收听了刘永奇局长《深入贯彻十八大精神　着力发挥统计职能 为我省全面建成小康社会作出积极贡献》的工作报告。

26日　郑州市统计局召开中层以上领导干部会议,李德耀局长传达了全省统计工作会议、市"两会"、全市党务工作会议精神。王停军书记带领学习了郑州市第十届纪委第三次全体(扩大)会议主要内容,强调必须加强机关工作作风,坚持勤俭节约,反对铺张浪费。

26日　郑州市统计局参加了郑州市第六届"百万妇女健身活动"展示大赛,木兰扇项目荣获比赛一等奖。

26日　郑州市统计局荣获"2012年郑州市三八红旗集体"。

28日　郑州市召开市委农村工作会议,全面部署"三农"工作。郑州市统计局荣获"2012年郑州市扶贫开发工作先进单位"。

三月

4日　郑州市统计局荣获2012年度服务业发展先进单位,两名同志被评为服务业发展先进个人。

5日　郑州市统计局组织部分干部职工来到黄河岸边,参加学习雷锋"保护母亲河"义务劳动,用实际行动践行雷锋精神。

8日　在郑州市第六届"百万妇女健身活动"展示大赛中,郑州市统计局荣获市直组集体跳绳比赛第七名,在个人飞镖比赛中,两名同志荣获第四名和第八名。

11日　郑州市召开全市统计工作会议,市委常委、副市长薛云伟出席会议并讲话,政府副秘书长李杰主持会议,各县市区政府主管统计工作领导和统计局长,以及市直各有关局委分管领导,郑州市局中层以上干部，共二百余人参加了会议。李德耀局长做了《坚定信心、创新服务、巩固拓展、持续提升，为加快郑州都市区建设做出新贡献》的工作报告，总结了2012年工作，分析了当前统计工作面临的形势，部署了2013年工作任务。对2012年全市统计工作先进集体和先进个人进行了通报表彰。16个县(市)区(含开发区)统计局长与李德耀局长签订了统计政风行风建设目标责任书。

11日　郑州市统计局召开主导产业统计工作会议。

13日　郑州市统计局召开全市能源统计工作会议。

15日　郑州市统计局召开城市、县(市)社会经济基本情况年报部门协调会议。

16日　郑州市统计局20余名青年到荥阳市万山植树基地开展义务植树活动，为建设宜居郑州增添一抹绿色。

18日　十二届全国人大代表、郑州市人大常委会主任白红战同志在大会开幕式当天从北京人民大会堂给李德耀局长传来了第十二届全国人民代表大会第一次会议纪念封寄语统计工作。

19日　郑州市统计局荣获2012年度全市档案工作先进单位。

20日　河南省地调队住户与价格调查处处长田少勇一行3人到郑州市荥阳检查一体化住户调查工作。

21日　郑州市统计局李德耀局长一行到中原区发展改革和统计局调研，中原区局领导和部分业务科室负责同志参加了座谈会。

11日—22日　郑州市投入产出调查办公室对2012年投入产出重点调查单位进行了为期10多天的业务培训，举办了7期培训班，调查单位559家，共培训企业人员900余名，圆满完成了本次培训的主体工作。

17日—19日　国家统计局服务业统计司林云玉处长和省地调队副队长朱怀安、服务业处李贵峰、张旭建、刘文太等人到郑州调研统计数据库建设工作情况，郑州市统计局总统计师张庆华陪同调研。

26日　郑州市国民经济和社会发展统计公报在《郑州日报》发布。

26日　省政府下发了《河南省人民政府关于表彰2012年度企业服务工作先进单位和先进个人的通报》，郑州市统计局杨宏革被授予"2012年度河南省企业服务工作先进个人"。

26日　郑州市统计局局长李德耀、副局长郜东辉、总经济师芦珊及部分处室负责人到郑州国际物流园区调研，郑州国际物流园区主任李雪生，副主任郭德华陪同调研。郑州市经开区主任崔绍营，副主任李华军等参加了座谈。

四月

1日　国家统计局副局长许宪春一行7人莅临郑州市，就当前经济运行、企业生产经营和市场环境变化等情况进行调研。河南省统计局党组书记、局长刘永奇，副局长王世炎，国家统计局河南调查总队副总队长宋明建，郑州市统计局党组书记、局长李德耀陪同调研。

2日　河南省统计局评价处副处长刘秋香、袁俊山莅临郑州市，就经济技术开发区产业集聚区统计基础规范化工作进行了调研。郑州市统计局副局长郜东辉陪同调研。

7日　《郑州统计概要—2013》印刷完成。

8日　郑州市统计局下发了《关于城乡住户调查补贴有关标准的通知》，提高记账户和辅助调查员的补助标准。

8日　郑州市召开全市经济社会调查工作会议。

12日　郑州市统计局召开了2013年度全市统计教育培训工作会议。

16日　郑州市统计局局长李德耀、纪检组长王停军来到中原路与大学路文明交通执勤点，看望慰问正在执勤的局文明交通志愿者。

17日　郑州市统计局荣获2012年度全市党委系统信息调研工作先进单位。

18日　郑州市统计局荣获2012年度形势政策宣传教育工作先进单位。

18日　河南省投入产出办公室副处长顾俊龙一行莅临郑州市。督导组深入到鸿富锦精密电子(郑州)有限公司、中航电动汽车(郑州)有限公司、华润河南医药有限公司、河南省进口物资公共保税中心有限公司等投入产出重点调查单位进行了实地督查和指导。

24—25日　郑州市统计局召开全市普查系统工作暨统计地理信息系统应用培训会议。

五月

3 日　郑州市统计局举办“我的中国梦”主题教育座谈会，庆祝全国第 94 个五四青年节。局长李德耀、纪检组长王停军、副局长祝遵刚、总统计师张庆华等局领导参加了座谈会。

6 日　郑州市统计局组织签订了 2013 年党风廉政建设和政风行风建设工作目标责任书，局副县级以上领导干部与李德耀局长，各处(室)、队、中心负责人与分管领导分别签订了目标责任书。

4 日　经郑州市委常委、副市长薛云伟同意，郑州市政府办公厅批示：“请市统计局按照省、市安排，认真做好第三次全国经济普查准备工作，同时督促各县市区抓好落实。”

按照市政府指示精神，郑州市统计局自 5 月 13 日开始，对各县(市、区)经济普查前期准备工作进行督查。郑州市统计局党组书记、局长李德耀、副局长江滨等先后到中牟县、巩义市、中原区、二七区、新郑市就第三次全国经济普查各项准备工作，特别是组织机构、建立健全普查中心，充实人员力量进行了深入细致的调研督查。

9 日　河南省委常委、郑州市委书记吴天君针对《2012 年郑州市 15 个产业集聚区综合排序分析》做出批示：“请占勇并德耀同志加强对产业集聚区的监测，重点分析后五位存在的问题，争取在今年的评比中位次前移。”

16 日　国家统计局服务业统计司李黎副司长、交通运输统计处栾尽辉处长等一行三人莅临郑州市，就交通运输业有关情况、交通营运车辆管理系统和车辆 GPS 监控系统等情况进行调研。河南省地方经济社会调查队队长刘明宪、服务业处李贵峰处长、刘文太副处长，郑州市统计局局长李德耀、总统计师张庆华陪同调研。

21 日　郑州市社科联 2012 年度社会科学调研课题评选揭晓，郑州市统计学会选送的 3 项课题获奖。

22 日　郑州市统计局召开了一季度能源数据联审会议。

22 日　郑州市统计局召开了重点企业科技创新调查工作会议。

23 日　郑州市统计局召开了全市工业统计数据联审及经济形势分析会议。

24 日　河南省地方经济社会调查队郑东涛副队长、产量处长杨冠军一行 3 人到郑州市，对夏粮生产形势进行调研。

24 日　郑州市统计局召开了全市建筑业和房地产开发业一套表数据处理平台培训会议。

30 日　河南省统计局贸易处方国根处长一行四人莅临郑州，深入基层调研网络销售情况。郑州市统计局副局长郜东辉陪同调研。

31 日　郑州市统计局党组书记、局长李德耀，纪检组长王停军参加由市政府组织的郑州市 2012 年度民主评议政风行风在线访谈活动，向广大网友介绍了郑州市统计局的工作职能和政风行风建设工作情况，并现场解答了网友提出的问题。

31 日　郑州市统计局纪检组长王停军到登封市大金店乡毕家村小学看望慰问农村贫困留守儿童，为贫困留守儿童送去节日祝福和关爱。

六月

5 月 27 日—6 月 3 日　郑州市统计局开展了房地产开发企业经营情况问卷调查工作

6 日　郑州市统计局举办了“十八大・郑州和我”主题演讲活动。并选出 4 名优秀演讲者，参加全市“十八大・郑州和我”主题演讲比赛。

7 日　郑州市统计局召开全市统计法制暨基础建设工作会议。

8 日　郑州市统计局召开领导班子会议，专题学习了谢伏瞻省长批示精神。李德耀局长就贯彻落实谢伏瞻省长批示，进一步加强和改进统计工作，树立正确思想导向，改进工作作风提出了具体要求。

9 日　在端午节来临之际，郑州市统计局副局长郜东辉、副调研员蔡江水一行前往赵庄社区困难群众家中慰问，送去了统计局机关的关心和祝福。

14 日　省统计局普查中心主任孙斌育等一行三人，莅临郑州市经济技术开发区调研指导有关“三上”企业入库管理工作。郑州市统计局总经济师芦珊、经济技术开发区管委副主任李华军等陪同。

17 日　郑州市统计局召开中层以上领导干部会议，传达学习了习近平总书记关于实现中华民族伟大复兴梦想的重要论述和省委书记郭庚茂在省十二届人大二次会议、宣传思想工作、政协和统战工作、政法和社会管理工作座谈会上的重要讲话内容，共同学习了市委书记吴天君在市委中心组集中学习时的讲话要求。

18 日　郑州市委组织部、市直机关工委组织开展了市直机关党章知识大会考。郑州市统计局机关 50 名党员参加了此次大会考。

19 日　郑州市统计从业资格考试、继续教育培训班首期开班，并将陆续持续到 9 月份。

21 日上午，郑州市举办“美丽郑州、绿色出行”全市机关第二届健步走活动。郑州市统计局 29 名选手参加了此次活动。

21 日　中国信息报副主任张来成、记者邓晟昊一行对郑州市“双基建设”情况进行采访。中国信息报驻河南记者站负责人韩军平、省统计局政策法规处霍遂德陪同采访。郑州市统计局副局长祝遵刚参加了座谈。

25 日　郑州市统计局召开全市信息化和重点服务业企业数据质量检查工作会议。

27 日　河南省统计局召开“三查”工作视频会议，对“三查”工作做了具体安排和部署。郑州市政府副秘书长商建东、市统计局局长李德耀、副局长赵广程、祝遵刚、江滨，总经济师芦珊等领导和有关业务处、中心负责人参加了视频会。

27 日—29 日　第六届中部省会城市统计局长联席会在合肥市召开。郑州市统计局李德耀局长参加会议。

七月

1 日　郑州市统计局开展“迎七一”系列宣传活动，纪念中国共产党成立 92 周年。

1 日　国家统计局局长马建堂带领国统局办公室、综合司、核算司、工业司等一行 6 人莅临郑州市，针对煤炭工业、铝工业行业生产经营情况、存在问题及下半年企业经济形势进行调研。河南省统计局局长胡五岳、河南调查总队队长贾志鹏、郑州市领导马懿、舒庆、孙金献等陪同调研。郑州市统计局局长李德耀、总统计师张庆华参加了调研活动。

3 日　郑州市统计局召开了全市“三区”统计工作会议。

5 日　郑州市统计局召开全市文化及相关产业统计工作会议。

5 日　郑州市投入产出调查报表会审工作圆满结束，全市 627 家调查单位全部通过会审。

8 日　郑州市统计局召开中层以上干部会议，李德耀局长、郜东辉副局长分别带领大家学习了河南省党的群众路线教育实践活动工作会议内容以及省委常委、市委书记吴天君在全市领导干部会议上的讲话精神。

9 日　郑州市政府副市长马健对郑州市统计局撰写的《郑州市近年来工业行业结构的发展与变化》做出批示：“该篇统计分析对近几年来我市工业行业结构的发展与变化分析非常到位，足以使我们对全市工业之“重”保持清醒的认识。望在工作推进中，切实增强责任感和紧迫感，着力调结构、促转型。”

19 日　郑州市人民政府组织收听收看河南省第三次全国经济普查领导小组（扩大）会议。市政府常务副秘书长李国强、副秘书长商建东出席会议。市直 39 个有关部门的分管领导参加了会议，市政府副秘书长李国强主持会议。

25 日　省委常委、市委书记吴天君对郑州市统计局撰写的统计报告《6 月份郑州市工业用电量及工业税收增速下滑》做出批示：“要认真研究对重点行业企业要实行旬报，遏制下滑局面。”

24 日—25 日　河南省统计局农业处副处长郑宝卫一行 3 人来到郑州市，对巩义市、新郑市进行基础工作检查。

26 日　郑州市统计局、郑州市妇儿工委联合召开了两纲监测评估会议，进一步做好《郑州市妇女发展规划（2011—2020 年）》、《郑州市儿童发展规划（2011—2020 年）》两纲监测评估工作，全市 40 多个市直部门以及县（市区）统计局、妇儿工委的同志参加了会议。

30 日　郑州市统计局召开 2013 年上半年全市贸易外经统计工作会议。

31 日　郑州市统计局召开庆“八一”座谈会，共同庆祝中国人民解放军建立 86 周年。

八月

2 日　郑州市统计局召开《2013 郑州文化及相关产业统计概览》编印统计工作会议，市宣传部、文物局、旅游局、档案局等相关部门参加了会议。

2 日　郑州市人民政府办公厅发布《关于成立郑州市第三次全国经济普查领导小组的通知》，正式成立郑州市第三次全国经济普查领导小组。市委常委、常务副市长孙金献任郑州市第三次全国经济普查领导小组组长，市委宣传部副部长李新军、市统计局局长李德耀、市发改委副主任饶卫军、市财政局总经济师樊玉涛任副组长。郑州市普查领导小组由38个市委、市政府相关部门及有关单位组成。

5日　郑州市统计局组织召开“一学三促”活动动员会。局党组书记、局长李德耀同志到会并作动员讲话。

6日　郑州市统计局召开了全市工业企业联网直报“三查”工作会议。

6日　河南省地调队农产品产量处处长杨冠军一行到郑州新密市调研农业技术推广工作。

7日　郑州市统计局召开全市上半年能源统计数据评审会议。

9日　河南省统计局农业处调研员乔西宏一行3人到郑州中牟县调研现代农业园区建设工作。

14日—16日　河南省统计局党的群众路线教育实践活动调研组莅临郑州市。河南省局党组书记、局长胡五岳、副巡视员何卓亚、服务业处处长李贵峰在郑州市人民政府副秘书长商建东、郑州市统计局局长李德耀的陪同下，到郑州市局办公场所看望大家，并召开了由市直有关单位、企业代表、县市区统计局局长参加的座谈会。

23日　郑州市举行全市第十届职工技术运动会公务员计算机技能竞赛，郑州市统计局李理愿、侯彬、徐端三位同志参加了比赛。

28日　广州市统计局人口和社会科技处处长孙晓茵一行4人，到郑州市统计局调研文化产业统计工作。

28日　郑州市召开全市统计系统工作会议。郑州市统计局总经济师芦珊、副局长江滨、纪检组长王停军分别对联网直报“三查”工作、第三次全国经济普查工作和政风行风建设工作进行了总结。郑州市局局长李德耀全面系统地回顾总结了上半年全市统计工作，对下阶段的六项重点工作任务提出了具体要求。

九月

5日　郑州市统计局组织全市各县市区设立分会场同步收视收听国家、河南省第三次全国经济普查电视电话会议，同时召开全市三经普电视电话会议，全面部署和推进郑州市第三次全国经济普查工作。郑州市局局长李德耀主持会议，副局长江滨对全市三经普工作提出了具体要求。

5日　郑州市人民政府召开全市第三次全国经济普查部门资料整理和比对工作会议。市政府副秘书长商建东主持会议，全市14个相关部门的主管领导和业务负责人参加了会议。

6日　郑州市统计局就统计工作中存在的问题，分别约谈了二七区侯寨乡政府和中原区须水街道办事处有关领导。

9日　郑州市统计局召开了全市部门资料整理和比对培训会议。

11日　郑州市统计局召开第三季度全市贸易外经统计工作会议。

12日　郑州市统计局及各县市区统计部门采取游动字幕、悬挂条幅、短信发送、经济普查宣传等多种形式庆祝第四届“中国统计开放日”。

15日　2013年统计从业资格考试在全国范围内同时举行。郑州市分别在中原区伊河路小学等5个考点51个考场举办考试。

16日　郑州市投入产出办公室召开工作与业务技术总结会议。

24日　省统计局党组成员、巡视员陆洁带领省局贸易处方国根、王予荷、李伟一行4人莅临郑州，调研郑州航空港经济综合实验区贸易统计工作和跨境贸易电子商务(E贸易)发展情况。

十月

8日　《2013年郑州农业农村统计概要》印刷出版。

10日—11日　郑州市统计局召开2013年人口抽样调查工作暨培训会议。

14日—15日　郑州市统计局召开全市第三次全国经济普查办公室主任暨单位核查业务培训会议。

15日　河南省统计局副局长冯文元、监测评价处赵杨处长一行四人莅临新港产业集聚区开展试点工作。郑州市统计局局长李德耀、总统计师张庆华等陪同。新郑市委书记王广国、常务副市长孙淑芳、市长助理姜存国等参加了座谈。

18日　河南省统计局党组成员、副局长王世炎、经济普查办公室常务副主任孙斌育带领工作组一行

3 人到郑州市调研督导单位核查工作。郑州市统计局局长李德耀，副局长、经普办主任江滨，常务副主任张庆华及相关处室负责人分别汇报了郑州市经济普查工作开展情况。

22 日　郑州市统计局召开 2012—2013 年度外专统计调查工作会议。

25 日　全省第三次经济普查宣传工作电视电话会议召开。中共郑州市委宣传部、市经济普查办公室领导参加了会议。会后，郑州市经济普查领导小组办公室随即召开会议，向市委宣传部、市主要新闻单位负责同志通报全市第三次经济普查工作情况，安排部署全市第三次全国经济普查宣传工作。

26 日　郑州市统计局 50 多名干部职工走上街头，在经济技术开发区航海东路和环卫工人一起参加保洁义务劳动，庆祝河南省第十六届环卫工人节。

29 日　郑州市经济普查办公室召开各专业组组长、副组长会议。

十一月

10 月 30 日—11 月 1 日　郑州市统计局局长李德耀深入惠济区、荥阳市、登封市调研，对第三次经济普查单位清查工作进行督查。惠济区区委书记王东亮、常务副区长万永生，荥阳市委书记马锁文、市长王新亭、常务副市长滕飞，登封市委书记郑福林、常务副市长赵华敏参加了座谈汇报会。

6 日　郑州市委宣传部、郑州市第三次经济普查领导小组办公室联合召开全市第三次经济普查宣传工作会议。贯彻全省经济普查宣传动员工作精神，安排部署郑州市经济普查宣传工作。市经济普查领导小组副组长、市统计局局长李德耀，市委宣传部部务委员王丽艳出席会议并讲话。

6 日　郑州市经济普查办公室召开了单位核查分析通报会。通报了全市经济普查单位核查工作督查情况，分析了存在问题、改进建议和要求。郑州市统计局局长李德耀出席会议并作出指示。

6 日　郑州市统计局召开了郑州市第三次经济普查的普查区划分和电子地图绘制软件培训会议，对普查区划分和电子地图绘制软件操作做了具体讲解。

7 日　河南省地方经济社会调查队服务业处李贵峰一行三人，就郑州航空港区航空运输业企业统计直通车工作，到航空港经济综合实验区进行调研，郑州市统计局总统计师张庆华陪同。

8 日　郑州市经济社会调查队与郑州市畜牧局联合召开了 2013 年畜禽规模养殖户（场、单位）基本情况名录库维护工作会议。

10 日　郑州市统计局召开全市第三次全国经济普查单位核查数据处理程序培训会议，各县（市、区）经普专业人员 60 余人参加了会议。

11 日　郑州市统计局召开了县（市）区统计局办公室主任会议。

11 月初，全国统计从业资格考试成绩下发，郑州市共有 1372 名考生取得合格分数，考试通过率达 85.9%。考试成绩已通过“郑州统计信息网”向社会公布。

12 日　市委书记吴天君、常务副市长孙金献分别批示了郑州市统计局撰写的统计分析《郑州市与武汉、济南、长沙其他服务业统计数据对比》。

13 日　郑州市统计局召开了全体党员大会，副局长祝遵刚传达了关于薄熙来严重违纪违法案及其教训的通报，纪检组长王停军传达了郑州市关于违规养犬行为依法查处的通告，局长李德耀对贯彻落实好有关规定提出了具体要求。

15 日　郑州市人民政府召开全市第三次全国经济普查单位核查工作电视电话会议，郑州市委常委、常务副市长、市经济普查领导小组组长孙金献出席会议并做重要讲话。郑州市统计局局长李德耀通报了当前经济普查单位核查工作开展情况，对下一步单位核查工作提出具体要求。

18 日　郑州市统计局召开 2013 年度全市社科及文化产业统计工作会议。

19 日　河南省统计局副局长薛承旭一行莅临新密市，就三经普核查及各项准备工作进行了调研。郑州市统计局局长李德耀陪同。

22 日　郑州市统计局收听收看了全省 2013 年统计年报视频会议。

22 日　郑州市第三次全国经济普查领导小组组长、常务副市长孙金献，专题听取郑州市第三次经济普查单位核查工作情况汇报。郑州市统计局局长李德耀就全市单位核查工作进展情况、存在的困难和问题以及做好下一步工作的打算进行了具体汇报。

26 日　郑州市统计局召开了 2013 年三季度郑州市能源统计工作会议。

十二月

2 日　河南省委常委、郑州市委书记吴天君对郑州市统计局撰写的《2013 年 1—10 月郑州市 15 个省级产业集聚区情况分析》做出批示:“请发各县市区主要领导阅研,找准自己位置,加大工作力度,确保年终考核有好的结果。”

3 日　河南省统计局能源处副处长陈向真一行五人莅临郑州,就能源统计规范化和全社会能源核算工作进行调研,郑州市统计局赵广程副局长陪同。

7 日　郑州市统计局召开经济普查单位核查工作会议,传达全省统计局长和经普办主任会议精神,通报全市单位核查工作情况。郑州市统计局局长李德耀出席会议并作重要讲话。

9 日—10 日　郑州市统计局召开全市劳动工资统计年报工作会议。

10 日　郑州市统计局特邀郑州市消防支队宣讲团讲解“圆平安中国梦,消防宣传大普及”知识讲座,全局 90 余名干部职工到会听讲。

10 日—11 日　郑州市统计局召开全市建设领域统计报表制度暨三经普业务布置会议。

10 日　郑州市统计局党组召开以“为民、务实、清廉”为主题的专题民主生活会。局党组书记、局长李德耀主持,局领导班子成员参加了会议。

12 日—13 日　郑州市统计局召开 2013 年度全市科技统计年报暨三经普业务布置培训会议顺利召开。

15 日—22 日　郑州市统计局召开第三次全国经济普查数据处理及 PDA 调查乡级师资培训会议。

23 日　郑州市统计局召开了科技统计报表数据处理软件培训会议。

27 日　金水区担保行业规范管理工作指挥部给郑州市统计局党组发来感谢信,对郑州市统计局派出的郭莉、楚静洁、秦修敏 3 名同志进驻河南某投资担保有限公司开展风险化解、处置善后和维稳工作所取得的成绩表示感谢。

30 日下午,国家统计局、河南省统计局先后召开第三次全国经济普查战前动员视频会议,国务院经济普查领导小组副组长、国家统计局局长马建堂,河南省统计局局长胡五岳分别在视频会上作了重要讲话。国家、省视频会议结束后,郑州市经济普查办公室主任、市统计局副局长江滨立即主持召开全市视频会议,就贯彻国家、省视频会议精神、全力以赴做好普查登记工作提出了明确要求。市统计局有关领导出席会议,市经济普查办公室全体人员参加会议。

30 日—31 日　郑州市统计局召开了郑州市“五区”统计工作会议。

中国统计出版社最新图书简目
(仅供参考,以最后出书为准)

市(县)级综合统计年鉴系列

天津滨海新区 石家庄 唐山 邯郸 太原 大同 阳泉 长治 晋城 朔州 晋中 运城 忻州 临汾 呼和浩特

鄂尔多斯 包头 沈阳 大连 长春 吉林市 四平 哈尔滨 黑龙江垦区 上海浦东新区 南京 无锡 徐州

常州 苏州 南通 连云港 淮安 盐城 扬州 镇江 泰州 宿迁 江阴 丹阳 杭州 宁波 温州 嘉兴 绍兴 金华

衢州 舟山 台州 丽水 合肥 福州 厦门 宁德 福州经济技术开发区 南昌 济南 青岛 郑州 洛阳 平顶山

三门峡 南阳 武汉 十堰 荆州 宜昌 荆门 咸宁 长沙 广州 深圳 惠州 东莞 南宁 柳州 桂林 来宾 海口

三亚 成都 贵阳 昆明 西安 兰州 庆阳 银川 乌鲁木齐 兵团一师 兵团十师

调查年鉴系列

山西 内蒙古 吉林 辽宁 上海 福建 湖北 广西 重庆 四川 云南 甘肃 宁夏 新疆 南宁 桂林

"十二五"规划教材

统计学(经济管理类专业本科适用,单薇 等) 抽样调查理论与方法(冯士雍 等)

贝叶斯统计(茆诗松 等) 统计学(黄良文 等) 试验设计(茆诗松 等)

统计学:从数据到结论(吴喜之) 医学统计学(于浩) 统计学(经济、管理类专业基础教材,张小斐)

概率论与数理统计三十三讲(魏振军) 概率论与数理统计三十三:学习指导与习题解答(魏振军)

非参数统计(吴喜之 等) 统计学:经济与管理中的数据分析(李慧云 等)

卫生管理统计学(新编医学院校基础课教材,尚磊) 医院统计学(新编医学院校基础课教材,徐天和 等)

社会统计学(蒋萍 等) 现代金融投资统计分析(李腊生 等)

国民经济核算初级教程(经济类、统计类、管理类专业适用,蒋萍 等)

重点图书

新中国65年 新编英汉汉英统计大词典 中华医学统计百科全书

挑大学选专业2014—考研择校指南 挑大学选专业2014—高考志愿填报指南

中国统计出版社发行部电话:(010)63376907,63376908 同楫行书店电话:68783171,68783172
通讯地址:北京市西城区三里河月坛南街57号 邮政编码:100826
网址:http://csp.stats.gov.cn